U0554027

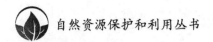
自然资源保护和利用丛书

# 国土空间用途管制
# 理论与实践

自然资源部国土空间用途管制司 编

商务印书馆
始于1897　The Commercial Press

**图书在版编目（CIP）数据**

国土空间用途管制理论与实践/自然资源部国土空间用途管制司编.—北京：商务印书馆，2023
（"自然资源保护和利用"丛书）
ISBN 978-7-100-22835-0

Ⅰ.①国… Ⅱ.①自… Ⅲ.①国土资源—资源管理—研究—中国 Ⅳ.①F129.9

中国国家版本馆 CIP 数据核字（2023）第 154945 号

**权利保留，侵权必究。**

"自然资源保护和利用"丛书
**国土空间用途管制理论与实践**
自然资源部国土空间用途管制司　编

商 务 印 书 馆 出 版
（北京王府井大街 36 号邮政编码 100710）
商 务 印 书 馆 发 行
北 京 冠 中 印 刷 厂 印 刷
ISBN 978－7－100－22835－0

审图号：GS（2023）2986 号

2023 年 11 月第 1 版　　开本 710×1000　1/16
2023 年 11 月北京第 1 次印刷　印张 24³/₄　插页 2
定价：120.00 元

# 《国土空间用途管制理论与实践》

**主　编：** 赵毓芳、林　坚

**副主编：** 李　亮、薛永森、薛　萍、楚建群、沈振江、张　杨

**编　委：**（按姓氏笔画排序）

　　　　马　聪、毛守城、方国安、王彦美、田毓振、毕云龙、

　　　　祁　帆、刘海丽、刘新平、李迎晨、宋　峰、张晨杨、

　　　　孟庆垒、胡友成、姚　旭、徐小黎、袁　弘、高　远、

　　　　郭　艳、崔庆禄、程晓军、谭丽萍、滕　潇

# "自然资源与生态文明"译丛
# "自然资源保护和利用"丛书
# 总序

## （一）

新时代呼唤新理论，新理论引领新实践。中国当前正在进行着人类历史上最为宏大而独特的理论和实践创新。创新，植根于中华优秀传统文化，植根于中国改革开放以来的建设实践，也借鉴与吸收了世界文明的一切有益成果。

问题是时代的口号，"时代是出卷人，我们是答卷人"。习近平新时代中国特色社会主义思想正是为解决时代问题而生，是回答时代之问的科学理论。以此为引领，亿万中国人民驰而不息，久久为功，秉持"绿水青山就是金山银山"理念，努力建设"人与自然和谐共生"的现代化，集聚力量建设天蓝、地绿、水清的美丽中国，为共建清洁美丽世界贡献中国智慧和中国力量。

伟大时代孕育伟大思想，伟大思想引领伟大实践。习近平新时代中国特色社会主义思想开辟了马克思主义新境界，开辟了中国特色社会主义新境界，开辟了治国理政的新境界，开辟了管党治党的新境界。这一思想对马克思主义哲学、政治经济学、科学社会主义各个领域都提出了许多标志性、引领性的新观点，实现了对中国特色社会主义建设规律认识的新跃升，也为新时代自然资源治理提供了新理念、新方法、新手段。

明者因时而变，知者随事而制。在国际形势风云变幻、国内经济转型升级的背景下，习近平总书记对关系新时代经济发展的一系列重大理论和实践问题进行深邃思考和科学判断，形成了习近平经济思想。这一思想统筹人与自然、经济与社会、经济基础与上层建筑，兼顾效率与公平、局部与全局、当前与长远，为当前复杂条件下破解发展难题提供智慧之钥，也促成了新时代经济发展举世瞩目的辉煌成就。

生态兴则文明兴——"生态文明建设是关系中华民族永续发展的根本大计"。在新时代生态文明建设伟大实践中，形成了习近平生态文明思想。习近平生态文明思想是对马克思主义自然观、中华优秀传统文化和我国生态文明实践的升华。马克思主义自然观中对人与自然辩证关系的诠释为习近平生态文明思想构筑了坚实的理论基础，中华优秀传统文化中的生态思想为习近平生态文明思想提供了丰厚的理论滋养，改革开放以来所积累的生态文明建设实践经验为习近平生态文明思想奠定了实践基础。

自然资源是高质量发展的物质基础、空间载体和能量来源，是发展之基、稳定之本、民生之要、财富之源，是人类文明演进的载体。在实践过程中，自然资源治理全力践行习近平经济思想和习近平生态文明思想。实践是理论的源泉，通过实践得出真知：发展经济不能对资源和生态环境竭泽而渔，生态环境保护也不是舍弃经济发展而缘木求鱼。只有统筹资源开发与生态保护，才能促进人与自然和谐发展。

是为自然资源部推出"自然资源与生态文明"译丛、"自然资源保护和利用"丛书两套丛书的初衷之一。坚心守志，持之以恒。期待由见之变知之，由知之变行之，通过积极学习而大胆借鉴，通过实践总结而理论提升，建构中国自主的自然资源知识和理论体系。

# （二）

如何处理现代化过程中的经济发展与生态保护关系，是人类至今仍然面临的难题。自《寂静的春天》（蕾切尔·卡森，1962）、《增长的极限》（德内拉·梅多斯，1972）、《我们共同的未来》（布伦特兰报告，格罗·哈莱姆·布伦特兰，1987）这些经典著作发表以来，资源环境治理的一个焦点就是破解保护和发展的难题。从世界现代化思想史来看，如何处理现代化过程中的经济发展与生态保护关系，是人类至今仍然面临的难题。"自然资源与生态文明"译丛中的许多文献，运用技术逻辑、行政逻辑和法理逻辑，从自然科学和社会科学不同视角，提出了众多富有见解的理论、方法、模型，试图破解这个难题，但始终没有得出明确的结论性认识。

全球性问题的解决需要全球性的智慧，面对共同挑战，任何人任何国家都无法独善其身。2019 年 4 月习近平总书记指出，"面对生态环境挑战，人类是一荣俱荣、一损俱损的命运共同体，没有哪个国家能独善其身。唯有携手合作，我们才能有效应对气候变化、海洋污染、生物保护等全球性环境问题，实现联合国 2030 年可持续发展目标"。共建人与自然生命共同体，掌握国际社会应对资源环境挑战的经验，加强国际绿色合作，推动"绿色发展"，助力"绿色复苏"。

文明交流互鉴是推动人类文明进步和世界和平发展的重要动力。数千年来，中华文明海纳百川、博采众长、兼容并包，坚持合理借鉴人类文明一切优秀成果，在交流借鉴中不断发展完善，因而充满生机活力。中国共产党人始终努力推动我国在与世界不同文明交流互鉴中共同进步。1964 年 2 月，毛主席在中央音乐学院学生的一封信上批示说"古为今用，洋为中用"。1992 年 2 月，邓小平同志在南方谈话中指出，"必须大胆吸收和借鉴人类社会创造的一切文明成果"。2014 年 5 月，习近平总书记在召开外国专家座谈会上强调，"中国要永远做一个学习大国，不论发展到什么水平都虚心向世界各国人民学习"。

"察势者明，趋势者智"。分析演变机理，探究发展规律，把握全球自然资源治理的态势、形势与趋势，着眼好全球生态文明建设的大势，自觉以回答中国之问、世界之问、人民之问、时代之问为学术己任，以彰显中国之路、中国之治、中国之理为思想追求，在研究解决事关党和国家全局性、根本性、关键性的重大问题上拿出真本事、取得好成果。

是为自然资源部推出"自然资源与生态文明"译丛、"自然资源保护和利用"丛书两套丛书的初衷之二。文明如水，润物无声。期待学蜜蜂采百花，问遍百家成行家，从全球视角思考责任担当，汇聚全球经验，破解全球性世纪难题，建设美丽自然、永续资源、和合国土。

# （三）

2018 年 3 月，中共中央印发《深化党和国家机构改革方案》，组建自然资源部。自然资源部的组建是一场系统性、整体性、重构性变革，涉及面之广、难度之大、问题之多，前所未有。几年来，自然资源系统围绕"两统一"核心职责，不负重托，不辱使命，开创了自然资源治理的新局面。

自然资源部组建以来，按照党中央、国务院决策部署，坚持人与自然和谐共生，践行绿水青山就是金山银山理念，坚持节约优先、保护优先、自然恢复为主的方针，统筹山水林田湖草沙冰一体化保护和系统治理，深化生态文明体制改革，夯实工作基础，优化开发保护格局，提升资源利用效率，自然资源管理工作全面加强。一是，坚决贯彻生态文明体制改革要求，建立健全自然资源管理制度体系。二是，加强重大基础性工作，有力支撑自然资源管理。三是，加大自然资源保护力度，国家安全的资源基础不断夯实。四是，加快构建国土空间规划体系和用途管制制度，推进国土空间开发保护格局不断优化。五是，加大生态保护修复力度，构筑国家生态安全屏障。六是，强化自然资源节约集约利用，促进发展方式绿色转型。七是，持续推进自然资源法治建设，自然资源综合监管效能逐步提升。

当前正值自然资源综合管理与生态治理实践的关键期，面临着前所未有的知识挑战。一方面，自然资源自身是一个复杂的系统，山水林田湖草沙等不同资源要素和生态要素之间的相互联系、彼此转化以及边界条件十分复杂，生态共同体运行的基本规律还需探索。自然资源既具系统性、关联性、实践性和社会性等特征，又有自然财富、生态财富、社会财富、经济财富等属性，也有系统治理过程中涉及资源种类多、学科领域广、系统庞大等特点。需要遵循法理、学理、道理和哲理的逻辑去思考，需要斟酌如何运用好法律、经济、行政等政策路径去实现，需要统筹考虑如何采用战略部署、规划引领、政策制定、标准规范的政策工具去落实。另一方面，自然资源综合治理对象的复杂性、系统性特点，对科研服务支撑决策提出了理论前瞻性、技术融合性、知识交融性的诉求。例如，自然资源节约集约利用的学理创新是什么？动态监测生态系统稳定性状况的方法有哪些？如何评估生态保护修复中的功能次序？等等不一而足，一系列重要领域的学理、制度、技术方法仍待突破与创新。最后，当下自然资源治理实践对自然资源与环境经济学、自然资源法学、自然地理学、城乡规划学、生态学与生态经济学、生态修复学等学科提出了理论创新的要求。

中国自然资源治理体系现代化应立足国家改革发展大局，紧扣"战略、战役、战术"问题导向，"立时代潮头、通古今之变，贯通中西之间、融会文理之壑"，在"知其然知其所以然，知其所以然的所以然"的学习研讨中明晰学理，在"究其因，思其果，寻其路"的问题查摆中总结经验，在"知识与技术的更新中，自然科学与社会科学的交融中"汲取智慧，在国际理论进展与实践经验的互鉴中促进提高。

是为自然资源部推出"自然资源与生态文明"译丛、"自然资源保护和利用"丛书这两套丛书的初衷之三。知难知重，砥砺前行。要以中国为观照、以时代为观照，立足中国实际，从学理、哲理、道理的逻辑线索中寻找解决方案，不断推进自然资源知识创新、理论创新、方法创新。

# （四）

文明互鉴始于译介，实践蕴育理论升华。自然资源部决定出版"自然资源与生态文明"译丛、"自然资源保护和利用"丛书系列著作，办公厅和综合司统筹组织实施，中国自然资源经济研究院、自然资源部咨询研究中心、清华大学、自然资源部海洋信息中心、自然资源部测绘发展研究中心、商务印书馆、《海洋世界》杂志等单位承担完成"自然资源与生态文明"译丛编译工作或提供支撑。自然资源调查监测司、自然资源确权登记局、自然资源所有者权益司、国土空间规划局、国土空间用途管制司、国土空间生态修复司、海洋战略规划与经济司、海域海岛管理司、海洋预警监测司等司局组织完成"自然资源保护和利用"丛书编撰工作。

**第一套丛书"自然资源与生态文明"译丛**以"创新性、前沿性、经典性、基础性、学科性、可读性"为原则，聚焦国外自然资源治理前沿和基础领域，从各司局、各事业单位以及系统内外院士、专家推荐的书目中遴选出十本，从不同维度呈现了当前全球自然资源治理前沿的经纬和纵横。

具体包括：《自然资源与环境：经济、法律、政治和制度》，《环境与自然资源经济学：当代方法》（第五版），《自然资源管理的重新构想：运用系统生态学范式》，《空间规划中的生态理性：可持续土地利用决策的概念和工具》，《城市化的自然：基于近代以来欧洲城市历史的反思》，《城市生态学：跨学科系统方法视角》，《矿产资源经济（第一卷）：背景和热点问题》，《海洋和海岸带资源管理：原则与实践》，《生态系统服务中的对地观测》，《负排放技术和可靠封存：研究议程》。

**第二套丛书"自然资源保护和利用"丛书**基于自然资源部组建以来开展生态文明建设和自然资源管理工作的实践成果，聚焦自然资源领域重大基础性问题和难点焦点问题，经过多次论证和选题，最终选定七本（此次先出版五本）。在各相关研究单位的支撑下，启动了丛书撰写工作。

具体包括：自然资源确权登记局组织撰写的《自然资源和不动产统一确权登记理论与实践》，自然资源所有者权益司组织撰写的《全民所有自然资源资产所有者权益管理》，自然资源调查监测司组织撰写的《自然资源调查监测实践与探索》，国土空间规划局组织撰写的《新时代"多规合一"国土空间规划理论与实践》，国土空间用途管制司组织撰写的《国土空间用途管制理论与实践》。

"自然资源与生态文明"译丛和"自然资源保护和利用"丛书的出版，正值生态文明建设进程中自然资源领域改革与发展的关键期、攻坚期、窗口期，愿为自然资源管理工作者提供有益参照，愿为构建中国特色的资源环境学科建设添砖加瓦，愿为有志于投身自然资源科学的研究者贡献一份有价值的学习素材。

百里不同风，千里不同俗。任何一种制度都有其存在和发展的土壤，照搬照抄他国制度行不通，很可能画虎不成反类犬。与此同时，我们探索自然资源治理实践的过程，也并非一帆风顺，有过积极的成效，也有过惨痛的教训。因此，吸收借鉴别人的制度经验，必须坚持立足本国、辩证结合，也要从我们的实践中汲取好的经验，总结失败的教训。我们推荐大家来读"自然资源与生态文明"译丛和"自然资源保护和利用"丛书中的书目，也希望与业内外专家同仁们一道，勤思考，多实践，提境界，在全面建设社会主义现代化国家新征程中，建立和完善具有中国特色、符合国际通行规则的自然资源治理理论体系。

在两套丛书编译撰写过程中，我们深感生态文明学科涉及之广泛，自然资源之于生态文明之重要，自然科学与社会科学关系之密切。正如习近平总书记所指出的，"一个没有发达的自然科学的国家不可能走在世界前列，一个没有繁荣的哲学社会科学的国家也不可能走在世界前列"。两套丛书涉及诸多专业领域，要求我们既要掌握自然资源专业领域本领，又要熟悉社会科学的基础知识。译丛翻译专业词汇多、疑难语句多、习俗俚语多，背景知识复杂，丛书撰写则涉及领域多、专业要求强、参与单位广，给编译和撰写工作带来不小的挑战，丛书成果难免出现错漏，谨供读者们参考交流。

编写组

# 前　　言

　　建设生态文明是关乎中华民族永续发展的千年大计。中共十八届三中全会通过的《中共中央关于全面深化改革若干重大问题的决定》提出"加快生态文明制度建设"，要求"建立空间规划体系，划定生产、生活、生态空间开发管制界限，落实用途管制""健全国家自然资源资产管理体制，统一行使全民所有自然资源资产所有者职责。完善自然资源监管体制，统一行使所有国土空间用途管制职责"。《生态文明体制改革总体方案》明确"构建以空间规划为基础、以用途管制为主要手段的国土空间开发保护制度"。为统一行使全民所有自然资源资产所有者职责，统一行使所有国土空间用途管制和生态保护修复职责，中共十九届三中全会通过的《深化党和国家机构改革方案》提出"将国土资源部的职责，国家发展和改革委员会的组织编制主体功能区规划职责，住房和城乡建设部的城乡规划管理职责，水利部的水资源调查和确权登记管理职责，农业部的草原资源调查和确权登记管理职责，国家林业局的森林、湿地等资源调查和确权登记管理职责，国家海洋局的职责，国家测绘地理信息局的职责整合，组建自然资源部，作为国务院组成部门"。《中共中央 国务院关于建立国土空间规划体系并监督实施的若干意见》要求"建立国土空间规划体系并监督实施，将主体功能区规划、土地利用规划、城乡规划等空间规划融合为统一的国土空间规划，实现'多规合一'"。全国"十四五"规划纲要提出："形成主体功能明显、优势互补、高质量发展的国土空间开发保护新格局""强化国土空间规划和用途管控"。在上述背景下，统一实施所有国土空间用途管制的重要目标是实现国土开发保护新格局构建下的统一用途管控。

　　本书聚焦国土空间用途管制的理论与实践两个方面，在明确国土空间用途管制概念内涵和审视传统用途管制所存在问题的基础上，指出国土空间用途管制改革的重大意义，进而阐释国土空间用途管制的相关基础理论；对国内国土空间用途管制历史沿革和国外经验进行了回顾剖析，进而对国内现阶段的国土空间用途管制工作进行总结，并列举分析地方的实践案例，以此为支撑，最后提出深化国土空间用途管制改革的若干思考和改革展望。

　　全书遵循"改革意义与理论基础—历史沿革—国际经验—主要依据—方法手段—探索实践—思考展望"的逻辑，七个章节的具体布局如下：

　　第一章"统一实施国土空间用途管制的意义与理论基础"，指出国土空间具有"区域"和"要素"两种特性，国土空间用途管制的关键是对自然资源的载体进行开发管制。通过分析传统国土空间用途管制的运行特点和存在问题，指出统一国土空间用途管制改革的重大意义，进一步分析国土空间用途管制改革需要优化处理的几组协同关系。在此基础上，分别从制度背景、格局构建、建设与非建设空间管理、统筹管理等方面阐释了统一国土空间用途管制的理论基础。

　　第二章"国土空间用途管制的历史沿革"，系统梳理了我国土地用途管制、城乡规划许可，以及林地、草地、海域海岛等用途管制的历史沿革，提出我国国土空间用途管制是涵括所有国土空间和自然资源全要素监管的管制制度。

　　第三章"国土空间用途管制的国际经验"，梳理了国外相关用途管制的发展历程、管制方法、制度体系等，在总结经验的基础上提出对我国国土空间用途管制的启示。

　　第四章"国土空间用途管制的主要依据"，重点围绕"建立国土空间规划并监督实施"的中央决策、相关法律法规要求、国土空间分类分区规定、管控要求及自然资源管理相关规定进行分析。

　　第五章"国土空间用途管制的方法手段"，系统总结了我国国土空间用途管制现阶段的主要做法，表明国土空间用途管制是管理、审批、许可的"组合拳"，包括自然资源计划管理、国土空间准入管理、建设用地和工程规划审批、实施监督、主要配套政策工具。

　　第六章"国土空间用途管制的改革探索与实践"，梳理了我国在国土空间用途管制相关领域进行的一系列改革与实践，并对实践取得的成效和可能存在的问题进行了分析，包括耕地保护、土地利用计划管理方式改革、用地审批许可改革、标准化和信息化支持等。

第七章"深化国土空间用途管制制度改革的思考与展望"，重点阐述了深化国土空间用途管制制度改革的方向和定位，提出重点推进设想和未来发展展望。

# 目　　录

# 第一章 统一实施国土空间用途管制的意义与理论基础

## 第一节 认识国土空间与国土空间用途管制

### 一、国土空间的内涵与特性

#### （一）认识国土空间

国土空间是"国家主权与主权权利管辖下的地域空间，包括陆地国土空间和海洋国土空间"[①]。国土的概念古来有之，汉代王充所著《论衡·谢短》有云："古者封侯，各专国土"。这里的"国土"意指封国的领地。在《现代汉语词典》中，国土释义为国家的领土，从广义上来讲国土是一个政治性概念，自出现伊始，便具有很强的主权性。同时，国土是指一国居民的生存条件，包括"一国的陆地、河流、湖泊、内海、领海、大陆架及它们的下层和上空"（刘胤汉、张元平，1992）。

---

① 《省级国土空间规划编制指南》（试行）。

### （二）国土空间的"区域"和"要素"特性

国土空间是一个包含人类生活生产活动和各种资源要素的、复杂的整体时空系统。在我国，对国土空间存在两类认知：一类是"区域"型国土空间，另一类是"要素"型国土空间（林坚、刘松雪等，2018）。

"区域"型国土空间分类反映了从主体认识的角度考察国土空间的思维。此时，对国土空间的认知体现了人类对地表生存场所和环境的抽象认知，是汇总对一定空间范围内人类活动与自然资源环境综合认知的结果，即"一片片"的国土空间。"区域"型国土空间强调其综合性，体现地理学区划的视角，如行政区划、经济区划、自然区划、政策区划，以及自然保护区、开发区等各种类型划分。但在国土空间用途管制制度的讨论范畴中，作为公共政策，其目标的实现往往需要落实到各级规划和制度安排所对应的责任主体。结合实践的观察，"区域"型国土空间可以包括覆盖全域的行政区划、主体功能区划和局域性的自然保护区、开发区等（图 1–1 a）。

"要素"型国土空间分类反映了从客体存在的角度认识国土空间的思维。此时，国土空间被视为是各类自然资源要素与生态环境的载体，最终归属于不同权益人这一权益客体，即"一块块"的国土空间。依其所承载的不同人类活动与自然资源，国土空间可以依权益范畴论进行分类。"要素"型国土空间强调其具体用途或管理限制性，体现资源管理分类的视角，同一类"要素"具有相近的用途或管制目标等属性，其治理往往会直接与具体宗地（或宗海）的权益人对接。"要素"型国土空间可进一步分为管制类要素空间和用途类要素空间。其中，管制类要素空间可以和边界清晰的具体地域或地类使用管制挂钩，如生态保护红线、城镇开发边界、永久基本农田等（图 1–1 b）；用途类要素空间可以确定明确的界址、用途和权属，是实施不动产确权登记、自然资源确权登记并落实权利、责任主体的基础，如耕地、林地、草地、城市建设用地中的单宗地（图 1–1 c）。传统的国土规划、土地利用总体规划、林地保护利用规划、城乡规划中的用地规划等都着眼于"要素"型国土空间的开发保护，主要从自然资源的、具体的、物质的角度来认知国土空间，政策导向则重在"落地"管理。

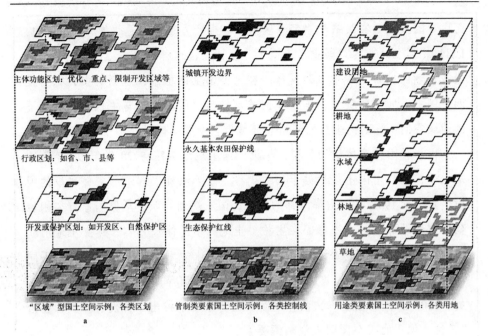

图1-1　"区域"型、"要素"型国土空间概念

国土空间概念的由来和演变，与国土规划、土地利用规划有密切关系（专栏1-1），也印证了国土空间的"区域"和"要素"双重特性。

**专栏1-1　国土空间概念由来溯源**

　　"国土空间"综合了"国土"与"空间"两个概念，联系中国的社会经济实践，可以分别追溯到20世纪80年代初借鉴日本"国土规划"开展国土整治和区域规划的讨论（陆大道，1984），以及21世纪初借鉴欧洲各国"空间规划"改革国民经济发展规划和区域规划的讨论（杨伟民，2003）。这两次讨论都是由国家发展改革委（原国家计委）主导的，主体功能区规划的提出即是最后一次讨论的成果（杨伟民，2003）。基于这两次讨论的语境，"国土空间"这一概念是对原先"国土"概念的进一步确认。追根溯源，早在我国20世纪80年代开展大范围"国土规划"实践时，学界对"国土"概念的理解就有所分歧：一种主张强调国土的资源属性；另一种主张强调国土的区域属性（胡序威，1982）。在当时，后一种主张占据上风，进而引导国土规划实践基于"经济区划"与生产力布局的思想展开（吴传钧，1984）。那个时期的"国土"等同于"区域"，这种思想在 21 世纪主体功能区规划的探索实践中得到延续。在《全国主体功能区规划》中，特别强调"国土空间"的提法，国土空间被定义为"国家主权与主权权利管辖下的地域空间，是国民生存的场所和环境"，没有明确提及国土的资源属性。

由于我国经济体制的转型，早期的国土规划实践在 20 世纪 90 年代逐渐式微，反映出国土规划偏于宏观战略、缺乏明确"落地"实施手段的困境。而随着 1998 年国土资源部的成立，国土规划的职能从原国家计委划转到国土资源部。国土资源部在主推"土地利用总体规划"、建立土地用途管制制度以保护耕地的同时，也开始对"国土规划"赋予与区域规划不同的内涵，强调对土地、矿产、地下水和海洋地质等国土资源的保护（胡序威，2006），进而在生态文明体制改革的背景之下推出了开发、保护、整治"三位一体"的《全国国土规划纲要》。

因此，围绕国家发展的社会经济需求和有关规划实践，"国土"概念在提出之时就具有"国土资源"与"国土空间"两层含义，这两层含义在 21 世纪初分别以国土资源部主管的"国土规划"和发展改革委主管的"主体功能区规划"的形式得到发展。不过这两条并行的发展路径并非完全独立，而是有所交织，反映在"主体功能区规划"对资源环境区划的重视，以及"国土规划"对"国土空间"相关概念的吸收。随着生态文明体制改革的推进，在原国土资源部基础上改组而成的自然资源部同时接管了"主体功能区规划"与"国土规划"两者的编制职能，以此为基础构建国土空间开发保护制度。可以预见，在国土空间开发保护制度中，"国土空间"将作为一个具有不同维度的有机整体被重新理解，相应制度也将融合主体功能区规划的分区管理、土地利用总体规划的土地用途管制等内容。

（三）国土空间与自然资源的关系

国土空间是自然资源和建设活动的载体，占据一定的国土空间是自然资源存在和开发建设活动开展的物质基础。虽然不同学科对自然资源的内涵和外延有着不同的界定，但我国法理和管理意义上的"自然资源"，主要指有空间边界或有载体、可明确产权、经济价值易计量的天然生成物，例如，《中华人民共和国宪法》《中华人民共和国物权法》和《中华人民共和国民法通则》[①]中列举出的矿藏、水流、森林、山岭、草原、荒地、滩涂、海域、土地等（林坚等，2016）。在现实生活中，各类自然资源以国土空间为载体，并呈现出不同的立体分布形态。水流、森林、草原、土地（含山岭、荒地）、滩涂、海洋、矿藏等主要依附土地、水域（淡水）、海洋（海域）三类空间母体（或载体），呈现地表和地下立体空间分布格局（表1-1）。同时，国土空间也是各类开发建设活动不可或缺的载体。因此，合理利用和保护各类自然资源的载体（即国土空间），是合理利用和保护各类自然资源的前提条件。

**表 1–1　自然资源类型及其空间载体**

| 资源类型 | 土地资源 | 矿藏资源 | 森林资源 | 草原资源 | 海洋资源 | 滩涂资源 | 水资源 |
|---|---|---|---|---|---|---|---|
| 依附的空间母体 | 土地 | 土地 | 土地 | 土地 | 海洋 | 土地、海洋、水域 | 水域、土地 |
| 土地立体空间 | 地表、地下 | 地表、地下 | 地表 | 地表 | 地表 | 地表 | 地表、地下 |

## 二、国土空间用途管制的内涵认知

### （一）管制的概念内涵

管制（regulation），通常被认为是国家机关所独有的能力，《辞海》释义为强制性的管理。日本著名管制经济学家植草益（1992）将管制称为"公的规制"，并将其定义为：社会公共机构依据一定的规则对企业活动进行限制的行为。关

---

① 《中华人民共和国物权法》和《中华人民共和国民法通则》的有关自然资源的规定被系统纳入2021年1月1日开始实施的《中华人民共和国民法典》中。

于管制的主体，有广义与狭义之分。广义上，按照美国经济学家乔治·约瑟夫·斯蒂格勒（George Joseph Stigler）的观点（Stigler，1981），管制的主体是立法、行政和司法三大国家公共权力主体；狭义上则认为，政府管制的主体仅仅限于行政机构。相较而言，前者更加适用于制度安排，指称的范围更为宽泛。管制研究一般会涉及三个问题，即为什么需要管制、管制代表谁的利益、如何评价管制的效果。而对这三大问题的回答，都是在管制过程中完成的。在管制过程中，市场主体与公共构成利益的两端，国家机关则在发生交互作用的过程中通过制度安排实现利益的动态均衡（曹堂哲，2003）。

具有公权本质的管制概念自然延伸出政府管制概念，政府管制被普遍认为是政府向社会提供的一种特殊的公共产品。欧洲政治学者詹多梅尼科·马佐尼（Giandomenico Majone）认为政府管制存在的必要性有以下七点：防止市场垄断的需要，控制暴利的需要，解决外溢成本问题的需要，弥补信息不完全的需要，减少过度与恶性竞争的需要，减轻社会损失的需要及其他正常理由（Majone，1990）。

政府管制概念在经济学、法学和政治科学领域受到广泛的研究，但仍然颇具争议。例如，早期学者维斯卡西（Viscusi）认为政府管制是政府以制裁手段，对个人或组织的自由决策的一种强制性限制（丹尼尔·F. 史普博，1999）；王俊豪（2001）认为，政府管制主要是指具有法律地位的、相对独立的政府管制者（机构）依照一定的法规对被管制者（主要是企业）所采取的一系列行政管理与监督行为；余晖（1997）认为，政府管制是指政府行政机构根据法律授权，采用特殊的行政手段或准立法、准司法手段，对企业、消费者等行政相对人的行为实施直接控制的活动。尽管学界尚未就政府管制概念达成一致，但不同学科对于概念的把握形成以下六点共识（茅铭晨，2007）：①政府管制是政府或政府机构采取的行动；②政府管制是一类特殊的行政活动，其形式包括调节、监管和干预，其手段包括准立法、准司法、执法；③政府管制是一类高度制度化的行政活动；④政府管制是具有高度目的性的行政活动：为追求经济效益和社会效益的帕累托最优及维护社会公平和正义；⑤政府管制是特定领域（即经济及其外部性领域和一些特定的非经济领域）的行政活动；⑥政府管制是针对特定行政相对方或被管制者（主要是从事经济活动的企业或从事某些特殊活动的其他主体）的行政活动。

## （二）国土空间用途管制的内涵

与国土空间用途管制的概念有密切联系的是空间管制。1998年，国家城乡规划管理部门在《关于加强省域城镇体系规划工作的通知》中首次提到了"空间管制"的概念，但此后相当长一段时间内处于理念阶段。随着我国城镇化进程的不断加速，曾在西方国家出现的城镇蔓延、生态退化等问题开始逐步显现，传统的城市规划理念和方法也不断遭遇挑战和质疑，空间管制开始逐步迈向"行动"阶段。空间管制主要包含两个方面的内容，一方面是指对不同区域的空间管控，另一方面是指对同一区域内部不同空间类型及要素的管控。

国土空间用途管制的本质是对自然资源的载体进行开发管制，是政府运用行政权力对空间资源利用进行管理的行为。判断国土空间用途管制的具体内涵必须立足于空间规划和空间治理领域的改革需求。正如《生态文明体制改革总体方案》所指出的，空间规划是国家空间发展的指南、可持续发展的空间蓝图，是各类开发建设活动的基本依据。因此，国土空间用途管制要做到：①不仅要保护和管理各类自然资源的空间载体，还要实现对各类开发建设活动的空间管理，属于"建还是种？＋种什么？＋建什么？＋建多少？"的全口径管理；②加强对区域可持续发展活动的引导控制。

结合上述分析，国土空间用途管制可以被定义为：政府为保证国土空间资源的合理利用和优化配置，落实主体功能区战略与制度，促进经济、社会和生态环境的协调发展，编制国土空间规划，从规定各类农业生产空间、自然生态空间、城镇、村庄等的主要管制边界，直至具体土地、海域的国土空间用途和使用条件，作为各类自然资源开发和建设活动的行政许可、监督管理依据，要求并监督各类所有者、使用者严格按照空间规划所确定的用途和使用条件来利用国土空间的活动。

结合相关管理职能的设置，2018年3月，第十三届全国人民代表大会第一次会议审议国务院机构改革方案，整合国土资源部等八个部、委、局的规划编制和资源管理职能，组建自然资源部，统一行使全民所有自然资源资产所有者职责，统一行使所有国土空间用途管制和生态保护修复职责。其中，就统一行使所有国土空间用途管制职责而言，自然资源部基本形成以国土空间用途管制司为主，紧密联动国土空间规划局、耕地保护监督司、海域海岛管理司、自然资源调查监测司、自然资源确权登记局、自然资源开发利用司等司局以及国家林业和草原局的分工合作格局。具体到国土空间用途管制的工作任务，可以概括为计划管理、空间准入与转用管理、建设用地和工程规划审批、实施监督、配套政策工具、标准化与信息化支持。

## 第二节　统一实施国土空间用途管制的目标和意义

### 一、传统国土空间用途管制运行面临的挑战

#### （一）传统国土空间用途管制的运行及特点

**1. 传统国土空间用途管制运行环节**

统一国土空间用途管制的机构改革之前，国土空间用途管制的实施分散在不同部门，具体运行分为规划编制、审批许可和监督管理三个环节：

（1）规划编制。编制规划是开展国土空间用途管制的第一步，国土空间规划是国土空间用途管制的依据，通过将所有国土空间分区分类实施用途管制。以往与用途管制相关的空间规划有土地利用总体规划、城乡规划等全局型规划，以及针对各类自然资源的专项型规划。总体而言，各类规划基本采用"指标控制+分区管制+名录管理"的规划思路。以土地利用总体规划为例，在指标控制方面，严格控制耕地保有量、基本农田面积、新增建设用地总量等关键指标；在分区管制方面，划定"三界四区"分区，在名录管理方面，设置重点建设项目、土地整治区域等名录。此外，各类规划涉及的用途管制手段和实施成熟度差异大，土地利用总体规划、城乡规划成熟度高，林地保护利用规划、水功能区划、海洋功能区划次之，主体功能区规划、湿地保护规划、草原保护利用建设总体规划等尚无明确手段（林坚、吴宇翔等，2018）。

（2）审批许可。审批许可是依据法律规定和编制的空间规划，对国土空间

开发行为进行行政审批和许可，明确自然资源开发和建设活动的空间载体用途及使用条件，其贯穿于用地、用海审批等各类行政审批和许可过程中。它是国土空间用途管制的主要执行环节，也是自然资源开发及载体使用权取得的前置审查环节，包括国土空间开发许可、用途变更许可等。开发许可通过设置空间准入条件及符合当前发展要求的开发利用与保护条件，对开发利用活动进行事前审查，对不符合空间规划预先确定的用途的活动不予批准。用途变更许可通过明确审批条件、审批程序和审批内容，严格管控国土空间用途改变，严格控制建设占用优质耕地和自然生态空间。

用途管制主要通过行政审批、许可和相应的制度设计实现。陆域建设空间的审批许可，主要依据土地利用总体规划和城乡规划，通过逐级、分类的规划编制，明确具体地块的国土空间用途及其使用条件，以土地利用总体规划为依据开展的用地预审和农用地转用许可、以城乡规划为依据实施"一书三证"，涉及占用林地、草地等不同自然资源类型用地的，需要配合开展转用审批许可等手续；陆域非建设空间的用途管制实施，主要体现在有关资源产权确认的证明初审环节；海域空间利用的审批许可，通过实施海洋功能区划制度来保证。

（3）监督管理。以往国土空间用途管制监督管理，包括各类各级资源环境主管部门开展的日常巡查工作，对违法违规使用活动的执法督察，以及采用现代信息化手段进行动态监测等。各类监管活动关注开发利用活动是否合法合规及对生态环境造成的影响，通过监管督察和行政处罚，对开发者各种偏离国家利益的倾向形成威慑，减少开发建设活动等对公共利益、生态环境的损害。以督察为例，以往较具代表性的有土地督察、城乡规划督察、草原督察、森林督察、环保督察、矿产督察、水资源督察、海洋督察等。这些督察制度都体现了中央政府对地方政府的直接控制和监管，针对重点领域和重点问题的检查督办（唐璨，2010），防止地方保护主义在相关领域内对有关国家法律、法规、规章和政策的破坏。但是，有关督察制度在设立依据、督察主体、监督对象、职责权限及法制保障等方面都有很大不同，实施手段较为成熟、影响力大的是环保督察、土地督察，其他督察制度有待加强。

**2. 传统国土空间用途管制的特点**

分析传统的各类用途管制做法，国土空间用途管制的主要特点可以归纳为

（林坚、武婷等，2019）：

（1）以建设项目"落地"管理为主线，资源保护的管制约束直接影响项目"落地"。国土空间用途管制的关键在于管控项目"落地"实施，土地利用规划的用地预审、农用地转用审批、城乡规划的"一书三证"是最直接的空间用途管制手段。此外，对于需占用自然生态空间的建设项目，自然资源保护直接关系到项目能否落地，体现在建设项目审批过程中需要获得林业主管部门、水利主管部门、环境保护主管部门等众多审批主体的许可。对开发建设活动实施管理的国土空间用途管制实质是对其土地发展权的管理。其中，一级土地发展权集中在与土地用途管制（《土地利用总体规划》）有关的事项；二级土地发展权多体现在与城乡规划"一书三证"有关的事项中。其他类型的空间规划以及后续开展的自然生态空间用途管制试点工作，都是试图参与到土地发展权的管理和控制工作中，但具体办法仍处于探索阶段。

（2）针对非建设空间的用途管制，体现在有关资源产权确认初审中。在我国现行自然资源管理中，对自然资源的开发利用需要获取相应的使用权利，包括载体使用许可、载体产权许可、产品生产许可三种类型。其中载体使用许可是资源所有权人将资源使用权交给资源使用权人的前置条件，在此过程中需要审核自然资源开发利用项目的诸如"四至"、空间用途、开发条件是否符合法定规划等事项。现行对于非建设空间的资源管理主要立足资源载体使用许可，在办理产权证明申请的初审环节进行。

（3）受生态环境保护思想的影响，正在探索自然生态空间整体约束管理的路径。以往对耕地、森林、草原、水域等自然生态空间的保护和管控分散在国土、林业、农业、水利、城乡建设等各个有关部门中。由于管理权责分散，"就山治山""就水治水"，无视生态系统整体性和多要素耦合性的现象时有发生。2017年是用途管制思路发生转变的一年，受生态环境保护思想的影响，无论是党的十九大报告提出的"山水林田湖草系统治理"，还是原国土资源部联合国家发展改革委等九部门印发的《自然生态空间用途管制办法（试行）》，都体现了用途管制思路转向多要素统筹，即按照生态系统功能整体优化的原则，将空间开发利用从分资源要素约束管理逐步转向自然生态空间整体约束管理。

## （二）传统国土空间用途管制面临的问题

传统以"要素"管理为主的国土空间用途管制，在实践中遇到如下问题。

### 1. 管制空间碎片化

传统国土空间用途管制中，管制空间呈现碎片化特征，主要表现在自然资源分部门分类管理和同一要素空间多部门管理两个方面。①我国用途管制行政管理是依单行法按空间所承载的资源要素实行分类管理。即上文提到的水、土、林、矿、草原等自然资源分由不同的部门管理。自然资源的分类管理，一定程度上人为地割裂了山水林田湖草之间的密切联系，一方面难以统筹发挥各类自然资源的综合效益，另一方面难以统筹协调自然资源的保护修复，以至于出现种树的只管种树、治水的只管治水、护田的单纯护田，顾此失彼，最终造成生态的系统性破坏。②对于同一要素空间，往往按照不同的管理事项，归口不同的部门管理。以水域空间为例，水资源由水利部门主管，但具体到以水为载体的各项活动，则涉及众多的管理部门。一般来说，渔业水域管理由渔业主管部门负责，河流水运、航道管理由交通部门负责，水质监测、排污口的设置和扩大审批、饮用水水源保护区划定由环保部门主管，湖泊取土、部分地下水主要由国土部门管理等。

### 2. 管制空间叠置化

传统国土空间用途管制中，各专业部门管理空间交错的现象在交错地带和自然保护地体系中尤为突出：①海陆、农牧、河滩湿地等交错地带由于地理界线划分不清导致管理职能交织。以滩涂为例，因我国法律未对海岸线作出明确规定，海陆边界难以统一界定，直接影响所有权属性和使用审批方式。依据《中华人民共和国宪法》和《中华人民共和国土地管理法》的相关规定，滩涂资源存在国家和集体两种所有权形式，而海洋只有全民所有一种形式。《中华人民共和国土地管理法实施条例》明确规定了国土资源管理部门对滩涂的管理权，建设工程使用滩涂时，需要办理用地许可。而《中华人民共和国海域使用管理法》规定滩涂是海域的组成部分，建设工程时需办理海域使用许可。②自然保护地体系存在"一地多牌"的情况。如武陵源风景名胜区，由张家界国家森林公园、索溪峪自然保护区和天子山自然保护区组合而成，同时，它还是世界自然遗产、世界地质公园、国家 5A 级旅游景区。不同的"名牌"对应不同的主管部门，"名牌"背后的规划范围、管理范围也并不完全吻合，这就将空间上的交错问题转化为管理交错问题，进而影响自然保护地的综合统筹管理。

**3. 管制目标差异化**

传统国土空间用途管制中，各类要素空间存在行政管理目标不一致的问题，主要体现在：①纵向目标不一致。我国国土空间用途管制实行多级委托代理制，即国家将各类空间的所有权委托给中央政府，由于中央政府不可能直接控制所有空间，必然以其所承载的自然资源为划分基准，逐级委托至各级自然资源管理部门。然而国家和各级委托人、代理人都有着不同的行为和利益目标，从国家委托直到最后一级的代理人，这种差异可能越来越大。国务院代表国家作为自然资源所有权的行使人，更侧重自然资源长期的保值增值和生态综合保护，地方政府在现行政绩考核体制下则更侧重自然资源的短期开发利用和直接经济收益。②横向目标不协调。同一层级不同部门之间的管理目标难以协调，如林业部门有可能为提高森林覆盖率大力推广"退耕还林"，或在统计时将部分耕地、园地统计为林地；而负责耕地保护的国土资源部门则倾向于将适宜复垦的各类用地均复垦为耕地，限制"退耕还林还草还湖"。此外，不同部门在编制规划时往往更注重各自利益诉求的表达，而忽略与其他部门的协调与合作，从而造成同一空间存在不同的规划引导和管控要求。

**4. 管制指标维度不一、标准多元**

传统国土空间用途管制体系中，多以资源控制指标为手段来管控各类空间，但存在管制指标设置维度不统一，管制技术标准多元不协调的问题：①自然资源管制指标维度不统一，如耕地、林地、水资源设置了数量、质量、效率等维度，而矿产资源以数量和效率指标为主，草原、湿地、海洋资源以数量指标为主（朱江等，2022）；②由于采取依自然资源分部门管控的方式，引发自然资源管理信息错位化问题，不同部门调查登记的空间分类标准不一致（表 1–2）。2007年国家颁布《土地利用现状分类》，国家土地管理部门在土地调查、土地登记和土地执法等工作中执行该标准。但是其他资源管理部门由于各自行业管理的需要或工作惯性，多从定着物的用途角度进行更为具体的分类。例如，《土地利用现状分类》中将林地分为有林地、灌木林地、其他林地，而《中华人民共和国森林法》在此基础上，又明确将森林按照用途分为五类：防护林、特种用途林、用材林、经济林和能源林。由于部门在划分标准和范围上存在差异，同一片土地常被作为不同类型由不同部门重复登记。标准的多元化容易造成各部门统计数据不一致，在实际管理工作中无法协调或难以解释。例如，土地管理部门认定为荒地或未利用地的，林业部门可能认定为林地或其他林地；土地部门开发未利用地的土地整治活动，会被林业部门认为是破坏森林的违法活动。

表 1–2　各部门调查登记标准一览

| 序号 | 标准代码 | 标准名称 | 标准级别 |
|---|---|---|---|
| 1 | GB/T 21010—2007 | 《土地利用现状分类》 | 国家 |
| 2 | GB 50137—2011 | 《城市用地分类与规划建设用地标准》 | 国家 |
| 3 | GB/T 26424—2010 | 《森林资源规划设计调查技术规程》 | 国家 |
| 4 | TD/T 1014—2007 | 《第二次全国土地调查技术规程》 | 土地行业 |
| 5 | TD/T 1017—2008 | 《第二次全国土地调查基本农田调查技术规程》 | 土地行业 |
| 6 | TD/T 1001—2012 | 《地籍调查规程》 | 土地行业 |
| 7 | TD/T 1008—2007 | 《土地勘测定界规程》 | 土地行业 |
| 8 | TD/T 1015—2007 | 《城镇地籍数据库标准》 | 土地行业 |
| 9 | LY/T 1812—2009 | 《林地分类》 | 林业行业 |
| 10 | LY/T 1954—2011 | 《森林资源调查卫星遥感影像图制作技术规程》 | 林业行业 |
| 11 | LY/T 1955—2011 | 《林地保护利用规划林地落界技术规程》 | 林业行业 |
| 12 | HY/T 121—2008 | 《海域使用管理标准体系》 | 海洋行业 |
| 13 | HY/T 123—2009 | 《海域使用分类》 | 海洋行业 |
| 14 | HY/T 124—2009 | 《海籍调查规范》 | 海洋行业 |
| 15 | HY 070—2003 | 《海域使用面积测量规范》 | 海洋行业 |

## （三）传统国土空间用途管制面临问题的原因

依据对国土空间存在"区域"和"要素"两种类型的认知，前述传统国土空间用途管制表现出的问题，可以概括为："区域"失序和"要素"失控。具体表现为：一方面，宏观规划中各区域发展分工不明、目标定位同质化，各区域对发展权利竞相争夺，以不断降低土地获得门槛的形式吸引项目落地，导致对国土空间和自然资源的无序开发、过度开发，最终造成生态环境恶化；另一方面，"政出多门"的各类国土空间用途管制制度空间叠置破碎、目标逻辑多元、相互之间缺乏协调，导致其通过各"条线"层层传导最终落地时，容易出现相互矛盾的问题，使各类制度的管控效能均被削弱，最终造成各类自然资源要素管制失控。

"区域失序""要素失控"是广被诟病的国土空间开发保护现象（林坚等，2021），背后根源恰恰是"区域"与"要素"治理的脱节。我国的国土空间用途管制制度可分为"区域"型和"要素"型两种管理制度，前者以主体功能区规划的相关制度为代表，后者以土地利用规划、城乡规划对应的相关制度为代表。联系主体功能区规划、土地利用规划和城乡规划实施的情况，"区域"治理和"要素"治理存在两大突出的难题：

（1）"区域"治理"落地"难。主体功能区规划和制度形成较晚，且偏重区域定位与区域政策，缺乏与土地利用和自然资源精细化管理的有效配合，面临"不下县、不落地"的窘境，无法形成良好的向下传导机制。这使得区域政策对下级政府的实质性干预与指导作用有限，无法通过引导合理的要素流动，真正实现区域间损益平衡与外部性内部化，进而实现区域协调发展。正是在区域间损益无法有效协调、外部性无法得到解决的情况下，地方政府通过人为制造竞争优势，以尽可能多地获取建设用地指标，借助经营土地参与区域竞争。

（2）"要素"治理"合意"难。长期以来，面对地方恶性竞争导致的区域结构失衡与要素开发失控问题，中央政府更倾向于以"要素"型国土空间的规划与用途管制为抓手，进行自上而下的条线化管控，并建立了较为成熟的精细化管理与监督体系。在信息化监管工具日益强大的情况下，中央政府在"要素"治理中体现出越发明显的"技术治理"倾向（渠敬东等，2009）。但其问题和困难在于：一方面，通过标准化模式，将地方这个复杂的社会经济生态巨系统分解为各个方面的要素进行分头管控，反而削弱以地域为单元进行整体统筹治理的可能，现实中尽管有"上面千条线，下面一根针"的表述，但部门分治依然会导致地方"要素"治理呈现"九龙治水"的情况；另一方面，由于中央政府所能配置的资金与人员十分有限，加上天然存在的央地政府间信息不对称，故而中央政府虽然试图构建精细化的、较为全面的要素管制模式，但地方政府仍可在实施过程中拥有较大的自由裁量权，对其进行变通与突破，造成属地管理架空部门管理的情况多有发生。

上述问题的实质是"区域"治理与"要素"治理脱节，各级政府之间未能形成有序分工，反而陷入"上下一般粗""九龙治水"的条线型治理模式。一方面，中央政府过于深度地涉入地方治理的具体事务中，未能充分发挥宏观性、战略性，以及跨区域、跨部门事务的统筹功能，致使难以引导合理的要素流动以实现区域间损益平衡与外部性内部化（张京祥、陈浩，2014）；另一方面，地方政府承担大量细碎的、来自上面各部门的硬性任务和管制要求，这些自上而下传导的同质化任务难以做到"因地制宜"。"区域"和"要素"治理的脱节，症结在于围绕国土空间用途管制，中央政府和地方政府的分工不明晰，其结果是容易陷入国土空间治理"大事管不好，小事管不住"的困境。因此，当前国土空间治理体系改革的总体思路是，通过纵横体制改革，构建全域空间管控、全要素耦合管理的统一国土空间用途管制制度，实现从中央到地方、从政府到市场的"区域—要素"有效统筹，变"九龙治水"为"五指成拳"。

## 二、统一实施国土空间用途管制的目标任务

2018 年 3 月 13 日，第十三届全国人民代表大会第一次会议审议国务院机构改革方案，整合国土资源部等八个部、委、局的规划编制和资源管理职能，组建自然资源部，统一行使全民所有自然资源资产所有者职责，统一行使所有国土空间用途管制和生态保护修复职责。其中，就统一行使所有国土空间用途管制职责问题，内设国土空间用途管制司全权负责，实现自然资源的可持续利用和生态环境的全域保护。

回顾我国国土空间用途管制的历史，其起源于城乡规划的建设用地许可管

理，发展于土地利用总体规划的土地用途管制制度，拓展于全域全要素的自然资源监管，在生态文明体制改革的总指导下，构成了国土空间开发保护制度的主要手段。国土空间用途管制与作为国土空间开发保护制度基础的国土空间规划一道，"着力解决因无序开发、过度开发、分散开发导致的优质耕地和生态空间占用过多、生态破坏、环境污染等问题"，从而推进国土空间治理体系和治理能力现代化。因此，新时代国土空间用途管制的特点可以概括为：以国土空间规划"四体系"（规划编制审批体系、实施监督体系、法规政策体系、技术标准体系）为管制依据，以"四统一"（统一底图、统一标准、统一规划、统一平台）为技术支撑要求，以《中华人民共和国土地管理法》《中华人民共和国城乡规划法》等相关法律法规为核心支撑（随着改革的深入将逐渐以《国土空间规划法》《国土空间开发保护法》为主体），以国土空间分区分类为基础，以"三线"管控、城市"四线"管控、海域海岛海岸线管控、林草湿水资源管控以及特殊空间管控为主要空间管控遵循要求，以不动产登记和自然资源确权登记、自然资源调查监测评价、自然资源资产有偿使用、自然资源节约集约利用等自然资源管理其他规定为重要补充。

对应到国土空间用途管制具体方法与手段上，核心内容可以概括为：以自然资源计划管理为空间规模管控手段，以国土空间准入与转用为建设项目空间布局的第一道闸门，以建设用地和工程规划审批为建设项目落地实施的第二道闸门，以用途管制全生命周期的实施监督为最后一道闸门，进而全面实现全域、全要素国土空间开发保护格局优化和全生命周期的有效实施监管。此外，以城乡建设用地增减挂钩、耕地保护的进出平衡与占补平衡、农村全域土地综合整治、城镇低效用地再开发等工具作为主要配套政策。相应地，标准化数据管理、统一的国土空间基础信息平台等标准化和信息化建设，将是统一实施国土空间用途管制的重要保障。

鉴于目前体制建设正处于搭建初期，自然资源部国土空间用途管制相关管理部门还承担着指导地方开展国土空间用途管制制度建设并监督实施，总结推广国土空间管控、用途转用等典型经验的职责。

## 三、统一实施国土空间用途管制的重大意义

（一）统一行使所有国土空间用途管制职责，助推生态文明制度建设

2013 年 11 月党的十八届三中全会通过《中共中央关于全面深化改革若干重大问题的决定》，明确"加快生态文明制度建设"，要"健全国家自然资源资产管理体制……统一行使所有国土空间用途管制职责"。但由于当时空间管理的权限分散在不同部门，"九龙治水"现象普遍存在，难以从整体上对空间进行有效管理。譬如，城镇空间用途管制职能原来主要在住房和城乡建设部，农业空间用途管制职能集中在国土资源部，生态空间用途管制职能散落在环保、林业、农业等部门。习近平总书记指出，山水林田湖是一个生命共同体，由一个部门负责所有国土空间用途管制职责，对山水林田湖进行统一保护、统一修复是十分必要的。基于此，为了解决空间要素管制的部门分割问题，提高国土空间用途管制的效能，中央政府深入推进政府管理体制改革，2017 年在党的十九大报告中提出设立国有自然资源资产管理和自然生态监管机构，统一行使所有国土空间用途管制和生态保护修复职责。2018 年 3 月，第十三届全国人民代表大会将统一行使所有国土空间用途管制职责的职能正式授予新组建的自然资源部。至此，统一行使国土空间用途管制的体系架构基本建立，今后需夯实国土空间用途管制的机构实体和执行能力，提出国土空间用途管制的新机制，助推生态文明制度建设取得更大成效。

（二）完善主体功能区制度，构建国土空间开发保护新格局

主体功能区是国土空间开发保护的基础制度，是实现区域协调发展、加强生态环境保护的有效途径。2006 年，为促进工业化城镇化和资源环境承载能力相互协调，统筹国土空间开发活动，促进区域的协调均衡发展，"十一五"规划纲要正式提出了"推进形成主体功能区"的战略任务，主体功能区思想由此确立。2010 年，《全国主体功能区规划》正式发布，后续中央文件频频强化主

体功能区制度和战略。2018 年国家机构改革组建自然资源部，要求推进主体功能区规划、土地利用规划、城乡规划等"多规合一"，建立统一的国土空间规划体系。2021 年，全国"十四五"规划纲要再次强调，深入实施区域重大战略、区域协调发展战略、主体功能区战略，健全区域协调发展体制机制，构建高质量发展的区域经济布局和国土空间支撑体系，要求立足资源环境承载能力，发挥各地区比较优势，促进各类要素合理流动和高效集聚，推动形成主体功能明显、优势互补、高质量发展的国土空间开发保护新格局，完善和落实主体功能区战略与制度成为构建国土空间开发保护新格局的关键。统一国土空间用途管制，对建立健全与主体功能区战略相匹配的差异化绩效考核制度、行政责任追究和损害补偿制度、自然资源资产精细化管理制度和资源环境承载能力监测预警机制等具有重要意义，将为引导资源资产对价与要素合理流动提供有效途径，为主体功能区制度的降尺度传导与贯彻落实提供有力支撑。

（三）统筹各类空间性政策，构成国土空间规划实施手段

空间规划是实施空间用途管制的基本依据，统一行使国土空间用途管制职责，是解决当前空间规划重叠、管制缺乏合力的必然要求。20 世纪 80 年代以来，政府对空间发展问题越来越重视，许多部门都开始编制空间性规划，并配套相应政策推进规划的实施。在此之后相当长的一段时间内，由于各类资源分别由不同的行政机构管理，产生了相互独立、相互掣肘的各类规划和用途管制政策，大大损耗了空间治理政策及其措施的有效性。对此，2013 年十八届三中全会提出"多规合一"探索，2014 年国家四部委启动 28 个市县"多规合一"试点，2017 年启动省级空间规划试点，2019 年，《中共中央 国务院关于建立国土空间规划体系并监督实施的若干意见》印发，明确"建立国土空间规划体系并监督实施，将主体功能区规划、土地利用规划、城乡规划等空间规划融合为统一的国土空间规划，实现'多规合一'，强化国土空间规划对各专项规划的指导约束作用"，并且"以国土空间规划为依据，对所有国土空间分区分类实施用途管制"。现有的空间政策体系奠定了国土空间用途管制制度的基础，未来要充分发挥国土空间规划的基础性作用，以主体功能区政策和战略的实施为抓手，结合国土空间规划划分的空间类型，统筹利用好各类空间管理政策，创新构建

国土空间用途管制制度。

（四）契合信息融合趋势，助推空间治理体系和治理能力现代化

　　在信息智能化环境中，信息源往往是多样化的，信息之间关联紧密，需要通过综合多源信息进行经济、社会与政治决策，即实现多源信息融合。当今世界，信息融合已成为趋势，为更好地推动多元信息系统整合共享，提高政府决策效率，国务院 2017 年发布的《政务信息系统整合共享实施方案》给出了打破信息孤岛、突破数据堵塞的"国家药方"，全国先后已有六个省份成立了统一的大数据管理机构（黄征学等，2019）。在开展空间规划试点过程中，大多数地区都从空间维度整合发改、国土、住建、环保等部门的数据，打破部门和行业壁垒，促进多源数据汇聚融合，搭建基础数据、空间坐标、技术规范统一、衔接、共享的空间数据信息管理平台，建立各部门和各地区数据互联互通、共享共用的统一数据库。对此，《中共中央　国务院关于建立国土空间规划体系并监督实施的若干意见》明确要求建设统一的国土空间基础信息平台，以多源信息融合服务国土空间用途管制制度实施，实现各类空间管控边界精准落地，上图入库。

# 第三节　把握用途管制制度改革的几组协同关系

## 一、国土空间用途管制与国土空间规划的关系

　　国土空间用途管制与国土空间规划是相辅相成的。推进"国家治理体系和治理能力现代化"是我国全面深化改革的总目标之一，国土空间治理是国家治理面向国土空间范围的部分，其现代化是国家治理体系和治理能力现代化不可或缺的内容。在生态文明体制改革的总指导下，全面提升国土空间治理体系现代化成为重要内容。国土空间治理体系由国土空间规划、国土空间用途管制、领导干部自然资源资产离任审计、差异化绩效考核等构成，其中国土空间用途

管制与国土空间规划相辅相成，两者共同构成了国土空间开发保护制度的主要内容，一道"着力解决因无序开发、过度开发、分散开发导致的优质耕地和生态空间占用过多、生态破坏、环境污染等问题"。其中，国土空间规划是国土空间开发保护制度的基础，国土空间用途管制是国土空间开发保护制度的主要手段，国土空间规划是国土空间用途管制的起点。

国土空间规划指引、服务并作用于统一的国土空间用途管制。国土空间规划作为一项公共政策，其本质上就属于权力机关（政府）的管制行为，与用途管制有着本源的一致性。具体体现在以下三个方面：

（1）从制度建设初衷上看，从"建立空间规划体系"到"建立国土空间规划体系并监督实施"，是中央结合生态文明建设作出的重大战略部署，其初衷是统一实施国土空间用途管制，推进自然资源监管体制改革。中共十八届三中全会决定提出，"建立空间规划体系……落实用途管制。完善自然资源监管体制，统一行使所有国土空间用途管制职责"。中共十九届三中全会进一步明确，"强化国土空间规划对各专项规划的指导约束作用，推进'多规合一'，实现土地利用规划、城乡规划等有机融合"，进一步凸显了国土空间规划的基础性、指导性、约束性。国土空间规划的重要任务在于立足生态文明建设的根本大计、长远大计，谋划长远的国土空间开发保护构想，并要充分体现中央和国家对国土空间管理的意志，反映各参与者对国土空间开发保护、资源资产保值增值的合理诉求。国土空间用途管制立足于自然资源的载体使用监管，是自然资源监管体制的起点和自然资源生产监管的基础。因此，构建国土空间规划体系，是国土空间用途管制的基本依据，对自然资源监管体制的完善具有决定性的作用。为确保对自然资源开发的有效监管，凡是与自然资源载体使用（用地、用海）有关的规划，都需要明确纳入国土空间规划范畴。

（2）从目标制定上看，"保护资源、保障发展"是国土空间用途管制的根本目标，也是国土空间规划内容组织上的根本遵循。党的十八大以来，中国特色社会主义进入新时代，经济由高速增长阶段转向高质量发展阶段，以习近平同志为核心的党中央将生态文明建设纳入中国特色社会主义事业的总体布局。习近平同志提出的"绿水青山就是金山银山"的绿色发展观，准确地把握了保护和发展的关系，可以保障国家生态安全，改善环境质量，提高资源利用效率，推动形成人与自然和谐发展的现代化建设新格局。国土空间是自然资源的空间载体和生态文明建设的物质基础，而作为生态文明建设的重要支撑和国土空间开发保护制度的主要组成的国土空间规划与国土空间用途管制制度，根本目标是"保护资源、保障发展"。长期以来，空间规划的建立与变革都是围绕着实现这一目标而产生的动态平衡。例如，土地利用总体规划编制目的是弥补市场手段配置土地资源的缺陷，核心目标是保护耕地，实现土地资源的合理利用与可持续利用。再如，传统的城乡规划是对不同地域空间的开发建设活动进行综合管理，规划发展过程中通过核发"一书三证"（建设项目选址意见书、建设用地规划许可证、建设工程规划许可证、乡村建设规划许可证）发挥项目控制和空间监管职能，并通过划定"三区四线"（"三区"是指禁止建设区、限制建设区、适宜建设区，"四线"是指蓝线、绿线、黄线、紫线）提出有针对性的规划建设管理要求。在各类空间规划创设变革的过程中，产生了诸多重要的空间用途管制手段，两者相辅相成构成了"保护资源、保障发展"这一使命的空间维度支持。

（3）从实践组织上看，国土空间规划管理与国土空间用途管制具有高度重合性。实施国土空间用途管制，需要涉及规划（即方案编制）、实施（即审批许可）、监督（即执法督察）三个环节；而全链条的国土空间规划管理同样涉及规划的编制、实施（即审批许可）、监督（即执法督察）三项核心职能。毋庸置疑，国土空间规划管理与国土空间用途管制在功能上有很强的对应性。

## 二、国土空间用途管制与自然资源监管的关系

国土空间用途管制、国土空间规划都属于自然资源监管职责，归自然资源部管理。党的十八大以来，以习近平同志为核心的党中央站在战略和全局的高度，将推进国家治理体系和治理能力现代化纳入全面深化改革的总目标，将生态文明建设纳入中国特色社会主义事业的总体布局。自然资源监管体制是全面深化生态文明体制改革的必然要求，是推进国家治理体系和治理能力现代化的根本需要，也是持续推进政府职能转变、深化简政放权的现实需要。建设生态文明，推进国家治理体系和治理能力现代化，必须建立系统完整的生态文明制

度体系，用制度保护生态环境，要健全自然资源资产产权制度和用途管制制度，健全监管体系，"完善自然资源监管体制，统一行使所有国土空间用途管制职责"。自然资源监管可以分为载体使用许可、载体产权许可和产品生产许可三个环节，国土空间首先是自然资源的载体，国土空间用途管制对应资源载体使用许可，是载体产权许可和产品生产许可的前置条件，因此国土空间用途管制从属于自然资源监管。

　　自然资源监管是对自然资源利用活动的监管。现实中的自然资源利用分为自然资源开发和自然资源生产两种行为，自然资源的开发和生产都必须获得相应的使用权利。根据对权利的限制，自然资源监管通常按照载体使用许可、载体产权许可、产品生产许可三个环节开展（林坚、吴宇翔等，2018）。其中，载体使用许可指发生在资源所有权人将资源使用权交给资源使用权人之前，审核自然资源开发利用项目的"四至"、空间用途、开发条件等是否符合法定规划，是国土空间用途管制的重要实施手段。在明确载体用途、范围的前提下，权力申请人经资源管理部门核准后，获发对应资源载体产权证明，如土地使用权证、林权证等。产权人在合法获取资源载体开发权力后，向相关自然资源监管部门申请进一步投入生产要素，将自然资源转化为劳动产品。

　　国土空间用途管制的关键是对自然资源的载体进行开发管制，是政府运用行政权力对空间资源利用进行管理的行为。国土空间用途管制立足于自然资源的载体使用监管，是自然资源监管体制的起始点和自然资源生产监管的基础，从属于自然资源监管。分析既往自然资源载体使用许可的管理内容，可以分为陆域空间管理和海域空间管理；自然资源开发行为包括建设行为和非建设行为，相应形成的国土空间分为建设空间和非建设空间。陆域空间管理中的建设空间，载体使用许可将先后涉及用地预审、建设用地规划许可（或乡村建设规划许可）等环节。其中，自然资源主管部门依据土地利用总体规划及其他规定的要求，进行建设项目用地预审，核准有关用地可否用于建设；依据控制性详细规划或村庄规划等要求，明确具体用地的规划条件，核定用地（通常是地块）的位置、用途、开发强度等。陆域空间管理中的非建设空间，其载体使用许可主要在办理产权证明申请的初审环节进行，初审通过后，才能向县级以上地方人民政府申请办理农村土地承包经营权证等。海域空间管理，主要依据海洋功能区划开展用海预审，完成此环节后将按照用海管理途径的不同，或申请海域使用权批准通知书，或办理海域使用权出让合同，作为后续办理海域使用权证的前提条件。按照既有城乡规划管理方式的延续，涉及城乡建设活动的规划管理，国土空间用途管制不仅对用地进行规划许可，还会延伸到城乡建设工程的规划许可，譬如，乡村建设活动的规划许可主要体现在乡村建设规划许可证核发上，城市建设活动的规划许可包括建设工程规划许可证的核发。

## 三、国土空间用途管制与资源总量管理和全面节约制度的关系

资源总量管理和全面节约制度是国土空间用途管制的重要依据和保障。党的十八大、十九大明确了生态文明体制改革的要求和生态文明建设的时代新路径。构建生态文明制度体系，推进生态文明领域国家治理体系和治理能力现代化，努力走向社会主义生态文明新时代是生态文明体制改革的目标，而完善资源总量管理和全面节约制度是其中的一个重要组成部分。完善资源总量管理和全面节约制度的要义在于推进对各类自然资源的总量管理和全面节约集约利用，与国土空间用途管制的主要目标（对全域全要素空间的合理开发和有效保护）不谋而合。《生态文明体制改革总体方案》中提到要联动国土空间用途管制制度、资源总量管理和全面节约制度。因此，首先是"管制对象联动"，即要将用途管制扩大到所有自然生态空间；其次是"管控指标联动"，要发挥指标的数量调控和引导功能，建立节约集约的标准，设置开发强度、新增建设用地占用耕地规模、补充耕地规模、资源保护的关键性指标（如永久基本农田、基本草原、天然林和生态公益林等基本林地、湿地等面积）。

资源总量管理和全面集约制度结合我国国情和发展阶段，为各类自然资源开发利用提供了量、质底线。资源总量管理和全面节约制度遵循可持续发展原则，科学制定资源开发与保护的目标，既要避免制定"超前"的保护目标，也要避免过度开发，确保我国资源可持续利用，保障国家资源安全，减少资源开发和利用过程中的生态破坏和环境污染，保护生态环境。资源总量管理和全面节约制度通过构建以资源保护、总量管理、效率管控、循环利用为主体的资源保护与节约利用制度体系（谢海燕、刘婷婷，2021），为国土空间用途管制的指

标管控提供了量、质依据，为区域内各要素空间布局的位序关系提供了评判依据。同时，资源总量管理和全面节约制度强调以市场化方式促进资源利用效率提升，探索多元化的资源价值和生态产品价值实现方式，有助于量化自然资源资产生态效益，缓解各资源要素用途管制中发展与保护的矛盾。

## 四、国土空间用途管制与自然资源资产产权、价值实现的关系

国土空间用途管制是自然资源资产产权、价值实现的前置条件。党的十九大以来，在习近平生态文明思想和习近平关于自然资源管理的重要论述指导下，关于自然资源资产产权制度改革明确了要"以完善自然资源资产产权体系为重点，以落实产权主体为关键，以调查监测和确权登记为基础，着力促进自然资源集约开发利用和生态保护修复，加强政府监督管理，促进自然资源资产要素的流转顺畅、交易安全、利用高效，实现资源开发利用与生态保护相结合的改革初衷"。建立健全自然资源资产权利体系，是开展自然资源统一确权登记，推进自然资源资产价值核算的基础和前提。国土空间用途管制作为公共权力，不仅仅是约束各类自然资源资产产权主体的权益，更是定义和赋能各类主体权益的主要途径（谭荣，2021）。

按照前文所述的法理和管理意义上的"自然资源"，具有空间边界或有载体、可明确产权、经济价值易计量等特征，在资源稀缺性和市场交易等条件存在的情况下，自然资源将转化为自然资源资产，而产权制度则是自然资源开发利用的基础性制度（马永欢等，2016）。具体而言，自然资源资产产权是自然资源资产的所有权、用益物权、担保物权、债权、特许经营权等一系列权利的总称（王雨晨等，2021）。就自然资源资产产权行使流程来看，行政主体首先利用国土空间用途管制手段对自然资源的载体进行开发管制安排，在此基础上，自然资源资产产权人对载体产权和产品生产进行各类权能发挥。换言之，国土空间用途管制通过对自然资源资产产权施加前置条件，进而影响自然资源资产产权和价值的实现。就实践来看，我国传统的各类用途管制，往往以法律法规为依据，以行政手段和经济手段为路径，对各类自然资源载体施加空间限制，从而对后续自然资源载体产权的发挥以及相应产品价值的实现产生影响（表1–3）。

表1-3 各类国土空间用途管制制度的依据和手段

| 类型 | 依据 | | 行政手段 | | 经济手段 | |
|---|---|---|---|---|---|---|
| | 法律法规 | 规划 | 审批 | 制度设计 | 有偿使用 | 补偿 |
| 土地用途管制 | 《中华人民共和国土地管理法》《中华人民共和国土地管理法实施条例》 | 土地利用总体规划、土地利用年度计划 | 建设用地预审、农用地转用审批、土地征收审批 | 总量控制、占补平衡 | 土地有偿使用费 | 土地补偿费、安置补助费 |
| 城乡建设规划许可制度 | 《中华人民共和国城乡规划法》 | 城镇体系规划、城市规划、镇规划、乡规划和村庄规划 | 建设项目选址意见书核发、建设用地规划许可、建设工程规划许可等 | "一书三证" | — | — |
| 草原用途管制 | 《中华人民共和国草原法》《草原征占用审核审批管理办法》 | 草原保护建设利用规划 | 草原征用使用审批 | 草原自然保护区管理 | 草原使用费 | 草地补偿费、牧草补偿费、安置补助费、草原植被恢复费等 |
| 林地用途管制 | 《中华人民共和国森林法》《中华人民共和国森林法实施细则》《中华人民共和国森林法实施条例》 | 林地保护利用规划、建设项目需征占用林地定额计划 | 占用征收征用林地审核审批、征占用林地定额管理 | 总量控制、占补平衡 | 国有林场森林资源有偿使用金 | 森林植被恢复费、林地征收补偿安置、森林生态效益补偿基金 |
| 湿地用途管制 | 《中华人民共和国湿地保护管理规定》 | 湿地保护规划 | 占用、征收或临时占用湿地审批 | 名录管控、占补平衡 | 湿地有偿使用费 | 湿地补偿金、湿地恢复保证金 |
| 水资源用途管制 | 《水功能区管理办法》《关于加强河湖管理工作的指导意见》《水利部关于加强水资源用途管制的指导意见》 | 水功能区划 | 取水审批等 | 总量控制、定额管理 | 水价机制 | 河湖水域岸线占用补偿制度 |
| 海域用途管制 | 《中华人民共和国海域使用管理法》 | 海洋功能区划 | 海域审批（海域使用确权发证） | 围填海总量控制 | 海域使用金 | 海域使用生态补偿金、海域征收补偿安置费等 |

## 第四节　统一实施国土空间用途管制的理论基础

　　建立覆盖所有国土空间的统一用途管制是新时代生态文明建设的重要组成
部分与工作抓手。"统一国土空间用途管制"同样意味着要对支撑实践工作的相
关理论进行系统性的回溯和梳理，即将以往工作中分散的指导理论进行全面整
合，以切合我国实际，形成有中国特色的理论框架。按照习近平生态文明思想
的指引和要求，统一国土空间用途管制的理论基础，可以分为理念指引与工作
环节两个部分（图1–2）。具体而言，以"人与自然和谐共生"为观念层面的根
本遵循，以区域发展空间均衡模型理论为工作的技术基础，以总体国家安全观
和"山水林田湖草生命共同体"理论为非建设空间用途管制的实践指引，以土
地发展权理论和土地集约利用理论为建设空间用途管制的内在逻辑，统一于面
向全域国土空间和全类型要素治理的"区域—要素"统筹理论，充分发挥现代
公共治理与全生命周期理论的价值。

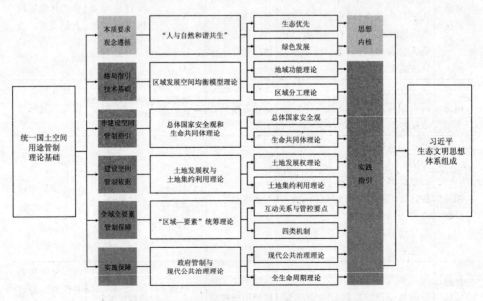

图 1–2　统一实施国土空间用途管制的理论基础

## 一、作为生态文明建设本质要求的"人与自然和谐共生"思想内核

### （一）理念内涵

"人与自然和谐共生"是习近平生态文明思想的本质要求，也是中国式现代化的重要特征（周宏春、江晓军，2019）。习近平总书记在党的十九大报告中强调："坚持人与自然和谐共生。建设生态文明是中华民族永续发展的千年大计。"十九大报告也明确提出，我们要建设的现代化是人与自然、人与社会和谐共生的现代化，既要创造更多物质财富和精神财富以满足人民日益增长的美好生活需要，也要提供更多优质生态产品以满足人民日益增长的优美生态环境需要。

"人与自然和谐共生"的"和谐"包含自然界的和谐、人与自然关系的和谐、人类社会和人类自身的和谐等多个层次，因此成为生态文明的核心本质要求。其中人与自然的关系是重中之重，与其他层次的和谐有紧密关联。习近平总书记曾指出"以人为本，其中很重要的一条，就是不能在发展过程中摧残人自身生存的环境"，经济发展"不能以牺牲生态环境为代价"。事实上，人类存在于天地之间，以天地自然为生存之源、发展之本，一切物质都来自大自然的馈赠，一切发展也都以自然环境和自然资源为根基。在人类文明发展的进程中，人与自然关系经历了从依附自然到利用自然、再到人与自然和谐共生的发展过程。这既是客观规律，也愈发成为普遍共识。人必须尊重自然、顺应自然、保护自然，否则对自然的伤害最终会伤及人类自身。这就要求我们：①要尊重自然、顺应自然，像保护眼睛一样保护生态环境，像对待生命一样对待生态环境，让自然生态美景永驻人间，还自然以宁静、和谐、美丽。②要树立和践行"绿水青山就是金山银山"的理念。习近平总书记指出："我们追求人与自然的和谐、经济与社会的和谐，通俗地讲就是要'两座山'：既要金山银山，又要绿水青山，绿水青山就是金山银山。"保护生态环境就是保护生产力，改善生态环境就是发展生产力。③要坚定不移地推动形成绿色发展方式和生活方式，坚持节约资源和保护环境的基本国策，实行最严格的生态环境保护制度，给自然生态留下休养生息的时间和空间，坚定走生产发展、生活富裕、生态良好的文明发展道路。

④要把生态文明建设融入经济建设、政治建设、文化建设、社会建设各方面和全过程，着力树立生态文明理念、完善生态文明制度体系、维护生态安全。

（二）"人与自然和谐共生"理念引领下的国土空间用途管制

"人与自然和谐共生"所体现的"生态优先"和发展观念的转变，对统一国土空间用途管制有重要价值，总体包含以下重点内容：①通过"双评价"，统筹划定耕地和永久基本农田、生态保护红线、城镇开发边界"三条控制线"，建立严格的生态保护红线管控体系，坚决守住耕地和永久基本农田保护红线，确保实有耕地数量基本稳定，保障粮食安全、生态安全、国土安全；②针对三条控制线的不同功能，建立健全分类管控机制，例如在城镇开发边界内，提高建设用地的使用效率和节约集约利用水平，做到"发展空间地尽其用"，在生态核心保护区外、农业空间及生态空间内，推动优势资源有序转化；③统筹划分生态、农业和城镇三类空间，坚持经济效益、社会效益、生态效益三个效益有机统一的原则，控制开发强度，促进生产空间集约高效、生活空间宜居适度、生态空间山清水秀，从而实现国土空间总体格局优化。

## 二、作为构建国土空间开发保护新格局指引的区域发展空间均衡模型

（一）理论内涵

"十四五"规划明确提出"形成主体功能明显、优势互补、高质量发展的国土空间开发保护新格局"。将主体功能区规划政策融入统一国土空间规划是新时代"多规合一"的重要任务，也是完善构建国土空间新格局和完善空间治理体系的重要环节（樊杰，2019）。必须立足主体功能区制度在统一国土空间用途管制中的技术和思路指引作用，深化对作为其理论基础的区域发展空间均衡模型的认识。

区域发展空间均衡是指区域的综合发展状态的人均水平值是趋于大体的，其中综合发展状态包括经济、社会和生态环境等多个方面。功能区形成的目的就是缩小人均水平值的差距，即推进区域发展达到空间均衡。而承载一定功能

的地域就被称作功能区，对应的地域功能是指一定地域在更大的地域范围内，在自然资源和生态系统中、在人类生产活动和生活活动中将履行特定的职能并发挥特定的作用。有效定义功能区的地域功能需要功能区对人文、自然系统内部，以及人与自然之间、同级各地域单元之间、局部和整体之间、长期和短期效益之间的关系进行充分协调。而区域发展空间均衡模型理论就是用来阐释如何通过协调各方面的关系，界定功能区的地域功能，达到合理组织、有序发展的目的。

地域功能理论和区域分工理论是区域发展空间均衡模型的核心组成，要求充分认识地域空间的结构和功能。国土空间用途管制是基于一定的地域空间展开的。空间的不均衡性，结构的复杂性，地表形态的有序性，自然节律、区位等级、空间竞争、空间连通，以及人类活动与地理环境关联性等，无不深刻影响国土空间用途管制的过程和效果。用途管制必须根据各区域空间的特殊性，因地制宜，按照区域分工和协调发展的原则实施差别化管控，才能适应人类社会发展与土地功能契合共生的需要（樊杰，2019）。在此基础上，现代地域功能理论的发展以自然地理地域分异理论、人地关系地域系统理论、区位论、可持续发展理论等为基础，源于新世纪以来我国国土空间开发的实践探索，是以陆地表层空间秩序为研究对象，重点研究地域功能的生成机理，以及功能空间的结构变化、相互作用、科学识别方法和有效管理手段的地理学理论（盛科荣等，2016）。而区域分工理论指的是，随着人才、物流、资金、技术和信息等要素流动加速，区域间联系日益密切，区域发展更加注重发挥自身比较优势，强调"因地制宜"。从以苏联为代表的"生产力布局"，到中华人民共和国成立以来区域发展战略的调整和探索，当前的区域分工已呈现从传统的经济均衡向经济、社会和生态综合效益的区域均衡发展转变的趋势。区域发展空间均衡模型指的是每个区域都能按照功能定位合理选择开发与保护活动，且每个区域的居民都能享受大体相同的生活。

在我国，主体功能区的建设发展是区域发展空间均衡模型的突出应用，既推动地域功能理论等相关理论进入体系化的发展阶段（樊杰，2007a），也使得"以地域功能定位和需求为导向，促进国土空间生态、生活、生产、文化功能的有机融合，与城乡、区域、陆海的统筹发展"的理念成为广泛共识。区域发展空间均衡模型既能够为研究地域功能生成过程、分类体系及功能区划和调整方式提供理论依据，也成为以地域功能为主体、提升空间秩序的支撑。

（二）区域发展空间均衡模型指导下的国土空间用途管制

区域发展空间均衡模型理论指导下的主体功能区制度具有重要的价值。一方面，主体功能定位客观揭示了地域功能分异特征并给出发展方向，是各类空间治理政策、规划、评估的共同基础和依据；另一方面，主体功能定位具有顶层设计、长周期稳定的特征（樊杰，2019），能有效指导各层级地域单元落实上位规划并确定自身发展战略和规划部署。

主体功能定位的确定以开展"双评价"和把握国土空间现状特征为基础，落实主体功能区战略制度则有助于实现三类空间格局优化。在长期实践中，主体功能区战略制度已对一系列配套政策体系的建设起到重要作用，包括按不同的主导功能推行差异化绩效考核制度、以区域治理主体为基本单元进行自然资源资产的确权登记、资产负债表编制与领导干部离任审计等。未来还需加强生态型非建设类要素的价值显化与利益还原，显化区域发展空间均衡模型中的生态环境类价值，以使区域间针对生态服务与生态产品的保护与调配、跨区交易与转移支付的基本流动格局能自发建立，推动区域协调发展。同时，通过国土空间规划对主体功能定位进行细化传导和精准落地，也是主体功能区战略制度在国土空间治理体系现代化和完善统一国土空间用途管制中发挥更大作用的主要途径，要在省、市、县国土空间规划中加强对各类型区主导功能的研判，严格落实上位规划要求，实事求是细化分解制定控制指标，支撑开发保护格局优化。

同时，在具体实践中，地域空间的不均衡性、系统性、动态性，要求国土空间用途管制应重视国土空间系统中各要素之间的相互影响及关联作用，体现系统性、整体性和空间功能最大化的价值取向。通过对生态、农业、城镇等不同类型空间的准入、退出，以及用途转换的管控与引导，以要素协同为抓手、以功能整体优化为目的，推进国土空间要素配置不断优化。同时在管制标准的制定中，应充分认识和把握地理空间分异和演替规律，横向上对不同发展目标的地区追求管制的差异化，纵向上要使管制的内容和标准适应生产力的不断发展和人民需求方式的变化。

## 三、作为非建设空间用途管制指引的总体国家安全观和生命共同体理论

### （一）理论内涵

国土安全与国民安全是总体国家安全观的重要组成部分。2014 年 4 月 15 日，习近平总书记在中央国家安全委员会第一次会议上，创造性提出总体国家安全观，明确坚持以人民安全为宗旨，以政治安全为根本，以经济安全为基础，以军事、文化、社会安全为保障，以促进国际安全为依托，维护各领域国家安全，构建国家安全体系，走中国特色国家安全道路。党的十九大将坚持总体国家安全观纳入新时代坚持和发展中国特色社会主义的基本方略，并写入党章，反映了全党全国人民的共同意志。国土安全与国民安全是总体安全观"五对关系"的组成部分，主要包括构建生态功能保障基线、环境质量安全底线、自然资源利用上线三大红线，为现代化发展提供有力的粮食安全和水安全保障，促进黄河等流域发展安全等[①]。守住国家安全、生态安全、粮食安全、气候安全、城乡安全以及各类涉及人的基本生存安全的底线，防患于未然是统一国土空间用途管制的初心使命。

山水林田湖草生命共同体理论与总体国家安全观的思想内核一脉相承。2013 年 11 月 15 日，习近平总书记在对《中共中央关于全面深化改革若干重大问题的决定》作说明时指出，"山水林田湖是一个生命共同体，人的命脉在田，田的命脉在水，水的命脉在山，山的命脉在土，土的命脉在树"[②]，形象地阐述了自然系统各要素之间相互依存、相互影响的内在规律。在 2017 年 7 月的中央全面深化改革领导小组第三十七次会议上，习近平总书记在谈及建立国家公园体制时进一步提出要"坚持山水林田湖草是一个生命共同体"，深化了对生态系统复杂性的认识，揭示出人与自然共生、共存、共享的复合和系统关系，

---

① "习近平同志《论坚持人与自然和谐共生》主要篇目介绍"，新华网，2022 年 1 月 28 日，https://www.dswxyjy.org.cn/n1/2022/0128/c423712-32342608.html。

② 习近平："关于《中共中央关于全面深化改革若干重大问题的决定》的说明"，中国网，2013 年 11 月 15 日，http://www.china.com.cn/v/news/2013-11/15/content_30615429.htm。

也为非建设空间的用途管制提供了切实可操作的指引，主要体现在以下几个方面：

（1）生命共同体各要素之间是普遍联系和相互影响的，不能实施分割式管理（成金华、尤喆，2019）。山水林田湖草生命共同体是具有复杂结构和多重功能的生态系统。人与自然，自然与自然之间实质上是一种唇齿相依、共存共荣的一体化关系（周宏春，2018）。因此，统一国土空间用途管制必须遵循自然规律，如果停留在对单一要素的管控，既容易顾此失彼，也很有可能造成系统性破坏。

（2）要运用系统论的思想方法管理自然资源和生态系统。系统既独立又开放，既有自身运行规律又受外界要素的影响与制约，只有当各个系统彼此适应，输入输出平衡时，复合生态系统才能达到稳定、持续的循环状态。因此，要自觉运用系统工程理论和生态学原理，坚持节约优先、保护优先、自然恢复为主，以生态系统良性循环和环境风险有效防控为重点，建立健全生态安全体系。还应把资源管理与资产管理、资源管理与生态环境管理结合起来，实现自然资源资产管理的多部门整合与质量型综合管理。

（3）要立足可持续发展推进生态文明建设。可持续发展最初是在 1990 年国际土地持续利用系统研讨会上正式确认，并在 1991 年"发展中国家持续土地管理评价"和 1993 年"21 世纪持续土地管理"国际学术讨论会上延伸到土地的利用和管理之中。联合国粮食及农业组织于 1993 年发表《持续土地管理评价大纲》，提出了四项原则，即保持和提高生产力（生产性），降低生产风险（安全性），保护自然资源的潜力和防止土壤与水质的退化（保持性），经济上可行（可行性）和社会可接受（接受性）[①]。可持续发展观强调公平，一层是空间上的公平，即当代人之间的横向公平；另一层是时间上的公平，即世代之间的纵向公平，当代人不应忽视后代人对资源、环境要求的权利（方行明等，2017）。这与生态文明建设完全一致，也与总体国家安全观的理念相契合，即必须尊重和善待自然环境，关心自己，关心人类，着眼当前，思虑未来，主动维护好生

---

① FAO. 1993. FESLM: An International Framework for Evaluating Sustainable Land Management. World Soil Resources Report, Rome.

态系统的和谐、稳定和安全[①]。

（二）总体国家安全观和生命共同体理论指导下的国土空间用途管制

粮食安全、生态安全是国家安全体系的重要基石。统一行使国土空间用途管制职责应首先遵循总体国家安全观，明确和贯彻最严格的耕地保护制度、生态环境保护制度和节约用地制度，优先明确生态农业和安全防灾等保护性空间，强化风险识别、风险应对和风险防控的政策设计，保障中华民族国土安全和永续发展。面向非建设空间落实统一用途管制，也应充分遵循生命共同体理念，坚持严格保护耕地、统筹生态建设、节约集约用地、分区分类管控的原则，建立全域覆盖、协调统一的用途管制规则，相关职能部门相关内设机构按照统一规则，在各自职责范围内落实用途管制的要求，从而实现统一管理、分工协作。

从土地用途管制迈向国土空间用途管制，标志着用途管制从平面的土地走向立体的空间，从单一目标走向以总体国家安全为核心的目标体系，从割裂的单要素管制迈向山水林田湖草生命共同体的综合管制，也即是说：①在国土空间用途管制规则的制定中，不仅要规定土地的用途，还要综合管控空间要素的可持续利用，对建设密度、建设体量、投资强度等提出要求，确保空间用途管制的多维管控。②在"三区三线"的管控中，突出三类空间相互融合的用途管制需求，尤其要在农业空间和城镇空间中，确保维持基本的生态安全保障功能，兼顾生产、生活、生态效益的统筹，满足自然资源利用的功能融合需求。③在自然资源利用方面，通过有效的用途管制措施，对国土空间利用方向和利用方式进行约束和引导，实现高质量、高效率的资源分配，实现自然资源的永续利用和城乡的可持续发展。

---

① 钱易："生态文明建设与可持续发展"，环保在线，2019 年 1 月 15 日，https://www.hbzhan.com/news/Detail/127986.html。

## 四、作为建设空间用途管制依据的土地发展权与土地集约利用理论

（一）理论内涵

土地发展权理论是建设空间国土空间用途管制主要的指导性理论。土地发展权源于空间管制，实施用途管制的本质是对土地发展权进行分配管理。基于土地发展权的空间管制，我国各类空间规划和自然生态空间用途管制，都通过对建设规模、强度、布局等设置空间准入条件，开展土地发展权的管理和管控。我国现行的土地发展权体系是单一制国家框架下的中央统一领导、地方分级管理的两级体系，存在以下特点：①隐性存在，《中华人民共和国土地管理法》及相关法律法规规定的土地产权权能体系包括占有权、使用权、收益权、处分权四项，并未明确提及"土地发展权"，但无论是早期的项目立项，还是城乡规划实施的"一书三证"制度，管理的对象实质上是土地发展权（建设许可权、用途变更权、强度提高权）。②主要归属国家，我国实行土地的社会主义公有制，其中国有土地的权能最为完整，由国务院代表国家行使，也即中央政府是土地发展权配置与管理的最高主体。③配置状况不一，在国家所有和集体所有的双轨制体系下，国家所有土地的权能是完整的，集体土地发展权受限，非建设用地则未设置土地发展权。④形成两级体系，包括一级土地发展权和二级土地发展权。2004 年《国务院关于深化改革严格土地管理的决定》明确要求："调控新增建设用地总量的权力和责任在中央，盘活存量建设用地的权力和利益在地方，保护和合理利用土地的责任在地方各级人民政府，省、自治区、直辖市人民政府应负主要责任。"由此可见，一级土地发展权的配置是出于维护国家利益和公共利益，决定是否赋予下级区域空间开发利用权力；二级土地发展权的配置更加重视公民的财产权，平衡政府、开发商、原土地使用权人及其他相关人群等微观主体之间的土地权益分配与博弈关系（林坚、许超诣，2014）。在我国土地发展权两级配置的背景下，围绕一级土地发展权的分配和中央对地方在二级土地发展权配置过程中的干预程度，中央政府与地方政府、地方政府之间均存在博弈，博弈的结果将直接影响空间规划用途管制方案。

土地集约利用理论同样是侧重于建设空间国土空间用途管制的指导性理论，强调土地利用效率的提升。对土地集约利用的研究最早是来自农业土地的利用研究，由李嘉图等古典政治经济学家在地租理论中首先提出。其所谓农业土地集约经营，相当于"精耕细作"，是指一定面积的土地上，集中地投入较多的生产资料和劳动，使用先进的技术和管理方法，以求在较小面积的土地上获得高额产量和收入的一种农业经营方式。按照著名经济学家波特的经济发展划分观念，早期的土地集约利用理论仅适用于最早期的要素驱动阶段，即"多增地，多增效"阶段，而后将相继进入投资驱动阶段"少增地，多增效"，创新和财富驱动阶段"不增地，多增效"，甚至"地减量，效增加"（杨俊等，2020）。就建设用地的集约利用而言，具有"两阶段利用"的特点（林坚、刘诗毅，2012）：①将土地作为载体，经开发建设形成相应产品（如房屋建筑物、构筑物）的初级利用阶段；②进一步以初级利用产品为依托、开展人类相应的生产生活活动的次级利用阶段。不论哪个阶段，集约利用追求的目标都是地尽其用、物尽其用，尽最大可能提高土地（空间）的利用效率和效益；同时，受自然、生态、社会、文化等因素的影响，最高最佳使用土地的前提是合法合规。中国政府一直高度重视国土空间集约利用问题，实行了最严格的节约集约用地制度，尤其是改革开放以来，平均每年出台近三项土地集约利用相关政策（吕晓等，2015）。随着我国迈入经济高质量发展阶段，作为创新和财富驱动的时代，土地集约利用将更加强调经济、社会、生态效益均衡的最优集约。

（二）土地发展权理论与土地集约利用理论支撑下的国土空间用途管制

对开发建设活动实施管理的国土空间用途管制实质是对其土地发展权的管理。传统规划体系中土地利用规划的用地预审、农用地转用审批、城乡规划的"一书三证"等，是最直接的用途管制手段，林业主管部门、水利主管部门、环境保护主管部门等众多部门的审批许可则是管制占用自然生态空间建设项目的关键。业已形成的中国特色的两级土地发展权体系符合我国的国情。

在生态文明体制改革背景下，横向机构改革已经基本完成，纵向的央地事权划分改革仍在探索推进。由于涉及土地发展权的多和少，上下级政府、左邻右舍地区之间的博弈长期存在，需要结合"多规合一"背景下"两级土地发展权管理合一""多证合一""多审合一"的发展趋势，不仅要更为理性、有效地设计土地发展权分配方法和机制，还要在国土空间用途管制中对土地发展权理论做进一步整合与拓展（林坚等，2017）。新时代落实国土空间用途管制，还应具备土地利用活动内容丰富、利益主体多样、利益关系复杂的复合视角，促使底线约束与激励引导有机融合，强化市场化手段和市场配置作用，重视管制带来的潜在利益损失问题，构建和完善利益分配机制（孔祥雨、范建双，2015）。

　　针对建设空间的土地利用增效问题，土地集约利用理论要求基于区域经济发展阶段，聚焦经济、社会、生态效益均衡制定建设用地用途管制机制。土地利用的集约化程度受社会经济发展的深刻影响，同一时间不同地区的经济发展水平存在显著差异，在土地集约利用评价标准制定上要注重动态耦合机制的构建，将城市土地集约利用和经济发展视作两个彼此独立又相互联系的系统，通过构建两者的耦合协调度和相对发展度模型，以耦合协调度判断两者之间是协调抑或失调。另外，土地集约利用水平与规划的管控方式和用地指标的配置模式密切相关，指标管控传导政策的有效性深受区域不同层级之间传导效应和相邻区域之间关联效应的影响，应考虑差异化设计，尤其是对于国家、省、市、县甚至地块等不同尺度的建设用地，应形成各有侧重的集约利用管控政策。

## 五、作为支持用途管制纵横有效协同的"区域—要素"统筹理论

### （一）理论内涵

　　传统体系中的空间规划大多针对"区域"型或"要素"型国土进行分别管理。前者往往侧重综合性的地理区划和政策管控，最具代表性的是主体功能区规划；后者则侧重对各类要素进行"落地"管理和用途管制，既包括城乡规划、土地利用总体规划等体系成熟、覆盖多个层级的综合性规划，也涉及针对森林、草原等自然资源要素编制的各类专项规划。由"区域"向"要素"的传导不畅是传统空间规划中存在的重要问题，也因不同规划之间的差异造成了"要素"型国土空间管理的混乱乃至冲突（林坚、李东等，2019）。譬如，主体功能区规

划的政策仅停留在"区域"层面的定位，难以落实到"要素"管控；林地保护利用规划等专项规划仅关注对单一"要素"的用途监管，缺乏"区域"层面的综合统筹布局；城乡规划体系中的城镇体系规划虽然通过对各城镇点进行定位与对人口、用地规模进行安排实现传导，但又缺乏"区域"指导"要素"的有效约束手段；土地利用总体规划通过将关键"要素"（如建设用地、基本农田等）的规模指标向各"区域"（行政单元）进行分解，从而实现由"区域"到"要素"的传导，但该规划对指标的安排缺乏"区域"性的战略布局作为依据（林坚、李东等，2019）。

"区域"型和"要素"型国土空间的管理缺一不可。解决传统体系中的冲突矛盾，"构建以空间规划为基础、以用途管制为主要手段的国土空间开发保护制度"的关键在于"区域—要素统筹"。一方面，国土空间开发失序的原因之一是区域发展不平衡带来的各地对发展权利的竞相争夺，进而导致对国土空间和自然资源的无序开发、过度开发，最终造成生态环境恶化。这对加强"区域"型国土空间的开发保护提出了要求，即必须从源头上明确区域定位与开发预期，防范各种国土空间开发失序的风险。另一方面，对"区域"型国土空间开发的管理，又与对核心自然资源的管控紧密相关，换言之，最终会落实到"要素"型国土空间的精准管控上。因此，必须同时做好"区域"型国土空间的统一协调管理和"要素"型国土空间的重点精确管控，使两者相辅相成，有机统筹（林坚、刘松雪等，2018）。

（二）"区域—要素"统筹理论指导下的国土空间用途管制

结合国土空间用途管制的现有理论基础，延续和应用两级土地发展权理论，提出嵌合于我国传统行政区治理体系、支撑国土空间用途管制的"区域—要素"统筹理论基本框架（图1-3）（林坚等，2021）。

在国家、省级尺度，国土空间用途管制的工作重点在于宏观区域功能统筹；在市级、县（区）级尺度，相应工作重点在于管制类要素的落实；在县（区）级以下尺度，相应工作重点在于用途类要素的落实和具体的自然资源载体审批许可。从国家、省级到市级、县（区）级国土空间开发保护的传导管控，重点

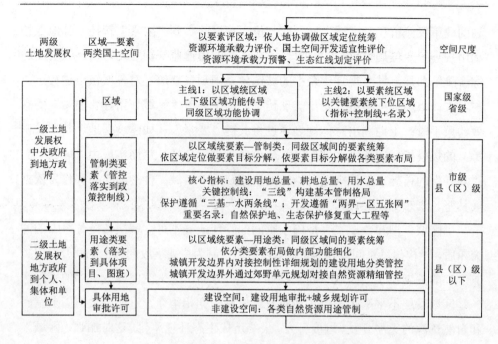

图 1-3 "区域—要素"统筹理论的基本框架

对应于一级土地发展权的配置过程；县（区）级以下国土空间开发保护的传导管控，重点对应于二级土地发展权的配置过程。在我国，结合从国家到乡镇五级总体规划、总体规划对详细规划、专项规划的规划传导，国土空间的"区域—要素"统筹传导过程与两级土地发展权的归口管理逐级配置过程可重点拆解为四类机制：

一是以"要素"评价"区域"。通过对多要素的国土空间利用结构现状、条件的评估，为区域功能定位的确定及动态调整提供基础。在全域管控视角下，进一步建立"双评价"、资源环境承载能力监测预警工作与"三线"划定之间的协同联动机制，完善和深化依照统筹评价进行国土空间开发保护格局动态优化的工作逻辑和方法。此外，随时间演化和空间利用的改变，依据多要素的国土空间利用及结构状况，对区域性质与功能定位进行综合评估与动态调整，从而确定新一轮区域国土空间用途管制目标定位及格局优化策略。

二是以"区域"统筹"区域"。指国土空间用途管制度中上位区域功能定位对下位区域功能定位的统筹，需要综合考虑两方面因素：上位区域的功能定位如何指导约束下位区域功能定位，使相应目标愿景在下位区域定位中有效落实；上位区域如何在各类同级下位区域之间合理分配土地发展权，达成各区域差异化、均衡发展的目标。

三是以"要素"统筹"区域"。指国土空间用途管制制度中上级政府通过关键要素的管控对下级政府的空间治理行为进行指导约束。对关键要素的管控通常以核心要素的指标、控制线及名录的形式下达。

四是以"区域"统筹"要素"。指国土空间用途管制制度中本级政府在行政事权范围内对各类要素的结构布局、开发利用或保护安排进行整体统筹。例如，从全域用途管制角度，整体确定永久基本农田、生态公益林、天然林等基本林地、基本草原、湿地、自然岸线等保护边界，以及城镇开发边界、村庄建设边界、重要基础设施、防灾减灾、人文安全、资源安全等开发边界，构建"三基一水两条线""两界一区五张网"[①]的关键性管制要素格局（林坚、吴宇翔等，2018）。进而，在城镇开发边界内，进一步强化绿线、蓝线、紫线、黄线等的管控；在城镇开发边界外，开展郊野单元规划等不同形式的村庄规划。此外，还应明确以上四类机制中，后三者有机组合，形成国土空间用途管制制度中的"区域—要素"联动统筹基本模式，而第一项机制既是国土空间用途管制目标设计、规划编制等最基础的工作，也是随着时间的推移而进入下一轮国土空间规划调整时作为动态统筹优化的起点。

上述"区域—要素"联动统筹过程，将使得以均衡发展为指向的国土空间区域治理和以精细化管理为指向的国土空间要素治理均形成闭环。具体而言，上述四种机制刻画了我国国土空间用途管制制度中的"条块结合"逻辑、两级土地发展权配置逻辑、全域全要素自然资源精细化系统性治理逻辑，其内在实质是处理好中央政府和地方政府、横向不同部门之间的协同关系。

---

① "三基一水两条线"指永久基本农田，生态公益林、天然林等基本林地，基本草原，河、湖和湿地，生态保护红线、自然岸线；"两界一区五张网"指城镇开发边界、村庄建设边界，产业集中区，交通网、水利网、能源网、信息网、安全网（包括防灾减灾、人文安全、资源安全等）。

## 六、作为确保用途管制制度实施的现代公共治理与全生命周期管理理论

（一）理论内涵

实施国土空间用途管制不仅仅是管制工具的制定，更应该形成多元主体的价值认同，即深刻融入现代公共治理的理念，促使政府管制、市场运行、公众利益达到更好的协调。与传统管理范式相比，现代治理的理论框架具有以下两个典型的基本特征：一是强调治理主体的多元化。在传统的科层制管理体制中，强调集权，通过等级形成的权威来推进行动方案，其主体是单一的政府组织，偏重运用国家的力量。而现代治理立足于"多元主义观"，国家、企业、社会组织和公民个人都是治理的主体，而且不仅仅限于社会力量的参与，而是多元主体共同治理。在多元主体中，相互关系是平等的，强调合作与授权，是一种"网络制格局"，而不是等级与控制。二是治理机制的协商化。现代治理采用多种机制和多种利益相关主体博弈互动，但核心是利益相关行为者的平等协商和持续互动，没有形式性的命令等级或科层链条贯穿其中。不同主体围绕共同目标，在一种稳定的相互依赖的环境中，通过持续对话减少个体的机会主义行为（黄征学、张燕，2018）。同时，政府管制的内涵与趋势和现代公共治理理论相契合。其伴随产业革命和市场发展而出现，以法律法规的授权为基础，由管制性行政主体实施，以谋求经济效益和社会效益的帕累托最优和维护社会公平正义为目的，能够起到纠正市场失灵和修正市场机制缺陷的作用（何玮，2021）。政府管制包括直接和间接两种，前者指市场准入、行政许可、价格标准等，后者如通过司法部门和司法程序控制企业不公平竞争和垄断行为。良好的管制需服务于明确的政策目标，以健全的法律为基础，需保持客观、中立、公正，但更需充分立足于对多元主体利益、诉求及互动关系的把握，在充分的研究和实践基础上，制定易于理解和操作的规则并确保遵循，鼓励因地制宜进行制度创新，并在适应规划实施监督的过程中不断完善。

实施国土空间用途管制也不仅仅是一个节点或一段时期，应当深刻把握城市发展的生命周期规律，统筹开展规划编制实施等全流程各项工作，以信息技

术赋能国土空间用途管制的全生命周期管理。作为一个高度复杂的综合系统，城市与自然生命体一样，经历着出生、发育、发展、衰落等生命现象，有着类似的周期性发展规律。这在一方面引发了对大都市、中小城市、新城新区等不同地区的规律研判，例如有学者将大都市的空间发展与城市化进程相耦合（宗跃光、邬翊光，2000），有学者基于生态演替的生态学原理发展出城市生命周期模型（翟炜、顾朝林，2016）；在另一方面推动了空间规划与空间治理"全生命周期理论"的发展，其着眼完善城市建设管理和治理体系，强调城市规划建设管理的整体性和系统性（姜舜，2020），为新时期探索空间治理现代化提出了新要求和新思路。与此同时，信息技术的高速发展正深刻影响着人类社会的方方面面，在塑造城市发展进程和国土空间开发保护格局的同时，也为全域全要素全时序的精细化管理提供了最坚实的保障。应将前沿技术与新时代的用途管制充分结合，从而更好地实现对空间现象规律及内在机理的把握，实现恰如其分的主动式干预（何琪潇、谭少华，2020）。

（二）现代公共治理与全生命周期管理理论指导下的国土空间用途管制

国土空间用途管制可以看作是经济管制、社会管制、行政管制、法律管制、生态管制的融合体，集中体现了国土空间利用和治理过程中的国家意志，对于减少空间负外部性、协调开发与保护的矛盾、维护空间公共利益、促进空间有序开发和可持续发展具有重要作用（刘忆，2019）。各级政府是用途管制实施的主体，以空间政策为手段，对辖区内的资源开发、城乡建设进行管控，化解城乡空间过度生产、发展和资源分配不均衡和使用权争夺引发的社会冲突等现实困境。

国土空间用途管制涉及对国土空间系统组分的分类治理，需要通过多元主体参与资源优化配置的手段来影响国土空间要素，从而实现促进国土空间格局优化、功能提升和价值实现的制度安排和行动（黄征学、王丽，2020）。国土空间要素和人类活动相互作用从而形成空间关系，包括自然关系和利益关系。因此，国土空间用途管制、国土空间治理的本质是对空间关系的重建与重构，既包括"人—地关系",也应包括"人—人关系"和"地—地关系",更进一步包括对全时序和全周期的考量。"人—人关系"强调把人的全面发展和多样化需求放在重要的位置,处理好多元主体的利益关系,集中反映在对国土空间价值的治理;"地—地关系"凸显尊重山水林田湖草海生命共同体系统运行规律,维护和修复各要素之间的联系和作用机制,集中反映在对国土空间要素和结构的治理(朱从谋等,2022)。"人—地关系"是居于其中的"桥梁",而落实全生命周期管理则要求在用途管制全环节实现从静态格局向动态演变的思维转换,集中体现在全流程各项工作的统筹、联动和协调,以及对不同地区、不同要素各自和整体的全面考量。

# 第二章　国土空间用途管制的历史沿革

## 第一节　国土空间用途管制的总体演进

### 一、国土空间用途管制的演进概述

用途管制是世界上普遍流行的做法，实质是对土地发展权的管理。我国国土空间用途管制制度的成型，与城乡规划有关许可制度、土地用途管制制度等的出现、发展与引领示范作用有着密切关系。中华人民共和国成立以来，国土空间用途管制制度从无到有，经历了用途管制基本空白、建设用地规划许可证和海域使用证制度实施、土地用途管制制度确立、多部门参与用途管制、统一用途管制探索和实现等五个阶段，其内涵也从侧重开发建设活动监管与耕地资源特殊保护的土地用途管制制度，扩充到自然资源全要素监管的国土空间用途管制制度。

（一）第一阶段（1949—1983 年）：用途管制基本空白

中华人民共和国成立之初，我国曾实行短暂的土地统一管理体制。国家在中央内务部设置地政司，统一管理土地改革、国家建设征用土地、城镇房地产，以及调解土地权属纠纷、土地租税、城市营建规划与考核等工作；地方在民政部门中设了地政机关或地政局（刘禺涵，2013）。由于土地实行无偿划拨制度，"多征少用"或"征而不用"等浪费现象时有发生。"文革"期间，城市规划管理工作又完全停滞。伴随着1982年《中华人民共和国宪法》的修订颁布，成立了城乡建设环境保护部，内设城市规划局，还在农牧渔业部设置土地管理局，但国土空间用途管制尚未确立。

（二）第二阶段（1984—1997年）：建设用地规划许可证和海域使用证制度实施

1984年，国务院颁布了《城市规划条例》，明确了城市规划区建设用地许可证和建设许可证制度。1986年，随着《中华人民共和国土地管理法》的颁布，国家土地管理局成立，确定了"统一的分级限额审批"的土地管理模式。1990年，《中华人民共和国城市规划法》正式颁布，完整地提出了建设项目选址意见书、建设用地规划许可证、建设工程规划许可证（"一书两证"）的规划实施管理制度。1993年，财政部、国家海洋局发布《国家海域使用管理暂行规定》，初步确立了海域使用证和海域使用金制度。1996年，林业部、国家国有资产管理局发布关于《国有森林资源资产管理督察实施办法（试行）》的通知，进一步规范和加强了对国有森林资源资产的管理。

（三）第三阶段（1998—2007年）：土地用途管制制度确立

一方面，1998年修订的《中华人民共和国土地管理法》明确："国家实行土地用途管制制度。国家编制土地利用总体规划，规定土地用途，将土地分为农用地、建设用地和未利用地""严格限制农用地转为建设用地，控制建设用地总量，对耕地实行特殊保护"，标志着我国土地用途管制制度的正式确立。2002年以后，住房和城乡建设部（原建设部）先后颁布实施城市绿线、紫线、黄线、蓝线管理办法，并提出划定禁建区、限建区、适建区要求；2007年第十届全国人民代表大会常务委员会第三十次会议通过的《中华人民共和国城乡规划法》，要求在"一书两证"基础上，核发乡村建设规划许可证，以"三区四线"和"一书三证"管理为标志的城乡规划空间管制体系得以确立。另一方面，2001年第九届全国人民代表大会常务委员会第二十四次会议通过了《中华人民共和国海域使用管理法》，以海域使用权制度为核心，确立了海域使用规划、海域有偿使用、海域使用论证等海域使用管理制度；2007 年，《中华人民共和国物权法》明确了海域使用权的用益物权地位。此外，部分部门结合自身职责，开始探索进行国土空间功能管护的方式，城乡规划督察、土地督察等制度分别在2005 年、2006 年正式开始实行。

（四）第四阶段（2008—2013 年）：多部门参与用途管制

随着我国区域和城乡发展不均衡、国土空间开发矛盾加剧、资源瓶颈严重、环境污染突出等问题日益凸显，可持续发展理念逐步成为社会共识。多个部门依据法律授权的职责或国家发展和管理的需要，编制并颁布了《全国土地利用总体规划纲要（2006—2020 年）》《全国主体功能区规划》等一系列规划，参与到国土空间用途管制中（表 2-1）。

表 2-1　多部门参与国土空间用途管制

| 发布时间 | 发布部门 | 规划名称 | 编制部门 | 规划依据 |
|---|---|---|---|---|
| 2008年 | 国务院 | 《全国土地利用总体规划纲要（2006—2020 年）》 | 国土资源部会同有关部门 | 《土地管理法》等法律法规和国家有关土地利用的方针、政策 |
| 2010年 | 国务院 | 《全国主体功能区规划》 | 国家发改委 | 《国务院关于编制全体主体功能区规划的意见》 |
| 2008年 | 环境保护部 | 《全国生态功能区划》 | 环境保护部联合中国科学院 | 《全国生态环境保护纲要》《关于落实科学发展观 加强环境保护的决定》 |
| 2009年 | 国土资源部 | 《全国矿产资源规划（2008—2015 年）》 | 国土资源部 | 《矿产资源法》及其实施细则等法律法规 |
| 2010年 | 国务院 | 《全国林地保护利用规划纲要（2010—2020 年）》 | — | 《森林法》《森林法实施条例》《中共中央 国务院关于加大统筹城乡发展力度进一步夯实农业农村发展基础的若干意见》和《全国土地利用总体规划纲要（2006—2020 年）》等 |
| 2011年 | 国务院 | 《全国重要江河湖泊水功能区划（2011—2030 年）》 | 水利部 | — |

（五）第五阶段（2014 年至今）：统一用途管制探索和实现

　　针对国土空间用途管制政出多门、矛盾频发的现象，2013 年十八届三中全会后提出"完善自然资源监管体制，行使统一的国土空间用途管制职责""建立空间规划体系"，探索"多规合一"等一系列要求。在构建空间规划体系、探索"多规合一"方面，2014 年国家四部委启动 28 个市县"多规合一"试点、2017 年启动省级空间规划试点；在探索统一国土空间用途管制方面，国土资源部印发多部门联合起草的《自然生态空间用途管制办法（试行）》，并在部分省份开展试点工作。2018 年，国务院机构改革后，明确由自然资源部统一行使所有国土空间用途管制职责，通过规划编制、实施、监督等管理事权的整合，实质性地构建起具有中国特色的统一国土空间用途管制的职能体系（表 2-2）。

表 2-2　统一用途管制探索中的系列改革

| 名称 | 发布部门 | 发布时间 | 内容及意义 |
| --- | --- | --- | --- |
| 《国家新型城镇化规划（2014—2020 年）》 | 国务院 | 2014 年 | 进一步明确了"三区四线"（禁建区、限建区、适建区；绿线、蓝线、紫线、黄线）在城市管理中的地位，并要求在县市层面探索"多规合一"，国家四部委启动了 28 个试点 |
| 《生态文明体制改革总体方案》 | 国务院 | 2015 年 | 提出构建以空间规划为基础、以用途管制为主要手段的国土空间开发保护制度 |
| 《自然生态空间用途管制办法（试行）》 | 国土资源部 | 2017 年 | 明确提出建立覆盖全部国土空间的用途管制制度，并在福建省、甘肃省、上海市等省份进行试点 |
| 《深化党和国家机构改革方案》 | 中共中央 | 2018 年 | 组建自然资源部，承担"统一行使全民所有自然资源资产所有者职责，统一行使所有国土空间用途管制和生态保护修复职责""建立空间规划体系并监督实施"的职责 |
| 《关于统筹推进自然资源资产产权制度改革的指导意见》 | 中共中央办公厅、国务院办公厅 | 2019 年 | 提出健全自然资源资产产权体系、开展自然资源统一调查监测评价、加快自然资源统一确权登记、强化自然资源整体保护、推动自然生态空间系统修复和合理补偿等九大改革任务 |

　　国土空间用途管制的演变进程表明：随着对建设活动与自然资源载体管理的要求日益精细化，各部门从无到有、不断参与，探索建立了针对各类要素的

用途管制制度，用途管制的对象从针对建设活动秩序管理与耕地特殊保护拓展到面向全域国土空间与全类型要素，在此过程中，中央部门自上而下的单要素垂直条状管制不断增强。但条状分割的管理模式导致"九龙治水"，各部门的出发点不同、管制方式的差异等引发了一系列矛盾，因而通过体制改革，试图构建全域空间管控、全要素耦合管理的统一国土空间用途管制制度，达成"五指成拳"的目标。

## 二、国土空间用途管制的演进逻辑

我国国土空间用途管制最早起于土地用途管制，本小节基于土地利用的视角阐述国土空间用途管制演进的逻辑。我国的城乡土地利用管理，从中华人民共和国成立初期的无偿划拨与计划分配，到改革开放后转向有偿使用、引入土地市场，再到进入 21 世纪开始注重土地资源综合效益，强化土地用途管制，直至生态文明建设背景下国土空间用途管制的确立。从城乡土地利用管理的视角来看，我国国土空间用途管制制度的关注重点经历了"建设管理—资产管理—资源管理—生态管理"的演化路径，随着建设管理、资产管理、资源管理、生态管理逐次叠加，城乡土地利用规划的公共政策职能得到不断强化，体现了社会主义土地公有制的不断完善。在此期间，土地公有制的实现形式从国家直接支配土地，到"两权分离"，再到发展权管理，是一个治理体系不断现代化的过程。

### （一）关注建设管理，成为国民经济建设管理的组成部分

中华人民共和国成立初期，属于国家直接支配土地利用的阶段，此时的土地仅仅被看作经济活动的载体，服从国民经济统一计划管理安排。在计划经济体制下，土地利用的规划工作侧重建设管理，城市规划主要辅助发展计划落实生产空间建设，土地利用规划则以农田基本建设规划和为农业生产提供良好设施基础为主（冯健、苏黎馨，2015），体现了鲜明的工程技术属性，资源合理利用和保护的意识还十分淡薄。

"一五"计划时期城市规划全面启动，主要出于配合工业化建设的实际需

要。1958 年后，依据党的方针和政策以及国民经济计划进行城市建设规划，以保证工农业生产活动及其发展（钱圣秩，1958）。农业合作化以后特别是在人民公社时期，土地利用规划工作主要侧重于农业土地的勘测、规划、设计和实施，为巩固和发展农村集体经济创造土地条件（郑伟元，2000）。《人民日报》评论指出，"土地利用规划工作是合理利用土地，挖掘土地生产潜力，提高劳动生产率，促进增产增收的一项重要措施"（许燮谟，1985）。20 世纪 60 年代的土地规划侧重加强农业生产和农田基本建设的计划性与合理性，保证多快好省地实现农业"四化"（陆红生、韩桐魁，1965）。

（二）关注资产管理，隐性的土地发展权管理开始出现

改革开放后，为解决土地利用效率低下的问题，国家实行所有权、使用权"两权分离"，即国家退出对土地利用的直接支配，通过发挥土地的资产属性调动各方面的积极性，鼓励市场主体对土地的投资，促进国家经济发展。"两权分离"改革包含了两层含义：一是土地管理的权力下放到地方，二是土地利用的权力让渡给市场主体。在"两权分离"的背景下，保护投资主体的权益、发展经济成为首要任务，因此国家高度重视土地的资产属性，强调对土地产权的保护和追求土地利用效益的最大化。

土地资源资产化管理构建并逐步完善了土地资产管理体制（黄贤金，1992），增加了城市土地的流动性，促进了土地资源的有效配置（赵民、侯丽，1997），也对城乡土地利用规划体系和理念产生了重大影响。在资产管理的驱动下，城市政府通过城市规划"一书两证"对市场主体的土地利用行为进行规制，产生了对土地发展权的管理。但与此同时，在城市政府争夺土地资产权利的背景下，城市规划又成为城市快速扩张甚至是盲目扩张的工具（孙施文，2017），导致耕地资源大量减少，生态环境逐渐恶化。为此，国家在 1986 年成立土地管理局，颁布《中华人民共和国土地管理法》，试图通过统一管理城乡土地、重建土地利用计划对城市政府的土地管理权力进行干预。只是这一时期对土地资产属性的强调仍然超过对资源属性的强调，反映在 1994 年国务院批准的国家土地管理局"三定"方案中，规定其职能是"从侧重土地资源转为资源和资产并重管理""充分发挥土地资产的效益"（马克伟，1992）。

（三）关注资源管理，构建独特的两级土地发展权体系

进入 20 世纪末，耕地资源减少和生态环境恶化的问题引起国家前所未有的关切。为此国家组建了国土资源部和国家环保总局，在土地利用问题上高度强调对资源与环境的保护。在 1998 年修订的《中华人民共和国土地管理法》中，土地的资源属性得到凸显。修订的《中华人民共和国土地管理法》要求土地资源的保护、利用必须与社会经济发展相协调，必须兼顾眼前利益与长远利益、局部利益与整体利益的关系，从立法角度表明我国的土地资源管理发生了质的飞跃（陈婉玲，1999）。

1998 年修订的《中华人民共和国土地管理法》首次在国家层面确立了土地用途管制制度。该制度将地方政府批准新增建设用地的权力上收到中央和省级，同时建立起包括土地利用总体规划、土地利用年度计划、建设项目用地预审、农用地转用审批、土地执法监察、土地督察等一系列制度在内的制度体系，对地方的土地利用实行逐级监管。国家强调"调控新增建设用地总量的权力和责任在中央，盘活存量建设用地的权力和利益在地方"，从而产生了对土地发展权的两级管理体系（林坚、许超诣，2014）。土地利用总体规划集中体现了国家对一级土地发展权的管理，城乡规划则体现了地方政府对二级土地发展权的管理，两个规划共同构成了我国"中央集中统一领导、地方分级管理"的土地管理体系。

（四）关注生态管理，走向两级土地发展权统一归口管理

21 世纪以来，各类规划都提高了对生态环境的重视。城市规划的指导理念向精明增长、紧凑发展和混合用地转型，并把"生态"和"宜居"作为城市发展的重要目标，优先保护自然生态敏感地区（黄鹭新等，2009）。新一轮土地利用总体规划中为加强对城乡建设用地的空间管制而划定的"三界四区"，实际上是以资源环境承载力为基础，确定国土资源开发利用强度（龙花楼等，2014）。《全国主体功能区规划》要求按照促进区域协调发展、保护生态环境的思路，优化国土资源开发格局（樊杰，2007b）。源于环境保护规划的生态红线，划定的是重要生态服务区、生态脆弱敏感区和生物多样性保育的红线，这也是构建

国家生态安全格局的关键举措。

十八大以来，我国进入全面深化改革、全面建设生态文明的重要阶段。实现人与自然和谐共生、实现国家治理体系和治理能力现代化，成为这一时期的重要任务。为协调各类规划之间的冲突，确保生态文明建设目标的落地，中央大力推动"多规合一"，推动土地用途管制转向全域全类型的国土空间用途管制。土地用途管制产生的一级土地发展权是源于对建设用地这一"要素"型国土空间的管理，而其实施对象是带有"区域"型国土空间特点的各级行政单元，管控要素也由以建设用地为主转向山水田林湖草全覆盖管制。在此背景下，2018年国家组建自然资源部，负责构建空间规划体系，统一管理土地利用总体规划和城乡规划，实现了对两级土地发展权的统一归口管理：一级土地发展权管理是在宏观层面上带有国家意志的约束性管理，二级土地发展权管理更多的是在微观层面上协调供需，处理好政府与市场的关系（林坚、文爱平，2018）。在空间规划与统一国土空间用途管制的改革过程中，二级土地发展权管理要接受一级土地发展权管理的控制和引导。如何对各级行政单元合理划分控制指标规模，通过博弈机制在不同级别行政区或同一区域中各行政区之间理性地分配土地发展权，引导国土空间资源的有效配置，值得进一步深入思考。

# 第二节　城乡规划许可的历史沿革

## 一、城乡规划许可的概念内涵

城乡规划许可是指城市、县人民政府城乡规划主管部门按照法律法规的要求，根据依法审批的城乡规划，对各项建设项目拟选地址进行审核，确定建设用地面积和范围，提出土地使用规划要求，以及对各类建设工程进行组织、控制、引导和协调的行为。过去一段时间的城乡规划许可是由住房和城乡建设主管部门建立并负责实施，主要包括建设项目选址规划许可、建设用地规划许可、建设工程规划许可和乡村建设规划许可。城乡规划许可目的是由城乡规划本身的特点决定的，从城乡规划和城乡规划许可整体上看，主要包括三点：一是维护社会公共利益，通过编制城乡规划对城乡的土地和空间资源进行合理配置，起到利益分配作用。而城乡规划许可是依据城乡规划对在其行政许可范围内的建设活动进行约束，保证各项建设不妨碍公共安全、公共卫生、公共交通和城乡风貌，切实维护广大社会公众的根本利益，有利于城乡的可持续发展。二是保护相关方面的合法权益，城乡规划许可是公共行政的基本职能之一，是保护各方面的合法权益的重要手段。因城乡建设涉及多方面物权保护，例如各项建设涉及现有通道、通水、四邻日照、通风等权益等，这些都需要通过合理编制城乡规划，并依据规划，按照规划管理"公平、公正、公开"的原则，对相应行为进行严格审查许可，妥善处理各利益方的矛盾。三是促进经济、社会、环境的全面、协调和可持续发展，公共行政的本质是政府履行职能确保经济、社会、环境的协调发展，城乡是经济社会发展的载体，是人类的住区。城乡规划许可作为公共行政的手段之一，同样要发挥促进社会协调发展的根本作用，起到不断改善人类生存、生活和社会活动环境的积极作用。

## 二、城乡规划许可的发展历程

城乡规划许可是城市建设发展及建设项目落地的重要管理抓手，主要经历了以下三个阶段（王雨晨等，2021）。

（一）1978—1989 年随城市规划恢复而初步探索的"两证"规划许可制度

1978 年改革开放前夕，中央政府重新认识到城市规划的价值，要求尽快恢复城市规划。同年 3 月，国务院在北京召开了第三次全国城市工作会议①，4 月，党中央批转了这次会议制定的《关于加强城市建设工作的意见》（以下简写为《意见》）。《意见》提出了控制大城市规模、发展中小城镇的城市工作基本思路，首

---

① "时隔 37 年中央缘何重启城市工作会议？"，中国政府网，2015 年 12 月 23 日，http://www.gov.cn/zhengce/2015-12/23/content_5026897.htm。

次明确了应"提高对城市和城市建设重要性的认识",指出"城市是我国经济、政治、科学、技术、文化、教育的中心,在社会主义现代化建设中起着主导作用。城市建设是形成和完善城市多种功能、发挥城市中心作用的基础性工作"。《意见》首次将城市发展规划定义为刚性规划,规定"城市规划一经批准,必须认真执行,不得随意改变",基本建立了此后三十多年城市规划的基本架构①。1979 年 5 月国家成立直属国务院领导的城市建设总局,指导和组织城市规划工作,参与经济建设的区域规划工作,为城市规划改革创造了制度保障。

1980 年 10 月召开了全国城市规划工作会议,12 月国务院批转《全国城市规划工作会议纪要》(国发〔1980〕299 号)。会议回顾了我国城市规划工作发展的历史,提出"正确认识城市规划的地位和作用,明确城市发展的指导方针,根据城市特点确定城市性质,尽快建立我国的城市规划法制,加强城市规划的编制审批和管理工作,搞好居住区规划、加快住宅建设,城市各项建设应根据城市规划统一安排,关于综合开发和征收土地使用费问题,大力加强队伍建设和人才培养,加强对城市规划工作的领导"十个方面的工作要求。同年,中国国家基本建设委员会对 1958 年由该委员会和城市建设部联合颁发的《关于城市规划几项控制指标的通知》进行了修订,出台了《城市规划定额指标暂行规定》。这个暂行规定中的城市规划定额指标分为两部分:总体规划定额指标和详细规划定额指标,同时出台的还有《城市规划编制审批暂行办法》,为城市规划的编制和审批提供了新的法律和技术依据。

随着国家对城市规划和城市规划许可制度的不断重视,各地相继出台了对城市发展规划、管控和土地利用的相关文件和政策措施。例如,1981 年深圳市颁布《深圳经济特区土地管理暂行规定》,率先试行收取土地使用费。再如,1982 年 3 月北京市正式提出《北京城市建设总体规划方案(草案)》,同年 12 月正式上报国务院,1983 年 11 月 12 日成立了首都规划建设委员会,进一步切实加强对首都规划建设的领导。

基于已有规划经验,1984 年国务院颁布实施的《城市规划条例》初步建立

---

① "关于加强城市建设工作的意见",中国城市规划网,2015 年 12 月 18 日,http://www. planning.org.cn/news/view?id=3460。

起我国城市规划的法律体系，明确了城市规划应分为总体规划和详细规划两个阶段，建立了城市规划区内建设用地许可证和建设许可证的"两证"规划许可制度，为日趋建设频繁的城市建设活动提供引导和保障。

1984年至1988年间，国家城市规划行政主管部门实行国家计委、建设部双重领导，以建设部为主的行政体制，适应了改革开放初期政府主导下的城市快速建设时期的需要，促进了城市建设投资和城市建设之间的协同发展。其中，1986年2月国家土地管理局成立，国土管理职能从城乡建设环境系统分出，同年6月即通过《中华人民共和国土地管理法》（1987年1月实施），标志着土地所有权和使用权的分离，土地管理制度发生根本性转变。1988年5月通过《关于国务院机构改革方案的决定》，撤销"城乡建设环境保护部"，设立"建设部"。国家计委主管的基本建设方面的勘察设计、建筑施工、标准定额工作及其机构划归建设部，城市规划和管理逐步完善。

（二）1990—2007年城市规划立法后以规划为导向的"一书两证"规划许可制度

《中华人民共和国城市规划法》于1989年12月26日由第七届全国人民代表大会常委会第十一次会议通过，自1990年4月1日起施行。该法是我国第一部关于城市规划的法律，标志着城市规划工作全面走上了制度化轨道，具有重要的历史意义，其颁布和施行确立了城市总体规划、详细规划、城镇体系规划的编制体系，提出了更为完备的城市规划区内包括建设项目选址意见书、建设用地规划许可证、建设工程规划许可证的"一书两证"规划许可制度，使得规划许可管理正式具有法律依据。相比《中华人民共和国城市规划条例》确定的"两证"规划许可制度，《中华人民共和国城市规划法》新增对建设项目选址意见书的要求，即"设计任务书报请批准时，必须附有城市规划行政主管部门的选址意见书"，同时，第32条规定"根据城市规划提出的规划设计要求，核发建设工程规划许可证"。相比建设许可证，建设工程许可证对建设工程设计提出了更具体的要求。

随着《中华人民共和国城市规划法》的出台，相关配套政策措施相继出台。

1990 年 2 月，根据《中华人民共和国城市规划法》的有关规定，城市土地利用与建设工程的规划管理将实行法定许可证制度，为了体现建设用地规划许可证和建设工程规划许可证的法律严肃性，促进城市规划管理工作的规范化，建设部出台了《关于统一实行建设用地规划许可证和建设工程规划许可证的通知》，进一步明确了建设用地规划许可证和建设工程规划许可证的具体要求和申请程序，城市规划管理的系统性、规范化逐步体现。同年 5 月，国务院颁布《中华人民共和国城镇国有土地使用权出让和转让暂行条例》，标志着国有土地有偿出让有了更为明确的法规依据。1991 年 9 月，建设部召开第二次全国城市规划工作会议，提出城市规划是一项战略性、综合性强的工作，是国家指导和管理城市的重要手段。同年，《城市规划编制办法》和《建设项目选址规划管理办法》的出台，不断规范着城市规划编制和管理体系。1992 年建设部发布《城市国有土地使用权出让转让规划管理办法》，提出"城市规划区内城市国有土地使用权出让、转让必须符合城市规划"，控制性详细规划内容作为规划设计条件及附图被纳入城市国有土地使用权出让、转让合同中。1995 年 6 月，建设部印发了《城市规划编制办法实施细则》，是对 1991 年出台的《城市规划编制办法》的补充和完善，其中规范了控制性详细规划的具体编制内容和要求。1996 年 5 月国务院发布《关于加强城市规划工作的通知》（国发〔1996〕18 号），将城市规划明确为指导城市合理发展、建设和管理城市的重要依据和手段，并对城市土地及空间资源发挥调控作用。1998 年，中央正式发布《关于进一步深化城镇住房制度改革，加快住房建设的通知》，该通知决定自当年起停止住房实物分配，建立住房分配货币化、住房供给商品化、社会化的住房新体制。2000 年 10 月 11 日中国共产党第十五届中央委员会第五次全体会议通过《中共中央关于制定国民经济和社会发展第十个五年计划的建议》，首次提出"积极稳妥地推进城镇化"。同年，国务院办公厅印发了《关于加强和改进城乡规划工作的通知》（国办发〔2000〕25 号），对各项规划的编制与审批工作、城市总体规划修改认定制度和备案制度、城乡规划的实施管理、城乡规划的监督检查制度等，提出指导要求。2002 年 5 月，国务院印发了《关于加强城乡规划监督管理的通知》（国发〔2002〕13 号），指出"在城市规划和建设中出现了一些不容忽视的问题，一些地方不顾当地经济发展水平和实际需要，盲目扩大城市建设规模"。为进一步强化城乡规划对城乡建设的引导和调控作用，健全城乡规划建设的监督管理制度，促进城乡建设健康有序发展，国家提出了一系列要求。同年10月，建设部印发《近期建设规划工作暂行办法》和《城市规划强制性内容暂行规定》，要求各地依据此两个文件，切实抓紧组织制定近期建设规划和明确城市规划强制性内容工作。为后续城市发展、城乡规划管理提出了新要求，同时奠定了一定的政策基础。

（三）2007年城乡规划立法后从以控制性详细规划为约束的"一书三证"规划许可制度到纳入"多规合一"的管理体系

自党的十六届三中全会提出"城乡统筹"等新发展理念以来，国家逐渐把发展的焦点由城市转向城乡。党的十六届五中全会提出了建设社会主义新农村的重大任务，总体建设要求为"生产发展、生活宽裕、乡风文明、村容整洁、管理民主"，城乡统筹建设正式拉开序幕。

《中华人民共和国城乡规划法》于2007年10月28日第十届全国人民代表大会常务委员会第三十次会议通过，2008年正式实施。该法共分七章70条，确立了城镇体系、城市规划、镇规划、乡规划和村庄规划的五级规划体系，并构建了以控制性详细规划为严格依据的建设项目选址意见书、建设用地规划许可证、建设工程规划许可证、乡村建设规划许可证的"一书三证"规划许可制度。与《中华人民共和国城市规划法》所确定"一书两证"规划许可制度相比，此次改革的主要变化体现在以下三点：一是新增核发乡村建设规划许可证的程序，加强对乡村建设活动的法制化管理力度；二是根据土地使用权的不同，分别制定了划拨方式和出让方式下的建设用地规划许可证的核发和领取程序；三是明确了控制性详细规划与规划许可程序之间的严格羁束关系，这也将过去"符合城市规划"的模糊状态进一步明确至"依据控制性详细规划"。

2008年3月根据十一届全国人民代表大会一次会议通过的国务院机构改革方案，"建设部"改为"住房和城乡建设部"，为城乡统筹发展提供了制度保障。随着住建部的组建，为加强城乡统筹发展、完善城乡规划许可管理，出台了一系列的政策文件。2010年12月，住建部审议通过《城市、镇控制性详细规划编制审批办法》，自2011年1月1日起施行。住建部审议通过《城乡规划编制单位资质管理规定》，自2012年9月1日起施行，对城乡规划编制单位作出了具体规定。

随着改革不断推进，城乡发展和城乡规划管理有了新要求。2013年中央城镇化工作会议明确提出："城镇化是现代化的必由之路""推进农业转移人口市民化，解决好人的问题是推进新型城镇化的关键""建立空间规划体系，推进规划体制改革"。为推进改革，2014年国家发展改革委、国土资源部、环境保护部、住房和城乡建设部联合下发《关于开展市县"多规合一"试点工作的通知》，确定了28个"多规合一"市县试点单位，其中地级市6个，县级市（县）22个，开始了"多规合一"探索。

2015年12月中央城市工作会议召开，这是继1978年后首次召开的最高规格的城市会议，为我国今后的城市工作指明方向。会议提出要尊重城市发展规律；统筹空间、规模、产业三大结构，提高城市工作全局性；统筹规划、建设、管理三大环节，提高城市工作的系统性；统筹改革、科技、文化三大动力，提高城市发展持续性；统筹生产、生活、生态三大布局，提高城市发展的宜居性；统筹政府、社会、市民三大主体，提高各方推动城市发展的积极性。

2016年2月中共中央、国务院《关于进一步加强城市规划建设管理工作的若干意见》发布，是中央城市工作会议的配套文件，勾画了"十三五"乃至更长时间中国城市发展的"路线图"，是为了转变城市发展方式，塑造城市特色风貌，提升城市环境质量，创新城市管理服务而制定的政策性文件。2017年1月中共中央办公厅、国务院办公厅印发了《省级空间规划试点方案》，首次划定了城镇、农业、生态"三类空间"。

2017年3月，中华人民共和国住房和城乡建设部令第35号指出："《城市设计管理办法》已经第33次部常务会议审议通过，现予发布，自2017年6月1日起施行"，标志着中国城市设计的制度建设初探。

2018年3月，根据第十三届全国人民代表大会第一次会议批准的国务院机构改革方案，"将国家发展和改革委员会的组织编制主体功能区规划职责，住房和城乡建设部的城乡规划管理职责……整合，组建自然资源部"。至此，城乡规划在管理上结束了"九龙治水"的局面，城乡规划许可同样一并纳入了国土空间规划许可的管理体系，形成了由一个部门管理的新局面。

# 第三节　土地用途管制的历史沿革

## 一、土地用途管制的概念内涵

　　土地用途管制是国家通过编制土地利用总体规划，规定土地用途，将土地分为农用地、建设用地和未利用地，严格限制农用地转为建设用地，控制建设用地总量，对耕地实行特殊保护，土地所有者、使用者必须严格按照土地利用总体规划确定的用途使用土地的制度。农用地的用途管制包括农地非农化的管制和农地农用的管制两方面，坚持"农地、农有、农用"的原则，限制农用地非农化，鼓励维持农用。现行的土地用途管制制度由原国土资源管理部门建立并负责实施，主要包括土地利用总体规划制度、土地利用年度计划制度、耕地占补平衡制度、基本农田保护制度、用地预审制度、农用地转用审批制度等。土地用途管制制度以保护耕地为核心，涵盖了部分建设用地节约集约利用的要求，其根本目的是在坚持因地制宜、科学规划原则的基础上，依据可持续发展的战略方针，严格限制农用地转为建设用地，落实耕地总量动态平衡的目标，实现土地利用方式由粗放型向集约型转变，促进区域社会经济的持续发展和土地的持续利用，达到社会、经济、生态综合效益的最优化。

## 二、土地用途管制的发展历程

　　一般认为，现代土地用途管制起源于 19 世纪末的德国和美国，其核心是通过国家公权力，规定土地用途、明确使用条件，规范各类主体必须按照规定的用途和条件来使用土地的制度。我国土地用途管制制度的发展历程同土地管理体制的演化经历紧密相关，总体上是由多部门分散管理到大部制的统一管理。我国土地用途管制大致经历了以下阶段的变革。

（一）1978年之前的土地用途管制制度

1949年9月，中国人民政治协商会议第一届全体会议通过《中华人民共和国中央人民政府组织法》，在政务院下设内务部，内务部下设地政司，履行国家土地管理职责。地方设立地政机关或地政局。但由于当时苏联的土地使用模式对我国产生的影响，加之社会主义改造的完成及公有制的建立，我国政府的用地方式及土地管理观念发生了根本性的改变。这一时期我国的土地配给制度是无偿、无期限的，也将政府的土地管理工作主要圈定在了"按用地单位的需要划拨、平调土地"供给的狭小范围内。这种变化导致此后大部分地政机构被撤销，全国各级政府没有专门的土地管理部门，城市用地由政府划拨，谁用谁管，农村土地集体所有，集体用集体管。我国的土地管理工作也自此进入了持续近30年的"谁使用、谁管理"的多头分散用地管理阶段。

总体上，1949—1978年，我国土地管理的体制呈现出"以城乡二元划分、谁用谁管"的模式，土地资源利用的审批权限则主要存在于各省、市人民政府。如1950年颁布的《城市郊区土地改革条例》，第二条规定城市国有郊区土地的审批权归于省人民政府，而第十三条规定城市国有郊区土地的领用要向市人民政府申请。

（二）1978—1986年的土地用途管制制度

十一届三中全会后，党和国家的工作重点转移到以经济建设为中心上来，土地管理机构逐渐恢复。1979年国务院设立全国农业区划委员会，下设土地资源组。到了1982年，国务院机构改革首次对我国的土地资源管理制度作出调整，决定在农牧渔业部设置土地管理局，行使国务院授予的管理全国土地资源的职能。有关部门介入对土地进行了有效管制，国务院颁布了《国家建设征用土地条例》和《村镇建房用地管理条例》，改变了以前土地无人管或缺乏管制的状态，1985年《中华人民共和国宪法》修改后明确了城市土地归国家所有。1982年8月到1986年6月，在各级农业部门建立了土地管理机构，在城市则保留了房地产管理局，部分恢复地政管理职能。

总体上，这个阶段土地资源管理工作向统一迈进，在一定程度上加强了全国土地用途的统管工作。但是，当时不少地方的土地管理工作依然混乱，土地利用和管制一定程度上存在诸多不足。土地管制制度未能在这一时期实现统一与完善。

（三）1986—1998 年的土地用途管制制度

1986 年 2 月 21 日，国家土地管理局成立，直属国务院领导，负责统筹管理全国的土地和利用，其目的是改变中华人民共和国成立以来的分散、低效率的土地管理和利用方式。同年颁布的《中华人民共和国土地管理法》规定："国务院土地管理部门主管全国土地的统一管理工作"。第一次明确了土地利用总体规划的法律地位，取得了巨大突破和成效。我国土地用途管制从此时由分管体制向相对集中有效的管理模式转变，促进了后续的土地用途管制制度改革。同时期，中央还陆续出台了《中华人民共和国土地管理法实施条例》《土地复垦规定》《中华人民共和国城镇土地使用税暂行条例》《中华人民共和国耕地占用税暂行条例》《中华人民共和国基本农田保护条例》等行政法规。这些规章制度的出台从各个方面充实完善了土地用途管制制度。

这一阶段，土地管理体制逐渐向规范化、科学化迈进，特别是在 1997 年 4 月，中共中央、国务院出台的《关于进一步加强土地管理切实保护耕地的通知》，提出了严格管理土地、保护耕地的政策，国家土地管理局开展了各级土地利用总体规划的编制和修订工作，使得用途管制制度有章可依。

（四）1998—2018 年的土地用途管制制度

1998 年 3 月 10 日，第九届全国人民代表大会第一次会议审议通过《关于国务院机构改革方案的决定》。根据这个决定，由地质矿产部、国家土地管理局、国家海洋局和国家测绘局共同组建国土资源部。同年修订的《中华人民共和国土地管理法》，首次明确提出"实行土地用途管制制度"。土地用途管制制度的提出取代了原有的分级限额审批制度，强化了土地利用总体规划和土地利用年度计划的法定效力，其核心是依据土地利用规划对土地用途转变实行严格控制。具体到实施管理，是以土地用途分区管制确立不同的审批主体，在不同用途区内规定不同的土地管制规则。通过用途变更许可制度及其他配套制度，实现对土地用途的管制。其后，土地用途管制在一系列的法律政策下不断完善，例如2004年，中央确定省级以下国土资源垂直管理体制；2006年，建立国家土地督察制度；2007年4月，《中华人民共和国行政许可法》实施，使土地审批在制度化、规范化方面取得了重要突破。

在用途管制的前提下，将各项土地审批权上收，根据修订后的《中华人民共和国土地管理法》，市、县两级将无权对土地征收、农用地转用进行审批，但在存量土地供应方面拥有更多的审批权限，其目的是鼓励地方政府用活土地存量、切实保护好耕地。

## （五）2018年以来的土地用途管制制度

2018年，根据《深化党和国家机构改革方案》的具体要求，整合国土资源部及有关部门职责，组建自然资源部，作为国务院组成部门，落实中央关于统一行使全民所有自然资源资产所有者职责，统一行使所有国土空间用途管制和生态保护修复职责的要求，强化顶层设计，发挥国土空间规划的管控作用，为保护和合理开发利用自然资源提供科学指引。土地作为最重要的自然资源和其他自然资源的载体，对其管理制度将影响对其他自然资源的具体管理模式。

一套较为完善的土地法律、法规体系和执法监察制度的逐渐系统化，为土地用途管制制度提供有力依据。特别是2019年8月26日，《中华人民共和国土地管理法》进行了第四次修订，进一步完善了土地用途管制制度。本次修订内容包括修改完善土地征收制度、农村宅基地保障和管理制度及耕地保护制度；扩大了集体建设用地入市流转范围；强化耕地尤其是永久基本农田保护制度；完善了农用地承包经营方式；适当下放农用地转用审批权限等，以及正式确立国家自然资源督察制度为土地管理的法律制度等。

---

**专栏 2-1　土地用途管制的制度体系**

　　土地用途管制是为促进土地资源合理利用，经济、社会和环境协调发展，依据土地利用规划，在一定区域划定土地用途分区，确定用途限制内容，实施用途变更许可制，对土地用途采用行政、经济和法律的手段进行控制。随着对土地管控要求的不断提高，土地用途管制制度逐渐形成较为完善的体系，其主要包括了土地用途管制规划管理、土地用途管制实施管理和土地用途管制监督管理三个部分，这三个部分互为条件、有机结合，形成了实施土地用途管制的有效体系。具体来看，主要有以下工作（图2-1）。

（1）依法认定土地现状用途和土地权属登记管理是建立土地用途管制制度的重要基础。对土地进行科学分类和调整是实施土地用途管制的前提。土地用途和权属要根据法定的土地利用现状图和相关批准文件认定，不能人为认定。土地用途管制的依据主要是土地利用总体规划。将土地按用途进行分类有利于土地的所有者、使用者在土地用途管制的前提下依法使用土地，保持耕地总量动态平衡。当用途确定后，要进行土地权属登记，这是土地资源管理部门日常管理的中心内容，也是开展其他土地管理工作的前提。在土地资源管理部门进行土地用途登记，是土地用途管制的权利保障。以前我国对土地登记只有权属登记的要求，而无用途登记的规定，现在土地用途登记必须明确权利人的用途和权利内容，这既保障了权利人土地用途的权利，又规定了权利人土地用途的义务，在土地权利登记中实现了土地用途管制。

（2）科学编制土地利用总体规划是落实土地用途管制制度的基本前提。《中华人民共和国土地管理法》规定：国家实行土地用途管制制度。国家编制土地利用总体规划，规定土地用途，将土地分为农用地、建设用地和未利用地。严格限制农用地转为建设用地，控制建设用地总量，对耕地实行特殊保护。使用土地的单位和个人必须严格按照土地利用总体规划确定的用途使用土地。另外，下级规划应依据上一级规划编制，建设用地总量不得超过上一级规划的控制指标，耕地保有量不得低于上一级规划的控制指标，这就确立了规划体系的总体控制作用。城市总体规划、村庄和集镇规划中建设用地规模不得突破土地利用总体规划确定的城市和村庄、集镇建设用地的规模，从而确立了土地利用总体规划控制建设用地总量的法律地位。《土地利用总体规划管理办法》（2017年国土资源部令第72号）进一步加强了土地利用总体规划的实施管理，凡涉及改变土地利用方向、规模、重大布局等的原则性修改，必须报原批准机关批准。

（3）加强土地利用年度计划管理是实现土地用途管制制度的重要抓手。土地利用年度计划，是指国家对计划年度内新增建设用地量、土地开发整理补充耕地量和耕地保有量的具体安排。《国务院关于深化改革严格土地管理的决定》（国发〔2004〕28号）文件规定，农用地转用的年度计划实行指令性管理，跨年度结转使用计划指标必须严格规范。改进农用地转用年度计划下达和考核办法，对国家批准的能源、交通、水利、矿山、军事设施等重点建设项目用地和城、镇、村的建设用地实行分类下达，并按照定额指标、利用效益等分别考核。《国务院关于加强土地调控有关问题的通知》（国发〔2006〕31号）规定，将新增建设用地控制指标（包括占用农用地和未利用地）纳入土地利用年度计划。2016年，国土资源部修订了《土地利用年度计划管理办法》（国土资源部令第66号），进一步规范了土地利用年度计划管理。

（4）严格农用地转用审批是实现土地用途管制制度的关键环节。按照《中华人民共和国土地管理法》的规定，不论是否需要征收土地，凡是进行建设占用农用地，必须在土地利用总体规划确定的建设用地范围内安排，符合土地利用总体规划方可批准农用地转为建设用地。具体而言，永久基本农田转为建设用地的，由国务院批准。在土地利用总体规划确定的城市和村庄、集镇建设用地规模范围内，为实施该规划而将永久基本农田以外的农用地转为建设用地的，按土地利用年度计划分批次按照国务院规定，由原批准土地利用总体规划的机关或者其授权的机关批准。在已批准的农用地转用范围内，具体建设项目用地可以由市、县人民政府批准。在土地利用总体规划确定的城市和村庄、集镇建设用地规模范围外，将永久基本农田以外的农用地转为建设用地的，由国务院或者国务院授权的省、自治区、直辖市人民政府批准。

（5）完善全流程监督监管制度是实施土地用途管制制度的重要保障。建立完善的分层次土地利用动态监测网络，并针对不同的地区特点制定监测方案，是实施土地用途管制的必要技术保障。通过信息化监督进行土地利用动态监测，目的在于及时掌握土地的利用及其变化状况，以便更有效地实施土地的用途管制。在较为完善的信息化监测手段的基础上，对于非法占用土地的行为开展监察执法，这是有效实施土地用途管制的坚强后盾。根据具体违法行为作出相应处罚，如对于违反土地利用总体规划擅自将农用地改为建设用地的，则必须拆除。其中，土地违法行为构成犯罪的，要追究有关人员的法律责任，只有这样才能保证我国土地用途管制目标的顺利实现。

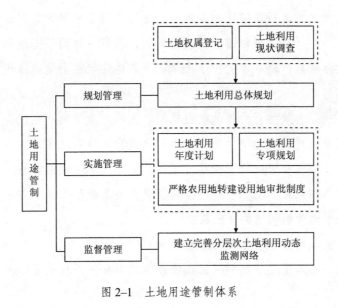

图 2-1　土地用途管制体系

**专栏 2-2　土地用途管制制度实施成效与问题**

（1）土地用途管制的成效

土地用途管制的目的在于合理保护耕地资源，严格控制农用地转作他用，寻求既保护耕地和确保农产品尤其是粮食的安全供应，又保障建设用地等其他用地的合理需求，达到提高土地资源配置效率、实现土地资源可持续利用的目的。主要成效体现在以下方面。

①更加有利于从宏观上有效保护耕地资源。通过土地用途管制的实施

管理，依法确立了不同的审批主体，协调了"吃饭"与"建设"关系，即能够从宏观上科学确定耕地资源保护的数量，同时保障建设用地等其他用地的基本需要，从而提高了耕地保护政策和土地资源持续利用政策的运行效率。

②有利于保护生态环境。通过土地用途管制，有利于依据生态经济学效益原则保护农业用地。另外，对于未利用土地的开发利用，也强调保障其生态功能，因而对于改善生态环境、维持生态平衡具有实践意义。

③完善了土地行政管理运行机制。通过实行土地用途管制制度，有效扭转了土地利用总体规划随意更改的局面，较好地协调了土地利用总体规划的管理与实施，进一步发挥了土地利用总体规划在土地资源优化配置中的重要作用。

④形成了有效运行的土地收益机制。土地用途管制制度改变了分级限额审批制度将建设用地审批集中于市、县政府所导致的各地"多卖地，多得益"的土地收益分配机制，建立了将存量建设用地收益归地方所有、增量土地收益即农地非农化的收益全部上缴中央的新型土地收益分配机制，促进土地用途管制制度的有效实施。

（2）土地用途管制存在的问题

传统的土地用途管制制度正面临着新的形势，同样也暴露出了一系列问题。

①信息不对称。由于中央、省级政府在确定土地用途管制的新增建设用地量、土地开发整理补充耕地量和耕地保有量时主要依据以往的情况和各地的上报信息，地方政府为了获取更多的新增建设用地量存在虚报的可能性，而中央、省级政府对此却难以核实。因此，在土地用途管制制度的实施和管理过程中，往往会因信息不对称而导致土地用途管制制度难以高效地发挥其作用，从而造成违法用地或浪费土地等现象。此外，"管制时滞"问题归根结底还是信息不对称，一方面，当需要实施土地用途管制时，政府未能及时行动，另一方面，部分土地用途管制政策措施被实践证明存在偏差时，施政者纠正偏差同样存在滞后现象。

②刚性较强而弹性不足。土地利用总体规划是土地用途管制制度的基础。然而，土地利用规划的刚性和弹性之间的关系难以良好把控，规划编制缺少动态性。各地对土地利用规划不断进行修改，既有人为因素擅自变相、无序、违规修改，也有符合经济社会发展内外部环境变化的合理修改，两者都迫切需要加以规范，尤其是后者。当前执行的土地规划在实施期间，重视土地规划的编制规则和技术规程，却在一定程度上忽视了对土地规划修改的规范和规定。如何处理好规划的刚性和弹性之间的关系仍然是当前迫切需要解决的重点、难点问题。

③政策措施协调性不够。当前一些地方政府确实有效落实了严格的耕地保护制度，但相应的激励政策措施未能跟上导致地方经济相对落后。实际上，一些地方在发展中占用农用地搞经济建设等，改善了当地居民生活条件，提高了区域的经济发展水平和社会就业水平，得到当地百姓肯定，甚至此类地方执政者可能获得更多的晋升机会。此外，土地用途管制单一侧重对农用地转为建设用地的管制，而忽视了对土地利用程度和效益的管制。目前的土地用途管制缺乏对土地利用效率和效益的约束，给土地用途管制留下了漏洞。土地使用者虽然按照规划用途使用土地，但可以改变建筑密度、容积率、建筑物结构等土地使用条件，还可以通过"囤地"获取大额土地增值收益，从而造成土地闲置现象。

④法律责任不够明确。对于不按规定用途使用、非法占用耕地并改作他用等违反土地用途管制的行为，所应负的法律责任应有明确的规定并具有可操作性。目前，有关法规显得较为笼统且含糊不清，如"非法占用耕地改作他用，数量较大，造成耕地大量破坏的……"，究竟多少数量才属于"较大"，破坏耕地数量多少才构成"大量"，都没有进一步的细则规定。如此，在执法过程中，"人情""权力"就会发挥作用，造成"执法难""执法不严"等问题，而使土地用途管制制度难以得到有效的贯彻实施。此外，执法依据不明确可能导致寻租行为，政府管制的过程就是政治权力因素直接介入的过程，由于土地资源供给的有限性，在这一过程中也为土地使用者利用钱权交换或借助政府权力因素谋求垄断利润，实现其利

益最大化提供了条件。

　　⑤技术和管理保障有待进一步完善。实施土地用途管制制度，首先需要解决的技术问题就是对土地用途的明确界定，即科学地界定不同用途土地的位置、界线、面积，并反映到现状图上。在过往的一段时期，存在各部门使用的现状图件等存在交叉重叠问题。其次，土地利用规划是土地用途管制实施的依据，因此规划的土地用途和土地用途变更的位置和界线必须做到图上和实地一致，但实际上两者不一致的问题仍然存在。此外，土地管理实践中存在的一些产权界定不清、土地利用规划实施难、土地利用现状图更新较慢等问题，都在一定程度上妨碍了土地用途管制制度的有效实施。

# 第四节　其他类型用途管制的历史沿革

## 一、林地用途管制

　　国家为提高林地节约利用水平，保证林地资源的优化配置，促进经济、社会和生态环境的协调可持续发展，对林地实施用途管制，使林地必须用于林业发展和生态文明建设。林地用途管制是为了严格保护和合理利用林地，规范建设项目使用林地审核审批，促进生态林业和民生林业发展，使林地用于林业发展和生态环境建设，不得未经批准更改用途。根据建设生态文明的要求，依据《中华人民共和国森林法》《中华人民共和国行政许可法》《全国林地保护利用规划纲要（2010—2020 年）》等，制定了《中华人民共和国森林法实施条例》《占用征用林地审核审批管理规范》《建设项目使用林地审核审批管理办法》等法规条例，严格实施用途管制，认真落实林地分级管理，实现林地面积占补平衡。通过实施林地用途管制，严厉打击非法占用林地进行建设生产活动，防止林地退化、减少林地逆转流失数量；通过生态自我修复，加强对沙漠化土地、矿山废弃地及生态重点区域的综合治理等，这些措施优化了林地结构，补充了林地数量，确保了全国林地资源动态平衡。总的来看，林地用途管制的发展主要经历了三个阶段。

（一）1979—1997 年的林地用途管制制度

该阶段是我国林地管理相关法律、法规、政策的逐步形成期，以森林资源保护为主。1979 年 2 月 23 日第五届全国人民代表大会常务委员会第六次会议原则通过《中华人民共和国森林法（试行）》，明确了森林的管理制度，提出了要制定林业长远发展规划等，强调了森林保护的各方责任。此次通过的森林法虽然是试行的，但已构建起森林法的基本框架，为林地管理提供了法律依据。1981 年 3 月 8 日，中共中央、国务院印发了《关于保护森林发展林业若干问题的决定》（中发〔1981〕12 号），提出了稳定山权林权，落实林业生产责任制、木材实行集中统一管理、加强党和政府对林业的领导等具体要求。1982 年 10 月 20 日，中共中央、国务院印发了《关于制止乱砍滥伐森林的紧急指示》（中发〔1982〕45 号），对一段时期存在的乱砍滥伐进行了总结并做出了具体要求。1984 年 9 月 20 日第六届全国人民代表大会常务委员会第七次会议通过《中华人民共和国森林法》，丰富了原有的试行法律，将林地进行了分类，强化对森林的保护，确立了不占或少占林地原则。1985 年 6 月 8 日，按照《中华人民共和国森林法》第二十五条的有关规定，为控制森林资源消耗，印发了《制定年森林采伐限额暂行规定》。1986 年 5 月 10 日，林业部发布《中华人民共和国森林法实施细则》，这是我国第一部森林法实施细则，是对森林法的补充和完善。1988 年 6 月 13 日，林业部发布了《林业部关于加强森林资源管理若干问题的规定》，再次强调了森林资源管理的重要性。

随后的十年间，党中央、国务院和林业主管部门相继印发了一系列政策文件，如 1989 年 6 月 12 日，国务院办公厅转发林业部《关于国有林权证颁发情况及限期完成发证工作意见报告的通知》（国办发〔1989〕28 号），林权管理得到了强化；再如 1993 年 5 月 27 日，国家国有资产管理局、林业部印发了《关于加强国有森林资源产权管理的通知》，明确提出了制止国有森林资产大量流失、切实保护和合理利用好现有林地资源等。相关文件的出台不断规范了林地管理工作，一定时期内在保障发展的同时，起到了保护森林资源的作用。

### （二）1998—2017 年的林地用途管制制度

为了更好适应林业发展和管理，在 1998 年 4 月 29 日第九届全国人民代表大会常务委员会第二次会议上，《关于修改〈中华人民共和国森林法〉的决定》第一次修正通过，此次修法主要做出了八个方面的修改，包括增加对中央投资形成的国有重点林区由林业部直接发放林权证的规定，对非法采伐、毁坏珍贵树林以及非法收购和运输木材的行为，增加了法律责任规定等。1999 年 5 月 10 日，国家林业局印发了《国家林业局关于明确各项建设工程征占用林地审批、审核手续的函》，对各项建设工程征占林地审批和审核所需提供的材料加以明确，进一步规范了占林审批和审核。2000 年 11 月 2 日国家林业局第三次局务会议审议通过了《林木和林地权属登记管理办法》，进一步规范了森林、林木和林地的所有权或者使用权登记管理工作。2005 年 9 月 2 日，国家林业局印发了《关于进一步加强森林资源管理工作的意见》，提出了全面实施以生态建设为主的林业发展战略，推进林业持续快速协调健康发展。2009 年 8 月 27 日，第十一届全国人民代表大会常务委员会第十次会议通过的《全国人民代表大会常务委员会关于修改部分法律的决定》对《中华人民共和国森林法》进行了第二次修正，对部分不适应林业发展和管理的法律条文内容进行了修正，并丰富了法律条文。2010 年 8 月 24 日经国务院常务会议审议并原则通过了《全国林地保护利用规划纲要（2010—2020 年）》，由国家林业局正式印发。全国林地保护利用规划对于林地保护利用及管制方面有明确的指导，主要阐明规划期内国家林地保护利用战略，明确全国林地保护利用的指导思想、目标任务和政策措施，引导全社会严格保护林地、节约集约利用林地、优化林地资源配置，提高林地保护利用效率。规划指出林地必须用于林业发展和生态建设，不得擅自改变用途；进行勘查、开采矿藏和各项建设工程，应当不占或者少占林地，必须占用或者征用林地的，应当依法办理审核手续。严格控制林地转为其他农用地。规划的出台使得林地用途管制制度有规可依、更加完善。2015 年 11 月 18 日财政部、国家林业局印发了《关于调整森林植被恢复费征收标准引导节约集约利用林地的通知》，明确提出了缴纳森林植被恢复费是促进节约集约利用林地、培育和恢复森林植被、实现森林植被占补平衡的一项重要制度保障。2016 年 1 月 26

日国家林业局出台了《国家林业局关于进一步加强森林资源监督工作的意见》（林资发〔2016〕13 号），对切实加强森林资源监督工作，创新监督机制，增强监督效果提出了新的要求。这段时期林地用途管制制度正式被提出，并随着相关政策文件的出台而逐步形成一套制度体系。

### （三）2018 年以来的林地用途管制制度

2018 年 3 月，根据第十三届全国人民代表大会第一次会议批准的国务院机构改革方案，组建国家林业和草原局。新组建后的国家林业和草原局隶属于自然资源部，形成了自然资源统一管理的体制，　　　　　使国土空间用途管制职责奠定了基础。

随着一套较为完善的林地管理法律　　系和监管制度的建立，林地用途管制逐渐向系统化、法制化迈进　　2019 年 2 月 26 日，国家林业和草原局印发了《国家林业和草原局　　风电场项目建设使用林地的通知》，指出了各地大规模发展风电，　　占用森林和林地面积大幅上升，违法违规使用林地、野蛮施工、　　不到位等问题时有发生，对规范风电场项目建设使用林地提出了　　；2019 年 7 月 16 日，国家林业和草原局印发了修订后的《国家级　　总体规划审批管理办法》，进一步规范了国家级森林公园总体规划　　。特别是，2019 年 12 月 28 日第十三届全国人民代表大会常务委员　　次会议修订了《中华人民共和国森林法》。本次修订内容包括增加　　属、发展规划和监督检查三章，意图是强化产权管理，依规审批和　　管理，并在具体章节做出了删除、增加或修改，以适应当前林地　　的新形势、新要求。如在第一章中增加并提出了森林资源保护发展目　　制和考核评价制度、林长制，强化了森林资源保护与管理，还原则性规　　了森林生态效益补偿制度，为森林资源作为生态产品体现价值提供了法律依据等，森林法的修改使得林地用途管制制度的法律依据更加充分。

## 二、草地用途管制

草原与森林一起构成了我国陆地生态系统的主体，是我国绿色生态屏障重要的组成部分。近些年，随着用途管制工作不断加强，草地用途管制制度逐步完善，特别是在加强草原保护管理、合理调控畜牧养殖、草原承包经营等方面的法律法规政策不断丰富，其历史沿革大体分为三个阶段。

（一）1985—2005 年的草地用途管制制度

1985 年 6 月 18 日，第六届全国人民代表大会常务委员会第十一次会议通过了《中华人民共和国草原法》，标志着我国草原工作进入法治化轨道。1993年 10 月 5 日，《草原防火条例》以中华人民共和国国务院令第 130 号公布，强调了加强草原防火工作的重要性，并确定了草原防火工作实行预防为主、防消结合的方针，以及明确了具体主管部门和相关规定。该条例丰富了草原管理的政策措施。随后的十余年中，出台了一些均以保护草原为主的政策，起到了积极作用。特别是 2000 年以来，实施草原生态恢复建设专项治理工程，国家实施了退耕还林还草、退牧还草和京津风沙源治理等工程。2002 年 9 月 16 日，国务院印发了《国务院关于加强草原保护与建设的若干意见》（国发〔2002〕19号），明确指出要充分认识加强草原保护与建设的重要性和紧迫性，草原在国民经济和生态环境中具有重要的地位和作用，加强草原保护与建设刻不容缓。同时，提出了建立和完善草原保护制度，建立基本草地保护制度，实行草畜平衡制度，以及推行划区轮牧、休牧和禁牧制度等。2004 年 5 月 27 日，农业部印发了《关于严禁开垦和非法征占用草原的紧急通知》（农牧发〔2004〕30 号），提出了"不准违背自然规律在基本草原上植树造林或挖塘养鱼，不准在荒漠、半荒漠和严重退化、沙化、盐碱化、石漠化、水土流失以及生态脆弱区的草原上采挖野生植物"，进一步加强了草原用途管制，细化了管理措施。同年 9 月，水利部、农业部发布了《关于加强水土保持生态修复促进草原保护与建设的通知》，进一步强调要增强搞好水土保持和草原保护工作的紧迫感和责任感，认真总结经验教训，采取切实可行的措施，加快水土流失防治步伐，全面推进我国生态建设工作。这段时期是草地用途管制形成期，随着《中华人民共和国草原法》的出台和相关政策措施的不断完善，草地用途管制手段不断丰富。

（二）2006—2017 年的草地用途管制制度

2006 年 1 月 16 日，农业部第三次常务会议审议通过的《草原征占用审核审批管理办法》标志着草原占用审核审批工作走向正轨。该办法的一些要求和规定对于加强草原征占用的监督管理，规范草原征占用的审核审批，保护草原资源和环境，维护农牧民的合法权益具有重要作用，也是草地用途管制制度确立的标志。随着改革的深化和市场经济的发展，《中华人民共和国草原法》在实践中遇到了亟待解决的问题，如草原超载过牧严重、对草原重利用轻养护、草原投入不足、草原流转有待规范等，造成草原生态环境日趋恶化，这些问题促使新《草原法》的出台。根据 2013 年 6 月 29 日第十二届全国人民代表大会常务委员会第三次会议通过的《全国人民代表大会常务委员会关于修改〈中华人民共和国文物保护法〉等十二部法律的决定》，对《中华人民共和国草原法》进行了第二次修正，强化了保护修复和科学利用草原，加快生态文明和美丽中国建设，对草地用途管制制度提出了新要求。

2016 年 1 月 16 日，国务院印发了《关于全民所有自然资源资产有偿使用制度改革的指导意见》（国发〔2016〕82 号），其中明确提出了建立国有草原资源有偿使用制度。同年 6 月，农业部印发了《推进草原保护制度建设工作方案》，明确了推进草原保护制度建设的重要意义，提出了草原保护制度建设的总体思路、主要目标和重点任务等具体工作。同年 11 月，国家发展改革委会同财政部、国土资源部、环境保护部、水利部、农业部、国家林业局、国家粮食局编制了《耕地草原河湖休养生息规划（2016–2030 年）》，重点从顶层设计上明确耕地草原河湖休养生息的指导思想、基本原则，提出阶段性的目标、任务和政策措施，不断完善草地用途管制制度。这段时期是草地用途管制的确立期，相关政策的出台丰富了草地用途管制的制度体系，使得草地管制依据更加充分，管制更加完善。

（三）2018 年以来的草地用途管制制度

2018 年 3 月，根据第十三届全国人民代表大会第一次会议批准的国务院机构改革方案，组建国家林业和草原局，整合原国家林业局职责、农业部的草原监督管理职责等，统筹森林、草原、湿地、荒漠的监督管理，有利于加大生态系统保护力度和加快自然保护地体系的建设。此次变更从政府机构上将森林与草原、湿地等其他生态系统的管理相融合，主要职能进一步向"生态"转变，共同服务于国家生态文明建设大局。

2021 年 3 月 12 日，国务院办公厅印发《关于加强草原保护修复的若干意见》，明确了新时代草原工作的指导思想、工作原则、目标任务和具体措施，指明了草原发展方向，标志着新时代草原工作顶层设计初步完成。同年 4 月 29 日，第十三届全国人民代表大会常务委员会第二十八次会议修改了《中华人民共和国草原法》，修改细化了部分条款，对使用、占用草原提出了更加明确的要求，强化了草原保护利用，加强了对草原破坏监督的法律依据等，为草地用途管制提供了更加完善的法律支撑。2021 年 5 月，发布了《2020 年全国草原监测报告》，构建新时代草原监测评价体系，印发了《全国草原监测评价工作手册》，以国土"三调"成果为底板，开展林草生态综合监测草原监测评价，基本解决了长期存在的草原底数不清的问题，推进草原改革，提出草业发展新思路，为草地用途管制建立了基础保障。10 月 22 日，国家林业和草原局制定了《建设项目使用林地、草原及在森林和野生动物类型国家级自然保护区建设行政许可委托工作监管办法》，加强了建设项目使用林地、草原及在森林和野生动物类型国家级自然保护区建设行政许可委托工作监管的，完善了用途管制的许可、监管环节，促进了监管工作规范化和制度化。2022 年 1 月 14 日，自然资源部、国家林业和草原局印发了《关于共同做好森林、草原、湿地调查监测工作的意见》，指出统一森林、草原、湿地调查监测制度，明确了任务和分工，并提出了具体工作要求，有利于强化草原调查监测，摸清各自然资源家底，推进落实统一行使国土空间用途管制职责。同年 2 月，国家林业和草原局发布了《林草产业发展规划（2021–2025 年）》，规划提出推动林草产业高质量发展的指导思想、主要目标、重点领域和保障措施等方面，特别是为草原发展指明了方向，为更好地发挥用途管制作用提供了依据。

## 三、湿地用途管制

我国湿地保护工作正式起步的标志是 1992 年加入《湿地公约》，在国际条约精神的指导下全面开展湿地的保护工作。同年，我国将六处湿地类型的自然保护区列入《国际重要湿地名录》。此后，随着自然保护区、海洋、农业等领域资源保护的交叉需求，湿地资源保护有所涉及。2003 年 8 月 1 日通过的《黑龙江省湿地保护条例》，作为我国第一部专门的湿地保护法规，开启了湿地地方立法的发展时期。2013 年，国家林业局颁布的《湿地保护管理规定》，成为第一部国家层面专门规范湿地保护的部门规章；2014 年 4 月第十二届全国人民代表大会常务委员会第八次会议修订通过的《中华人民共和国环境保护法》，在第二条对环境的定义中将湿地列为环境要素，首次将湿地以立法的形式明确列举为保护对象。近些年来，伴随以国家公园为主体的自然保护地体系改革建设，各地方省市纷纷探索编制地方湿地保护条例，建立湿地保护分级管理体系。目前，我国以湿地资源调查监测为基础，以法律条例为根本依据，以湿地保护规划为开发利用前提，以"先补后占、占补平衡"的生态补偿制度为配套，总量控制、分级管理、名录管理的湿地用途管制体系初步成形。

（一）1992—2002 年的湿地用途管制制度

1992 年我国加入《湿地公约》以前，我国对湿地资源的保护主要以湿地类型自然保护区的形式进行，例如碧塔海、纳帕海、泸沽湖等保护区的设立。加入《湿地公约》后，我国愈发重视湿地资源的系统性保护工作，1995 年我国开始编制、于 2000 年正式发布的《中国湿地保护行动计划》成为相当长一段时间内实施湿地保护、管理和利用的行动指南，涵盖中国重要湿地名录、湿地自然保护区名录和中国湿地保护行动计划优先项目概要等措施。同时，1995—2003 年，国家林业局组织完成了第一次全国（不含港、澳、台地区）湿地资源调查工作，此次调查全面系统地查清了全国面积在 100 平方千米以上的湿地类型、面积与分布。在管理机构设置上，1998 年国务院机构改革后，决定由国家林业局负责组织、协调全国湿地保护和有关国际公约的履约工作，并在国家林业局野生动植物保护司设立了湿地保护处。

（二）2003—2012 年的湿地用途管制制度

2003 年 8 月 1 日通过的《黑龙江省湿地保护条例》，是我国第一部专门的湿地保护法规。同年 9 月，国务院批准发布了《全国湿地保护工程规划（2002—2030年）》，明确了我国湿地保护的目标，标志着我国湿地保护事业逐步走上了规范化管理和科学持续利用的新轨道。在该工程规划的指导下陆续实施了三个五年期规划，中央政府累计投入 198 亿元，实施 4 100 多个工程项目，带动地方共同开展湿地生态保护修复。2004 年、2005 年国家先后发布的《关于加强湿地保护管理工作的通知》和《全国湿地保护工程实施规划》，提出要加强地方各级政府对湿地保护管理工作的组织领导，对中国早期的省级湿地保护立法起到了极大的推动作用。自此，《江西鄱阳湖湿地保护条例》《内蒙古自治区湿地保护条例》等 30 多个地方性湿地保护法律法规先后出台。其中，2008 年 5 月实施的《郑州黄河湿地自然保护区管理办法》是我国第一个河流湿地自然保护区法规，管理办法规定发展改革、环境保护、财政、规划、国土资源、旅游、农业、畜牧、水利、交通等有关部门应当按照各自职责，共同做好河流湿地保护区的管理工作，为湿地管制多部门合作提供了重要的借鉴（邱万保，2020）。在此期间，2009—2013 年，国家林业局组织各省开展了第二次全国湿地资源调查工作。同时，为进一步推动湿地保护标准化管理和规范化建设，各省级政府纷纷自行组织编制适用本省的湿地认定、湿地监测等技术标准和办法，例如云南省林业厅组织制定了《省级重要湿地认定》（DB53/T 626–2014）、《湿地生态监测》（DB53/T 653–2014）等技术标准，印发了《云南湿地生态监测规划（2015～2025 年）》，编制了《云南省省级重要湿地认定办法》（董磊等，2021）。

### （三）2013—2016 年的湿地用途管制制度

自十八大报告提出扩大湿地面积后，我国对于湿地保护的认知逐渐转变为作为单独的环境要素进行保护，而不再是拆分为水、滩涂、土壤等个体要素进行保护。2013 年，国家林业局颁布了《湿地保护管理规定》，构成了第一部国家层面专门规范湿地保护的部门规章，开启了国家层面系统性的、独立用途管制的新时期。2014 年，国家林业局分年度启动了全国 11 个重点省份泥炭沼泽碳库调查工作。2016 年 12 月，《国务院办公厅关于印发湿地保护修复制度方案的通知》（国办发〔2016〕89 号）对新形势下湿地保护修复做出了详细的部署和安排。该方案提出湿地用途管制按照分级分类保护原则，实施湿地修复、信息公开、湿地资源调查监测与评估，以及湿地开发利用许可等制度。目前该方案已经在多个省（自治区或直辖市）的湿地保护条例中以制度的形式被落实（郑惠等，2020）。

### （四）2017 年以来的湿地用途管制制度

随着生态文明建设的推进，2017 年，国家林业局对《湿地保护管理规定》（2013 年）中的湿地保护原则、湿地相关概念和湿地违法行为种类进行了修正，以适应新形势下湿地保护的新要求。各省（自治区或直辖市）也随之对本省（自治区或直辖市）的湿地保护条例进行了部分的修正，2018 年成为湿地保护地方立法修正的一大高峰。近年来，建立湿地资源档案和推进湿地生态补偿制度成为各省（自治区或直辖市）湿地用途管制制度建设的重点工作之一，将其作为重要湿地保护制度的省份逐年增多。2021 年 12 月 24 日，第十三届全国人民代表大会常务委员会第三十二次会议通过《中华人民共和国湿地保护法》，于 2022 年 6 月 1 日起施行，标志着我国湿地用途管制制度体系的建立进入了依法行事的全新时期。

## 四、水资源用途管制

水的流动性，使得水资源在山水林田湖草沙冰生命共同体中有着不同于其他自然资源要素用途管制的重要制度特性，它是更多元要素、更复杂管理主体的综合管制（魏旭红，2022）。水资源用途管制是指通过水资源规划、用水总量控制、水功能区划、取水许可、水权交易等环节的管理措施，明确水资源用途，管控水资源用途变更，确保按照规定的用途开发利用水资源，促进水资源公平、高效、永续利用的一系列管理制度（陈金木等，2017）。其中，现行的水资源法律法规作为水资源用途管制的强力依据，散见于《中华人民共和国水法》《中华人民共和国水污染防治法》《中华人民共和国水土保持法》《取水许可和水资源费征收管理条例》中；水功能区划体系作为核定水域纳污能力、制定相关规划的重要基础和主要依据，经历 20 多年的建设，在水资源保护和管理工作中发挥了重要作用。

（一）1984—1998 年的水资源用途管制制度

1984 年 5 月 11 日第六届全国人民代表大会常务委员会第五次会议通过《中华人民共和国水污染防治法》，作为水资源保护利用领域的开端法律。1988 年 1月 21 日第六届全国人民代表大会常务委员会第二十四次会议通过的《中华人民共和国水法》（后于 2002 年、2009 年和 2016 年进行了三次修订）是水资源用途管制最核心的法律依据。此后还相继颁布了《中华人民共和国环境保护法》（1989 年）、《中华人民共和国水土保持法》（1991 年）和《城市地下水开发利用保护管理规定》（1993 年）等。该时期，水资源用途管制制度尚未形成体系，水资源保护利用相关的规划政策尚未制定，有关于水资源管控的规定和手段散见于各专项法律法规中。

（二）1999—2015 年的水资源用途管制制度

1999 年 12 月，水利部依据国务院"三定"规定，组织各流域管理机构和全国各省区开展了水功能区划工作。2002 年 3 月编制完成了《中国水功能区划》，并在全国范围内试行；同年 10 月，修订后的《中华人民共和国水法》进一步明确了水功能区的法律地位。2003 年，水利部颁布了《水功能区管理办法》，明确了对水功能区的具体管理规定。同时，各省（自治区、直辖市）积极推进水功能区划工作，2001 年 10 月—2008 年 8 月间，全国 31 个省、自治区、直辖市人民政府先后批复并实施了本辖区的水功能区划。2010 年 5 月，国务院批复《太湖流域水功能区划》。同年，在各省区批复的水功能区划基础上，水利部组织流域机构对省区批复的水功能区进行了全面复核；同年 11 月，国家标准《水功能区划分标准》（GB/T 50594—2010）正式颁布实施，进一步加强了水资源管控标准体系建设。此外，2006 年国务院发布的《取水许可和水资源费征收管理条例》施行，进一步加强需水管理，推进节水型社会建设。

2011 年 12 月，国务院批复《全国重要江河湖泊水功能区划（2011—2030年）》（以下简写为《水功能区划》），构建两级分类管理体系，涉及总河长 $17.8 \times 10^4$ 千米，湖库总面积 $4.33 \times 10^4$ 平方千米，共 4 493 个水功能区（其中 81% 的水功能区水质目标为 Ⅰ ～ Ⅲ 类）。水功能区是指为满足水资源开发利用和节约保护的需求，根据水资源自然条件和开发利用现状，按照流域综合规划、水资源保护规划和经济社会发展要求，在相应水域按其主导功能划定范围并执行相应水环境质量标准的水域。《水功能区划》采用一、二两级区划的分级分类系统：一级区划可分为保护区、缓冲区、开发利用区、保留区，二级区划只在一级区划的开发利用区内进行，可分为饮用水源区、工业用水区、渔业用水区、景观娱乐用水区、过渡区及排污控制区等七类。以水功能区划定的形式加强水资源用途管制，对促进水资源合理开发和有效保护，落实最严格的水资源管理制度，实现水资源可持续利用具有重要意义。

该时期除水资源规划体系建设外，2012 年、2013 年国务院先后发布《国务院关于实行最严格水资源管理制度的意见》和《国务院办公厅关于印发实行最严格水资源管理制度考核办法的通知》，从用水总量控制指标出发对水资源利用进行从严控制。2013 年十八届三中全会提出加快生态文明建设，落实自然资源用途管制制度，随后九部委联合印发《实行最严格水资源管理制度考核工作实施方案》，从用水总量控制、用水效率控制、水资源管理责任角度对相关部门进行督促考核。

（三）2016 年以来的水资源用途管制制度

按照"节水优先、空间均衡、系统治理、两手发力"新时代治水思路，加强水资源用途管制工作，统筹协调好生活、生产、生态用水，充分发挥水资源的多重功能，使水资源按用途得到合理开发、高效利用和有效保护，2016 年 7 月水利部发布了《关于加强水资源用途管制的指导意见》，提出到 2020 年，水资源用途管制的制度体系基本建立；到 2030 年，水资源用途管制的制度体系全面建立。明确未来相当长一段时间内水资源用途管制建设将致力于进一步明确水资源的生活、生产和生态用途，优先保障城乡居民生活用水，确保生态基本需水，优化配置生产用水，严格水资源用途监管（严格水资源论证和取水许可管理、强化水功能区分类管理、严格水资源用途变更监管和加强水资源监控计量）等方面。同年，水利部印发《水权交易管理暂行办法》，用于完善水权制度、指导水权交易实践。

## 五、海域海岛用途管制

海域海岛用途管制制度是平衡海洋资源开发与保护的重要手段,《中华人民共和国海域使用管理法》《中华人民共和国海洋环境保护法》《中华人民共和国渔业法》《中华人民共和国海岛保护法》《全国海洋功能区划(2011—2020年)》和《全国海岛保护规划》等法律法规构成了现行的海域海岛用途制度的主要法律依据。

### (一)1964—1998年的海域海岛用途管制

1964年7月,经全国人民代表大会常务委员会批准,国务院下设国家海洋局,由海军代管,我国有了专门的海洋行政管理机构。1977年12月,全国科学技术规划会议正式提出"查清中国海、进军三大洋、登上南极洲"的奋斗目标,海域管理制度逐步形成。1983年3月1日,海洋环境领域第一部法律——《中华人民共和国海洋环境保护法》正式实施;同在此时我国组织开展了全国海岸带和海涂资源综合调查、全国海岛资源综合调查。其中,1989—1993年开展了小比例尺海洋功能区划工作,并确立了五类三级体系(海域自然环境、自然资源和海洋开发战略、优化海洋产业结构和布局、保护海洋环境及协调海洋开发活动),摸清了海域海岛资源"家底",为海域海岛用途管制制度设计提供了基础保障。这个时期,我国签署并批准了《联合国海洋法公约》,并于1992年2月25日第七届全国人民代表大会常务委员会第二十四次会议通过了《中华人民共和国领海及毗连区法》,以法律形式明确了管辖海域范围和权利。

### (二)1998—2017年的海域海岛用途管制

1998年3月,国务院组建国土资源部,国家海洋局成为受国土资源部管理的监督管理海域使用和海洋环境保护、依法维护海洋权益、组织海洋科技研究的行政机构。同年6月,第九届全国人民代表大会常务委员会第三次会议通过了《中华人民共和国专属经济区和大陆架法》,进一步明确了海域管辖范围,为海域用途管制划清了界限。2002 年《中华人民共和国海域使用管理法》的正式实施，是海洋综合管理走向法制化的重要里程碑，通过确立海域权属管理、海洋功能区划、海域有偿使用等制度，规范了用海秩序，完善了海域用途管制制度。同年 8 月，《全国海洋功能区划》编制完成，并由国务院发布实施，使得海域海岛用途管制有规可依。2008 年 2 月，国务院批准实施了《国家海洋事业发展规划纲要》，规划了海洋事业发展的蓝图。2010 年起施行的《中华人民共和国海岛保护法》填补了海岛管理的法治空白，海岛用途管制制度初步建立。2015年国务院印发《全国海洋主体功能区规划》，实现了国家主体功能区战略的陆域海域全覆盖，并按照《生态文明体制改革总体方案》，逐步健全海洋资源开发保护制度，实施海岸线保护、围填海管控、海域及无居民海岛有偿使用等重大改革。这一时期我国海域国土使用管理在制定功能区划、开发规划以及监督管理海域（包括海岸带）使用和海域勘界，强化与周边国家海域划界等方面做了大量的工作，为海域海岛管理工作的不断完善提供了基础。

（三）2018 年以来的海域海岛用途管制

2018 年 3 月，根据第十三届全国人民代表大会第一次会议批准的国务院机构改革方案，将国家海洋局的职责整合，组建中华人民共和国自然资源部，自然资源部对外保留国家海洋局牌子，海域海岛用途管制制度随之面临着新形势新要求，迎来了陆海统筹推进自然资源管理、国土空间用途管制和生态保护修复工作新局面。2019 年，习近平总书记在致中国海洋经济博览会贺信中强调了海洋对人类社会生存和发展所具有的重要意义，海洋是高质量发展战略要地，要高度重视海洋生态文明建设，加强海洋环境污染防治，保护海洋生物多样性，实现海洋资源有序开发利用。未来一段时期，完善海域海岛用途管制制度体系要落实党中央关于健全海洋资源开发保护制度的部署，逐步完善海岸带综合保护与利用规划、海洋生态保护红线、海洋生态监测预警体系等，大力推进海洋生态修复重点专项行动和工程，努力实现海洋资源严格保护与高效利用的有机统一，使得海域海岛用途管制与土地、林地和草地等用途管制统筹协调，切实履行统一行使国土空间用途管制的职责。

# 第三章　国土空间用途管制的国际经验

## 第一节　欧盟及欧洲国家的用途管制

### 一、欧盟空间规划概况

由"煤钢共同体"到"关税同盟""经济与货币联盟"，再到"政治联盟"，由《罗马条约》到《欧洲联盟条约》《阿姆斯特丹条约》，再到《里斯本条约》，欧洲联盟（以下简写为欧盟）已由最初的单一领域的经济合作逐步拓展到经济、社会、政治的全方面合作和联合（罗峰、李琪，2010）。半个多世纪以来，伴随着国家主权逐步向"超国家"过渡，欧盟的治理形态发生了一系列变化，传统的民族国家治理形态正逐步被欧洲联邦治理形态取代，"地方空间"被以零距离和无界限沟通为特点的"流动空间"（space of flows）取代（唐燕，2011）。欧盟经济社会全面融合的客观要求打破地方、地域和国家边界，推动空间重构。

欧洲空间规划编制的初衷是 20 世纪 80 年代以后，随着欧盟成员国的不断增加，欧盟内部发展不平衡问题和跨国协调问题日益突出，亟须出台一个能够统领欧盟空间发展的纲领性文件，以推动欧盟空间一体化进程，满足经济社会日趋融合的需求。1983 年欧洲区域规划部长会议通过了《欧洲空间规划章程》；

1988 年欧盟立法委员会正式启动欧洲标准地域统计单元（Nomenclature of Territorial Units for Statistics，NUTS）工作；1991 年欧盟成立了欧洲空间发展委员会，标志着欧洲空间规划编制工作的开始；1994 年欧洲空间发展委员会第四次会议对欧洲空间发展前景框架达成共识；1995 年欧洲空间发展委员会第五次会议制定欧洲空间发展规划的提议获得了认可；1999 年欧洲空间发展委员会起草的《欧洲空间发展展望》（European Spatial Development Perspective，ESDP）草案获得通过（唐子来、张雯，2001）。

《欧洲空间发展展望》并不是凌驾于各成员国规划之上的"欧洲总体规划"，而是作为一个非法定的指导性文件，用于指导各成员国空间发展规划体系的搭建。其旨在加强欧盟社会经济的凝聚力，实现均衡的可持续发展，引导各成员国的空间发展政策和部门政策间的协调一致，促使各成员国、城市和地区间更紧密地合作。《欧洲空间发展展望》将空间规划理念推向了实质性的规划行动，并界定了三个基本目标：①经济和社会的协调整合；②自然资源和文化遗产的保护与管理（即可持续发展）；③欧洲地域范围内各地区竞争力的均衡化（施雯、王勇，2013），即以欧盟成员国版图为空间范畴，对重点开发利用和保护地区进行划定管理，构建泛欧洲网络。《欧洲空间发展展望》在组织实施上以多级合作为原则，包含超国家级（欧洲层面）、国家级和地方级三个层级，横纵向相互配合。

《欧洲空间发展展望》落实到地理空间上，即表现为运用行政区划和特殊区两类手段，构建各类空间规划单元和网络，加强欧盟各成员国内外部的沟通与合作。其中，特殊区指的是基于空间政策需要而进行的空间范畴划定及细分，往往打破行政边界，包括国家边界在内。主要内容涉及：①1988 年建立了基本稳定的多层次空间规划分析单元——"欧盟标准地域统计单元"（NUTS）。NUTS 根据地区层次结构对每个成员国进行空间细分，是欧盟空间政策分区实施的核心工具。成员国可分为三个不同等级的区域，从大到小依次为 NUTS 等级 1、2、3。NUTS 的划分标准多样，通常以区域面积和人口规模为基本依据，参考不同的地域功能划分（如采矿区、铁路交通区、农垦区、劳动力市场区）（刘慧等，2008），并尽量使行政管理结构对应 NUTS 的级别，以方便政策的落地。②1999 年，《欧洲空间发展展望》提出建立"泛欧洲交通网络"（TransEuropean Networks，TENs）的构想，支持建立跨越全欧洲的可持续的交通体系，完善交通管理体系，整合交通区位系统和交通流线系统，具体项目包括建设一系列跨国高速公路、铁路和公路的换乘枢纽等；2000 年西北欧"走廊规划"（Corridesign）项目开始投入实施，旨在提高跨界地区物质联系、重构空间结构、促进地区的平衡发展，是跨国大城市走廊空间规划与研究的先例。③1993 年欧盟启动了跨境合作发展项目（Interreg），鼓励在国家、区域、地方与合作者之间形成一个自下而上的协作发展方式，并强调规划实施必须与欧盟其他有关财政工具协调一致。多年的跨境合作发展计划解决了边境地区发展相对滞后、自发性合作困难等问题，大力推动了欧盟边界区域之间的合作，尤其是"Benelux"（比利时、荷兰、卢森堡三国经济联盟）国家、德法之间的合作（施雯、王勇，2013）。④1992 年欧盟提出"自然 2000"（Natura 2000）运动，串联各国重要自然保护地，确定针对保护区网络覆盖地区的保护措施。"自然 2000"由"特别保育区"（Special Areas of Conservation，SACs）和"特别保护区"（Special Protection Areas，SPAs）两部分组成。其中，特别保育区是《栖息地指令》中由成员国共同认定的保护区；而特别保护区则是《鸟类指令》中被认定的保护地。截至 2017 年年底，"自然 2000"覆盖的范围已达到欧盟各成员国海陆总面积的 18.2%，其中共有鸟类特殊保护地 5 616 个，总面积 756 142 平方千米；特别保护区 24 127 个，总面积 1 049 871 平方千米[①]。除自然资源整体系统保护外，"自然 2000"还将生物多样性作为渔业、林业、农业、区域发展等其他欧盟政策领域的重要手段。

国家层面，欧洲大陆国家注重法规体系，英国注重政策体系与规划师的裁量，但两者共同遵循城乡区域与自然环境区域一体化管理的理念，由政府部门实行用途管制（表 3-1）。

---

① 维基百科，https://zh.wikipedia.org/wiki/Natura_2000。

**表 3-1　欧洲部分国家用途管制概况**

| 国家 | 土地所有权 | 规划体系 | | 法规体系 | | 空间规划分区 |
|---|---|---|---|---|---|---|
| | | 规划编制主体 | 边界类型与规划内容 | 法规政策 | 规划管理依据 | 规划分区与政策边界 |
| 荷兰 | 私有制。低于12海里由政府管辖统一 | 国家、省（环境愿景规划）、地方政府（环境规划） | 自然保护区、水域、森林区域、海洋空间、三角洲 | 环境与规划法、水法等 | 依据法律法规 | 依据国家生态网络和水法规划分区划定政策边界 |
| 英国 | 分为地产权和租用权。地产权（继承等）；租用权（与所有者协议），而所有权名义上归英国王室所有 | 国家—地方的二级行政体系的规划体系 | 规划、国立公园制度、特别自然美观地域、环境保全地域等 | 城乡规划法 | 依据政策规划师裁量 | 依据地方政府编制的地方规划文件规划分区 |
| 德国 | 私有制 | 联邦（联邦空间规划）、州（全州空间规划和区域规划）、市镇（土地利用规划和发展计划） | 小型聚集区、一般住宅区、乡村地区、混合区、城市地区、工业区等 | 空间规划法、建筑法典、建筑用途条例等 | 依据法律法规 | 依据《建筑用途条例》规划分区，划定政策边界 |

## 二、荷兰的用途管制

### （一）发展历程

荷兰空间规划体系的演变历程可以分为三个发展阶段：缘起治水造田的空间规划体系（17 世纪—1965 年）、集权主导的垂直型空间规划体系（1965—2008年）、分权主导的平行型空间规划体系（2008 年至今）（蔡玉梅、高延利等，2017），整体呈现出简政放权、市级主导的演变趋势（图 3-1）。

"低地之国"的本底属性决定了荷兰空间规划体系缘起于治水造田，这可追溯到 17 世纪，土地开垦工程和水资源管理成为国家建设的主要工具。到了第一次工业革命后期，荷兰空间规划以治理"城市病"、规划地方建设等区域事务为核心，规划主要由地方自发主导。

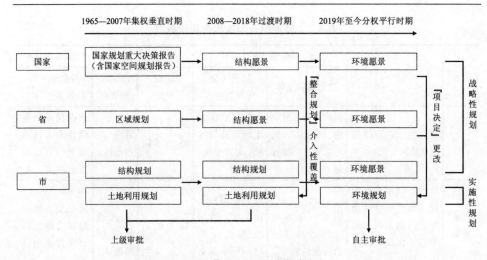

图 3–1 荷兰空间规划体系演变

资料来源：根据荷兰政府网站、荷兰空间规划政策文本整理绘制。

　　直到 1965 年《空间规划法》的颁布，荷兰才正式从国家角度确立了实施三级两类的垂直型空间规划体系，上级政府掌握规划审批权，中央政府负责编制国家重点规划决策报告，省级政府负责区域规划，市级政府负责结构规划和土地利用规划。这一时期为了更好地平衡保护与发展的关系，引入了空间分区划线的管制理念。1990 年，荷兰在农业、自然管理和渔业部的自然政策计划中引入了自然网络，希望将自然友好型管理的农业用地与自然生态空间作为一体概念来思考和管理。为了防止城市扩张，保护乡村和自然环境，荷兰在 2000 年第五份关于空间发展的国家政策文件中围绕既有居民点划定了"红线"，新建建筑必须保持在红线以内；围绕乡村地区划定了"绿线"，绿线以内严格保护，禁止任何开发；其他地区被称为"平衡区"，只允许进行改善乡村地区的小规模开发。但这一政策文件并未获批准。

　　2008 年进行了《空间规划法》修编，上级政府放弃对下级的审批权，实施新的三级两类规划体系，中央与省级政府负责编制环境愿景（初为结构愿景），市级政府负责编制环境愿景和环境规划，分别替代结构规划和土地利用规划。整体简政放权的同时，荷兰借助改革契机赋予中央和省级政府项目决定权（初为"整合规划"），可直接介入更改地方环境规划，从而收紧了对于特定任务特定领域的上位管制。

## （二）用途管制方法

### 1. 规划引导

荷兰预计于 2023 年正式出台实施的新法《环境与规划法》（Omgevingswet，以下简写为新法），确立荷兰实施新的三级两类空间规划体系，即中央、省、市三级，环境愿景、环境规划两类。环境愿景属上层战略性规划；环境规划属下层实施性规划，后者由市级政府所独有。两类规划都属于"多规合一"的综合性规划，环境愿景是对整个物理生活环境的战略远景展望；环境规划则包含了有关市政当局在其行政区域内设定的有关物理生活环境的所有规则。环境愿景与环境规划形式由本级政府自主决定，其中环境愿景仅对本级政府有约束力，环境规划对政府和公民都具有约束力。国家级环境愿景由基础设施与水务管理部（Ministry of Infrastructure and Water Management）[①] 负责编制，省、市级环境愿景和环境规划由本级议会负责。

同时，治水作为荷兰空间治理的首要任务，水专项规划与空间规划一道共同构成了荷兰国土空间用途管制的重要基础。水专项规划体系分为国家和区域两级，分别由基础设施与水务管理部和地区水务局负责统筹编制，以三角洲计划为核心，包含各级各类水务专题规划。

### 2. 空间分区

规划改革前，荷兰曾在"第五次国家空间规划政策"（2000 年）中设立了"红绿线"制度，以区分城市和乡村地区。红线范围为城市建设活动的控制范围，要求所有省级空间规划必须画出红线，控制城市蔓延；绿线范围为农村地区限制建设的范围，即受保护的区域，禁止任何违规的开发建设；处于红绿线之间的称为均衡区域，允许部分有利于提高农村质量的小型开发活动。但第五次国家空间规划政策并未实施，红绿线制度并未成为荷兰空间用途管制的重要

---

① 前身为 2010 年新设置的基础设施和环境部，后于 2017 年调整为基础设施与水务管理部，将部分环境政策和气候变化政策的职责移交给经济事务部，组成经济事务和气候政策部。

手段。此后，荷兰为了进一步落实规划等事权下放，国家政府与省、市级政府于 2011 年签订了一份"政府间管理协议"（Bestuursakkord），国家政府不再划定城市发展边界（即荷兰规划图中的红线界定的范围），若省政府愿意则可进行红绿线边界划定的工作。

规划改革后，荷兰主要针对需要保护的自然地区和需要控制的水安全地区进行了分区划定工作。

（1）自然保护地区

包括"自然 2000"（Natura 2000）和国家生态网络（National Ecological Network）两大类。①"自然 2000"地区。农业、自然和食品质量部负责划定，其部长通过执行欧盟政策《鸟类指令》相关条例，将目标区域指定为特别保护区，即"自然 2000"地区。在划定"自然 2000"地区的同时，还需要明确保护区的保护对象（动、植物种，栖息地类型等）、保护目标和确定的边界。荷兰目前已经划定了 162 个"自然 2000"地区（图 3–2）。②国家生态网络。荷兰农业、自然保护管理和渔业部在 1990 年的自然政策计划中引入，由现有的和规划的自然区域组成（现有的自然和半自然栖息地以及待转化为自然的农田），具体分为：现有的自然保护区，包括 20 个国家公园；正在创建新的野生动物栖息地的地区；自然友好型管理的农业用地；超过 $6×10^4$ 平方千米的湖泊、河流、北海沿岸带和瓦登海等水域；所有"自然 2000"地区。该生态网络构成了荷兰的生态主体结构，通过增加自然区域的规模，即收购周围的农业用地和农业废地以转变为自然区域，并将它们连接在一起，从而更有效地将自然区域相互连接。荷兰国家生态网络的总体目标是增加自然区域面积，可持续地保存、恢复和发展具有国家及国际意义的生态系统，提高自然区域的承载力，改善自然生境的质量，增强自然区域的完整性、连续性，增大网络的密度，增大乡村环境的可渗透性等。省级主管部门负责管理其辖区范围内的部分，国家政府负责大型水体的部分。同时，荷兰的国家生态网络最终将与其他欧洲国家的自然区域相连，形成一个连续的泛欧生态网络（Pan-European Ecological Network，PEEN）。这一政策对荷兰的土地利用变更有着极其重要的影响。

（2）水安全分区

根据《水法》，国家需要制定《水资源计划》，将不同区域按照相关指标划

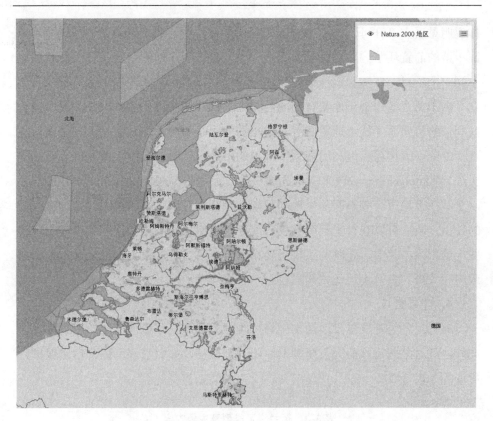

图 3-2 荷兰"自然 2000"地区空间分布<sup></sup>

资料来源：荷兰农业、自然和食品质量部。

分为洪水风险管理区、淡水、水质区、河流、海岸、采砂区等。荷兰地区水务局对不同区域水道管理边界保护范围制定分类图则，对不同水道的现状维护、形态、尺寸和建造提出相应标准。同时，荷兰《水法》中明确规定，荷兰公民和企业对于国家必要的流域治理项目需要让渡部分财产权，私人土地所有者需履行对水资源临时储存空间所有权的让渡义务，淡水存储地的划分需要依据水务局制定的分类图则和自治市制定的区划图则确定。

### 3. 土地用途变更

荷兰土地用途变更主要涉及环境影响评估报告提交和环境许可证申请（具

---

* 彩图请见彩插。

体说明见后文"许可管理"部分）两个环节。其中，环境影响评估是环境许可证申请的前置环节。环境影响评估负责指出变更后土地利用的正负面影响。对于同一个项目，环境影响评估程序和其他的法律所要求的程序平行进行。

由于荷兰是一个土地私有制的国家，根据《荷兰民法典》规定，政府因公共利益的需要而干扰土地所有者对地块的使用是不合法的。对此，当土地所有者拒绝或不能执行土地利用规划中确定的土地用途时，政府只能通过《强制购买法》（Onteigeningswet）和《优先购买权法》（Wet Voorkeursrecht Gemeenten），赋予其在土地所有者不服从土地利用规划时强制获取土地的权力。通过该权力的使用，政府可以获得土地所有权，或通过自愿买卖原则和征用手段来实现某些土地用途。其中，强制购买权主要指政府征用土地的权力，优先购买权是指政府相关机构具有土地优先购买权。

### 4. 许可管理

荷兰对各类开发建设活动实施许可管理，以颁发环境许可证的形式进行。此外，针对某些特殊情况需要颁发专门的许可证，如取水许可证、自然保护许可证等（表 3–2）。

表 3–2　荷兰许可类型及主要内容

| 许可类型 | 许可内容 | 许可主管部门 | 备注 |
| --- | --- | --- | --- |
| 环境许可 | 物理环境及影响或可能影响物理环境的活动 | 活动对应的主管部门，若申请人申请的是涵盖所有活动的环境许可，在大多数情况下，由市长和市议员进行审批 | 土地用途变更需要申请的许可 |
| 取水许可 | 将废水直接排入地表水中；提取地下水；在土木工程结构附近进行活动；建设蓄水设施；填充水道等 | 水务局（Waterschap）（如果排放到国家水道中，则由水道和公共工程部签发） | 在地表水中进行活动或使用地下水时需要申请的许可；取水许可和环境许可需同时申请 |
| 自然保护许可 | 如要在"自然 2000"地区开展可能对受保护的自然资源产生有害影响的活动，则需要根据自然保护法获得许可 | 省政府（在跨越省界、发生在海里、具有重大的社会影响的情况下需要申请提交给经济事务和气候政策部） | 如果想进行其他活动，如建筑建设，则需要申请环境许可而不是根据自然保护法申请自然保护许可证 |

资料来源：根据荷兰《环境规定总则法》《水法》《自然保护法》整理。

　　环境许可证为"多规合一"后实施的综合性许可证，其取代了大约 25 个以前关于建筑、空间规划、环境等方面的许可证。环境许可证适用范围广泛，主管部门根据所申请的具体活动审核签发，一般由市长和市议员负责。由于环境许可证涵盖多个活动内容的申请，申请人可以选择一次性申请所有需要批准的活动，从而极大程度地简化了申请流程。当土地用途需要变更时，申请人需要在网站上提交申请表和建设行为的施工图纸等附件，以电子方式申请环境许可证。此外，土地用途变更内容必须遵守（环境）相关立法和政策要求，例如噪音、空气质量、水、文化历史等方面的有关规定。

**5. 监督实施**

　　监督实施环节主要由监测评估和监督强制执行两部分构成。各级政府将定期监测各类规划政策的进度和评估政策本身的效能；监督强制执行则是在监督和评估的基础上，对未能达到预期目标的问题进行快速强力补救，对有关失职行为进行问责。以国家级环境愿景为例，荷兰环境评估局（Planbureau voor de Leefomgeving）主要负责监测职能，内政和王国关系部长将与有关人员合作，负责每四年一次的评估。

## （三）制度体系保障

**1. 法律法规体系**

　　为切实推进"多规合一"改革，荷兰遵循立规先立法的原则，首先进行了"多法合一"改革，各层级政府都需要编制综合性的空间规划法律法规，作为规划编制实施的核心工具。中央层面，设立综合性空间管制法——《环境与规划法》，其融合了有关空间、住房、基础设施、环境、自然和水的立法和规则，纳 26 部法律为一，75 项行政法规为一，60 项一般行政措施为四，真正实现了"多法合一"（表 3-3）。新法为各级各部编制各类规划、出台各项指令规则确立了明确的位序关系。省级层面，省级政府同样需要编制多法合一的环境条例，以囊括本省所有有关物理生活环境方面的法律法规。环境条例生效后，将取代省级现有的相关法规，如环境法规、规划法规、开挖法规、景观法规和地下水法规等。地方层面，市级政府将负责编制环境规则，构成环境规划的重要内容。

表3-3　荷兰《环境与规划法》所整合的法律法规

| 完全或大部分整合的法律法规 | |
| --- | --- |
| 《空间规划法》（Wet Ruimtelijke Ordening） | 《异味滋扰和牲畜饲养法》（Wet Geurhinder en Veehouderij） |
| 《城市与环境临时法》（Interimwet Stad en Milieubenadering） | 《卫生、洗浴设施和游泳设施卫生法》（Wet Hygiëne Veiligheid Badinrichtingen en Zwemgelegenheden） |
| 《脱盐法》（Ontgrondingenwet） | 《空气污染法》（Wet Inzake de Luchtverontreiniging） |
| 《交通运输规划法》（Planwet Verkeer en Vervoer） | 《氨和畜牧法》（Wet Ammoniak en Veehouderij） |
| 《紧急道路拓宽法》（Spoedwet Wegverbreding） | 《国家防御屏障法》（Belemmeringenwet Landsverdediging） |
| 《路线法》（Tracéwet） | 《私法壁垒法》（Belemmeringenwet Privaatrecht） |
| 《水法》（许多水法已失效）（Waterwet, Een Groot Deel Van de Waterwet Vervalt） | 《危机与恢复法》（Crisis en Herstelwet） |
| 《环境规定总则法》（Wet Algemene Bepalingen Omgevingswet） | |
| 作为补充法纳入的法律 | |
| 《土壤保护法》（Wet Bodembescherming） | 《征收法》（Onteigeningswet） |
| 《减少噪音法》（+第11章"环境管理"）［Wet Geluidhinder（+ Hoofdstuk 11 Milieubeheer）］ | 《市政优先权法》（Wet Voorkeursrecht Gemeenten） |
| 《自然保护法》（Wet Natuurbescherming） | 《农村规划法》（Wet Inrichting Landelijk Gebied） |
| 《农业土地交通法》（Wet Agrarisch Grondverkeer） | |
| 部分整合的法律 | |
| 《电力法》（Elektriciteitswet） | 《地方铁路法》（Wet Lokaal Spoor） |
| 《煤气法》（Gaswet） | 《无障碍和移动性法》（Wet Bereikbaarheid en Mobiliteit） |
| 《采矿法》（Mijnbouwwet） | 《航空法》（Wet Luchtvaart） |
| 《1988年古迹法》（Monumentenwet 1988） | 《环境管理法》（Wet Milieubeheer） |
| 《铁路法》（Spoorwegwet） | 《房屋法》（Woningwet） |
| 《1900年水管理法》（Waterstaatswet 1900） | |

资料来源：根据荷兰设施和水管理部相关资料整理。

## 2. 行政管理体系

荷兰按照中央权责统筹、地方自主设置、水务局重要参与的原则进行规划行政机构设置改革。中央层面，遵循问题导向、要素归口的原则重组新部委——基础设施和水务管理部，其将与物理生活环境相关的各类要素统筹纳入管理，按照交通、环境、土壤、基础设施、气候、可持续发展等问题划分内部结构，包括 4 个总局、4 个机构以及外设的多个支持机构，是项目决定权最大的部委之一。省、市层面，分别由本级议会负责，执行委员会负责空间规划日常事务，自主决定规划机构配置。荷兰 21 个地区水务局虽不直接负责空间规划的编制，但却是最为重要的规划征求意见部门和规划间接管理部门。

**3. 知识支撑体系**

荷兰为确保各类空间决策的有效性和科学性，设立了诸多智库机构，包括环境评估局、荷兰运输政策分析研究所（Het Kennisinstituut voor Mobiliteitsbeleid）、环境咨询理事会（Raad voor Leefomgeving en Infrastrucurur）等。其中，环境评估局属独立自主研究机构，80% 的雇员具有学术背景，负责对具有国家和国际意义的环境、自然和空间规划领域的战略政策进行分析；环境咨询理事会属于独立的智库机构，早在 1965 年就已设立。该理事会由包括主席在内的十名成员组成，成员由皇家法令任命，任期四年，来自公共行政、商业和科学界。理事会针对每个咨询主题，都会组成一个理事会成员委员会，并由外部专家进行补充。理事会每年都会发布有关空间、能源、环境和交通等领域受社会关注的问题的分析评估和发展建议。

# 三、英国的用途管制

## （一）发展历程

19 世纪开始，英国的国土空间用途管控起源于对土地利用的开发规划，可大致分为几个阶段：地方政府管制阶段、中央管制阶段以及分权管制阶段。

20 世纪初期，受到霍华德（Howard）"花园城市运动"及德国"城市扩大计划"的影响，英国土地使用管制的观念从过去重视住宅，发展为注重都市整体环境与公共利益，并于 1909 年制定了《住宅与城镇规划诸法》（Housing, Town Planning, Etc., Act），标志着地方政府开始对城市规划进行行政干涉。中央政府将发展协调、住房建设、私有住房发展控制等规划权力授予地方政府,自身并未保留直接的规划控制权。

随着工业化带来的城市扩张对乡村的侵蚀,《城乡规划法》(Town and Planning Act)于 1932 年出台,地方政府对土地利用的管理范围扩大到城乡空间,地方规划以土地开发的审批及控制为主,确保空间布局的合理性。地方政府的规划职能仍然需要经由中央政府授权。

20 世纪 40 年代,因"二战"后国家层面有整体统筹城市重建的需要,但鉴于原有国土空间管制的制度模式,中央政府难以行使相关规划决策的行政职权,英国中央政府开始集权。1943 年颁布《城镇大臣法案》(Minister of Town and County Act),将原指定地方政府行使的部分行政权力上收,其中包括规划编制与管理决策职权。此后,颁布了多部空间规划法案,逐渐形成了国家层面制定规划政策文件、区域层面制定区域空间战略、地方层面制定地方发展规划的"国家—区域—地方"三级规划管理体系。

2008 年国际金融危机爆发,过度集权的土地利用管理抑制了市场积极性,英国中央政府为推动经济复兴,于 2011 年颁布了《地方主义法案》(Localism Act),弱化了中央政府的空间规划管控职能,强化了地方政府的规划和开发职权。与此同时,英国以简政放权、加强合作为原则对空间规划体系进行改革,逐渐构建起了国家层面制定规划政策文件、地方层面制定地方发展规划与社区发展规划的"国家—地方"两级规划管理体系。

(二)用途管制方法

1. 规划引导

《地方主义法案》的发布正式废除了区域空间战略,"国家—地方"两级结构的空间规划体系由次年发布的《国家规划政策框架》(National Planning Policy Framework,NPPF)正式确立。国家层面,《国家规划政策框架》致力于解决实现可持续发展过程中相互作用的经济、社会、环境问题,作为地方规划的主要参考,也是审批规划开发申请的主要依据之一。地方层面,《地方规划》和《邻里规划》作为主要规划,前者是地方规划局陈述其发展愿景和未来开发框架以及开展社区合作和规划工作的关键法定文件;后者是 2011 年后英国规划体系赋予地方居民的新权利——社区居民有权直接参与构思当地的发展愿景以改善他们生活的区域。《邻里规划》的内容具有很大的弹性，大到包含土地功能分配或涉及多项议题的综合型政策，小到场所设计、零售点使用等具体方案。《邻里规划》作为当地规划的一部分，是审批规划开发申请的依据。

**2. 用地分类**

英国的规划用地分类体系大体可分为功能性和政策性两种类型，具有较强的灵活性。功能性用地分类由全国统一制定，可以作为判定是否构成开发行为的直接依据，用于指导规划许可审批；政策性用地分类则不存在全国或地区性的统一标准，而是在开发规划的编制中设定，用以陈述各项用地的规划政策和控制目标，以及对开发行为进行引导和控制。整个英国并没有关于制定用地政策类别的统一标准。基于此，综合英国现行《城乡规划法》和其他相关空间用途管制法规政策，以自然资源分类管理为目标，大致可以将英国国土空间分为城市地域、农业地域、森林地域和海洋地域四类。

（1）城市地域。英国城市地区土地和建筑物按基本用途分为四大类，分别为提供服务的商店地区、商业及工业地区、酒店旅馆和住宅地区、非住宅地区，并进一步细分为 16 个小类，此外还有一些特殊用途区域。需要注意的是，这些用途分类并不用于指导用地规划的编制，更非用地规划中所有用地功能的汇总概括。

（2）农业地域。英国政府没有对农业区进行专门的划定，而是制定了一系列以土地为基础的农田环境管理规划以及相关的管理政策，此类规划通过一系列补贴措施鼓励农民善待环境，例如《田庄保护规划》（Countryside Stewardship Scheme）、《环境敏感区规划》（Environmentally Sensitive Areas Scheme）。

（3）森林地域。英国政府为更好地进行森林资源普查，编制了国家森林资源调查战略（Strategy for the National Forest Inventory），作为各级林业委员会在制订战略计划或作出有关决策时的有力支撑。

（4）海洋地域。英国在海洋资源管理方面的重要手段是加强海洋立法。其特点是并非依靠一部综合性法规来涵盖并制约各类海洋资源的开发利用行为，而是采用分门别类、缜密而交叉的法规系统限定海洋开发行为。根据不同用途可分为：渔业方面的法规、油气勘查和开采方面的法规、与王室地产有关的法规、与规划有关的法规等。此外，英国还将其所辖海域划分为 11 个海洋规划区域，分别编制相应的海洋长期规划（预计 2021 年完成全部编制工作），用以可持续指导海洋资源的开发利用和保护。

### 3. 土地用途变更

由于英国在规划中对"开发"的定义不仅指土地特征的变更，还包括建筑物用途改变的内容。因此，作为实现对具体政策进行转移的用地分类，既要表达不同地区的政策目标，也需表达各种不同类型和开发程度的用地政策。不同类型土地区域的土地用途变更需要参照不同的法规和政策标准，下文以城市地域和农业地域土地用途变更为例进行说明。

（1）城市地域土地用途变更，以《城乡规划法》划定的 16 个用地子类为基本单元进行土地用途变更管理（表 3–4）。

表 3–4　英国城市地域土地用途规定

| 类别 | 分类 | 变更许可 |
|------|------|----------|
| A 类 | A1：商店（零售、网吧、邮局、旅行社等 11 项） | 不允许变更 |
| | A2：金融和专业服务设施 | 沿街界面底层有橱窗展示的可转换为 A1 |
| | A3：餐馆和咖啡馆 | 转为 A1 或 A2 |
| | A4：饮品店 | 转为 A1、A2、A3 |
| | A5：外卖或热食店 | 转为 A2、A3 |
| B 类 | B1：商务设施 | 可转为 B8（不超过 235 平方米） |
| | B2：一般工业 | 转为 B1 和 B8（B8 不超过 235 平方米） |
| | B3~B7：特殊工业 | 不允许变更 |
| | B8：仓储或物流 | 可转为 B1（不超过 235 平方米） |
| C 类 | C1：旅馆 | 不允许变更 |
| | C2：能居住的机构（例如医院的病房、学校校舍） | 不允许变更 |
| | C3：住宅 | 不允许变更 |
| D 类 | D1：无居住设施的机构 | 不允许变更 |
| | D2：集会和休闲 | 不允许变更 |
| 其他 | sui generis | 不允许变更 |

资料来源：根据英国《城乡规划法》整理。

（2）农业地域土地用途变更主要包括：农村土地所有权结构调整，将荒地或半自然地区用于集约化农业，在农业用地上进行土地排水工程（不包括排水或开垦湿地）。同时，农业土地用途变更受到法律保护，若擅自更改农业土地用途，视程度将被起诉，处以高达 5 000 英镑的罚款，擅自进行农用地更改的单位必须将土地恢复到以前的状态。在变更流程上，变更申请方需要通过"自然英格兰"（Natural England）机构的许可，"自然英格兰"根据农用地更改是否可能对环境产生重大影响，来决定是否许可。具体而言，申请方需要聘用行业专家对农用地用途变更进行可行性论证，同时根据土地用途变更的面积，通过环境影响评估阈值，明确《环境影响评价》（Environmental Impact Assessment）提供的必要性。

### 4. 许可管理

开发许可制是整个英国规划体系的核心之一，授予许可证是英国空间用途管制的主要手段。中央政府在《城乡规划法》中制定全国统一的功能性用地分类，对"开发行为"加以定义，以作为判定是否构成开发行为的直接依据，用于中央政府指导规划许可审批。而在地方制定的规划框架中，则采用政策性的用地分类。政策性用地分类不存在全国或地区性的统一标准，而是在开发规划的编制中设定，以帮助地方政府对开发行为进行引导和控制。

（1）建筑开发行为的规划许可。原则上所有的建筑开发行为都需要得到地方规划厅的规划许可（Planning Permission）。规划许可的判断标准为"符合周边环境"或"城市规划"（Development Plan）。规划许可制度极其严格，除农业土地利用等一部分开发行为外，有可能改变风景的开发行为，受规划许可制度严格控制。此外，《建筑法》（Building Act）、《建筑规则》（Building Regulations）、《公共道路法》（Highway Act）也是规划许可颁发的重要依据。

（2）自由开发许可。按照英国规划法的规定，凡属法律定义范畴之内的开发项目，必须申请并获取规划许可，方可按照法定的开发程序进行开发，否则，属违法行为。但是，自由开发许可（Permission Under Development Order）也称为"自动的规划许可"（Automatic Planning Permission），则可以免去申请开发规划许可证的法律程序。自由开发的类别主要以项目主导功能和土地用途作为判别是否构成开发行为的重要标准，具体类别由规划法规和条例加以限定，属于特定城乡规划法规和条例所规定的范畴。

（3）环境许可证。英国在四个地区都设置了地方环保管理机构，分别为英格兰、威尔士及苏格兰的环境部门，以及北爱尔兰环境遗产服务局。这些环保部门会依据不同的环境问题和监管对象制定相应的管理政策，例如英格兰和威尔士地区于《2016年环境许可证条例》中对空气质量监测、化学品监测、土地保护、废物再利用、噪音、气候变化、农业与环境问题等方面进行了相关规定。此外，若要开展一些可能会对环境造成污染的活动，申请者需在活动前向环境保护部门或相关地方当局提出申请，经由监管机构对项目或活动进行审核，获得环境许可证后才能开展。

（4）树木保护令。英国《城乡规划法》中只有一个关于采伐方面的条例，即砍伐树木没有办理许可证是违法的。而后1967年英国颁布了《林业法》。作为全国性的林业基础法，《林业法》先后经历了两次修订，针对英国林业委员会的行政结构、职能、林地管理方式和森林采伐控制权等制定了明确的法令进行规范，其核心内容之一是树木保护令。保护令可用于保护单棵树木、区域内的树木或整个林地；受保护的树木可以是任意大小或种类。如果申请者意图砍伐的树木受树木保护法令保护，则需要根据法令向林业委员会提出申请，经由委员会递交给有关当局，根据《城乡规划法》判定是否批准采伐许可证明。

**5. 监督实施**

英国规划督察制度的建立，是为了确保中央政府上级规划能在地方政府下级规划中得到有效实施，规划督察制度获得了议会立法层面的法律特别授权，同时也在相关法定文件中明确了独立裁决权。通过事前参与和事后救济制度，兼顾地方政府、开发商及利益相关者的责任。若当地政府对开发项目不予批准、未在规定期限内作出决定，或被直接反驳或退回，开发者有直接向规划督察署申诉的权利，即由规划督察署举办听证会，政府和开发商双方派人到场进行问询、举证辩论，根据确凿的事实情景，汇总相关信息后兼顾各方利益，最终决定是否允许项目开发。若已受理申诉，规划督察员须坚持公平、公正、公开的基本原则，负责组织包括申请受理、证据提交、实地查看、现场质询、案卷证据、公众调查的活动。任何团体、公众都可通过书面或在公开听证会上提出质疑和意见，督察员在作出裁决前需充分考虑所有书面和口头陈述的意见，同时还应考量国家相关的方针政策，以确保最终裁断判决的合理性。规划督察员作出的裁决是具有法律效力的行政行为，若申请人对于受理的争议裁定不服，可以向法院提起司法审查程序，请求法院审查裁决的合法性并给予必要和适当的补助。

## （三）制度体系保障

### 1. 法律法规体系

英国国土空间用途管制的法律体系是以《城乡规划法》为基础，同时涉及环境、住房、基础建设等一系列综合的或专项的法律法规。

21 世纪开始，英国中央政府将空间规划理念引入政策层面，2005 年颁布了《规划政策声明》（Planning Policy Statement），提出区域层面的区域空间战略（regional spatial strategy）思路，形成了国家层面制定规划政策文件、区域层面制定区域空间战略、地方（县和区）层面制定地方发展框架的"国家—区域—地方"三级规划管理政策体系。

2011 年英国政府颁布了《国家规划政策框架》（The National Planning Policy Framework），废除了区域空间战略，区域发展由原先的中央政府主导转变为地方自下而上的协作，地方层面制定《地方规划》，扩大了社区的自主权，并为教区、镇及集中居民点管理机构制定了《邻里发展规划》（Neighborhood Development Plan/Order），形成了国家层面制定规划政策文件、地方层面为地方和社区发展制定规划的"国家—地方"两级规划政策体系（图 3–3）。

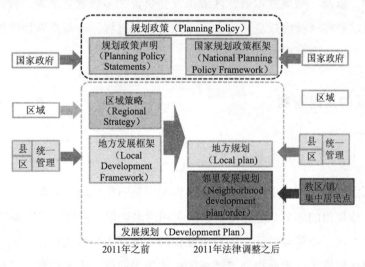

图 3–3 英国国土空间用途管制法律法规体系

资料来源：滕潇等（2022）。

### 2. 行政管理体系

英国国土空间用途的管制遵循海洋法系，政策作为规划的制定依据，涉及规划、农业、国家遗产、自然保护、贸易和工业等多个行政部门，并分为"国家—地方"两级。其中，规划部门是国土空间用途管制的主要机构，也是国土空间规划制定和审批的唯一部门。

国家层面，住房、社区与地方政府部主要负责制定国家层面的规划战略与政策，协调国家规划政策与地方发展规划。英国中央政府下的住房、社区与地方政府部规划事务大臣代表对规划系统的运行进行直接的领导和监督，并且对国家重要基础设施规划等进行审批。此外，住房、社区与地方政府部都设立了规划督察处（Planning Inspectorate），职能包括处理英国的规划申诉，为重要基础设施和其他项目规划决策提供建议。

地方层面，地方政府的规划部门对于当地的发展规划具有较高的权限，职能包括在国家层面的规划政策基础上编制并实施《地方规划》和《社区规划》、批准规划开发许可、限制未经授权的开发活动等。英国地方政府划分为县议会（Country Councils）、区或市议会（District, Borough or City Councils）、教区或镇议会（Parish or Town Councils）。其中县议会主要负责交通、矿产、排水等方面的规划，以及一些规划申请；区或市议会负责大多数规划事务；教区或镇议会主要通过参与《社区规划》的制定来参与规划过程。一些特殊地区的规划如伦敦，由当地政府直接进行管理。

## 四、德国的用途管制

### （一）发展历程

德国的城市规划历史可以追溯到中世纪罗马时代的城市自治体，实施的行为有如土地使用的划分、道路维护、供水和污水处理、建筑高度限制等。19世纪中叶第二次工业革命时期，随着工业化的发展，人口从农村流入城市，产生了巨大的住房需求，因而出现了严重的住宅卫生问题，大城市和中等城市的城市规划主要限于道路维护，不能有效地控制私人土地上的建筑物。为解决卫生、住房改革以及战后重建问题，1918 年至 1945 年间德国制定了有关法律，同时各地方政府设置了城市规划部门。

第二次世界大战后，1948 年和 1949 年颁布的《联邦城市重建法》成为城市和农村重建的框架，1960 年颁布的《联邦建筑法》，为统一城市规划和土地利用提供了法律框架，地方当局按照联邦空间规划和州空间规划的要求，通过土地利用规划来组织和控制城市发展。该法规通过土地利用基本规划（F-PLAN）与地区详细性规划（B-PLAN）构成的土地用途管制框架沿用至今。1987 年，《联邦建筑法典》将以前的《联邦建筑法》与《联邦城市重建法》合并，成为现行德国国土空间现行土地使用和城市规划的基本法。21 世纪以来，德国秉持与环境和谐相处、迈向可持续城市的理念，振兴整体经济；为了避免单纯追求经济效益，在城市中心城区设立住宅区，以增加居住空间，发展社区公共交通，限制汽车进入中心城区，并努力通过保留历史景观来增强城市形象；为了促进城市建设的可持续发展，对《联邦建筑法》进行了修订；为振兴中心城区和建设紧凑城市，2017 年增加了用途地域，以促进办公、购物街和住宅的混合，并确保中心城区的居住空间。

（二）用途管制方法

**1. 规划引导**

德国空间规划体系是以逆流原则进行横纵统筹协调的、多层级单一制（呈现典型的"1+N"式特点）的规划体系，由联邦政府城市发展与房屋交通部主导的综合型空间规划与各部门主导的部门专项规划或非正式规划组成。

综合型空间规划分为联邦空间规划、州空间规划、区域规划和地方规划。根据《空间规划法》，德国联邦层面仅制定空间战略发展目标和原则。其次，除柏林、不来梅、汉堡三个城市州外，各州分别根据本州规划法制定州层面的空间规划；同时，根据《联邦地区规划法》的规定，州内有多个大型城市的区域应制定区域规划，区域规划的权限、手续等均由各州法律规定，区域规划比州层面的空间规划更具体化、地方化。同时州层面可在土地利用规划中进行分区。区域规划则独立于联邦空间规划、州空间规划和地方规划，地方作为规划最终实施的部门，在市级及三个城市州制定土地利用基本规划（F-PLAN）与地区详细性规划（B-PLAN）。土地利用基本规划与地区详细性规划的差异在于，前者不具备法律效力，仅作为规划指南对规划制定者进行约束；地区详细性规划在内容和形式上都更为详细，以章程或市政法规的形式颁布，根据各州法律报上级行政机关批准。

部门规划大致可分为运输和通信、公用事业、国防、农业、环境保护和自然保护等部门，联邦、州、地方三级都有相应的部门规划，受到上级空间规划的约束。由于部门规划和综合规划的规划范围有重叠，因此可能产生冲突，涉及自然和景观的规划不允许违反上级自然保护法，具有重要空间意义的部门规划的立法需要与综合规划相协调。

### 2. 空间分区

德国并没有对城市地区和乡村地区进行区分，而是将二者统一纳入城市土地利用规划进行管理。《建筑用途条例》规定了市政当局在制定发展规划时能够使用的土地利用分区类型，以及土地利用基本原则，有小型聚集区、纯粹的住宅区、一般住宅区、特殊住宅区、乡村地区、混合区、城市地区、核心领域、商业区、工业区、特殊区域等11种。这些土地用途类型需要明确的边界。

除城市土地利用规划外，根据《联邦自然保护法》，各州可将自然和景观指定为自然保护区、国家公园、生物圈保护区、景观保护区、自然公园和自然遗迹等受部分保护的景观。同时根据《联邦森林法》，森林被定义为森林植物群覆盖的任何区域，受法律保护且不需要指定，分为保护林和休闲林。

### 3. 土地用途变更

为确保土地利用规划及地区详细规划的有效性，《联邦建筑法典》允许市政当局禁止土地性质的变更，并可行使预购权；建筑开发项目可通过建筑许可审批手续完成。州政府的主要任务是确保地方规划的合理性，州行政当局和附属地区当局有权批准地方当局制定的土地利用规划。地区详细规划制定并实施后，为保护其有效性，禁止建筑物的拆除及开发项目草案的实施等带来的土地性质的改变。在禁止变更未决定或未生效前，根据地区详细规划该开发项目草案非变更不可或有显著困难时，必须暂停批准建筑许可，最长可达12个月。同时，为确保地区详细规划的有效性，不得分割与已执行的地区详细规划相抵触的土地。为确保公共和住宅用地的供应，避免土地的投机买卖，政府拥有一般预购权及特别优先购买权。

根据德国联邦统计局数据，德国土地利用的变化趋势以农林用地变更为定居点和交通区域用地为主。《联邦建筑法典》第190条规定，农林用地用于城市建设的，经上级行政机关同意，可根据市政府的请求，根据《土地整理法》的规定启动土地利用变更程序。在土地利用变更的过程中，需要综合考虑景观结构、公众利益、文化背景和乡村发展等，除了满足空间规划发展的需求外，重点在于满足对环境保护、自然保护和景观保护的要求。

**4. 许可管理**

德国的许可管理制度为建筑许可，依据《联邦建筑法典》确定许可的范围。

建筑许可针对具体项目的开发。各州的建筑法规在内容和结构上基本相似，除非《标准建筑条例》另有规定，否则新建、更改和改变物理结构、建筑设备的安装、用途变更都需要建筑许可。建筑许可由该州的下级建筑主管部门[①]授予。申请人需要将规划申请、评估建筑项目和处理申请所需的材料提交给有关当局，提交的文件和图纸（场地平面图、平面图、立面图、剖面图）的比例取决于与建筑文件相关的州法令。建筑主管部门在审核时不仅需要参考发展规划，也需要咨询与申请项目相关的其他部门。如果申请不与授权程序中要考虑的任何法律法规相冲突，则建筑主管部门必须授予建筑许可，没有自由裁量权。

**5. 监督实施**

根据《联邦建筑法典》规定，为了及早发现不可预见的不利影响，并能够采取适当的补救措施，市政当局需要通过使用环境报告中规定的监测措施来监测因实施土地使用计划而产生的重大环境影响。当有违反土地利用规划的行为时，应处以罚款或要求拆除。

（三）制度体系保障

**1. 法律法规体系**

联邦政府和州政府根据《基本法》分配联邦和州立法权限，联邦政府和州政府在空间规划问题上有重叠的立法权。城市规划中的土地交易、土地开发（开

---

① 指下级行政主管部门、县、无国家管辖的城市或构成县一部分的市政当局。

发负担金法除外)、自然保护、农村环境保护和国土空间开发相关的法规是联邦和州之间的竞争性立法。其中,在自然保护、农村环境保护和土地开发方面,即使联邦行使立法管辖权,每个州都可以在州法律中遵守不同的规则。此外,实际管辖中,州层面的《农村环境保护法》(Landschaftsgesetz)和《空间规划法》(Raumordnungsgesetz)也会制定与联邦法律不同的反映各州情况的法规。

德国与用途管制相关的法律主要可分为三大类:确定综合框架的空间规划类法,土地利用与城市规划的基本法——建筑法典,以及自然保护和农村环境保护、道路等各部门专项法规(图3–4)。

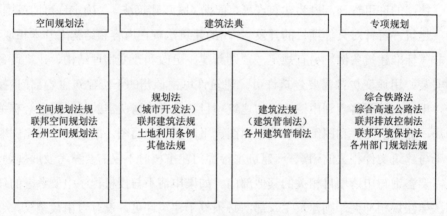

图 3–4　德国空间规划法律结构

资料来源:根据与德国空间规划相关的法律整理绘制。

从空间规划类法律来说,联邦层面,《空间规划法》规定了联邦和州各自空间规划的任务、指导方针、指导原则和相互协调反馈的原则,各州可以在联邦《空间规划法》的基础上进一步制定各自的《州空间规划法》和《州国土整备指南》(法律),结合各州实际情况设定本州空间规划的一般任务、方针、目标和原则,以及各土地分区类型的管制规则。

从建筑类法律来说,《联邦建筑法典》规定州和地方编制城市土地利用规划的基本准则;《建筑用途条例》确定了有关土地利用分区的类型和范围、施工方法和可建造的地块面积。市镇政府根据所属州颁布的空间规划相关法律法规编制土地利用规划和发展规划,而根据《联邦建筑法典》的法令授权,市镇当局在进行土地利用规划编制时受《建筑用途条例》规定的约束，因此只能在《建筑用途条例》允许的范围内作出决定。

从各部门规划法来说，联邦和各州都制定了《自然保护和农村环境保护法》（Gesetz über Naturschutz und Landschaftspflege）。2006 年联邦机构改革后，《自然保护和农村环境保护法》纳入了《州农村环境保护法》的内容，旨在于全国范围内整合和简化与自然保护、农村环境保护有关的许可程序，是各部门用途管制政策制定和进行相关管理的依据。

**2. 行政管理体系**

德国联邦层面负责空间规划管理的机构主要包括联邦内政、建筑和社区部下属的联邦建筑和区域规划办公室。联邦建筑和区域规划办公室在区域规划、城市规划、住房和建筑等政策领域支持联邦政府，其任务范围包括规范主要建筑工地、模型项目，建筑文化与古迹保护，欧洲合作问题，建筑竞赛和住房市场研究。

州政府的主要任务是确保地方规划的合理性，州行政当局和附属地区当局有权批准地方当局制定的土地利用规划。

与土地利用决定有关的权力主要被分配给市镇当局。在所有州，市镇当局都负责编制土地利用规划和其他详细的土地利用规划文书，具体的土地分区分类在这一层级制定，建筑许可的管理也由州授权给地方建筑主管部门进行管理。

# 第二节 亚洲国家的用途管制

## 一、日本的用途管制

### （一）发展历程

日本的国土空间用途管制的本质是追求公共福利优先，在土地财产权及国土利用的公共性基础上，确保国民拥有健康的生活环境与国土的均衡发展，即公共福利优先为国土空间利用的基本理念。

日本的土地实行私有制。基于人多地少、资源匮乏的基本国情，日本高度重视国土空间的保护和利用，在应对"过密"和"过疏"等区域问题的长期管理实践中，建立了相对完备的用途管制体系。1950 年国家制定了《国土利用规划法》，遵循"最小干预原则"对国土空间的用途进行全国规划，制定法规实施管制。日本以 1950 年出台的《国土综合开发法》为开端，先后编制了五次全国综合开发计划（沈振江等，2018），统一分配全国的资源。1950 年之后，日本人口及产业大规模向大城市集中，造成城市用地无序扩张、地价高涨等。1965 年之后，日本逐步进入高度成长期，全国的地价异常高涨，造成大量的土地买卖囤积，而乱开发又带来自然环境破坏等问题。为防止土地投机交易造成地价的无序上涨，防止乱开发，促进闲置土地的有效利用，日本于 1974 年修订了《国土利用规划法》。2008 年之后，日本社会人口急剧减少、自然灾害频发、海洋资源利用、产业结构转型等问题已成为新挑战（沈振江、马妍等，2019）。基于此，日本开启以《国土形成规划法》管制国土的时代，在 2008 年 7 月和 2009 年 8 月相继推出《国土形成规划（全国规划）》和《国土形成规划（广域地方规划)》（沈振江、张延吉等，2017）。

（二）用途管制方法

**1. 规划引导**

日本的相关规划涉及国土形成规划、国土利用规划和土地利用基本规划（图 3-5）。国土形成规划重在"定规模和指标"，即在落实"全综"战略要求的基础上，制定全国或本地区的国土利用基本设想，以及地域分区和用地类型两个方面的规划指标（沈振江、张雅敬，2019）。国土利用规划则分为全国、都道府县、市町村三层体系，上一层级规划对下一层级规划起着指导作用。都道府县须根据自身的国土利用规划，制定土地利用基本规划。土地利用基本规划重在"定功能与坐标"（沈振江、李苗裔等，2017）。土地利用基本规划相当于综合性国土空间规划，以各类现行法律进行用途管制为根本依据（沈振江、张雅敬，2019），将各类土地利用的综合开发与调整作为目标，从而实现对自然环境的保全、农林地的保护、历史传统风土的保存等。此外，土地利用基本规划还具备国家、都道府县、市町村之间的协调功能（游宁龙等，2017）。

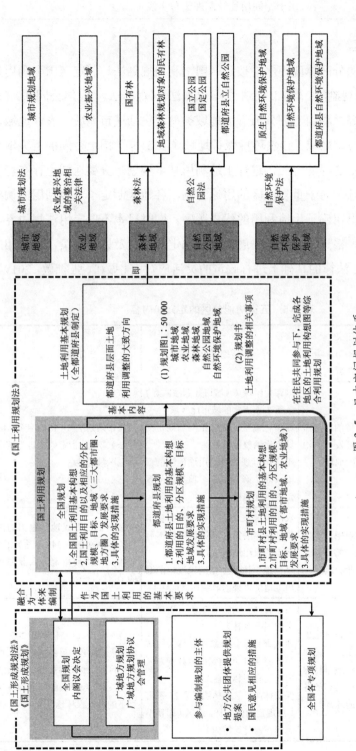

图 3-5 日本空间规划体系

资料来源：根据日本国土交通省相关资料①整理绘制。

① 国土交通省：《国土の利用に関する諸計画の体系》，2005年。

### 2. 空间分区

日本国土空间分区体现为严格按照《国土利用规划法》制定《国土利用规划》，并结合个别规制法：《城市规划法》《农振法》《森林法》《自然公园法》《自然环境保护法》等，将国土划分为五大地域类型，包括城市地域、农业地域、森林地域、自然公园地域、自然环境保护地域（表 3–5）。国土空间的五大地域依据法规上的指定边界的定义，进行土地利用基本规划。五类地域也存在着重复指定划分的问题。对于重复地区的用途管制，各地区制定了土地利用的调整指导方针，同时也明确了土地利用的优先顺序。同时日本不仅应用法规边界，也通过政策手段，根据社会经济发展需求、制定的条例及诱导政策，进行相应政策区域划分，在法律的基础上进行政策的灵活应对（沈振江、张雅敬，2019）。

表 3–5　五类功能分区的定义和内容

| 地区<br>（第9条第2<br>项各号） | 定义<br>（第9条第3项—<br>第7项） | 详细区分 | 划分法律基础 |
|---|---|---|---|
| 城市地域 | 作为一体的城市需要综合开发、整治和保护的地域 | 城市化区域（《城市计划法》第7条第1项规定的城市化区域）；<br>城市化调整区域（指同项规定的城市化调整区域）；<br>确定城市规划区的用途地区的范围（同法第8条第1项第1号规定的用途地区） | 《城市规划法》（1968年第100号法）第5条指定或指定为城市计划区域的地区 |
| 农业地域 | 应作为农用地利用的土地，需要综合振兴农业的地区 | 农用地区域（关于农业振兴整治地区法律的第8条第2项第1号规定的农用地区域）；<br>"白地"地区（指同项规定的农用地地区以外的农业振兴地区） | 《关于农业振兴地区整治的法律》（1969年第249号法）第6条指定或将被指定为农业振兴的地区 |
| 森林地域 | 应该作为森林土地利用的土地，需要振兴林业或维持增进森林所具有的各种功能的地区 | 国家森林（同法第2条第3项义的国家森林）；<br>地域森林规划对象民有林（同法第5条第1项定义的森林规划区内的民有森林地区）；<br>保安林（指《森林法》第25条第1项规定的保安林）地区（即使不包括在森林地域内） | 《森林法》（1951年第249号法）第2条第3项界定的国家森林地区，已经或将被界定为该法第5条第1项界定的区域森林计划下的私人森林地区 |

续表

| 地区<br>（第9条第2项各号） | 定义<br>（第9条第3项—第7项） | 详细区分 | 划分法律基础 |
|---|---|---|---|
| 自然公园地域 | 需要谋求保护和增进利用的优良的自然风景地 | 特别地区（《自然公园法》第20条第1项和第73条第1项规定的特别地区）；<br>特别保护地区（《自然公园法》第21条第1项规定的特别保护区）；<br>特殊海域（指同一法律第22条第1项所定义的特殊海域） | 根据《自然公园法》（1957年第161号法）第2条第1项的规定，已经或将被指定为自然公园（国立公园、国定公园、都道府县立自然公园）的地区 |
| 自然环境保护地域 | 形成良好自然环境的区域，其自然环境需要加以保护 | 原生自然环境保护地域（《自然环境保护法》第14条第1项的原生自然环境保护区）<br>特别地区（同一法律第25条第1项和第6条第1项的特别地区）<br>普通地区（同一法律第33条的普通地区）<br>特殊海域（同一法律第27条第1项的特殊海域） | 根据《自然保护法》（1972年第85号法）第14条的原生自然环境保护地区，根据该法第22条指定为自然环境保护区，或根据该法第45条第1项的都道府县条例指定或将被指定为都道府县自然环境保护区的地区 |

资料来源：沈振江等（2022）。

　　五大地域分类在空间上具有重叠性。其中，农业地域与城市地域是有重复指定最多的两类地域，以下依次是森林地域与自然公园地域、自然保护地域与森林地域、农业地域与自然公园地域等（表3-6）。由于重复指定，五种地域的单纯合计面积是全国土地实际面积的1.6倍。其中三大都市圈的城市地域面积远高于全国平均及地方圈。三大都市圈的农业地域及森林地域的面积占比均低于全国平均及地方圈，自然公园地域面积占比高于全国平均及地方圈。为了保证重复指定地区的有效管制，各都道府县根据实际重复指定情况各自制定《五大地域重复地区的土地利用调整指导方针》，规定土地利用的优先顺位、诱导方向等，在对土地利用情况的综合勘察后实施调整，以实现土地的合理使用。

　　2001年，日本将国土厅、建设省、运输省、北海道管理局四个机构合并，成立了国土交通省，对自然资源开发、利用和保护实施集中统一管理。农业用

表 3–6　五大地域重复指定状况

| 地域 | 1976 年 8 月 | | 2014 年 3 月 | |
|---|---|---|---|---|
| | 面积（千公顷） | 占比（%） | 面积（千公顷） | 占比（%） |
| **不重复地区合计** | 19 159 | 51.6 | 18 580 | 49.8 |
| 城市 | 1 998 | 5.4 | 2 287 | 6.1 |
| 农业 | 5 075 | 13.7 | 4 370 | 11.7 |
| 森林 | 11 790 | 31.7 | 11 573 | 31.0 |
| 自然公园 | 294 | 0.8 | 336 | 0.9 |
| 自然保护 | 1 | 0 | 2 | 0 |
| **重复地区合计** | 17 685 | 47.6 | 18 387 | 49.2 |
| 城市与农业 | 3 559 | 9.6 | 4 116 | 11.0 |
| 城市与森林 | 1 333 | 3.6 | 1 396 | 3.7 |
| 城市与农业，森林 | 1 414 | 3.8 | 1 600 | 4.3 |
| 农业与森林 | 6 423 | 17.3 | 6 047 | 16.2 |
| 森林与自然公园 | 3 192 | 8.6 | 3 535 | 9.5 |
| **白地地区** | 304 | 0.8 | 253 | 0.7 |

资料来源：根据日本国土交通省资料整理。

地（包括耕地）、林业资源的管理归属农林水产省的农业振兴局。国土交通省为了掌握土地利用的现状，每年都会与各都道府县合作，进行土地利用状况调查（沈振江，2013），进一步将全国土地划分为七种用途分区，包括农用地、森林、荒野、道路、建设用地、水域等及其他用地（表 3–7），建设用地还可以进一步划分为居住用地和工业用地等。

表 3–7　日本土地利用类型划分情况

| 名称 | 定义 | 占地面积（万公顷） |
|---|---|---|
| 农用地 | 以耕地为主的土地 | 440 |
| 森林 | 国有林和私有林总和 | 2 503 |
| 荒野 | 森林和牧场以外的草地总和 | 35 |

续表

| 名称 | | 定义 | 占地面积（万公顷） |
|---|---|---|---|
| 水域 | | 蓄水池满时的湖泊（人工湖和天然湖）和水域 | 135 |
| | 河流 | 一级河流、二级河流、准利用河流中的流域 | |
| | 航道 | 农用排水渠 | |
| 道路 | | 普通道路、农道和林道的总和 | 141 |
| 建设用地 | | 建筑物所在地及维持或实现建筑物效用所需的土地 | 196 |
| | 居住用地 | 具有房屋功能的建筑物的土地 | 120 |
| | 工业用地 | 拥有四名或更多员工的企业所在地 | 16 |
| | 其他住宅用地 | "居住用地"和"工业用地"以外的土地 | 60 |
| 其他 | | 不属于上述任何一项的其他土地 | 330 |
| 合计 | | | 3 780 |

资料来源：根据日本国土交通省相关材料整理绘制。

### 3. 土地用途变更和许可管理

日本土地开发许可制度针对不同类型区域、不同用地或建设规模采取不同的管理方式。譬如，对于建成区小规模的开发以及建筑物用途的变更等行为，根据用途地域限制等有关规定，提出建筑物确认申请。

（1）城市规划区域的开发许可

日本将城市规划区域分为划线城市规划区域和非划线城市规划区域两大类，施以差异化开发许可制度。在划线城市规划区域内部又细分为城市化区域、城市化调整区域，此为日本城市规划中的区域区分制度。城市化区域内，在人类生活空间所必需的居住、商业、工业三大类的基础上，再根据不同土地用途特性划分出 13 种用途地域。城市化区域内可以指定用途地域，而原则上城市化调整区域内不需要指定用途地域，但必要的时候也可进行用途地域的指定。在城市规划区域外，现在已有相当数量的建筑物及开发地区，对于那些如放任发展很可能对城市一体化产生较大影响的地区，可由都道府县知事指定为准城市规划区域，此区域内按用途管制进行开发许可。2017 年日本城市规划区域面积占全域国土的 27.1%，城市规划区域内居住人口占全国人口的 94.7%；其中划线城市规划区域在城市规划区域内占比 51.2%，城市化区域在划线城市规划区占比 27.8%（图 3-6）。根据《城市规划法》第 29 条，城市规划区域内的土地用途变更即开发行为，依据法规和开发条件申请都道府县知事的开发许可，或政府认可的指定城市市长的开发许可，城市规划区域划定的变更需要都道府县与国土交通大臣协商，并取得同意。

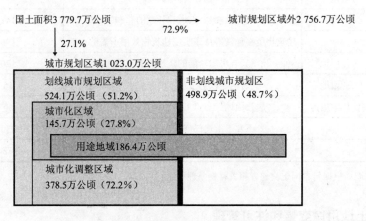

图 3-6 城市地域内的法规边界

资料来源：根据日本国土交通省《城市规划现状调查》2017 年数据绘制。

城市化区域中，1 000 公顷以上的开发，或三大都市圈建成区 500 公顷以上的开发需要开发许可。同时，《建筑标准法》中对申请许可手续、选址许可、建筑确认审查等都有明确的规定。城市区域中不同区域区分受到许可管制的开发行为与其适用的基准不同（表 3-8）。

（2）农地的开发许可

日本的农用地转用主要基于两部法律及两种制度。基于《农振法》建立农业振兴地域制度及《农业振兴地区整治规划》，以此来明确农用地利用边界，与城市地区、自然保护地区等进行严格区分，并且明确农业振兴地域内的青地和白地。基于《农地法》建立农地转用的许可制度及《农用地利用规划》，以此来明确农用地转用的用途管制，并且明确农用地转用的所属性质（图 3-7）。将土地分为农用地区域内甲类农地、第一类农地、第二类农地、第三类农地，然后根据不同的土地类型，制定不同的土地流转许可方针。一类农地原则上不允许

**表 3-8　城市地域中各区域的开发许可管理基准**

| 区域区分① | | 区域特性 | 开发许可 | 不需要开发许可的开发行为 | | |
|---|---|---|---|---|---|---|
| | | | 开发行为等的限制② | 规模 | 用途 | 公共设施、事业、其他 |
| 城市规划区域 | 城市化区域 | 促进城市化的区域，并且已有用途地域等的规定 | 开发活动原则上需要获得都道府县知事的许可。※建设完成公示后，原则上不得在已取得开发许可的开发区内建建筑（使用面积划定建筑物以外的其他建筑），见《城市规划法》第42条第1项 | 1 000公顷以下（三大都市圈500公顷），由知事在300公顷至1 000（或500）公顷的范围内根据面积的不同，在规划中明确③ | 满足公共利益所需的必要性建筑物（如图书馆、博物馆、铁路设施、变电站等） | ①一定的公益设施（车站等其他铁路设施、社会福利设施、医疗设施、学校（大学、专修、各种学校除外）、社区中心、变电站等）；②国家、都道府县、政令指定城市、核心市、开发许可受理市的行为和事业；③经批准为城市规划的项目（城市规划项目）；④其他法律准可的开发项目、城市再行开发（土地调整项目、城市再开发项目、住宅区改造项目）；⑤公共水利工程；⑥其他（紧急灾害的应急措施、通常的管理行为，简易的行为等） |
| | 城市化调整区域 | 原则上不可在应抑制城市化的地区建造建筑物 | 等有明确规定的除外），见《城市规划法》第42条第1项；禁止在城市调整区内进行开发活动和建筑施工。在没有指定使用用区的土地上进行开发活动时，都道府县知事可以规定建筑覆盖率、建筑高度、墙体位置以及其他建筑物的场地、结构、设备的限制。原则上，该区域内不得违反上述限制建设任何建筑物，见《城市规划法》第41条第1、2项 | 无规模面积限制规定 | | |
| | 非划定线城市规划区域 | 该地区尚未被城市化区域和城市化调整区域划定城市规划 | | 小于一定规模的区域［原则上为3 000公顷，或由都道府县法规规定的面积（300公顷以上且小于3 000公顷）］ | 用于农业、林业和渔业的建筑物或经营者居住的房屋 | |
| 准城市规划区域 | | 该区域相当于城市发展基础的城市发展区域，并且根据城市规划设置用途使用限制 | | | | |
| 城市规划区域及准城市规划区域外的区域 | | 不可指定用途地域 | | 小于1公顷 | | |

注：①地区分类。②"开发活动"是指主要由于建造建筑物或建造特定建筑物（建混凝土厂房等）的目的而改变土地和特性。对于特定情况、有必要据前与城市（区）、城镇或村庄（县）联系，以确定其是否符合发展法案："划分变更"是指由道路、固栏等导致的土地物理现状的变化，包括道路的新建、取消、拓宽、更换地等。"性状的变化"是指由于砍伐林木而导致的土地开挖被认为是建筑物的组成部分，除非涉及宗地的变更，否则不包括在内。③许多地方政府根据自己的规定和准则制定了详细的规定，例如一块土地的最小面积，以及义务教育设施的负担。

资料来源：根据日本国土交通省资料整理。

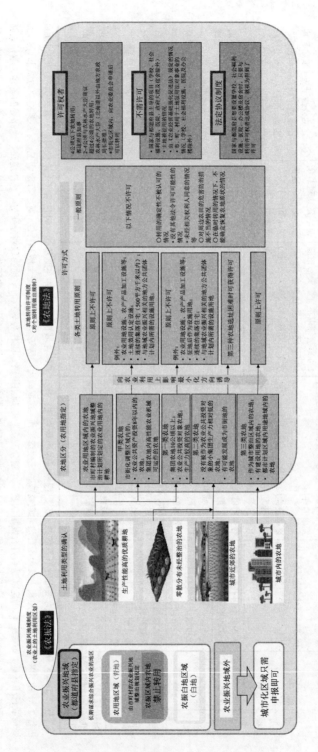

图 3-7　日本农用地开发许可制度体系

资料来源: 沈振江 (2013) 。

转用，三类农地允许转用（图3-8）。农振区域内的农用地（"青地"）原则上不可以转用，但以下几种情况除外：①在农用地区域内，除了作为农用地以外，有必要也确实适合流转为其他用地功能，且农用地区域以外也没有更合适土地的可以作为替代的土地；②不会影响农地有效综合利用，对周边的农地生产效率不会产生或者仅产生微弱的影响，不会造成周边连片农业用地的混杂；③不会影响土地改良设施的基本功能，不会造成农用给排水设施的断流、阻断等问题；④该土地已经历过土地改良超过8年。

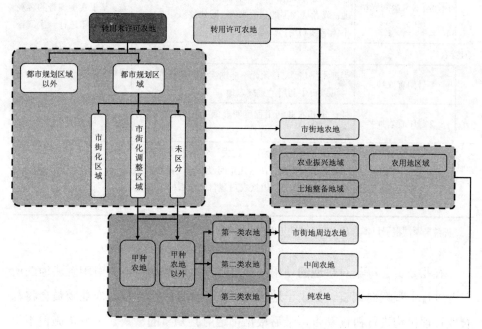

图3-8　日本农用地用途变更许可流程

资料来源：根据日本农林水产省相关资料①整理绘制。

（3）闲置农地与荒废农地的管理办法

为提高土地使用效率并防止投机性的囤地行为，《国土利用规划法》专门对闲置土地的认定和利用作了详细的规定（表3-9）。

---

① 日本农林水产省：《土地利用計画と農業振興地域制度・農地転用許可制度の概要》，2007年。

表 3–9　日本闲置土地的认定

| 类型 | 定义 | 调整年限 |
|---|---|---|
| 荒废农地 | 当前不供耕作，由于放弃耕作而荒废，基于普通农耕条件在客观上无法种植作物的农地 | 市町村、农业委员会调查：基于实地调查的客观条件，每年进行一次调查 |
| 　可再生利用的荒废农地（A 分类） | 在荒废的农地中，通过拔根、整地、区划整理、客土等再生整治，可以进行通常的农耕耕作的农地 | |
| 　再生利用困难的和预计将要荒废的农地（B 分类） | 在荒废的农地中，已呈现出了森林的样子等；即使复原了农地的物理条件整治也非常困难的农地；或者从周围的状况来看，即使复原该农地也不能继续利用 | |
| 闲置农地 | | |
| 　1 号闲置农地 | 当前不供耕作，且预计不能继续进行耕作的农地（可以再生利用的荒废农地） | |
| 　2 号闲置农地 | 被认定其农业利用程度明显低于其周边地区的农地 | |
| 放弃耕作土地 | 在以前耕种的农地上，过去一年以上没有播种（栽培）农作物，在这几年间没有再次播种（栽培）意向的农地，根据农户等自己申报的主观数字得出 | 农林业调查问卷：基于农户等的主观回答，每五年进行一次调查 |

资料来源：根据日本农林水产省《关于农村土地利用的情况》[1]整理绘制。

　　农业委员会每年对耕地的使用情况进行一次客观调查，并对闲置耕地的所有者进行主观意向调查。如果土地所有者未按计划进行工作，农业委员会将与农地管理机构进行协议劝告，最后根据都道府县知事的裁决，采取措施使本组织获得农业土地中间管理权。对于所有者未知的闲置耕地（在普通土地上，如果拥有多数股权的人无法确认），将通过公示程序进行对应（图 3–9）。

　　（4）森林地域开发许可管理

　　根据《森林法》第 5 条的规定，适用林地开发许可制度的森林，是包括都道府县知事制定的地区森林规划内的民有林（保安林、保安设施地区及海岸保

---

　　[1] 日本农林水产省："关于农村土地利用的情况"，https://www.maff.go.jp/j/study/attach/pdf/tochi_kentokai-1.pdf，2020 年 5 月 20 日。

全区域内的森林除外）。允许的开发行为包括：土石的采掘，向森林地域外类型
转用为目的、改变土地形质的超过 1 公顷的开发行为，道路超过 3 米、面积超
过 1 公顷、多人共有所有权的民有林超过 1 公顷的开发行为，分少量多次开发
后累计超过 1 公顷的开发行为。

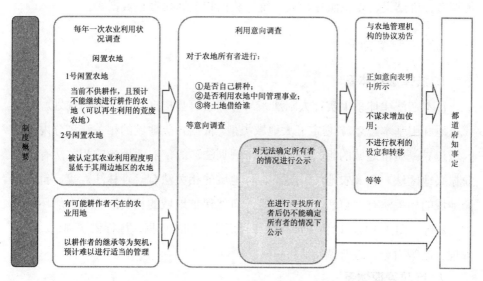

图 3-9　日本闲置农地认定制度流程

资料来源：根据日本农林水产省《关于农村土地利用的情况》整理绘制。

　　如果申请的许可行为可能增加山体崩塌、水灾、环境恶化等事件的发生概
率，则不能予以许可。国家、地方政府的公共集体行为，减灾防灾设施的开发
建设以及公益性很高的开发建设无需审批。除此之外，民有林与其他 1 公顷以
上林地的开发建设都需要按照既定的审批程序申请开发许可。

### 4. 监督实施

　　为了确保国土空间的合理管制，日本政府每年都会就各个规划目标与实
施效果进行评估，对国土空间展开持续性的动态监测，并且会依据检测结果
作出及时的调整。例如针对国土形成规划，日本政府发布了《国土形成规划
检测报告》，针对国土形成规划中的五个战略目标的进展情况，以国民为对象
进行民意调查，并对八项专项政策的进展情况展开全面的监管（董子卉、翟国
方，2020）。

在监管手段方面，日本政府联合多主体共同参与审查，构建了国土空间信息共享机制。日本政府综合静态的情报监管与动态的国土监测，借助遥感、GIS及通信技术对国土空间现况进行信息化处理，并将实时监测信息反馈给相关部门。国土空间用途管制的相关信息会在国土交通省的网站上进行公开，例如土地调查评价结果、航拍照片、人口统计数据和土地权登记数据等。

### （三）制度体系保障

#### 1. 法律法规体系

日本在法律体系上实行大陆法系，各都道府县根据《国土利用规划》制定《土地利用基本规划》，划定五大地域类型，依据各类地域的相关法划分内部的区域边界。城市地域的相关法有《城市规划法》等，农业地域的相关法有《农业振兴地区法》和《农地法》等，森林地域的相关法有《森林法》等，自然公园地域的相关法有《自然公园法》等，自然保护地域的相关法有《自然环境保护法》等（图3-10）。以各类现行法律为用途管制的依据，施行依法规划、依法管理、政策引导、综合调整。

#### 2. 行政管理体系

日本国土空间用途管制在法律法规的保障下，自上而下分为三个层级，相关部门具有相对清晰的事权边界和职能分工。日本内阁令规定：国家层面，负责制定全国国土空间使用基本事项的国家计划，委托国土交通省对全国国土空间使用的现状和未来前景进行调查，起草全国国土空间规划草案，并充分征求农林水产省、环境省、旅游局等部门的意见，将意见充分反映在国家国土空间规划草案中。市町村作为土地利用基本规划的承担者，从都道府县国土利用规划及土地利用基本规划的形成阶段开始就必须积极地参与其中，使自己的政策和规划与都道府县土地利用规划一致。对两种或两种以上使用类型重叠的区域，则可根据相关规划的基本要求，确定重叠区域的土地利用优先类型，统筹不同地域的空间布局，协调不同主管部门之间的用途管制工作。

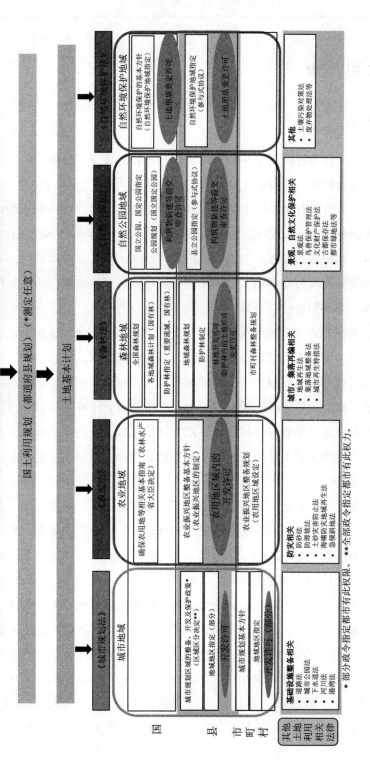

图 3-10 国土空间用途管制体系

资料来源：根据日本《土地基本法》《城市规划法》整理绘制。

国土利用规划（全国规划）（阁议决定）

国土利用规划（都道府县规划）（**测定任意）

土地基本计划

| 《城市规划法》 | 农业振兴法 | 《森林法》 | 自然公园法 | 自然环境保护法等 |
|---|---|---|---|---|
| 城市地域 | 农业地域 | 森林地域 | 自然公园地域 | 自然环境保护地域 |
| 城市规划区域的整备、开发及保护政策*（区域区分决定） | 确保农用地等相关地基本指南（农林水产省大臣决定） | 全国森林规划 | 国立公园、国定公园指定（国立国定公园） | 自然环境保护的基本方针（自然环境保护地域指定） |
| 地域地区指定（部分） | 农业振兴地区整备基本方针（农业振兴地区的指定） | 各地域森林计划（国有林） | 公园规划 | 土地形质变更许可 |
| 城市规划基本方针 | | 防护林指定（国有林） | 构筑物新建等提交审查许可 | 自然环境保护地域等提交审查许可（参与式协议） |
| 开发许可 | 农用地区域内的开发许可 | 地域森林规划（重要流域、国有林） | 县立公园指定（参与式协议） | 土地形质变更许可 |
| 开发许可**（部分） | 农业振兴地区整备规划（农用地区域设定） | 防护林制定 | 构筑物新建等提交审查许可 | |
| | | 林地开发许可防护林内的土地形质变更许可 | | |
| | | 市町村森林整备规划 | | |

| 其他土地利用相关法律 | 基础设施整备相关 | 防灾相关 | 城市、集落再编相关 | 景观、自然文化保护相关 | 其他 |
|---|---|---|---|---|---|
| | • 道路法 | • 防砂法 | • 地域再生法 | • 景观法 | • 土壤污染对策法 |
| | • 城市公园法 | • 防滑坡法 | • 集落地域整备法 | • 鸟兽保护管理法 | • 废弃物处理法等 |
| | • 下水道法 | • 土砂灾害防止法 | • 城市再生特别措施法 | • 文化财产保护法 | |
| | • 河川法 | • 海啸防灾地域再生法 | | • 古都保存法 | |
| | • 港湾法 | • 急倾斜地法 | | • 都市绿地法等 | |

国

县

市町村

其他土地利用相关法律

\* 部分政令指定都市有此权限。 \*\* 全部政令指定都市有此权力。

## 二、韩国的用途管制

### （一）发展历程

地域地区制度作为韩国国土空间用途管制的核心，其空间适用范围经历了从部分地区—城市地区—全部国土—统一管理的演变历程。

韩国的现代土地利用规划制度起源于 1934 年日本帝国主义强占时期制定的《朝鲜市街规划令》。该法令规定了居住、商业、工业三个地域（1940 年追加绿地、混合地域）和风致、美观、防火、风纪四个地区。从这一时期开始，韩国引进了以地域地区制度为基础的土地利用规划制度。殖民地解放以后，其作为"市区规划令"的地位延续了下来。

1962 年，韩国制定了《城市规划法》，其对象地区仅为城市地区内部，而城市地区外的土地利用则由《农地法》《山林法》等个别法进行规定。1972 年制定的《国土利用管理法》以城市地区和非城市地区为对象，形成了土地利用的基础管理办法，并由此将地域地区制度扩大到全国范围。1994 年修改的《国土利用管理法》又引入了准农林地域制度。准农林地域制度与日本的城市化调整区域制度相当，有助于扩大住宅用地和工厂用地的供给，缓解住宅用地和工厂用地不足的问题。

随着城市化的不断加深，无序开发造成了土地用途混乱、环境污染、景观破坏等问题，韩国政府认识到有必要构筑"先规划，后开发"的体系，对国土进行规划性、系统性管理。2002 年，《国土利用管理法》和《都市规划法》统合为《关于国土的规划及利用的法律》（以下称《国土规划法》），于 2003 年 1 月 1 日起开始实施。该法不再区分城市地区和非城市地区，韩国的全部国土在一个国土管理系统中运行。另外，在制定《国土规划法》的同时制定了上位法《国土基本法》，由原有的《国土建设综合规划法》和《国土利用管理法》的一部分合并而成。根据农地法等由相关部门管辖的个别法规定指定地域地区的制度仍然被保留下来。2005 年，为了土地利用规制的合理化、透明化、信息化，韩国制定了《土地利用规制基本法》。此后，《国土规划法》也经数次修订，韩国的用途管制体系渐趋成熟与完善。

## （二）用途管制方法

### 1. 规划引导

韩国空间规划体系主要包含两部分：①围绕国土综合规划的宏观规划体系，由《国土基本法》确立，具体分为国土综合规划、道综合规划、区域规划和部门规划；②作为地方发展规划或开发控制性规划的城市规划体系，由《国土规划法》确立，具体分为广域市规划、市郡基本规划、市郡管理规划。按照"国土综合规划→道综合规划→市郡综合规划"的方式，各规划要遵守上层规划的内容（图3–11）。

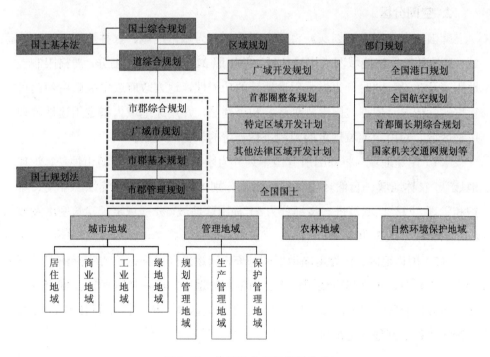

图3–11  韩国国土空间规划体系

资料来源：根据日本国土交通省《韩国の国土政策の概要》①整理绘制。

---

① 国土交通省：《韩国の国土政策の概要》，2017年。

在国家层面，国土综合规划是指明国土长期发展方向的综合规划，道综合规划是指明各道发展方向的综合规划。

在区域层面，制定了各种区域规划，用于广域地区的整治与开发。此外，还有针对各部门的部门规划。

在地方层面，广域市规划是相邻城市和地区为实现战略空间规划目标而共同制定的规划，由广域市制定，但需要经过国土交通部的批准；市郡基本规划是一个综合性规划，它确定了一个特别市、广域市或市郡管辖范围内的基本空间结构和长期发展方向，并提供了城市管理规划的基础；市郡管理规划是实施性规划，主要是关于对土地所有者实施土地使用限制的分区的事项，包括将市郡全域划分为城市地域、管理地域、农林地域、自然环境保护地域四类地域。

### 2. 空间分区

韩国依据《国土规划法》将所有国土划分为城市地域、农林地域、管理地域、自然环境保护地域四类用途地域，并按照 21 个分项进行细分，严格限制土地用途及建设。同时，为增强用途地域的功能性，地方政府或中央政府部门可根据实际情况，依据《国土规划法》和个别法，在用途地域内指定用途地区和用途区域，对用途地域规定的限制进行一定的放宽或收紧。

（1）用途地域。将韩国所有国土划分为四类用途地域，即城市地域、管理地域①、农林地域、自然环境保护地域，分别进行战略性、系统性的开发、维护和管理。四类地域被进一步细分为 21 种用途地域，分别规定了建筑密度及容积率的上限（表 3–10）。

（2）用途地区。作为用途地域的补充，用途地区可根据地方实际情况进行指定。必要时，可在指定地域内重复指定用途地区。用途地区由国家城市规划法和地方政府条例规定，即除表中规定的用途地区外（表 3–11），可依据个别法、总统令等指定其他用途地区。

---

① 管理地域为原有准都市地域和准农林地域的合并。管理地域以土地的状况和利用情况、人口规模、基于与城市地区的相邻程度的开发潜力等为标准，详细划分为保护管理地域、生产管理地域、规划管理地域。

表 3–10　韩国《国土规划法》中规定的用途地域

| 用途地域 | | | 内涵 | 建筑密度上限（%） | 容积率上限（%） |
|---|---|---|---|---|---|
| 城市地域 | 居住地域 | 专用居住地域 | 一类专用居住地域、二类专用居住地域 | 70 | 500 |
| | | 一般居住地域 | 一类一般居住地域、二类一般居住地域、三类一般居住地域 | | |
| | | 准居住地域 | 为保护宁静及良好的居住环境所必需的地域 | | |
| | 商业地域 | 中心商业地域、一般商业地域、商业地域、社区商业地域、流通商业地域 | 需要提升商业和其他业务便利性的地域 | 90 | 1 500 |
| | 工业地域 | 专用工业地域、一般工业地域、准工业地域 | 需要提升工业便利性的地域 | 70 | 400 |
| | 绿地地域 | 保护绿地地域、生产绿地地域、自然绿地地域 | 为保护自然环境、农田森林，保障卫生、安全，防止城市无序扩张，需要保护绿地的地域 | 20 | 100 |
| 管理地域 | 规划管理地域 | | 需要有规划和有系统地加以控制，预计将并入城市地域，但考虑到自然环境，利用和发展需要受到限制的地域 | 40 | 100 |
| | 生产管理地域 | | 考虑到与用途地域等的关系，仅通过指定为农林地域难以控制，而需要对农林水产业生产也加以控制的地域 | 20 | 80 |
| | 保护管理地域 | | 考虑到与用途地域等的关系，仅通过指定为自然环境保护地域难以控制，而需要对自然环境与森林进行保护，以防止水源污染、保护绿色空间、保护生态系统等的地域 | 20 | 80 |
| 农林地域 | | | | 20 | 80 |
| 自然环境保护地域 | | | | 20 | 80 |

资料来源：根据韩国《国土规划法》整理。

**表 3-11 韩国《国土规划法》中规定的用途地区**

| 用途地区 | 内涵 |
|---|---|
| 风致地区 | 有必要保护与创造风景的地区 |
| 美观地区 | 需确保美观的地区 |
| 高度限制地区 | 为营造宜人环境和有效利用土地而需要对建筑物高度的最低限度或最高限度进行调整的地区 |
| 防火地区 | 需要防范火灾风险的地区 |
| 防灾地区 | 需要防范暴雨洪涝、滑坡、塌方等灾害的地区 |
| 保护地区 | 需要对文化遗产、主要设施和具有重大文化生态保护价值的区域进行保护的地区 |
| 设施保护地区 | 需要对学校设施、公共设施、港口或机场,高效的商业功能和飞机航行安全进行保护的地区 |
| 聚居地区 | 绿化区、控制区、农林区、自然环境保护区、开发限制区域、城市自然公园区域内的聚居地改善地区 |
| 开发促进地区 | 需要对居住、商业、工业、流通物流、旅游休闲等功能进行集中开发和提升的地区 |
| 用途限制地区 | 为保护居住功能、保护未成年人等,需要限制如对未成年人有害的设施等特定设施位置的地区 |
| 总统令规定的其他地区 | |

资料来源:根据韩国《国土规划法》整理。

(3)用途区域。《国土规划法》对几种用途区域作了说明,包括开发限制区域、城市自然公园区域、城市化协调区域、渔业资源保护区域、最小选址限制地区等(表3-12)。其中,开发限制区域和城市自然公园区域等可视为绿带区域。

**表 3-12 韩国《国土规划法》中规定的用途区域**

| 用途区域 | 内涵 |
|---|---|
| 开发限制区域 | 为保障城市居民良好的居住环境,防止城市无序扩张,保护城市周围的自然环境,或者为国家安全需要限制城市开发的地区 |
| 城市自然公园区域 | 为保护城市的自然环境和优美风景,并为城市居民提供健康的休闲和休息场所,必须限制在市区内开发绿化良好的山区的地区 |
| 城市化协调区域 | 在总统令规定的时期内必须保留现有的城市化状态,以防止城市地区及其周边地区的无序城市化,并确保有规划和分阶段的发展地区 |
| 渔业资源保护区域 | 为保护和培育渔业资源或其邻近陆地所必需的公共水域的渔业资源保护区 |
| 最小选址限制地区 | 有必要通过在城市地区促进土地的多用途利用以促进城市更新和培育核心区域的地区 |

资料来源:根据韩国《国土规划法》整理。

### 3. 土地用途变更

依据分区类型的不同，土地用途变更方式分为三种：用途地域土地用途变更、用途地区土地用途变更和用途区域土地用途变更。国土交通部长、地方政府首长或相关部门的长官负责变更审批，市郡管理规划是变更的直接依据。例如《国土规划法》第 36 条规定，国土交通部长、特别市市长/广域市市长/道知事应依据市郡管理规划变更用途地域，并可在市郡管理规划对用途地域进行细分后，对细分地域进行变更。

### 4. 许可管理

《国土规划法》规定，对于开发许可申请，无论授予与否，地方政府首长都应立即以书面形式将许可详情或许可未通过的理由通知相关申请人。开发许可流程具体包括提交申请、许可审批、授予监督和缴纳执行保证金等环节。其中，授予监督由中央城市规划委员会或者地方城市规划委员会负责，用以审议相关行政机构负责人拟授予的开发许可或变更许可；缴纳执行保证金则是针对地方行政长官认为有必要进行的基础设施建设、安全管理、污染防治、环境保护等活动，以及在总统令规定的其他情况下，要求获得开发许可的人事先存入担保款项，以保证其履行。

### 5. 监督实施

韩国用途管制监督实施环节主要包括评估考核和执法督察两部分。

（1）评估考核。采用上级部门长官不定期抽查的方式进行规划考核。例如国土交通部长可要求特别市市长/广域市市长/道知事提交关于市郡基本规划和市郡管理规划编制与实施状态的有关报告或数据以供审查，特别市市长/广域市市长/道知事可要求市长/郡守做同样的工作。

（2）执法督察。对于未经许可而从事开发活动、违反规划建造构筑物、未在许可期限内完成开发活动、未接受竣工检查、违反特殊用途地域（地区、区域）的限制进行建造活动、以不正当手段取得许可等违规情况，由国土交通部长和地方行政长官负责处置，如要求撤销许可或授权、暂停施工、重建或移除构造物等，也可命令责任人采取其他必要的措施。违反处置措施或拒不执行命令的，处 1 年以下有期徒刑或 1 000 万韩元以下罚款。

### （三）制度体系保障

#### 1. 法律法规体系

韩国国土空间用途管制法律法规体系由《国土规划法》和个别法两部分组成。其中，《国土规划法》为核心，搭建用途管制体系的框架；个别法为重要补充，对部分区域施加特别管制要求（表 3-13）。

表 3-13　韩国国土空间用途管制的法律与政策基础

| 法律 | | 范围 | 规定事项 |
|---|---|---|---|
| 《国土规划法》 | | 四种用途地域 | 类别、指定及变更依据、指定及变更主体、指定及变更程序 |
| | | | 土地利用和开发强度的限制 |
| | | 十种用途地区 | 部分类别、指定及变更依据、指定及变更主体、指定及变更程序 |
| | | | 土地利用和开发强度的限制 |
| | | 五种用途区域 | 部分类别、指定及变更依据、指定及变更主体、指定及变更程序 |
| 个别法 | 《建筑法》 | 特殊建筑区域 | 指定主体、指定依据、指定程序、建筑类别、建筑审议、监督管理等 |
| | | 特殊街道区域 | 指定主体、指定依据、指定程序、管理等 |
| | 《工业用地及发展法》 | 工业综合体更新项目地区 | 指定主体、指定依据、指定程序、公众关系等 |
| | | 工业综合体更新项目核心区域 | 指定主体、指定依据、指定程序等 |
| | | 工厂选址诱导地区 | 指定主体、指定依据、指定程序等 |
| | 《城市开发法》 | 城市开发区域 | 指定主体、指定依据、指定程序、区域的分割与合并、撤销依据、撤销程序等 |
| | 《城市公园绿地法》 | 聚居地区 | 指定主体 |
| | 《农地法》 | 农业振兴地区 | 略 |
| | 《产业布局法》 | 增长管理区域 | |
| | 《原子能法》 | 限制地区 | |
| | 《港口法》 | 港口区域 | |
| | 《通信法》 | 线缆保护区域 | |

续表

| 法律 | 范围 | 规定事项 |
|---|---|---|
| 个别法 《自然环境保护法》 | 自然保护地区 | 略 |
| 《水道法》 | 水源保护地区 | |
| 《文化财产保护法》 | 保护地区 | |
| 《校园健康法》 | 校园卫生区域 | |
| 《灾害防控法》 | 特别灾害警戒地区 | |
| 其他个别法对应的各种用途地区和用途区域 | | |

资料来源：根据韩国国土规划相关法律整理。

### 2. 行政管理体系

韩国国土空间用途管制管理体系依据"中央—广域自治体—基础自治体"三级行政体系建构（图 3–12）。其中，中央政府直辖的广域自治体包括首尔特别市、六个广域市和九个道；基础自治体包括自治区、市、郡，分属于不同的广域自治体管辖。中央层面，国土交通部长负责统筹用途管制事务；地方层面则交由各行政长官负责。

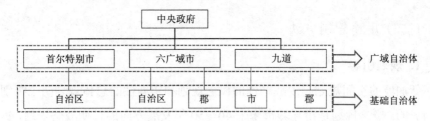

图 3–12　韩国行政管理体系

资料来源：根据日本国土交通省《韩国の国土政策の概要》整理绘制。

## 三、新加坡的用途管制

### （一）发展历程

新加坡是城邦国家（City State），国土空间具有国土面积小、人口密度高、城镇化率高、土地利用资源集约的特点。国土面积约 726 平方千米，国土填海面积占比 23%，森林资源丰富，约有 23%的国土属于森林或自然保护区。新加坡自 1819 年起经历了英国殖民统治时代（1819—1942 年）、日本占领时代（1942—1945 年），并于 1965 年脱离马来西亚联邦，成为独立国家。随后仅经过 50 年的现代城市建设和发展，就成为东南亚的金融贸易和港口物流中心。

新加坡深受"土地归于国家"的英式理念影响，也由此奠定了政府统一进行空间用途管制和土地发展权分配的基调。自 1959 年取得自治权以来，新加坡政府一直积极推进土地征用，进行公共设施建设，于 1967 年启动了全面的海岸填海工程，约有 18%的土地因填海取得。截至 2010 年，全国 58%的土地为国有土地。土地由国家通过仅转让租赁权（使用期限从 99 年到 999 年不等，但多为 99 年）的方式转移给私营部门进行开发，所有权依然归属于国家。

新加坡面对国土面积小和人口密度高的现实情况，具有清晰的土地资源集约利用意识。政府始终在通过各类规划法规政策的制定与实施来平衡高密度城市发展和环境保护两者之间的关系。新加坡市区重建局（Urban Redevelopment Authority，URA）是掌管用途管制工作的核心机构，负责统筹国家开发与自然保护两大问题。

## （二）用途管制方法

### 1. 规划引导

新加坡的空间规划是由战略性的概念规划和实施性的总体规划两个级别共同构成的。概念规划是指导城市未来 40～50 年发展方向的长期战略规划，每十年修编一次，核心内容是提出发展战略、明确应对策略与空间结构。总体规划是唯一的法定规划，类似于我国的控制性详细规划，详细划定了每一地块的性质（用途）和建设强度（最高容积率），可作为开发的法律依据。此外，新加坡还设立了特殊和详细控制计划（special and detailed control plans，SDCP），为总体规划提供支持。特殊和详细控制计划是指由主管当局制定的为特定发展领域提供指导和控制的规划，主要包括公园和水体规划、有地住宅区规划（包括独栋、双拼、联排别墅三类）、建筑高度控制、活动功能引导带规划、街区控制规划、城市设计、历史建筑保护规划、情感保留区规划、地下空间规划、活力交通建设引导规划等类型（戴林琳等，2021）。

新加坡于 1971 年制定了第一版概念规划，并分别在 1991 年、2001 年、2021 年进行了修订。概念规划与总体规划相互配合，为新加坡国土空间用途管制奠定总的基础。新加坡的各版概念规划都是在上一版总体规划的基础上，将城市远期宏观发展目标在空间上进行落位。相应地，下一版总体规划以此为指导，对土地利用的结构和地块性质进行深化，并提出开发强度的容积率指标。

为逐级细化落实概念规划和总体规划，新加坡制定了动态详细的土地出让计划和面向公众的一站式信息管理平台，并构建了庞大的规划编制行政管理人员体系（专栏 3–1）。其中，土地出让计划每半年更新一次，用以对计划出让的土地利用条件进行详细规定；"一张图"（One Map）空间信息管理平台由市区重建局建立，是新加坡国土空间用途管制实现信息化、高效率、公平性的重要基础支撑，面向政府管理机构和社会公众实时同权开放。为确保规划自编制到实施再到修编的全生命周期的有效贯彻，新加坡建立了强大的行政管理人员体系，市区重建局有将近 1 000 位员工，以片区负责制的形式参与相关工作。

---

**专栏 3–1　新加坡规划实施体系**

　　新加坡的威权行政体制和以公有制为主的土地所有制，决定了可由政府统一进行空间用途管制和土地发展权的分配[①]。在规划管理层面，中央政府对土地资源（含围海造田范围）采取规划与管理分离的模式，由国家发展部下辖市区重建局统一规划、律政部下辖土地管理局统一管理。而在具体实施层面，为更好地应对不同功能空间的发展诉求以及开发建设项目在不同阶段的管理服务需求，由土地管理局按照主要功能将空间类型划分为居住、产业、城市综合发展三大模块，分别授权三个法定机构代为行使土地管理权，负责相应的各类土地一级开发、土地使用权出让、土地及房屋租赁、项目运营管理等。其中，贸易及工业部下辖的裕廊集团负责工业用地的开发建设；国家发展部下辖的建屋发展局负责以公共住房为主（含各类生活配套服务设施）的新镇建设；市区重建局负责商业区、私人住房、

---

[①] 新加坡是中央集权的威权行政体制，实行大部制垂直管理各项公共事务，其土地所有制是公有制和私有制并存的混合所有制，其中公有制土地占总量的 90%。

历史建筑等与城市发展有关的其他土地管理及规划许可发放。

为确保两级规划体系的有效落实，新加坡从土地出让计划制定、信息共享管理平台建设和规划行政管理人员体系建设三个方面出发，构建了强大的规划管控体系。

（1）土地出让计划

政府通过每半年更新一次的土地出让计划，有序组织开发建设项目，分步落实概念规划和总体规划（戴林琳等，2021）。市区重建局等土地管理代理机构在制定土地出让计划时，需结合当前市场需求及周边开发建设情况，对待开发用地进行鉴别遴选。通过规划准备环节，采用"一事一议"的方式，在总体规划和专项规划的基础上制定详细的土地出让条件。具体来说，一是根据总体规划的区划、开发强度、各类建筑面积等规划指标，进行综合经济测算；二是结合专项规划要求，模拟规划方案的空间环境及其对周边的影响；三是与公用事业局等其他机构商议研究基础设施的配置。最终，制定形成一套系统的土地出让条件，并作为专项条款纳入正式的土地出让合同。

土地出让条件除约定土地面积、区划、建筑总面积、建筑使用功能的允许/禁止清单，以及各类建筑功能对应的建筑面积等规划指标之外，还涉及地段背景、设计导则、开发流程、成果要求等多方面内容。其中，地段背景包括区位条件、地段历史、总体定位、周边土地开发情况和未来发展导向等。设计导则包括建筑高度、建筑退让道路红线的距离、沿街建筑设计、公共空间、公共绿地、停车系统、步行及自行车交通、标识系统、教育配套设施、垃圾处理设施等引导性或约束性要求。值得注意的是，土地出让条件中对公众参与规划进行了阶段性约束，投标前征求公众意见环节的成果必须作为投标文件提交。此外，由裕廊集团制定的工业用地出让条件，需在上述内容基础上，补充地均固定资产投资、产业增加值等土地产出效益指标。

（2）一站式信息共享管理平台

市区重建局建立的"一张图"空间信息管理平台是新加坡国土空间用

途管制实现信息化、高效率、公平性的重要基础支撑，面向政府管理机构和社会公众实时同权开放（戴林琳等，2021）。平台以表达建筑平面要素的全域现状图为基底，以具体宗地为基本单位，按照"次区—地区—区域"三个层级的规划管理单元，整合各类规划成果、管理信息和市场信息，并根据规划管理决策和市场信息变化即时更新，实现了规划、建设、使用等土地利用不同阶段的全流程、一站式管理服务。平台公开发布的信息包括：①规划编制成果，如历版总体规划图、地下空间规划、历史建筑保护、城市设计要素等专项规划图；②规划管理信息，如规划管理单元划定、已出让宗地的成交结果、待出让宗地的规划条件、已开发建设的宗地历次规划许可批复等信息，以及对应每块宗地规划建设管理的政府机构负责人员的姓名和联系方式等；③综合市场信息，如在次区单元尺度公布历年土地出让价格、土地发展费征收标准、常住人口规模和人口结构等社会经济数据。

　　整合了各类信息的"一张图"空间信息管理平台，不仅有助于管理机构的内部协作，规范、简化管理流程，同时也有助于减少市场信息的不对称，帮助开发商或意向投资人充分了解宗地基本情况，进而作出权衡和决策。此外，透明化的规划管理信息也为公众监督城市开发建设行为提供了常态化的抓手，在一定程度上减少了违法违规行为的发生。

　　（3）规划行政管理人员体系

　　新加坡的两级规划最终均由市区重建局的行政管理人员编制。市区重建局共有将近1 000位员工，具体55个片区中每一个片区都由至少一位规划师负责，实行片区负责制，该区内阁代表也会与居民进行充分沟通。另外，规划的编制采取委员会制度，邀请专家与社会各界人士，程序公开透明，充分做到了公众参与作为行政体系的补充。在主管城市中心区11个片区的部门中，几乎80%的管理人员有建筑师专业背景（即对城市设计导则及建筑设计十分专业，而该部门负责编制中心地区城市设计导则和用地审批工作），负责土地出让审批的部门有50%是建筑师（该部门负责编制指导建筑设计的土地出让细则）。建筑师的专业背景能够帮助管理人员更好地指导城市设计落实，进行建筑设计及高品质的空间环境建设（朱震龙等，2021）。

## 2. 空间分区与"白色用地"策略

新加坡通过 2019 年的总体规划及其书面声明文件将国土划分为 31 类功能区，但各分区边界线不像日本那样明确详细。31 类功能区是用途管制的基本分区，每类分区附有详细的开发控制要求和审批要点等，从而达到简化行政审批的效果。同时，新加坡为进一步加强对部分功能区开发建设的控制，基于 31 类功能分区，单独编制了相应的控制导则作为技术标准依据，包括开发控制导则、城市设计导则、历史建筑和街区保护导则、非机动交通导则。此外，新加坡还根据古迹保护法列明了古迹保护清单，根据公园和树木法列明了国家公园和自然保护区清单。

除了确定的土地用途外，新加坡还设计了特殊的"白色用地"（White Zone）策略。"白色用地"是市区重建局于 1995 年提出的一种增加规划弹性、加强土地混合利用的管理策略：一是通过预留当时功能无法确定的用地，为将来提供更灵活的发展空间；二是促进土地混合利用，如土地用途分类规定了"白色用地"的主导用途、附属用途、允许混合的功能等；三是允许用途转换，虽然政府在土地出让中规定了用途、建筑面积上限、容积率上限、建筑高度上限等，但开发商可以根据土地开发需要来决定土地利用的性质和功能，具有灵活性，能够为开发商提供更为灵活的建设发展空间。新加坡的"白色用地"正逐渐向"白色地段"（White Site）转变，即商业、酒店、住宅、体育和娱乐空间的综合体，多种土地功能的混合利用能够形成更为精细化和灵活化的土地利用混合模式。

## 3. 土地用途变更和许可管理

在新加坡，市区重建局或住房与发展委员会（Housing and Development Board，HDB）根据规划法和总体规划给予规划许可或进行规划授权，允许进行任何开发和建筑工程，包括改变房屋用途，指定开发许可的区域。规划许可或规划授权申请也是财产用途变更申请的一部分。因此，未经主管当局的书面许可，任何人（无论是土地所有者还是开发商），都不得开发任何土地，而必须要通过审核并得到国家发展部下设的市区重建局的开发指导部的开发许可，才能进行土地的开发行为。为得到开发许可，需要按照既定流程，对开发行为是否符合城市总体规划及城市环境相关的规定进行审查（图 3-13），审查的内容范围较宽泛，更多的是基于各类开发导则的规定，包括环境、景观、绿化等内容。此外，申请开发许可的内容还会在相关各部门的管辖范围内进行协商。

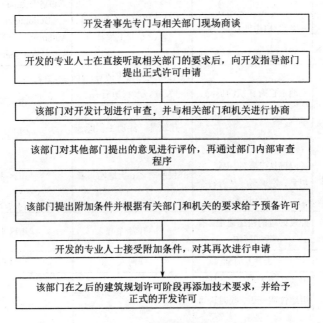

图 3–13　开发许可审查流程

资料来源：根据新加坡市区重建局官网相关资料①整理绘制。

《开发控制导则》规定，市区重建局可以针对土地用途开发颁发六类许可，分别是针对空白用地开发的开发许可（development application），针对土地上已有建筑拆除、更新、重建的次要开发许可（minor development application），在正式申请开发许可前提前确认开发是否符合区划条件的预开发许可（outline application），有效期两年的临时许可（plan lodgment），用以延长规划时效的规划许可延长（extension of planning permission），以及用途变更许可（change of use）（表 3–14）。

---

① Urban Redevelopment authority. 2021. Apply for Planning Permission.

**表3–14 新加坡用地开发许可类型**

| 许可类型 | 适用情形 | 申请主体 | 颁发主体 |
|---|---|---|---|
| 开发许可 | 空白用地开发 | 注册建筑师、注册调研者、专业工程师 | 市区重建局、建筑建设局（Building and Construction Authority）、消防救灾部（Fire Safety and Shelter Department） |
| 次要开发许可 | 土地上已有建筑的拆除、更新、重建 | 现有建筑更新申请者：开发商、产权所有者 其他情形申请者：注册建筑师、注册工程师 | 市区重建局 |
| 预开发许可 | 在正式申请开发许可前提前确认开发的用途、容积率、建筑高度是否符合用地区划条件 | 产权所有者、土地购买者 | 市区重建局 |
| 临时许可 | 开发许可的快速通道，有效期两年 | 同开发许可 | 市区重建局 |
| 规划许可延长 | 延长开发时效 | 任何人 | 市区重建局 |
| 用途变更 | 用地性质变更、短期许可用地性质变更、临时许可更新 | 事业经营者（例如商店店主） | 市区重建局 |

资料来源：根据新加坡市区重建局相关资料整理。

对于土地用途变更的许可管理，首先需在市区重建局制定的财产使用注意事项（Considerations for Property Use）中查询是否需要规划许可，才能将批准的用途更改为其他用途。对此类开发许可的申请主要分为四种情况：组屋或商业单位物业的用途变更、带有居住区的组屋或商业单位的用途变更、组屋购物区或办公区物业的用途变更，以及非组屋物业的用途变更。其中，对于组屋或商业单位的用途变更许可申请是必需的。

**4. 监督实施**

为确保各类空间用途管制措施的有效落实，新加坡秉持"恩威并施"的原则，制订相应的激励计划和处罚规定。

（1）激励计划。主管当局可根据部长批准的任何规划指南或奖励计划，允许在为发展项目规定的最大允许强度或主管部门确定的最大允许强度的基础上

（对于没有规定强度的区域，由主管当局自行决定允许的容积率），增加或提高地积比率。主管部门应根据规定或确定的最高允许强度，以及规划指南或奖励计划允许增加的地积比率，来确定发展项目的实际允许强度。如果规划指南或奖励计划中规定了任何此类增加的容积率可用于的建筑面积的用途，则除非主管当局另行允许，否则这些容积率只能用于规定的用途。

（2）处罚规定。新加坡《规划法》第12条明确规定：未经规划许可，任何人不得在保护区外进行或允许任何的土地开发；未经保护许可，任何人不得在保护区内进行或允许任何的工程开发；未经细分许可，任何人不得细分或允许细分任何土地。任何违反以上规定的行为都属于犯罪，一经定罪，应承担法律责任，包括罚款及监禁等惩罚。

## （三）制度体系保障

### 1. 法律法规体系

新加坡目前已经构建了较为完善的国土空间用途管制法律法规体系，作为各类空间开发保护行为的核心管制依据（表3-15）。新加坡现行的法律体系是基于英国的普通法（common law），其法律渊源包括成文法、判例法和习惯法。新加坡有关空间规划的法律已经基本完成文法化，在土地征用、规划实施、管制技术标准以及行政部门权责限制等各个环节，都有相关法律可依，并且各个行政部门的行为也受到法律（subsidiary legislation）的约束；同时，技术规范性的内容也以法律（rule）的形式进行发布。

### 2. 行政管理体系

由于新加坡是无省市之分的独特行政体制，其国土空间用途管制职责主要落在各相关部委及下设的司局当中，具体包括国家发展部（Ministry of National Development）、交通部（Ministry of Transport）、贸易和工业部（Ministry of Trade and Industry）、律政部（Ministry of Law）。国家发展部下设的市区重建局负责城市相关规划的编制和实施管理；住房与发展局负责公共住房的规划、建设、管理；国家公园局（National Parks Board）负责城市公园建设。交通部下设的陆路交通局（Land Transport Authority）负责交通规划、交通设施运用与

**表 3–15 国土空间用途管制法律及政策基础**

| 年份 | 性质 | 名称 |
|---|---|---|
| 1940 年 | | 《土地税征收法》 |
| 1967 年 | | 《土地权属法》 |
| 1966 年 | | 《土地征用法》 |
| 1989 年 | | 《市区重建局法》 |
| 1995 年 | 法律 | 《陆路交通局法》 |
| 1998 年 | | 《规划法》 |
| 1999 年 | | 《总体规划规范》 |
| 2001 年 | | 《土地管理局法》 |
| 2001 年 | | 《规划用途分类规范》 |
| 1927 年 | 条例 | 《新加坡改善条例》 |
| 1959 年 | | 规划条例 |
| 1959 年 | 法定规划 | 五次总体规划（每五年重新编制一次） |
| 1971 年 | | 第一版概念规划 |
| 1991 年 | 引导性规划 | 第二版概念规划 |
| 2001 年 | | 第三版概念规划 |
| 2011 年 | | 第四版概念规划 |
| | | 《开发控制导则》 |
| | | 《城市设计导则》 |
| | | 《地产开发导则》 |
| | 技术规定 | 《历史建筑和街区保护导则》 |
| | | 《非机动交通导则》 |
| | | 《地名和建筑命名导则》 |
| | | 《家庭作坊导则》 |

资料来源：根据新加坡国土空间用途管制相关法律及政策整理。

管理。贸易和工业部下属的裕廊集团（Jurong Corporation）负责产业园区规划、建设与管理。律政部下设的土地管理局（Land Authority）负责土地征用、勘测与管理。

# 第三节 北美国家的用途管制

## 一、美国的用途管制

### （一）发展历程

美国用途管制体系以分区管制为核心，自下而上产生。1908 年 9 月 24 日，洛杉矶市议会通过了美国第一个市政分区条例，针对辖区内部分区域基础性土地进行了居住区和工业区的分离。随后的 1910 年至 1917 年，美国许多城市通过了基于种族的居住隔离法。1916 年，纽约市议会通过了第一个在全市范围内适用的分区条例。由此，"分区管制"概念正式成为美国用途管制的主导理念。20 世纪 20 年代末，全国近 800 个都市区都采取了分区管制措施。20 世纪 70 至 80 年代，受区域主义影响，一些州开始研究并实施用以鼓励区域增长管理的新战略。这些州要求将区域影响作为地方规划过程的一部分进行评估，并且地方规划必须与相邻辖区一致且满足区域规划的要求。此外，一些州还创建了专门用于保护重要文化、自然或环境资源的区域实体，如纽约阿迪朗达克公园管理局成立了一个独立的用以保护、修复、开发公园和森林保护区土地的州机构。

分区管制在不同阶段均取得了较显著的成效，适应了不同阶段城市发展的需要，现已发展成为兼具严肃性和灵活动态性的综合型城市空间管制工具，分区管制目标与时俱进地从最基本的保障公众健康、安全和福利，逐渐向实现城市绿色可持续发展和社会正义的方向延伸（文静等，2020）。美国分区管制体系对土地利用管制的核心在于，对各地块而言，其管制内容集战略性、全面性、详细性于一体，从内容编制到修改的程序，均采取了"自下而上"、多层次吸收民意的逐步审查模式，既体现了对个人财产的保护，又确保了管制内容被广大居民更好地接受，从而得以顺利实施。此外，美国分区管制成果是具有法律效力的文件，对各地块的管制具有强制力，在严格保护居民私有财产的同时，也大幅降低了分区管制制度的运行成本。

（二）用途管制方法

**1. 规划引导**

美国空间规划体系具有依法构建、机构体系和运行体系多样化的特点。空间规划运行体系包括州规划、区域规划、地方规划和社区规划四个层级。美国通过联邦的规划授权，各州通过颁布法规确定是否编制空间规划，部分州不编制空间规划，部分州则通过立法或政府文件的方式确定州目标或规划导则，还有部分州编制空间规划。同时，规划编制机构也有所区别，包括州长的规划办公室、内阁协调委员会、规划委员会、规划部门或资源环境部门，都有可能成为州规划的编制主体。区域规划主要解决跨界和州际问题，以及具有区域重要性的重点区域、区域基础设施建设问题。总体来看，目前美国区域规划机构主要包括区域规划委员会、政府的理事会和特殊目的的区域机构三种类型。地方规划机构与县、市两级政府管理层级相对应，包括县和市两级规划机构。以加利福尼亚州为例，地方政府主要包括 58 个县、500 个左右的市镇政府以及市县联合体、学校区、特殊区与少量的土著政府，均有相应的规划机构（蔡玉梅、廖蓉等，2017）。

**2. 空间分区**

美国联邦层面没有针对用途分区的相关立法，而是根据各州规划法，按照土地用途地域对国土进行划分。各用途地域、地区、区域之间有明确的法规边界。美国各州根据州层级的规划法对国土用途进行划分。依据各州对土地利用规划的不同举措，大致分为三类：第一类如康涅狄格州，几乎没有任何层次的土地规划要求；第二类以纽约州为代表，规划被作为一种评估土地利用立法和行为的手段，但不是硬性要求；第三类有比较严格的全州性土地利用规划体系，以俄勒冈、华盛顿、加利福尼亚、夏威夷等州为代表。以下以华盛顿州金县为例，对美国的土地用途分区管制进行阐述。

华盛顿州层面政府制定了《增长管理法案》（Growth Management Act），用于指导区域和县层面的规划。包含金县在内的区域层面，规划相关委员会制定了《2040 年发展愿景》，以指导区域增长、环境保护等内容。金县政府基于以上两个政策文件编制了县域综合规划政策，基于综合规划进行分区管制，针对金县土地用途和开发许可等制定一系列标准。

金县分区管制内容包含分区地图（图 3-14）和分区管制条例，分为自治地区和非自治地区，自治地区分区管制由各市政府负责，非自治地区则由县政府负责。县政府制定的分区体系可分为三个级别：一级划分为基础功能区（Base Zones）和特殊区域（Special District Overlays）；二级分区则依据当地土地利用规划，划分为农业区、林业区、乡村区域等（表 3-16）；一些功能区在二级分区基础上，遵照开发密度和大小等管控要求，可再往下划分为第三级，例如农业区 A-35 指该分区的农业面积不得小于 35 英亩。

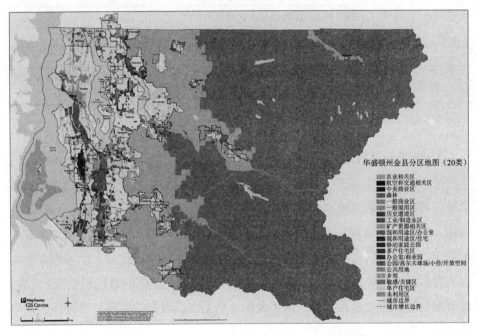

图 3-14　美国金县分区*

资料来源：根据美国交通运输部道路服务处资料①整理。

---

\* 本图彩图见彩插。

① Department of Transportation Road Services Division. 2016. Road Index Map Book in King County.

表 3-16　美国金县分区管制体系

| 一级分区 | 二级分区 |
|---|---|
| 基础功能区 | A（Agricultural）农业区 |
| | F（Forest）林业区 |
| | M（Mineral）矿区 |
| | RA（Rural Area）乡村地区 |
| | R（Residential）居住区 |
| | UR（Urban Reserve）保留区 |
| | NB（Neighborhood Business）邻里商业区 |
| | CB（Community Business）社区商业区 |
| | RB（Regional Business）区域商业区 |
| | O（Office）行政区 |
| | I（Industrial）工业区 |
| 特殊区域 | 指在基础功能区之上，具有更为严格和具体的管制要求的功能叠加区域，例如步行主导的商业区、湿地保护区、农业生产区、地下水保护区等 |

资料来源：根据《金县综合规划》[①]的信息整理。

### 3. 管理边界划定

（1）城市增长边界（urban growth boundary，UGB）。城市增长边界概念最早是由美国的俄勒冈州塞勒姆市提出的，是指城市土地和农村土地的分界线（陆同伟，2011），后逐渐被广泛用于城市增长管理。城市增长边界在城市总体规划中划定，边界范围之外不鼓励或者不允许进行城市开发和建设。地方政府需要定期对城市边界进行测定，以确定是否需要扩张以及扩张的时机和范围。当然，城市增长边界的划定并不是一成不变的，而是根据城市的实际发展进行不断地更新（吴冬青等，2007）。

（2）城市服务边界（urban service boundary，USB）。城市服务边界由城市服务和基础设施提供，并且与城市增长边界相关。该边界内由政府提供资金建设基础设施，边界外则没有公共基金支持建设城市服务和基础设施。对城市增长边界进行控制的一种方式就是使城市增长边界与城市服务边界相一致。美国

---

① King County's Office of Performance Strategy and Budget. 2016. King County Comprehensive Plan.

一些对城市增长控制得较好的地区，通常将城市增长边界与城市服务边界等同（吴冬青等，2007）。

### 4. 土地用途变更

美国土地用途变更建立在土地发展权转移的制度基础上。美国土地发展权是土地所有人享有的一项私人财产权，取得独立地位的土地发展权可以通过市场交易进行合理的转让，即变更土地用途权利。土地发展权转移有两种方式：①判例法形式。美国规划部门将自然保护区、历史遗迹、农地等土地发展权受限制的地区作为权利发送区，而需要改变法定建筑密度或变更土地法定用途的城镇区域则作为权利接受区。接受区域的土地权利人如果需要改变土地、建筑物的使用强度，或变更土地、建筑物的法定用途，需要向发送区的土地权利人购买土地发展权。发送区的土地、建筑物的权利人出卖其土地发展权后，土地、建筑物的使用强度及用途不得变更。美国政府对擅自变更土地用途的行为，实施严厉的处罚，具体表现为征收处罚性税收，限期不缴纳的，直接收回土地。②成文法形式（仅适用于部分州）。为促进城市功能提升、产业升级以及土地利用效率的提高，美国地区政府允许特定区域范围内的土地进行用途变更（卢为民、张琳薇，2015）。企业在用途变更前需提出申请，在获得规划部门许可并缴清相关费用后，方可变更。

### 5. 许可管理

美国各州根据州级规划法进行分区管制，不同州的分类方法存在一定差异。州级规划法中规定了开发许可的申请流程，保证实施等由州地方规划委员会进行管理，个别法规定了具体类别的开发活动的许可申请程序、许可标准以及管理部门等。

（1）用途管制与开发许可的管理体系。用途管制通常进行了系统化的分类开发许可，如农业、住宅等。美国的不同城市有相对差异化的分类方法，主要存在两个大类——影响程度较大的重大类型（规模大、影响范围大的用途管制与开发许可）、影响程度较小的次要类型（规模小、影响范围小的用途管制与开发许可）。美国多数城市有独立的用途管制分类，如果满足每种开发许可的限定条件，则允许开发；如果不符合管制，将被划分为特殊开发许可或条件开发许可。

（2）开发许可与开发权转让。美国各州及地方政府对于开发许可管制、审查标准和内容以表格的形式呈现（表3-17）。

表 3-17　城市公共用地管制

| 州政府 | 市政府 | 条例名称 | 特定条件下用途许可制度 | | | 个别审查标准 | 审查机关 |
|---|---|---|---|---|---|---|---|
| | | | 主要条例 | 制度名称 | 备注 | | |
| 加利福尼亚州 | 三藩市 | 规划法规（Planning Code） | 303 | 条件用途许可（Conditional Use Permit） | 无 | 对临近商业区、营业时间进行个别规定 | 规划委员会（Planning Commission） |
| | 奥克兰 | 规划法规（Planning Code） | 17.134 | 条件用途许可（Conditional Use Permit） | 大型的：规模、高度、影响较大的用途 | 对单户或双户住宅设施进行个别规定 | 规划委员会（Planning Commission） |
| | | | | | 小型的：规模、高度、影响较小的用途 | | 城市规划主管部门（Director of City Planning） |
| | 圣迭戈 | 市政法规第 20 条（Municipal Code Title 20） | 200.100 第 6、7 部分（PART 6、7） | 条件用途许可（Conditional Use Permit） | 许可可附时间限制 | 对单人房设施、酒类销售点、停车设施和自行车设施进行个别规定 | 规划委员会（Planning Commission） |
| | | | | 特殊用途许可（Special Use Permit） | | 自行车设施进行个别规定 | 规划主管（Planning Director） |
| | | | | 管理用途许可（Administrative Use Permit） | | 主要对公用事业进行个别规定 | 规划主管（Planning Director） |
| 科罗拉多州 | 坦帕 | 分区法规（Zoning Code） | ART. IV、ART. V | 条件用途许可（Conditional Use Permit） | 目前正在简化手续，以精简复杂的许可制度 | 只有个别规定，无通用规定 | 分区管理者（Zoning Administrator） |
| | | | | 特殊用途许可（Special Use Permit） | | | |
| | | | | 简要审查（Short Review） | | | |

| 州政府 | 市政府 | 条例名称 | 特定条件下用途许可制度 | | | 个别审查标准 | 审查机关 |
|---|---|---|---|---|---|---|---|
| | | | 主要条例 | 制度名称 | 备注 | | |
| 明尼苏达州 | 明尼阿波利斯 | 法规守则第20条(Code of Ordinance Title 20) | 525. ART VII | 条件用途许可(Conditional Use Permit) | 无 | 对营业时间、高度限制等方面个别规定 | 规划委员会(Planning Commission) |
| | 圣保罗 | 分区法规(Zoning Code) | V.61.500 | 条件用途许可(Conditional Use Permit) | 无 | 无 | 规划委员会(Planning commission) |
| 威斯康星州 | 麦迪逊 | 分区条例(Zoning Ordinance) | 295-311.2 | 特殊用途许可(Special Use Permit) | 许可可附使用限制和时间限制 | 对与危险材料有关的设施、日间护理设施等个别规定 | 分区上诉委员会(Board of Zoning Appeals) |
| 伊利诺伊州 | 芝加哥 | 分区条例(Zoning Ordinance) | 17-13-0900 | 特殊用途许可(Special Use Permit) | 无 | 对废弃物回收管理等做出个别规定 | 分区上诉委员会(Board of Zoning Appeals) |
| 佐治亚州 | 亚特兰大 | | | 条件用途许可(Conditional Use Permit) | 重大用途、具有非一般营业特性 | | 分区审查委员会(Zoning Review Board) |
| | | 分区条例(Zoning Ordinance) | 16-25.001 | 特别行政许可(Special Administrative Permit) | 复杂、特殊情况需要技术判断,或没有征求市民意见的临时使用 | 天线和租赁停车位的详细标准,以及护理机构等其他设施的运营和管理的标准进行个别规定 | 规划署署长(Director Bureau of Planning) |
| | | | | 特别豁免(Special Exception) | 对近邻的影响为主要考虑因素的 | | 分区调整委员会(Board of Zoning Adjustment) |

开发权转让（transfer of development rights，TDR）为美国当局提供了一种非常有效和灵活的土地使用控制技术。开发权转让是一项旨在保护自然或人为财产资源，造福公众的法律程序，它源于承认土地所有权有两个不同的组成部分，即土地开发权是土地所有权的一个独立方面。市、县利用开发权转让支持各种保护目标，包括环境保护、耕地保护和历史保护。对于主要侧重于环境保护或农田保护的项目，发送区域（sending district）通常是城市边缘的荒地或农场，而接收区域（receiving district）是城镇中可以获得工作、学校、基础设施和服务的地方。同时，旨在支持历史保护的开发权转让计划可以将任何土地使用环境中的历史资源指定为开发权发送区，并且通常允许将其转移到同一分区内的开发权接收区。

授权法令对"开发许可"的定义是指分配给土地的权利，根据开发权转让，这些权利可以转让。法规对这一术语的定义非常宽泛，因此，市政府认为适当的任何此类权利措施基本上都是允许的，只要以合理且统一的方式使用即可。一个有效的开发权转让计划通常会建立一些评估开发权转移的方法。因此，当地的开发权转让规定能以英亩、平方英尺或建筑物高度单位等来界定开发权。它可以在信贷方面确立权利，而这些权利又可以被出售。

对于实施开发权转让计划的地方官员而言，如何定义和评估发展权可能会很困难。然而，重要的是要有效地量化将要转让的发展权的适当价值，以便在地方官员希望发展的地区为这些权利创造一个可行的市场。这不仅对该计划的最终成功至关重要，而且对其尚存的法律挑战也至关重要。超过半数的州已经明确地将开发权转让作为对地方分区的补充；而在其他州，"自治"管辖区可以创建开发权转让计划，作为其监管土地使用和密度的能力的延伸。

### 6. 监督实施

美国土地用途管制监督实施环节主要分为监测预警、评估考核和执法督查三个部分。

（1）监测预警。针对规划编制环节，进行监督和审查。规划编制监督是指以规划满足多数人的利益要求为出发点，国家、社会与个人通过各种方式，对规划的编制过程进行监督约束。从监督对象来看，分为程序监督与内容监督。从监督形式来看，通常分为政府内部监督与社会监督。规划编制审查是指在规划编制过程中，对阶段性成果内容的妥当性、规划方式的适宜性，以及规划成果可行性、合法性等进行检查核对。

（2）评估考核。美国城市规划评估工作贯穿城市规划全过程，可划分为规划方案评估、实施过程评估、实施效果评估三个方面。

（3）执法督查。美国空间类规划督查的目的是确保该区域内各政府单位、机构和私营实体的行动一致且切实可行。督查实施的主体是规划审查委员会，督查内容包括立法督查、规划督查、重大基础设施项目督查三部分。其中，重大基础设施项目督查是指针对跨多个行政区或对区域影响重大的基础设施项目，规划机构和立法机构要在工程开工前或早期设计阶段，对地方政府、特别行政地区、公共事业和国家机构赞助的该类项目进行审查，并与主办政府单位协商解决存在的问题。

（三）制度体系保障

**1. 法律法规体系**

美国用途管制法律法规体系可以分为空间规划法律法规体系和各类型用途管制导则两类。

（1）空间规划法律法规体系，具体包括联邦、州和地方三个层面（表3-18）。①联邦层面主要以《州分区规划授权法案标准》和《城市规划授权法案标准》为基础，并包括住房、环境等方面的相关法案。②州层面的空间法规遵守州政府的州规划授权法案，即统治性行动指南。③地方层面的规划编制后往往成为法规，包括总体规划、分区规划、土地细分规划及其他控制办法。美国地方政府法规主要针对州的法规所未曾涉及的领域进行详细的管控。需要注意的是，美国联邦政府与各州分权而治的政治体制，决定了州政府对地方具有高度的自治权，从而使得地方政府的规划法规基本上建立在州立法框架之内，联邦规划立法相对来说较为薄弱。

（2）美国针对各关键空间用地类型出台了相应的管理办法进行精确管控，主要包括农村用地管理、水资源管理、湿地保护、国家公园管理和泛洪区管理等方面。以美国国家公园管理为例，在国会制订的法律政策的框架下，美国国家公园由联邦政府内政部下属的国家公园管理局（National Park Service，NPS）

表 3–18 美国空间规划法律体系

| 层级 | 法律法规 | 具体内容 |
|---|---|---|
| 联邦层面 | 两部规划法案 | 《州分区规划授权法案标准》《城市规划授权法案标准》 |
| | 住房法案 | 《1949 年住房法案》《社区建设计划》《1974 年住房与社区建设法案》 |
| | 环境法案 | 1969 年的《国家环境政策法案》 |
| 州层面① | 州规划授权法案 | 《规划授权法案》《规划委员会法案》《规划与分区法》 |
| | 其他的零散规划法规及控制办法 | 专项法规，如环境保护、历史保护、建设发展的控制、各地方政府之间的协调发展以及中低收入住房等区域性问题 |
| | | 《土地细分行动指南》是州政府对于土地分割的限制、规则、要求的具体体现，并限制了下一级地方政府的行为权限 |
| | | 《加利福尼亚环境质量行动指南》规定所有公共或私有的土地开发受到州政府的管制 |
| | | 《海岸法》中州政府对沿海地区制定了特殊管制要求，并为监督沿海地区的规划设立了专门的海岸委员会 |
| 地方层面 | 总体规划与区划 | 通常由地方管理机构的规划委员会制定，经由地方管理机构审批后具有法律效力，在一定程度上起到地方土地使用宪法的作用，主要内容包括：土地开发的区位、公共设施的预留空间以及开放空间的保护等；区划是地方政府对土地用途和开发强度进行控制的最为常用的规划立法，其合法性来自警察权 |
| | 土地分区及细分管制 | 地方政府对土地用途和开发强度的控制，常通过规划立法进行分区管制，是地方政府调控土地开发的最主要手段。《标准城市规划授权法》②中将土地细分管制定义为：以销售或建筑开发为目的，将一块土地划分成两个或更多地块。绝大多数土地细分管制基于该法建立，旨在解决土地转让问题。不同地方会根据当地情况增加关于环境或生态敏感区保护等相关条例 |

资料来源：根据美国规划相关法规整理。

进行管理，地方政府则不能介入。国家公园管理局下设了七个地区办公室，分管各片区国家公园相关事务，形成了"国家公园管理局—地方办公室"为主的管理体系（图 3–15）。国家公园管理局针对各关键空间用地类型出台了相应的管理办法进行精确管控。以联邦层面制定的《国家公园基本法》为指导。

---

① 州层面的空间规划法律法规以加利福尼亚州为例。

② The Advisory Committee on Zoning. 1928. A Standard City Planning Enabling Act. Washington: Government Printing Office.

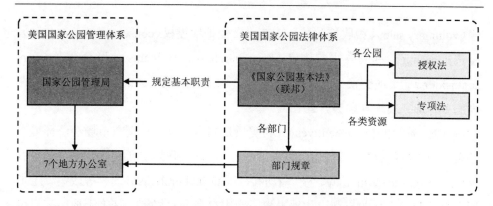

图 3–15　美国国家公园管理法律法规体系

资料来源：根据美国国家公园管理局相关资料①整理绘制。

### 2. 行政管理体系

依据宪法规定，土地用途管制权是各州履行其促进公民健康和福祉的责任的合法手段，因此，美国的用途管制管理体系具有很大的自由性和多样性，由各州政府自行组织决定。由于联邦政府没有直接管制权，联邦政府往往通过颁布环境方面的法规政策进而影响空间用途管制事务，例如《国家环境政策法案》。就实践来看，大多数州往往将用途管制权下放给地方政府，很少直接参与土地利用规划的实施和监管。州政府一般致力于交通运输、经济发展和气候变化等大区域性事务的管理。

### 3. 开放空间保护机制

在美国，土地征用与激励机制是采用较广泛的开放空间保护政策。

（1）开放空间土地征用（land acquisition）。其通过对土地所有权的获得创造或扩充多样的景观资源，是美国开放空间保护历史最长的一种方法，但也可能是成本最高的一种方法。出于保护自然资源和开放空间等目的，从联邦、州、区域到地方各级政府，土地信托（land trusts）及其他非营利性土地保护组织等都可进行土地收购，以确保形成开放空间用地的绝对公有权或公共机构的管理控制权。与开放空间保护相关的土地征用可采取包括土地捐赠（gift）、自愿出

---

① United States National Park Service. 2017. "Things to Know"...about National Park Service policy and the Directives System.

售（voluntary sale）、税收拖欠（tax default）、保护地役权（conservation easement）、租赁（leasing）、租赁—采购协议（lease-purchase agreements）、联合征用（joint acquisition）、土地交换（land swapping）、国家征用权（eminent domain）等在内的多种形式实现（蔚芳，2016）。

（2）激励机制（incentives）。其实质是利用经济杠杆调节市场经济环境中各类利益主体的行为，可以在地方、区域、州甚至联邦层面展开，如《美国农权法》（Right-to-farm Law）及"农业区"（agricultural districts）等政策。土地所有权涉及一系列的权利，如地表权、空中权和开发权等。基于土地所有权可以分割的理念，一些新的政策涉及部分权利的转移，如开发权转让（transfer of development rights，TDR）或开发权购买（purchase of development rights，PDR）政策等（蔚芳，2016）。

## 二、加拿大的用途管制

### （一）发展历程

在美国和英国的影响下，加拿大国土空间用途管制体系从 20 世纪初萌芽到逐渐成熟，其发展历程大致可以划分为三个阶段：20 世纪初期阶段、20 世纪中期阶段和 20 世纪末期阶段，空间管控范围经历了城市—城市和乡村—全域的转变。

1885 年第一条横贯大陆的铁路完工之后，快速的城市化带来了严重的社会与环境问题，自然资源破坏、居住环境脏乱等问题突出，再加上受到英国"花园城市"运动、美国公民改革运动的影响，加拿大各地形成了"城市规划委员会"（Urban Planning Commissions）和"改善公民联盟"（Civic Leagues of Improvement）。加拿大在英国 1909 年通过的第一部规划法的基础上开始构建自己的规划立法体系，1909 年跟随美国政府，成立了自然保护委员会；20 世纪 20 年代又受到美国分区区划的影响，各省政府开始尝试构建自身的分区规划和法规，用以规范城市建设、保护环境。

进入 20 世纪中期，由于加拿大早期构建的规划体系都是基于城市地区的，对于农村地区只是展望"未来发展"。1961 年"明日资源"会议的召开，使得农业地区土地等资源的保护利用成为人们关注的焦点。政府逐渐认识到单靠个别城市无法有效地进行规划，因此以安大略省为代表，开始尝试联合多个地市的城市和郊区，编制更大范围的区域规划。

20世纪末期阶段，受到美国环境影响评估制度的影响，加拿大于1973年以环境评估和审查程序的形式"引进"环境影响评估[①]。环境评估作为土地利用规划和项目实施的前置环节，进而影响土地用途管制模式，一定程度上弥补了加拿大过去无论是在城市发展管理，还是在自然资源开发方面均缺乏将资源保护作为首要目标的缺陷，是一次对用途管制目标进行整合的尝试。

（二）用途管制方法

**1. 规划引导**

根据宪法规定，联邦政府没有规划方面的直接权力，省是唯一有权根据宪法制定有关财产和规划法律的政府，市政府服务于省政府。这种政府架构决定了加拿大没有国家级综合性空间规划，且各省的规划体系并不统一，各省均可根据省情在基本相同的架构基础上形成各具特色的规划体系。国家层面，加拿大制定了海洋空间规划及国家公园规划，对自然资源与海洋空间进行系统性管理。省级及以下层面，以安大略省为例，其由上至下的规划体系可以概括为省级政策—省级规划—市级官方规划—市级规划实施工具四个方面（图3-16）。省级政策由省级政策声明和区域规划构成，省级政策声明是省政府指导全省范围土地利用规划的政策性文件，相当于省级规划大纲；区域规划属于政策性规划，主要解决跨城市或社区的发展和协调问题，例如地区增长规划、绿带规划，以及针对特定地区的尼亚加拉悬崖规划、橡树岭冰川保护规划等（袁文清，2019）。市级官方规划是由市政府制定、省政府审批的指导城市如何发展的战略性政策文件，相当于总体规划或土地利用大纲。市级土地利用管控工具包括分区管制条例、土地细分规划、场地规划等，其中，分区管制条例是最为主要的管控工具，是由市政府制定、市议会审查通过的具有强制性的地方法律，规定

---

[①] Canadian Environmental Advisory Council. 1989. Land Use Planning and Sustainable Development in Canada.

土地利用的具体要求，相当于我国的控制性详细规划。

总的来说，加拿大空间规划体系为由上至下的直线结构体系。以安大略省为例，规划行政体系主要有省、市两级，将对国土空间资源的要求垂直落实，城市建设区域、生态区域、农业区域等空间类型均涵盖在各层次的规划体系中，避免了"网络式"结构体系中易存在的多规冲突。

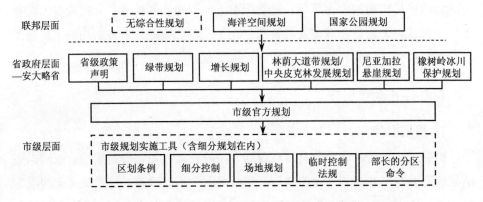

图 3-16　加拿大国土空间用途管制规划体系（省级层面以安大略省为例）

资料来源：根据加拿大政府官网、安大略省官网和金士顿市官网资料整理绘制。

## 2. 空间分区

加拿大市政当局通过制定官方规划（official plans）和分区附则（zoning by-laws）的方式进行空间分区。其中，官方规划负责制定总体规划目标和政策，以指导未来的土地使用；分区附则则在此基础上，将土地细分为住宅、开放空间、公用事业和运输、商业和行政办公等类目，明确划定各类用地的空间管制边界和制定相应的利用规则，将上层规划安排付诸实施。

在安大略省，土地利用区的边界旨在为土地利用政策的适用区域提供一个明确的定义。其官方土地中有两种类型的边界，一个是通过政策，即通过纳入《官方土地利用政策地图集》（*Crown Land Use Policy Atlas*）实施的边界，另一个是通过法规（如省级公园和保护地）实施的边界，对海洋保护区、国家公园、印第安保护区、湿地边界区以及五大湖区进行管制。其中，所有新增或修订的土地利用边界必须在安大略省土地信息局存储的相应的《官方土地利用政策地图集》数据层中进行编辑，并对相应区域土地利用政策的修正附有说明边界变化的地图。

### 3. 土地用途变更

依据加拿大土地利用规划过程性质和决策类型，土地利用决策所需的批准或修改标准以及相应流程具有很大不同，在《官方土地利用政策地图集》中分为以下三种情况。

（1）批准或修改综合土地利用计划。大多数官方土地利用规划过程的结果将被记录在《官方土地利用政策地图集》的修正案中。《官方土地利用政策地图集》是特定地区土地使用政策的主要来源，包括提议和批准的土地使用修正案。如果通过完善地理空间数据层提高了政策边界的准确性，但边界的意图没有改变，则不需要对土地利用进行变更；如果拟议的边界细化会改变边界的原意，则需要对《官方土地利用政策地图集》进行变更。在一些综合规划过程中，可以制订或修订土地利用计划。

（2）批准或修改特定地区的土地利用政策。远北边界以南的官方土地由特定地区的土地利用政策所涵盖，这些政策通常是通过官方土地利用综合规划过程制定的，对特定地区土地使用政策的改变应通过土地使用修正案来记录。导致土地利用政策修改的原因具有多样性，政府政策或公众需求的变化、资源条件的变化、新增或改进的信息出现、其他过程中产生的土地利用变化建议，甚至公众、政府机构或原住民社区提出的外部要求，均可作为修改原因。其中，政府机构包括省级部委、联邦部门或其他政府机构。

（3）新获得的公有土地变更。安大略省自然资源和林业部（Ministry of Natural Resources and Foresty，MNRF）定期通过购买、交换、从其他机构转让、捐赠或没收等方式获得土地（所有权或其他形式的使用权），以用于管理。在大多数情况下，被收购的土地将服从邻近地区的官方土地利用规划安排。若不服从，政府将会在《官方土地利用政策地图集》中创建一个新的土地利用区，以及特定地区的土地利用政策。

### 4. 特殊空间管理

（1）海洋保护区。建立保护海洋物种、栖息地和生态系统的区域。目前加拿大有 14 个海洋保护区（marine proctected areas，MPAs），面积超过 350 000 平方千米，约占加拿大海洋和沿海地区面积的 6%。此外，加拿大政府还专门编制了海洋空间规划，旨在促进加拿大各级政府间的通力合作，以发展海洋经济、推进保护目标。规划合作举措具体包括：①在全国特定区域推进综合海洋管理；②推进保护区战略网络的协调发展；③建立海洋保护区和其他有效的基于区域的保护措施（海洋避难所等）。

（2）国家公园。建立保护和展示加拿大 39 个自然区域中最优秀的自然景观和自然现象的区域。加拿大国家公园遍布各个省和地区，横跨内陆山脉、平原和五大湖，一直延伸至加拿大的南北，大小范围从 14 平方千米（加拿大乔治亚湾群岛国家公园）至约 45 000 平方千米（加拿大伍德布法罗国家公园）。根据《加拿大国家公园法》（The Canada National Park Act）的规定，加拿大公园局（Parks Canada）负责保护这些壮丽的自然生态系统，并以不损害其完整性的方式让游客了解、欣赏和享受它们[①]。

（3）国家湿地。加拿大于 1981 年成为《国际重要湿地公约》（也称为《拉姆萨尔公约》）的缔约方。迄今为止，加拿大已指定 37 个拉姆萨尔湿地，分布在所有省和地区，湿地面积超过 $1.3 \times 10^5$ 平方千米。加拿大 90%以上的拉姆萨尔湿地全部或部分由联邦、省或地区保护区组成，例如国家公园、国家野生动物保护区、候鸟保护区、省级公园和野生动物管理区；剩余的拉姆萨尔湿地或部分地区包含留给非政府组织、土著社区或其他机构保护的区域[②]。

### 5. 许可管理

加拿大以颁发开发许可证的方式进行项目审批许可，其突出优点在于精简的开发审批流程，能够将市级政府颁布的分区条例、场地规划和小型特殊计划合并为一个审批系统。开发许可需向市政当局申请，按照拟议开发项目的性质遵循相应的官方规划政策和开发许可章程进行评估。在符合开发许可制度的情况下，开发许可证可以取代分区条例和场地规划。相较于传统的分区条例，该审批系统提供了灵活的分区替代方案，只要满足某些条件，就允许某些预先定义的开发标准（如建筑高度）弹性变化，酌情使用。基于此种情况，在单独批准场地规划的同时，还需要提出小规模的变通或重新划分区域的申请。

---

① Government of Canada. 2019. National Parks.

② Government of Canada. 2019. Internationally Important Wetlands: Ramsar Convention.

### 6. 监督实施

加拿大依法实施开发建设和监督管理,各类空间用途管制政策必须遵循各省市级政府颁布的有法律效力的文件,包括各省的规划法案和市政当局审批通过的各类规则条例。就各省政府自身而言,例如以安大略省自然资源和林业部为首,会对各类空间政策的运行进行定期评估审查,以确保空间治理的有效性和科学性。

联邦政府没有直接的规划权,因此联邦政府往往通过实施有针对性的计划和财政支持,例如城市基础设施计划等,来影响下级政府的土地利用规划。加拿大建立了专门的自适应资源管理系统(Canada Land Use Monitoring Program, CLUMP),用以进行规划信息分析。通过该系统,土地利用规划主管部门、其他机构和公众都可以评估规划成果,讨论如何调整并制定政策。

## (三)制度体系保障

### 1. 法律法规体系

以土地利用相关法律法规为核心,加拿大国土空间用途管制法律法规体系可以分为联邦、省、市三个层级(图3–17)。联邦层面,主要有《国家公园法》《海洋法》《加拿大水法》和《国际重要湿地公约》等。省级层面,分为综合性法和专题性法两大类,前者主要有《市政法》和《规划法》,后者包括《绿化带法案》《省级公园和自然保护区法》《地方种植法》等。其中,《市政法》规定了市政府拥有的权力,为市政府制定用途管制相关规划与条例奠定了基础。市级层面,《区划条例》是核心法规。

### 2. 行政管理体系

加拿大国土空间用途管制体系分为联邦、省、市三级,省、市级政府占主导。联邦层面,政府没有直接规划权,与国土空间用途管制相关的部门有渔业和海洋部(Fisheries and Oceans Canada)、自然资源部(Natural Resources)、环境与气候变化部(Environment and Climate Change Canada)、水文局(Hydrographic Service),通过管控资源开发利用和环境质量等方面,间接影响地方的土地利用管控。地方层面,以安大略省为例,参与用途管制的省级行政部门有市政和住房部(Ministry of Municipal Affairs and Housing),农业、食品及农村事务部(Ministry of Agriculture, Food and Rural Affairs),自然资源和林业部，土著事务部（Ministry of Indigenous Affairs），交通部（Ministry of Transportation）等。其中，市政和住房部是核心部门，负责制定安大略省的土地利用规划和相关规则，并监督市政当局的具体落实（图3-18）。

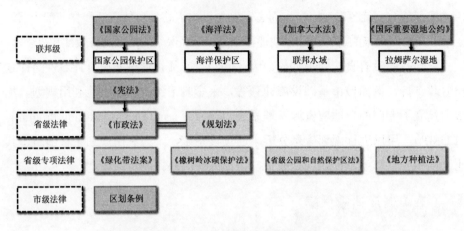

图 3-17　空间用途管制法律基础

资料来源：根据加拿大政府官网、安大略省官网和金士顿市官网资料整理绘制。

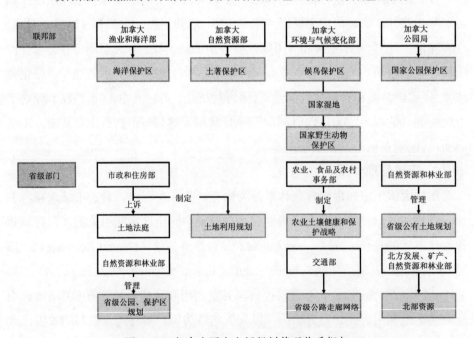

图 3-18　加拿大国土空间规划管理体系框架

资料来源：根据加拿大政府官网、安大略省官网和金士顿市官网资料整理绘制。

# 第四节　主要经验启示

纵览欧、亚、北美各国国土空间用途管制概况，其皆在自身国情的基础上构建了较为完备的国土空间用途管制体系，涉及法律法规体系、行政管理体系、用途管制方法体系等多个方面。虽然各国管制路径各有千秋，但总体而言，基本达成了以下共识：一是依法行事，做到立法先行，将相关法律法规作为国土空间用途管制的根本依据；二是规划为基，构建"国家—区域—地方"分级运行基本模式；三是许可为要，以分区分类为前提，以审批许可为关键，落实国土空间用途管制；四是刚柔有度，在底盘底线刚性管制的基础上，赋予国土空间用途管制手段更多弹性。

## 一、依法行事

立法先行，综合法和个别法相结合，构建完备的用途管制法律法规体系，做到管制有法可依。其中，综合法多围绕空间规划体系法律法规构建，个别法则基于国情和管制特点，加强重点区域重点要素的管控构建。与我国传统国土空间用途管制事务中对各层级政府间事权划分的"可控性、授权性"分权方式不同，各典型国家通常将各层级政府应承担的事权以法律法规的形式进行明确并作出清晰的分割，一方面降低了上级政府对下级规划管制制度审查的难度和工作量（通常仅进行合法合规性审核即可，如德国），另一方面有利于央地政府对彼此行为形成相对稳定的预期，有效减少央地博弈时的无谓损失。如德国不同层级的空间规划分别由不同法律支撑，其事权范围具有明确界定，包括国家层级的《联邦空间规划法》，区域层级的《州空间规划法》《空间规划条例》，地方层级的《联邦建筑法典》《建设利用条例》《州建设条例》等。日本的并行制空间规划体系中，国土形成计划继承国土利用计划的成果，由《国土利用规划法》过渡到《国土形成规划法》，支撑全国国土利用规划，其中也明确了都道府县层级、市町村层级的土地利用规划的职能以及相互关系。

## 二、规划为基

　　以空间规划体系为基础，构建"国家—区域—地方"分级运行基本模式。国家层级制定战略性愿景目标；区域层级具有承上启下的作用，负责国家愿景的具体化与地区间协调；而地方层级制定具体规划方案并执行用途管制。国家规划作为战略性规划，代表中央政府的责任，而地方规划通常为法定效力最强的实施性规划，代表地方政府的权益，二者之间形成央地博弈的张力。因而各国在国土空间开发保护中普遍注重区域层级规划，通常将其作为上下沟通协调达成共识的平衡点，并在这一层级做出概要性的分区或划定基本管控线，以控制国土空间开发保护的基本结构格局。

　　譬如，日本在全国层面的国土利用规划中不仅提出全国战略和各土地类型总体的目标指标，其间的都道府县层级（区域级）就具有居中协调的关键作用，其依据《国土利用规划法》对全域进行五类地区的划分，明确了日本国土空间用途管制的基本格局，而市町村层级（地方级）则在都道府县层级的划线制度基础上，根据其权限具有地方的规划实施法定效力与优先级，近年依据《国土形成规划》形成了广域地方规划体系。韩国同样依据"中央—广域自治体—基础自治体"三级行政体系建构国土空间用途管制体系，国家层面将全域国土划分为城市地域、农林地域、管理地域、自然环境保护地域四类用途地域，并按照 21 个分项进行细分，严格限制土地用途及建设，具体管制事项交由地方政府负责，中间层级的广域规划也与日本类似，是作为相邻城市和地区为实现战略空间规划目标而共同制定的规划，用以加强横向联合。德国的国土空间用途管制则可以概括为"联邦—州与区域—地方"三层次模型，其中联邦级规划仅起到战略指引和协调作用，地方层级则有强有力的土地利用规划与建筑规划共同保障实施，中间区域层级的州空间规划起到重要的承上启下作用，是德国规划体系中部门规划与地方规划最主要的协调层，同时该层级规划确定了国土空间的开发结构、保护格局与支撑保障格局这三大基本结构。荷兰简政放权改革后的用途管制体系依然保持了"国家—省—市"的三层次模型，国家层面通过划定自然保护地区、水安全地区等区域构建国土空间开发保护基本格局，具体事项的用途管制权交由省市级地方政府。加拿大和美国虽然没有联邦层级的综合性用途管制策略，但其联邦政府依然通过颁布环保、生态等方面的法律法规，住房政策以及协商制度等影响或参与地方规划。

## 三、许可为要

国土空间用途管制以分区分类为前提，以审批许可为关键，以土地用途管制为核心，通过空间分区分类差别化制定空间用途管制规则，通过审批许可制度规范具体建设行为，实现全域空间的统筹管理和精确管控。具体而言，空间分区是基于自然地理格局特点和用途管制需求，将全域划分为多个管制单元，确定区域发展基本原则和格局；空间分类是在管制实施层面，以用地分类为依托，差异化细化用途管制规则，作为审批许可的重要依据；审批许可则是在项目落地前，针对具体开发建设行为具体评判，把握用途管制的最后实现。

## 四、刚柔有度

为应对空间治理事务的不确定性和复杂性，克服"一收就死、一放就乱"的管制困境，国土空间用途管制体系需做到刚柔有度。除行政管理体系做到"底线管制收紧、常规管理放权"外，还需多方面挖掘弹性机制，在底盘底线刚性管制的基础上，赋予国土空间用途管制手段更多柔性，满足"千城千面"的国情建设需要。其中，治理组织弹性和管理手段弹性是关键环节。

（1）在增强治理组织弹性方面，多级合作日益成为发达国家新一轮国土空间用途管制体系改革的重要方向。多级合作包含纵向和横向两个维度。纵向维度关系到两个或多个政府层级（国家、省、市等）之间的联动，这种关系可以是正式的，也可以是非正式的，以自上而下、自下而上，以及二者相互作用三种方式进行组织；横向维度关系到多部门或多领域之间的沟通，横向互动可以弥合不同政策领域或部门之间的间隙、国家与非国家行为者之间的间隙、区域或地方政府之间的间隙。该合作模式投射到用途管制体系上，突出的表现即是打破行政分区管制，建设跨区域治理单元及其管理机构。在合作议程区组织上，本着就事论事的原则，以具体用途管制事务为导向，由政府牵头，联合各利益相关者就牵涉空间共同构建。

（2）在增强管理手段弹性方面，一是要管制分区留有弹性，基于现有"三区三线"和国土空间规划分区体系，增设特别使用分区管制、密度分区管制等新形式。其中，特别使用分区管制是为特别目的的需要而给予有别于一般土地使用分区管制的规定；密度分区管制是在刚性的开发控制下，通过群体开发增加某一地区总量控制下的开放空间。二是空间分类留有弹性，例如新加坡白地政策的使用，针对陆海交界地区、留有分类争议地区以及城市未来发展不确定性地区设置建设留白空间，增强混合用地比例。

# 第四章　国土空间用途管制的主要依据

## 第一节　建立国土空间规划体系并监督实施

### 一、实施依据：国土空间规划的"五级三类四体系"

《中共中央　国务院关于建立国土空间规划体系并监督实施的若干意见》要求"建立国土空间规划体系并监督实施，将主体功能区规划、土地利用规划、城乡规划等空间规划融合为统一的国土空间规划，实现'多规合一'"。全国"十四五"规划纲要提出，"形成主体功能明显、优势互补、高质量发展的国土空间开发保护新格局"，"强化国土空间规划与用途管控"。

国土空间规划是对一定区域国土空间开发保护在空间和时间上作出的安排，是国家空间发展的指南、可持续发展的空间蓝图，是各类开发保护建设活动的基本依据。从"建立空间规划体系"到"建立国土空间规划体系并监督实施"，是中央结合生态文明建设作出的重大战略部署。国土空间规划体系的"四梁八柱"可归纳为"五级三类四体系"。从层级内容来看，国土空间规划分为国家、省、市、县、乡镇五级，总体规划、详细规划和相关的专项规划三类（图4-1）。国家、省、市县编制国土空间总体规划，各地结合实际编制乡镇国土空间规划。国土空间总体规划是详细规划的依据、相关专项规划的基础；相关专项规划要相互协同，并与详细规划做好衔接。从规划运行来看，国土空间规划体系分为规划编制审批体系、实施监督体系、法规政策体系、技术标准体系四个子体系。规划编制审批体系和实施监督体系包括编制、审批、实施和监督全生命周期管理。法规政策体系和技术标准体系是支撑规划运行的两个技术性体系。法规政策体系包括国土空间开发保护法、国土空间规划相关法律法规和部门规章以及主体功能区配套政策等；技术标准体系包括国土资源现状调查和国土空间规划用地分类标准、各级各类国土空间规划编制办法和技术规程等。

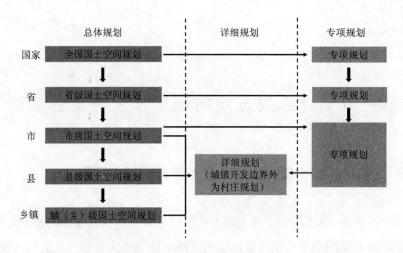

图4-1　五级三类国土空间规划体系

　　根据国土空间用途管制在规划监督实施中的主要目的和依据，结合自然资源部颁布的有关文件，重点对国土空间总体规划和详细规划的内容和控制指标做如下分析。

（一）国土空间总体规划

　　在五级三类国土空间规划体系中，国家、省、市县编制国土空间总体规划，是详细规划的依据、相关专项规划的基础，体现战略性、宏观性、统领性。各级总体规划的重点有所差异。全国国土空间规划是对全国国土空间作出的全局安排，是全国国土空间保护、开发、利用、修复的政策和总纲，侧重战略性；

省级国土空间规划是对全国国土空间规划的落实,指导市县国土空间规划编制,侧重协调性;市县和乡镇国土空间规划是本级政府对上级国土空间规划要求的细化落实,是对本行政区域开发保护作出的具体安排,侧重实施性。各地可因地制宜,将市县与乡镇国土空间规划合并编制,也可以几个乡镇为单元编制乡镇级国土空间规划。

在国家、省、市、县国土空间总体规划的上下传导中,上级国土空间总体规划明确约束性指标和刚性管控要求,同时提出指导性要求,如指标管控、"三区三线"管控,并制定实施规划的政策措施,提出下级国土空间总体规划和相关专项规划、详细规划的分解落实要求,健全规划实施传导机制,确保规划能用、管用、好用。以市级国土空间规划(以下简写为市级总规)编制为例,2020年9月自然资源部办公厅印发《市级国土空间总体规划编制指南(试行)》,明确"市级总规是城市为实现'两个一百年'奋斗目标制定的空间发展蓝图和战略部署,是城市落实新发展理念、实施高效能空间治理、促进高质量发展和高品质生活的空间政策,是市域国土空间保护、开发、利用、修复和指导各类建设的行动纲领。市级总规要体现综合性、战略性、协调性、基础性和约束性,落实和深化上位规划要求,为编制下位国土空间总体规划、详细规划、相关专项规划和开展各类开发保护建设活动、实施国土空间用途管制提供基本依据"。指南从总体要求、基础工作、主要编制内容、公众参与和多方协调、审查要求以及附录共六个方面做出标准规定(专栏4-1)。

对应到用途管制的实施,国土空间规划作为国土空间用途管制的基本依据,指标管控、"三区三线"管控等成为实施国土空间用途管制的重要抓手。具体而言,在宏观层面,通过国家、省级国土空间规划的引导来确定空间用途管制制度规范和技术标准;在中观层面,以市级、县级和乡镇级国土空间规划中的用途分区为依据进行空间管控;在微观层面,以详细规划或选址论证为依据进行项目管控,强化国土空间规划目标的落地,落实山水林田湖草生命共同体理念。

**专栏 4-1　市级国土空间规划的主要编制内容**

市级总规一般包括市域和中心城区两个层次。市域要统筹全域全要素规划管理，侧重国土空间开发保护的战略部署和总体格局；中心城区要细化土地使用和空间布局，侧重功能完善和结构优化；市域与中心城区要落实重要管控要素的系统传导和衔接。市级总规主要编制内容包括九个方面：

（1）落实主体功能定位，明确空间发展目标战略。强化总体规划的战略引领和底线管控作用，促进国土空间发展更加绿色安全、健康宜居、开放协调、富有活力并各具特色。

（2）优化空间总体格局，促进区域协调、城乡融合发展。落实国家和省的区域发展战略、主体功能区战略，以自然地理格局为基础，形成开放式、网络化、集约型、生态化的国土空间总体格局。具体包括完善区域协调格局、优先确定生态保护空间、保障农业发展空间、融合城乡发展空间、彰显地方特色空间、协同地上地下空间、统筹陆海空间和明确战略性的预留空间。

（3）强化资源环境底线约束，推进生态优先、绿色发展。基于资源环境承载能力和国土安全要求，明确重要资源利用上限，划定各类控制线，作为开发建设不可逾越的红线。

（4）优化空间结构，提升连通性，促进节约集约、高质量发展。依据国土空间开发保护总体格局，注重城乡融合、产城融合，优化城市功能布局和空间结构，改善空间连通性和可达性，促进形成高质量发展的新增长点。

（5）完善公共空间和公共服务功能，营造健康、舒适、便利的人居环境。结合不同尺度的城乡生活圈，优化居住和公共服务设施用地布局，完善开敞空间和慢行网络，提高人居环境品质。

（6）保护自然与历史文化，塑造具有地域特色的城乡风貌。加强自然和历史文化资源的保护，运用城市设计方法，优化空间形态，突显本地特色优势。

（7）完善基础设施体系，增强城市安全韧性。统筹存量和增量、地上和地下、传统和新型基础设施系统布局，构建集约高效、智能绿色、安全可靠的现代化基础设施体系，提高城市综合承载能力，建设韧性城市。

（8）推进国土整治修复与城市更新，提升空间综合价值。针对空间治理问题，分类开展整治、修复与更新，有序盘活存量，提高国土空间的品质和价值。

（9）建立规划实施保障机制，确保一张蓝图干到底。保障规划有效实施，提出对下位规划和专项规划的指引；衔接国民经济和社会发展五年规划，制定近期行动计划；提出规划实施保障措施和机制，以"一张图"为支撑完善规划全生命周期管理。

同时，为切实加强空间管制效力，市级总体规划的利用指标管控手段在省级规划的基础上进一步细化，主要在市域和中心城区两个层次，将指标体系分为空间底线、空间结构与效率、空间品质三大类，包括生态保护红线面积、人均城镇建设用地面积等主要与省级规划中总量指标形成对接的 13 个约束性指标，自然和文化遗产数、常住人口规模、城镇人均住房面积等 16 个预期性指标，以及新能源和可再生能源比例、都市圈 1 小时人口覆盖率、工作日平均通勤时间等 6 个建议性指标。市级总体规划的指标体系一方面与省级规划衔接，一方面注重切合地方实际。无论省级还是市级总规，总量控制类指标均在其中占据重要位置，核心指标包括生态保护红线面积、用水总量、耕地保有量和永久基本农田保护面积、林地保有量、基本草原面积、湿地面积、城乡建设用地面积。相比传统的规划和用途管制，管控指标覆盖范围更全面，致力于为各类自然资源保护、开发、利用保驾护航。

## （二）国土空间详细规划

在五级三类国土空间规划体系中，在市县及以下编制详细规划。详细规划是对具体地块用途和开发建设强度等作出的实施性安排，是开展国土空间开发保护活动、实施国土空间用途管制、核发城乡建设项目规划许可、进行各项建设等的法定依据。在城镇开发边界内的详细规划，由市县自然资源主管部门组织编制；在城镇开发边界外的乡村地区，以一个或几个行政村为单元，由乡镇政府组织编制"多规合一"的实用性村庄规划，作为详细规划。

**1. 城镇开发边界内的详细规划**

在传统的城市详细规划体系中，通常包括控制性详细规划和修建性详细规划，并以前者为核心。2012年国务院发文《国务院关于第六批取消和调整行政审批项目的决定》（国发〔2012〕52号），取消重要地块城市修建性详细规划审批。但是，《中华人民共和国城乡规划法》第四十条同时规定：申请办理建设工程规划许可证，应当提交使用土地的有关证明文件、建设工程设计方案等材料。需要建设单位编制修建性详细规划的建设项目，还应当提交修建性详细规划。因此，详细规划仍然包括前述两种类型。

（1）控制性详细规划

控制性详细规划是依据已经依法批准的总体规划或上位规划，考虑相关专项规划的要求，对具体地块的土地利用和建设提出控制指标，作为规划主管部门做出建设项目规划许可的依据。控制性详细规划的编制目标在于规范城市开发行为和维护公共利益，编制内容基本围绕土地使用性质、土地开发强度、设施布局、"四线"保护共"四大核心"内容展开。控制性详细规划的控制指标通常分为规定性和指导性两类，前者是必须遵照执行的，后者是参照执行的（专栏4–2）。

---

**专栏4–2　控制性详细规划的主要编制内容和控制指标**

（1）编制内容

控制性详细规划的编制目标在于规范城市开发行为和维护公共利益，编制内容基本围绕"四大核心"内容展开，包括：确定土地使用性质、规定土地开发强度、落实"三大设施"、保护"四线"范围（表4–1）。

（2）控制指标

控制性详细规划的控制指标通常分为规定性和指导性两类（表4–2），前者是必须遵照执行的，后者是参照执行的。

**表 4-1　控制详细规划编制的主要内容**

| 分项 | 内容 |
|---|---|
| 土地使用性质 | 土地使用性质及其兼容性等用地功能控制要求 |
| 土地开发强度 | 容积率、建筑高度、建筑密度、绿地率等用地指标 |
| "三大设施" | 基础设施、公共服务设施、公共安全设施的用地规模、范围及具体控制要求，地下管线控制要求 |
| "四线"范围 | 基础设施用地的控制界线（黄线）、各类绿地范围的控制线（绿线）、历史文化街区和历史建筑的保护范围界线（紫线）、地表水体保护和控制的地域界线（蓝线）等"四线"及控制要求 |

**表 4-2　城镇开发边界内详细规划的主要控制指标及要求**

| 指标类别 | 控制指标 |
|---|---|
| 规定性指标 | 用地性质 |
| | 建筑密度（建筑基底总面积/地块面积） |
| | 建筑控制高度 |
| | 容积率（建筑总面积/地块面积） |
| | 绿地率（绿地总面积/地块面积） |
| | 交通出入口方位 |
| | 停车泊位及其他需要配置的公用设施 |
| 指导性要求 | 人口容量（人/公顷） |
| | 建筑形式、体量、风格要求 |
| | 建筑色彩要求 |
| | 其他环境要求 |

（2）修建性详细规划

修建性详细规划是以总体规划、控制性详细规划等为依据，制定用以指导各项建筑和工程设施的设计和施工的规划。

修建性详细规划文件（即规划设计说明书）的内容包括：①现状条件分析；②规划原则和总体构思；③用地布局；④空间组织和景观特色要求；⑤道路和绿地系统规划；⑥各项专业工程规划及管网综合；⑦竖向规划。涉及的主要技术经济指标有：①总用地面积；②总建筑面积；③住宅建筑总面积、平均层数；④容积率、建筑密度；⑤住宅建筑容积率、建筑密度；⑥绿地率；⑦工程量及投资估算。主要图纸包括：①规划地段位置图和现状图；②规划总平面图；③各项专业规划图；④竖向规划图；⑤单项或综合工程管网规划图；⑥表达规划设计意图的模型或鸟瞰图。

**2. 城镇开发边界外的详细规划：村庄规划**

《自然资源部办公厅关于加强村庄规划促进乡村振兴的通知》（自然资办发〔2019〕35 号，本节以下简写为《通知》）明确指出，"村庄规划是法定规划，是国土空间规划体系中乡村地区的详细规划，是开展国土空间开发保护活动、实施国土空间用途管制、核发乡村建设项目规划许可、进行各项建设等的法定依据。要整合村土地利用规划、村庄建设规划等乡村规划，实现土地利用规划、城乡规划等有机融合，编制'多规合一'的实用性村庄规划。村庄规划范围为村域全部国土空间，可以一个或几个行政村为单元编制"。既往的村庄规划主要针对建设空间的规划、管控，缺少对生态空间、农业空间等非建设空间的管制，新形势下村庄规划需从过去的村庄建设空间管控转向全域全要素用途管制。

《通知》明确村庄规划应严格用途管制，并指出应根据村庄定位和国土空间开发保护的实际需要，编制能用、管用、好用的实用性村庄规划。对于重点发展或需要进行较多开发建设、修复整治的村庄，编制实用的综合性规划。对于不进行开发建设或只进行简单的人居环境整治的村庄，可只规定国土空间用途管制规则、建设管控和人居环境整治要求作为村庄规划。村庄规划一经批准，必须严格执行。乡村建设等各类空间开发建设活动，必须按照法定村庄规划实施乡村建设规划许可管理。确需占用农用地的，应统筹农用地转用审批和规划许可，减少申请环节，优化办理流程。确需修改规划的，严格按程序报原规划审批机关批准。在具体内容编制上，村庄规划主要包括目标设定、生态保护修护统筹、农地保护、历史文化保护、设施布局、农业发展空间统筹、农房布局、村庄安全与防灾减灾统筹以及明确规划近期实施项目共九个方面的内容（专栏4–3）。

**专栏 4–3　村庄规划的主要编制内容**

村庄规划主要编制内容包括统筹村庄发展目标、统筹生态保护修复等九个方面的内容（表4–3）。

**表 4–3　村庄规划编制的主要任务**

| 主要内容 | 具体要求 |
|---|---|
| 统筹村庄发展目标 | 落实上位规划要求，充分考虑人口资源环境条件和经济社会发展、人居环境整治等要求，研究制定村庄发展、国土空间开发保护、人居环境整治目标，明确各项约束性指标 |
| 统筹生态保护修复 | 落实生态保护红线划定成果，明确森林、河湖、草原等生态空间，尽可能多地保留乡村原有的地貌、自然形态等，系统保护好乡村自然风光和田园景观。加强生态环境系统修复和整治，慎砍树、禁挖山、不填湖，优化乡村水系、林网、绿道等生态空间格局 |
| 统筹耕地和永久基本农田保护 | 落实永久基本农田和永久基本农田储备区划定成果，落实补充耕地任务，守好耕地红线。统筹安排农、林、牧、副、渔等农业发展空间，推动循环农业、生态农业发展。完善农田水利配套设施布局，保障设施农业和农业产业园发展合理空间，促进农业转型升级 |
| 统筹历史文化传承与保护 | 深入挖掘乡村历史文化资源，划定乡村历史文化保护线，提出历史文化景观整体保护措施，保护好历史遗存的真实性。防止大拆大建，做到应保尽保。加强各类建设的风貌规划和引导，保护好村庄的特色风貌 |
| 统筹基础设施和基本公共服务设施布局 | 在县域、乡镇域范围内统筹考虑村庄发展布局以及基础设施和公共服务设施用地布局，规划建立全域覆盖、普惠共享、城乡一体的基础设施和公共服务设施网络。以安全、经济、方便群众使用为原则，因地制宜提出村域基础设施和公共服务设施的选址、规模、标准等要求 |
| 统筹产业发展空间 | 统筹城乡产业发展，优化城乡产业用地布局，引导工业向城镇产业空间集聚，合理保障农村新产业新业态发展用地，明确产业用地用途、强度等要求。除少量必需的农产品生产加工外，一般不在农村地区安排新增工业用地 |
| 统筹农村住房布局 | 按照上位规划确定的农村居民点布局和建设用地管控要求，合理确定宅基地规模，划定宅基地建设范围，严格落实"一户一宅"。充分考虑当地建筑文化特色和居民生活习惯，因地制宜提出住宅的规划设计要求 |
| 统筹村庄安全和防灾减灾 | 划定灾害影响范围和安全防护范围，提出综合防灾减灾的目标，以及预防和应对各类灾害危害的措施 |
| 明确规划近期实施项目 | 提出近期亟须推进的生态修复整治、农田整理、补充耕地、产业发展、基础设施和公共服务设施建设、人居环境整治、历史文化保护等项目，明确资金规模及筹措方式、建设主体和方式等 |

《自然资源部办公厅关于进一步做好村庄规划工作的意见》(自然资办发〔2020〕57号)进一步指出,在落实县、乡镇级国土空间总体规划确定的生态保护红线、永久基本农田基础上,不挖山、不填湖、不毁林,因地制宜划定历史文化保护线、地质灾害和洪涝灾害风险控制线等管控边界。以"三调"为基础划好村庄建设边界,明确建筑高度等空间形态管控要求,保护历史文化和乡村风貌。

村庄规划的实施,按照主导用途分区,实行"详细规划+规划许可"和"约束指标+分区准入"的管制方式。村域土地用途管制要更加注重生态空间和农业空间的用途管制,允许在不改变县级国土空间规划主要控制指标情况下,优化调整村庄各类用地布局。同时,为应对空间发展的不确定性,还要积极探索规划"留白"机制。《通知》明确规定,各地可在乡镇国土空间规划和村庄规划中预留不超过5%的建设用地机动指标,村民居住、农村公共公益设施、零星分散的乡村文旅设施及农村新产业新业态等用地可申请使用。对一时难以明确具体用途的建设用地,可暂不明确规划用地性质。建设项目规划审批时落地机动指标、明确规划用地性质,项目批准后更新数据库。机动指标使用不得占用永久基本农田和生态保护红线。

## 二、支撑要求:统一底图、统一标准、统一规划、统一平台

2019年7月24日,习近平总书记主持召开中央全面深化改革委员会第九次会议并发表重要讲话,强调"统筹划定落实生态保护红线、永久基本农田、城镇开发边界三条控制线,要以资源环境承载能力和国土空间开发适宜性评价为基础,科学有序统筹布局生态、农业、城镇等功能空间,按照统一底图、统一标准、统一规划、统一平台的要求,建立健全分类管控机制"。2019年11月发布的《关于在国土空间规划中统筹划定落实三条控制线的指导意见》强调并落实"统一底图、统一标准、统一规划、统一平台"的要求。

统一底图。以目前客观的土地、海域及海岛调查数据为基础,形成统一的

工作底数底图。已形成第三次国土调查成果并经认定的，可直接作为工作底数底图。结合国土空间规划编制，完成三条控制线划定和落地，协调解决矛盾冲突，纳入全国统一、"多规合一"的国土空间基础信息平台，形成一张底图。

统一标准。按照"多规合一"要求，由自然资源部会同相关部门负责构建统一的国土空间规划技术标准体系，修订完善国土资源现状调查和国土空间规划用地分类标准，制定各级各类国土空间规划编制办法和技术规程。

统一规划。建立国土空间规划体系并监督实施，将主体功能区规划、土地利用规划、城乡规划等空间规划融合为统一的国土空间规划，实现"多规合一"。

统一平台。以自然资源调查监测数据为基础，采用国家统一的测绘基准和测绘系统，整合各类空间关联数据，建立全国统一的国土空间基础信息平台。

《中共中央　国务院关于建立国土空间规划体系并监督实施的若干意见》明确提出"以国土空间规划为依据，对所有国土空间分区分类实施用途管制"，"形成以国土空间规划为基础，以统一用途管制为手段的国土空间开发保护制度"。国土空间用途管制应全面落实四个"统一"的基本要求。

## 第二节　相关法律法规要求

### 一、《中华人民共和国土地管理法》与《中华人民共和国土地管理法实施条例》

《中华人民共和国土地管理法》（2019年修正）根据2019年8月26日第十三届全国人民代表大会常务委员会第十二次会议《关于修改〈中华人民共和国土地管理法〉、〈中华人民共和国城市房地产管理法〉的决定》第三次修正。第四条明确提出"国家实行土地用途管制制度。国家编制土地利用总体规划，规定土地用途，将土地分为农用地、建设用地和未利用地。严格限制农用地转为建设用地，控制建设用地总量，对耕地实行特殊保护，……使用土地的单位和个人必须严格按照土地利用总体规划确定的用途使用土地"；第十七条规定

"国家建立国土空间规划体系，……经依法批准的国土空间规划是各类开发、保护、建设活动的基本依据。已经编制国土空间规划的，不再编制土地利用总体规划和城乡规划"。对耕地保护、建设用地利用提出了若干管控要求，如第三十条规定"国家保护耕地，严格控制耕地转为非耕地。国家实行占用耕地补偿制度……"；第三十三条提出"国家实行永久基本农田保护制度"；第四十四条要求"建设占用土地，涉及农用地转为建设用地的，应当办理农用地转用审批手续"。

《中华人民共和国土地管理法实施条例》（2021年修订）根据2021年7月2日中华人民共和国国务院令第743号第三次修订。第二条提出"国家建立国土空间规划体系。土地开发、保护、建设活动应当坚持规划先行。经依法批准的国土空间规划是各类开发、保护、建设活动的基本依据。已经编制国土空间规划的，不再编制土地利用总体规划和城乡规划。在编制国土空间规划前，经依法批准的土地利用总体规划和城乡规划继续执行"；第三条规定"国土空间规划应当包括国土空间开发保护格局和规划用地布局、结构、用途管制要求等内容，明确耕地保有量、建设用地规模、禁止开垦的范围等要求，统筹基础设施和公共设施用地布局，综合利用地上地下空间，合理确定并严格控制新增建设用地规模，提高土地节约集约利用水平，保障土地的可持续利用"。并根据《中华人民共和国土地管理法》（2019年修正），对耕地保护、建设用地利用提出了若干细化的管控要求，如第八条提出"国家实行占用耕地补偿制度。在国土空间规划确定的城市和村庄、集镇建设用地范围内经依法批准占用耕地，以及在国土空间规划确定的城市和村庄、集镇建设用地范围外的能源、交通、水利、矿山、军事设施等建设项目经依法批准占用耕地的，分别由县级人民政府、农村集体经济组织和建设单位负责开垦与所占用耕地的数量和质量相当的耕地；没有条件开垦或者开垦的耕地不符合要求的，应当按照省、自治区、直辖市的规定缴纳耕地开垦费，专款用于开垦新的耕地"；第二十四条提出"建设项目确需占用国土空间规划确定的城市和村庄、集镇建设用地范围外的农用地，涉及占用永久基本农田的，由国务院批准；不涉及占用永久基本农田的，由国务院或者国务院授权的省、自治区、直辖市人民政府批准"。

## 二、明确述及国土空间规划或用途管制的其他法律

当前，除《中华人民共和国土地管理法》《中华人民共和国土地管理法实施条例》外，明确述及"国土空间规划"或"国土空间用途管制"的国家级法律文件已有 8 部，包括《中华人民共和国安全生产法》《中华人民共和国军事设施保护法》《中华人民共和国海南自由贸易港法》《中华人民共和国海上交通安全法》《中华人民共和国乡村振兴促进法》《中华人民共和国海警法》《中华人民共和国长江保护法》《中华人民共和国固体废物污染环境防治法》。以下重点分析《中华人民共和国长江保护法》《中华人民共和国乡村振兴促进法》《中华人民共和国军事设施保护法》涉及的内容。

为加强长江流域生态环境保护和修复，促进资源合理高效利用，保障生态安全，实现人与自然和谐共生、中华民族永续发展，2020 年 12 月 26 日第十三届全国人民代表大会常务委员会第二十四次会议通过《中华人民共和国长江保护法》。第二条明确提出"在长江流域开展生态环境保护和修复以及长江流域各类生产生活、开发建设活动，应当遵守本法"，并指出"长江流域是指由长江干流、支流和湖泊形成的集水区域所涉及的青海省、四川省、西藏自治区、云南省、重庆市、湖北省、湖南省、江西省、安徽省、江苏省、上海市，以及甘肃省、陕西省、河南省、贵州省、广西壮族自治区、广东省、浙江省、福建省的相关县级行政区域"；第二十条规定"国家对长江流域国土空间实施用途管制。长江流域县级以上地方人民政府自然资源主管部门依照国土空间规划，对所辖长江流域国土空间实施分区、分类用途管制。长江流域国土空间开发利用活动应当符合国土空间用途管制要求，并依法取得规划许可。对不符合国土空间用途管制要求的，县级以上人民政府自然资源主管部门不得办理规划许可"。在资源保护、水污染防治、生态环境修复、绿色发展等方面提出具体管控要求，如第二十一条要求"长江流域水质超标的水功能区，应当实施更严格的污染物排放总量削减要求。企业事业单位应当按照要求，采取污染物排放总量控制措施"；第二十二条规定"长江流域产业结构和布局应当与长江流域生态系统和资源环境承载能力相适应。禁止在长江流域重点生态功能区布局对生态系统有严重影

响的产业。禁止重污染企业和项目向长江中上游转移";第二十三条提出"对长江流域已建小水电工程,不符合生态保护要求的,县级以上地方人民政府应当组织分类整改或者采取措施逐步退出";第二十六条规定"国家对长江流域河湖岸线实施特殊管制,……禁止在长江干支流岸线一公里范围内新建、扩建化工园区和化工项目。禁止在长江干流岸线三公里范围内和重要支流岸线一公里范围内新建、改建、扩建尾矿库;但是以提升安全、生态环境保护水平为目的的改建除外"。

为全面实施乡村振兴战略,促进农业全面升级、农村全面进步、农民全面发展,加快农业农村现代化,全面建设社会主义现代化国家,2021 年 4 月 29日第十三届全国人民代表大会常务委员会第二十八次会议通过《中华人民共和国乡村振兴促进法》。第二条明确指出"全面实施乡村振兴战略,开展促进乡村产业振兴、人才振兴、文化振兴、生态振兴、组织振兴,推进城乡融合发展等活动,适用本法",并将乡村界定为"城市建成区以外具有自然、社会、经济特征和生产、生活、生态、文化等多重功能的地域综合体,包括乡镇和村庄等",在产业发展、人才支撑、文化繁荣、生态保护、组织建设、城乡融合、扶持措施、监督检查等方面作出了详细规定。其中,涉及国土空间用途管制的相关规定,如第十四条提出"国家建立农用地分类管理制度,严格保护耕地,严格控制农用地转为建设用地,严格控制耕地转为林地、园地等其他类型农用地。省、自治区、直辖市人民政府应当采取措施确保耕地总量不减少、质量有提高。国家实行永久基本农田保护制度,建设粮食生产功能区、重要农产品生产保护区,建设并保护高标准农田。地方各级人民政府应当推进农村土地整理和农用地科学安全利用,加强农田水利等基础设施建设,改善农业生产条件";第十九条规定"发展乡村产业应当符合国土空间规划和产业政策、环境保护的要求";第三十四条提出"实施重要生态系统保护和修复工程,加强乡村生态保护和环境治理,绿化美化乡村环境,建设美丽乡村";第四十条明确指出"国家实行耕地养护、修复、休耕和草原森林河流湖泊休养生息制度。县级以上人民政府及其有关部门依法划定江河湖海限捕、禁捕的时间和区域,并可以根据地下水超采情况,划定禁止、限制开采地下水区域"。

为保护军事设施的安全、保障军事设施的使用效能和军事活动的正常进行,加强国防现代化建设，巩固国防，抵御侵略，2021 年 6 月 10 日第十三届全国人民代表大会常务委员会第二十九次会议修订《中华人民共和国军事设施保护法》（2021 年修订）。第二条明确提出"本法所称军事设施，是指国家直接用于军事目的的建筑、场地和设备，包括军队为执行任务必需设置的临时设施"；第九条提出"军事禁区、军事管理区根据军事设施的性质、作用、安全保密的需要和使用效能的要求划定"，"军事禁区是指设有重要军事设施或者军事设施安全保密要求高、具有重大危险因素，需要国家采取特殊措施加以重点保护，依照法定程序和标准划定的军事区域"，"军事管理区是指设有较重要军事设施或者军事设施安全保密要求较高、具有较大危险因素，需要国家采取特殊措施加以保护，依照法定程序和标准划定的军事区域"。分别对军事禁区、军事管理区以及没有划入军事禁区、军事管理区的军事设施的保护提出具体管控要求，如第十七条规定"禁止陆地、水域军事禁区管理单位以外的人员、车辆、船舶等进入军事禁区，禁止航空器在陆地、水域军事禁区上空进行低空飞行，禁止对军事禁区进行摄影、摄像、录音、勘察、测量、定位、描绘和记述。但是，经有关军事机关批准的除外。禁止航空器进入空中军事禁区，但依照国家有关规定获得批准的除外。使用军事禁区的摄影、摄像、录音、勘察、测量、定位、描绘和记述资料，应当经有关军事机关批准"；第二十三条要求"在陆地军事管理区内，禁止建造、设置非军事设施，禁止开发利用地下空间。但是，经军级以上军事机关批准的除外。在水域军事管理区内，禁止从事水产养殖；未经军级以上军事机关批准，不得建造、设置非军事设施；从事捕捞或者其他活动，不得影响军用舰船的战备、训练、执勤等行动"；第二十七条规定"没有划入军事禁区、军事管理区的作战工程外围应当划定安全保护范围"。

## 三、《中华人民共和国城乡规划法》及其他法律法规

为加强城乡规划管理，协调城乡空间布局，改善人居环境，促进城乡经济社会全面协调可持续发展，《中华人民共和国城乡规划法》（2019 年修正）根据 2019 年 4 月 23 日第十三届全国人民代表大会常务委员会第十次会议《关于修改〈中华人民共和国建筑法〉等八部法律的决定》第二次修正。第二条提出"制

定和实施城乡规划，在规划区内进行建设活动，必须遵守本法"，明确"城乡规划包括城镇体系规划、城市规划、镇规划、乡规划和村庄规划。城市规划、镇规划分为总体规划和详细规划。详细规划分为控制性详细规划和修建性详细规划。规划区是指城市、镇和村庄的建成区以及因城乡建设和发展需要，必须实行规划控制的区域"。对城乡规划的制定、实施和修改进行了具体规定。其中，在城乡规划实施方面，第三十条提出"在城市总体规划、镇总体规划确定的建设用地范围以外，不得设立各类开发区和城市新区"；第三十五条规定"城乡规划确定的铁路、公路、港口、机场、道路、绿地、输配电设施及输电线路走廊、通信设施、广播电视设施、管道设施、河道、水库、水源地、自然保护区、防汛通道、消防通道、核电站、垃圾填埋场及焚烧厂、污水处理厂和公共服务设施的用地以及其他需要依法保护的用地，禁止擅自改变用途"；第四十二条规定"城乡规划主管部门不得在城乡规划确定的建设用地范围以外作出规划许可"；第四十三条要求"建设单位应当按照规划条件进行建设；确需变更的，必须向城市、县人民政府城乡规划主管部门提出申请。变更内容不符合控制性详细规划的，城乡规划主管部门不得批准"；第四十四条提出"在城市、镇规划区内进行临时建设的，应当经城市、县人民政府城乡规划主管部门批准。临时建设影响近期建设规划或者控制性详细规划的实施以及交通、市容、安全等的，不得批准。临时建设应当在批准的使用期限内自行拆除"；第四十五条明确"县级以上地方人民政府城乡规划主管部门按照国务院规定对建设工程是否符合规划条件予以核实。未经核实或者经核实不符合规划条件的，建设单位不得组织竣工验收"。

除上述法律法规外，我国在国土空间用途管制的各主要领域还有一系列代表性的法律法规，共同构成国土空间用途管制立法体系。具体来讲，主体功能区规划的编制和实施主要依据《国务院关于编制全国主体功能区规划的意见》；城乡规划管理的主要依据还包括《中华人民共和国港口法》《中华人民共和国公路法》《中华人民共和国铁路法》《中华人民共和国民用航空法》《中华人民共和国防洪法》《中华人民共和国电力法》《中华人民共和国石油天然气管道保护法》《中华人民共和国航道管理条例》《中华人民共和国安全生产法》《风景名胜区条例》《历史文化名城名镇名村保护条例》等；自然资源管理和生态环境保护的主要依据还包括《中华人民共和国森林法》《中华人民共和国森林法实施细则》《中华人民共和国森林法实施条例》《中华人民共和国草原法》《草原征占用审核审批管理办法》《中华人民共和国水法》《中华人民共和国矿产资源法》《中华人民共和国湿地保护法》《湿地保护管理规定》《水功能区管理办法》《关于加强河湖管理工作的指导意见》《水利部关于加强水资源用途管制的指导意见》《中华人民共和国海域使用管理法》《中华人民共和国海岛保护法》《中华人民共和国环境保护法》《中华人民共和国海洋环境保护法》《中华人民共和国水土保持法》《中华人民共和国噪声污染防治法》《中华人民共和国水污染防治法》《中华人民共和国防沙治沙法》《中华人民共和国防震减灾法》《中华人民共和国煤炭法》等。

# 第三节　国土空间分类分区规定

## 一、国土空间调查、规划、用途管制用地用海分类规定

占据一定的国土空间是自然资源存在和开发建设活动开展的物质基础，合理划分国土空间是合理利用和保护各类自然资源的前提条件。长期以来，我国传统空间规划以承载的自然资源要素聚类划分为原则，分部门进行用地、用海分类设计和实施管理。为实施统一国土空间用途管制，2020年11月，自然资源部印发《国土空间调查、规划、用途管制用地用海分类指南（试行）》（以下简写为《用地用海分类》），以科学划分国土空间用地用海类型，统一国土调查、统计和规划分类标准，合理利用和保护自然资源。《用地用海分类》采用三级分类体系，共设置24种一级类、106种二级类及39种三级类（专栏4-4）。

> **专栏4-4　国土空间调查、规划、用途管制用地用海分类**
>
> 　　《用地用海分类》在整合原《土地利用现状分类》《城市用地分类与规划建设用地标准》《海域使用分类》等分类的基础上，依据国土空间配置利

用方式、经营特点等，遵循陆海统筹、城乡统筹、地上地下空间统筹的基本原则，对用地用海类型进行归纳、划分，采取三级分类体系，设置24种一级类、106种二级类、39种三级类。

《用地用海分类》具有三个特点和变化：第一，体现"全生命周期管理"理念，适应自然资源管理各环节需要。用地用海分类适用于国土调查、监测、统计、评价，国土空间规划、用途管制、耕地保护、生态修复，土地审批、供应、整治等自然资源管理的全过程。第二，全面落实"五位一体"总体要求，实现国土空间全域全要素覆盖。一方面，在全域实现陆海全覆盖，遵循陆海统筹原则，将陆域国土空间与海洋资源利用相关用途在名称上进行统筹衔接；由于无居民海岛多与周边海域一并开发利用，其现行用途分类与海域基本一致，因此将海域和无居民海岛视为整体分类。另一方面在陆域实现生产、生活等用地全覆盖，耕地、园地等用地分类衔接土地利用现状分类，并结合国土"三调"成果，对含义进行修改完善，并将"湿地"纳入用地用海分类；建设用地设置"居住用地""公共管理与公共服务用地"等一级类，涵盖城乡建设、基础设施建设等各类用地的基本功能。实现建设用地全覆盖，首次明确将"农业设施建设用地"单独列为一级类，下设"乡村道路用地""种植设施建设用地""畜禽养殖设施建设用地""水产养殖设施建设用地"四种二级类。将破坏耕作层的农业设施相关用地单设一类，防止耕地"非农化""非粮化"，适应农业农村发展新形势、新特点。第三，体现经济社会高质量发展新需要。对建设用地类型的细分进行调整，体现空间差异化与精细化管理需求；鼓励空间复合利用，提出在保障安全、避免功能冲突的前提下，国土空间详细规划可在分类基础上确定用地用海的混合利用及地上、地下空间的复合利用；为应对城市未来发展不确定性，增设"留白用地"；鼓励制定差别化细则，在细分规定中提出，可根据实际需要，在现有分类基础上制定分类实施细则。

《用地用海分类》对依据法律法规和相应标准组织实施国土空间用途管制具有重大意义。第一，有利于对国土空间的现状和未来进行管理。将陆域和海域现状和规划分类合二为一，既兼顾现在"用作什么"，也兼顾未来可以"用于什么"。第二，有利于对国土空间实施全域全类型管理。围绕促进城乡融合发展，对城市和农村土地在地类上细分，实现城乡并列、同一口径；更多考虑农业农村发展，客观体现农村用地现状。第三，有利于对具有生产、生态、生活功能的用地实行更加精细管理。完善耕地定义，明确以"利用地表耕作层种植农作物"为主；细化湿地分类，突出生态优先、绿色发展政策导向；凸显绿地和开敞空间用地，设定"绿地与开敞空间用地"一级类、"公园绿地""防护绿地""广场用地"二级类。

| 一级类代码 | 名称 | 二级类代码 | 名称 | 三级类代码 | 名称 |
|---|---|---|---|---|---|
| 01 | 耕地 | 0101 | 水田 | | |
| | | 0102 | 水浇地 | | |
| | | 0103 | 旱地 | | |
| 02 | 园地 | 0201 | 果园 | | |
| | | 0202 | 茶园 | | |
| | | 0203 | 橡胶园 | | |
| | | 0204 | 其他园地 | | |
| 03 | 林地 | 0301 | 乔木林地 | | |
| | | 0302 | 竹林地 | | |
| | | 0303 | 灌木林地 | | |
| | | 0304 | 其他林地 | | |
| 04 | 草地 | 0401 | 天然牧草地 | | |
| | | 0402 | 人工牧草地 | | |
| | | 0403 | 其他草地 | | |
| 05 | 湿地 | 0501 | 森林沼泽 | | |
| | | 0502 | 灌丛沼泽 | | |
| | | 0503 | 沼泽草地 | | |
| | | 0504 | 其他沼泽地 | | |
| | | 0506 | 内陆滩涂 | | |
| | | 0507 | 红树林地 | | |
| 06 | 农业设施建设用地 | 0601 | 乡村道路用地 | 060101 | 村道路用地 |
| | | | | 060102 | 村庄内部道路用地 |
| | | 0602 | 种植设施建设用地 | | |
| | | 0603 | 畜禽养殖设施建设用地 | | |
| | | 0604 | 水产养殖设施建设用地 | | |
| 07 | 居住用地 | 0701 | 城镇住宅用地 | 070101 | 一类城镇住宅用地 |
| | | | | 070102 | 二类城镇住宅用地 |
| | | | | 070103 | 三类城镇住宅用地 |
| | | 0702 | 城镇社区服务设施用地 | | |
| | | 0703 | 农村宅基地 | 070301 | 一类农村宅基地 |
| | | | | 070302 | 二类农村宅基地 |
| | | 0704 | 农村社区服务设施用地 | | |
| 08 | 公共管理与公共服务用地 | 0801 | 机关团体用地 | | |
| | | 0802 | 科研用地 | | |
| | | 0803 | 文化用地 | 080301 | 图书与展览用地 |
| | | | | 080302 | 文化活动用地 |
| | | 0804 | 教育用地 | 080401 | 高等教育用地 |
| | | | | 080402 | 中等职业教育用地 |
| | | | | 080403 | 中小学用地 |
| | | | | 080404 | 幼儿园用地 |
| | | | | 080405 | 其他教育用地 |
| | | 0805 | 体育用地 | 080501 | 体育场馆用地 |
| | | | | 080502 | 体育训练用地 |
| | | 0806 | 医疗卫生用地 | 080601 | 医院用地 |
| | | | | 080602 | 基层医疗卫生设施用地 |
| | | | | 080603 | 公共卫生用地 |
| | | 0807 | 社会福利用地 | 080701 | 老年人社会福利用地 |
| | | | | 080702 | 儿童社会福利用地 |
| | | | | 080703 | 残疾人社会福利用地 |
| | | | | 080704 | 其他社会福利用地 |
| 09 | 商业服务业用地 | 0901 | 商业用地 | 090101 | 零售商业用地 |
| | | | | 090102 | 批发市场用地 |
| | | | | 090103 | 餐饮用地 |
| | | | | 090104 | 旅馆用地 |
| | | | | 090105 | 公用设施营业网点用地 |
| | | 0902 | 商务金融用地 | | |
| | | 0903 | 娱乐康体用地 | 090301 | 娱乐用地 |
| | | | | 090302 | 康体用地 |
| | | 0904 | 其他商业服务业用地 | | |
| 10 | 工矿用地 | 1001 | 工业用地 | 100101 | 一类工业用地 |
| | | | | 100102 | 二类工业用地 |
| | | | | 100103 | 三类工业用地 |
| | | 1002 | 采矿用地 | | |
| | | 1003 | 盐田 | | |
| 11 | 仓储用地 | 1101 | 物流仓储用地 | 110101 | 一类物流仓储用地 |
| | | | | 110102 | 二类物流仓储用地 |
| | | | | 110103 | 三类物流仓储用地 |
| | | 1102 | 储备库用地 | | |
| 12 | 交通运输用地 | 1201 | 铁路用地 | | |
| | | 1202 | 公路用地 | | |
| | | 1203 | 机场用地 | | |
| | | 1204 | 港口码头用地 | | |
| | | 1205 | 管道运输用地 | | |
| | | 1206 | 城市轨道交通用地 | | |
| | | 1207 | 城镇道路用地 | | |
| | | 1208 | 交通场站用地 | 120801 | 对外交通场站用地 |
| | | | | 120802 | 公共交通场站用地 |
| | | | | 120803 | 社会停车场用地 |
| | | 1209 | 其他交通设施用地 | | |
| 13 | 公用设施用地 | 1301 | 供水用地 | | |
| | | 1302 | 排水用地 | | |
| | | 1303 | 供电用地 | | |
| | | 1304 | 供燃气用地 | | |
| | | 1305 | 供热用地 | | |
| | | 1306 | 通信用地 | | |
| | | 1307 | 邮政用地 | | |
| | | 1308 | 广播电视设施用地 | | |
| | | 1309 | 环卫用地 | | |
| | | 1310 | 消防用地 | | |
| | | 1311 | 干渠 | | |
| | | 1312 | 水工设施用地 | | |
| | | 1313 | 其他公用设施用地 | | |
| 14 | 绿地与开敞空间用地 | 1401 | 公园绿地 | | |
| | | 1402 | 防护绿地 | | |
| | | 1403 | 广场用地 | | |
| 15 | 特殊用地 | 1501 | 军事设施用地 | | |
| | | 1502 | 使领馆用地 | | |
| | | 1503 | 宗教用地 | | |
| | | 1504 | 文物古迹用地 | | |
| | | 1505 | 监教场所用地 | | |
| | | 1506 | 殡葬用地 | | |
| | | 1507 | 其他特殊用地 | | |
| 16 | 留白用地 | | | | |
| 17 | 陆地水域 | 1701 | 河流水面 | | |
| | | 1702 | 湖泊水面 | | |
| | | 1703 | 水库水面 | | |
| | | 1704 | 坑塘水面 | | |
| | | 1705 | 沟渠 | | |
| | | 1706 | 冰川及常年积雪 | | |
| 18 | 渔业用海 | 1801 | 渔业基础设施用海 | | |
| | | 1802 | 增养殖用海 | | |
| | | 1803 | 捕捞海域 | | |
| 19 | 工矿通信用海 | 1901 | 工业用海 | | |
| | | 1902 | 盐田用海 | | |
| | | 1903 | 固体矿产用海 | | |
| | | 1904 | 油气用海 | | |
| | | 1905 | 可再生能源用海 | | |
| | | 1906 | 海底电缆管道用海 | | |
| 20 | 交通运输用海 | 2001 | 港口用海 | | |
| | | 2002 | 航运用海 | | |
| | | 2003 | 路桥隧道用海 | | |
| 21 | 游憩用海 | 2101 | 风景旅游用海 | | |
| | | 2102 | 文体休闲娱乐用海 | | |
| 22 | 特殊用海 | 2201 | 军事用海 | | |
| | | 2202 | 其他特殊用海 | | |
| 23 | 其他土地 | 2301 | 空闲地 | | |
| | | 2302 | 田坎 | | |
| | | 2303 | 田间道 | | |
| | | 2304 | 盐碱地 | | |
| | | 2305 | 沙地 | | |
| | | 2306 | 裸土地 | | |
| | | 2307 | 裸岩石砾地 | | |
| 24 | 其他海域 | | | | |

图4-2　国土空间调查、规划、用途管制用地用海分类体系

## 二、国土空间规划的分区规定

### （一）主体功能分区

主体功能分区是指在对不同区域的资源环境承载能力、现有开发密度和发展潜力等要素进行综合分析的基础上，以自然环境要素、社会经济发展水平、生态系统特征及人类活动形式的空间分异为依据，划分出具有某种特定主体功能的地域空间单元（刘滨等，2008）。主体功能区具有很强的目标和政策导向，其核心在于针对区域空间（以行政分区为主）确定主体功能定位，实施分区管制，配以政策工具束，从而达成理想的空间开发结构和空间治理模式。

新时期五级三类国土空间规划体系将主体功能区规划整合纳入，将主体功能分区作为空间规划的重点管控性内容和其他管控分区的划分依据。各地应积极推动落实主体功能区战略和制度，按照主体功能定位划分政策单元，确定协调引导要求，明确管控导向。按照陆海统筹、保护优先原则，沿海县（市、区）要统筹确定主体功能定位。分区确定的主要原则和做法为：

（1）全域覆盖。国家级主体功能区与省级主体功能区叠加后，覆盖省级行政区辖区内全部陆域和管理海域国土空间。

（2）陆海统筹。省级国土空间规划在确定各个沿海县（市、区）的主体功能定位时，要统筹考虑当地陆地和海洋空间开发保护要求，根据陆海统筹、保护优先、实事求是的原则，科学确定主体功能定位。

（3）分区传导。全国国土空间规划纲要确定国家级主体功能区布局优化安排；省级国土空间规划与国家层面衔接，统筹确定国家级和省级主体功能区布局，国家级主体功能区定位不得改变；市级国土空间规划细化明确重点乡镇主体功能定位；县级国土空间规划按照相应主体功能定位优化国土空间结构和布局，细化明确乡镇主体功能定位，合理划定规划分区。

（4）因地制宜。城市化发展区、农产品主产区、重点生态功能区是必备类型区，省级人民政府可结合实际细分三类主体功能区，但要明确与三类主体功能区的对应关系；除了历史文化资源富集区、战略性矿产资源安全保障区、边境地区名录外，地方可结合实际将其他需在空间上加强管控引导的重要区域纳入名录进行管控。

（5）细化政策单元。国家级和省级规划的基本分区单元为县级行政区，市县级规划的基本分区单元为乡镇级行政区。

## （二）国土空间规划分区

2020 年 9 月印发的《市级国土空间总体规划编制指南（试行）》（自然资办发〔2020〕46 号）提出，按照主体功能定位和空间规划，在市、县、乡层级设定国土空间规划两级分区体系（表 4-4）。其中，一级规划分区分为七类：生态

表 4-4　国土空间规划分区体系

| 一级规划分区 | 二级规划分区 | | 含义 |
|---|---|---|---|
| 生态保护区 | | | 具有特殊重要生态功能或生态敏感脆弱、必须强制性严格保护的陆地和海洋自然区域，包括陆域生态保护红线、海洋生态保护红线集中划定的区域 |
| 生态控制区 | | | 生态保护红线外，需要予以保留原貌、强化生态保育和生态建设、限制开发建设的陆地和海洋自然区域 |
| 农田保护区 | | | 永久基本农田相对集中需严格保护的区域 |
| 城镇发展区 | 城镇集中建设区 | | 城镇开发边界围合的范围，是城镇集中开发建设并可满足城镇生产、生活需要的区域 |
| | | 居住生活区 | 以住宅建筑和居住配套设施为主要功能导向的区域 |
| | | 综合服务区 | 以提供行政办公、文化、教育、医疗以及综合商业等服务为主要功能导向的区域 |
| | | 商业商务区 | 以提供商业、商务办公等就业岗位为主要功能导向的区域 |
| | | 工业发展区 | 以工业及其配套产业为主要功能导向的区域 |
| | | 物流仓储区 | 以物流仓储及其配套产业为主要功能导向的区域 |
| | | 绿地休闲区 | 以公园绿地、广场用地、滨水开敞空间、防护绿地等为主要功能导向的区域 |
| | | 交通枢纽区 | 以机场、港口、铁路客货运站等大型交通设施为主要功能导向的区域 |
| | | 战略预留区 | 在城镇集中建设区中，为城镇重大战略性功能控制的留白区域 |
| | 城镇弹性发展区 | | 为应对城镇发展的不确定性，在满足特定条件下方可进行城镇开发和集中建设的区域 |
| | 特别用途区 | | 为完善城镇功能，提升人居环境品质，保持城镇开发边界的完整性，根据规划管理需划入开发边界内的重点地区，主要包括与城镇关联密切的生态涵养、休闲游憩、防护隔离、自然和历史文化保护等区域 |

续表

| 一级规划分区 | 二级规划分区 | 含义 |
|---|---|---|
| 乡村发展区 | | 农田保护区外,为满足农林牧渔等农业发展以及农民集中生活和生产配套为主的区域 |
| | 村庄建设区 | 城镇开发边界外,规划重点发展的村庄用地区域 |
| | 一般农业区 | 以农业生产发展为主要利用功能导向划定的区域 |
| | 林业发展区 | 以规模化林业生产为主要利用功能导向划定的区域 |
| | 牧业发展区 | 以草原畜牧业发展为主要利用功能导向划定的区域 |
| 海洋发展区 | | 允许集中开展开发利用活动的海域,以及允许适度开展开发利用活动的无居民海岛 |
| | 渔业用海区 | 以渔业基础设施建设、养殖和捕捞生产等渔业利用为主要功能导向的海域和无居民海岛 |
| | 交通运输用海区 | 以港口建设、路桥建设、航运等为主要功能导向的海域和无居民海岛 |
| | 工矿通信用海区 | 以临海工业利用、矿产能源开发和海底工程建设为主要功能导向的海域和无居民海岛 |
| | 游憩用海区 | 以开发利用旅游资源为主要功能导向的海域和无居民海岛 |
| | 特殊用海区 | 以污水达标排放、倾倒、军事等特殊利用为主要功能导向的海域和无居民海岛 |
| | 海洋预留区 | 规划期内为重大项目用海用岛预留的控制性后备发展区域 |
| 矿产能源发展区 | | 为适应国家能源安全与矿业发展需要的重要陆域采矿区、战略性矿产储量区等区域 |

保护区、生态控制区、农田保护区、城镇发展区、乡村发展区、海洋发展区和矿产能源发展区。将城镇发展区、乡村发展区、海洋发展区分别细分为二级规划分区,在城市总体规划用地分类的基础上更加注重功能的划分,弥补了以往土地用途管制只管建设用地边界的缺陷,强化了分区管控的功能,各地可结合实际补充二级规划分区类型。

## (三)生态空间、农业空间与城镇空间("三区")

2017年中共中央办公厅、国务院办公厅印发的《省级空间规划试点方案》,明确提出科学划定城镇、农业、生态空间以及生态保护红线、永久基本农田、城镇开发边界(以下简写为"三区三线")。2019年印发的《关于在国土空间规划中统筹划定落实三条控制线的指导意见》,要求"根据各地不同的自然资源禀赋和经济社会发展实际,针对三条控制线不同功能,建立健全分类管控机制",

以及"科学有序统筹布局生态、农业、城镇等功能空间",由此明确了"三区三线"在国土空间规划分区与用途管制中的核心地位(岳文泽等,2020)。

"三区"的划分是以占据主导的自然要素为依据,凸显国土空间功能的主体性,回避自然要素的空间布局冲突。"三区"内部统筹要素分类,构成功能分区和用途分类的基础。"三区"具体指的是:①生态空间指具有自然属性的以提供生态服务或生态产品为主体功能的国土空间,包括森林、草原、湿地、河流、湖泊、滩涂、荒地、荒漠等。在实践过程中,可结合实际具体将生态空间划分为不同类型保护区,如自然保护区、森林公园、风景名胜区、生物多样性维护区、水源涵养区、水土保持区、湖泊水库湿地等,以及其他生态环境敏感、脆弱区域。②农业空间指以农业生产和农村居民生活为主体功能,承担农产品生产和农村生活功能的国土空间,主要包括永久基本农田、一般农田等农业生产用地,以及村庄等农村生活用地。按照经济发展、自然地理、文化传统等因素和区域实际再细分为种植业生产空间、林果业生产空间以及居住空间、生活服务空间等。③城镇空间指以城镇居民生产生活为主体功能的国土空间,包括城镇建设空间、工矿建设空间以及部分乡级政府驻地的开发建设空间。城镇空间在产业发展上主要以工业和服务业为核心,具有高人口聚集度、高土地开发强度的特点。

# 第四节　国土空间管控相关要求

## 一、耕地和永久基本农田、生态保护红线、城镇开发边界"三线"管控

### (一)耕地和永久基本农田

#### 1. 概念内涵

永久基本农田是为保障国家粮食安全,按照一定时期人口和经济社会发展

对农产品的需求，依法确定不得擅自占用或改变用途、实施特殊保护的耕地①。按照《土地利用现状分类》（GB/T 21010—2017）的规定，耕地指种植农作物的土地，包括水田、水浇地、旱地。

**2. 管控要求**

（1）坚决制止耕地"非农化"

耕地是粮食生产的重要基础，解决好 14 亿人口的吃饭问题，必须守住耕地这个根基。《国务院办公厅关于坚决制止耕地"非农化"行为的通知》（国办发明电〔2020〕24 号）提出地方各级人民政府要落实好最严格的耕地保护制度，坚决制止各类耕地"非农化"行为（表 4–5），坚决守住耕地红线。

表 4–5　六种严禁的耕地"非农化"行为

| 要点 | 政策内容 |
| --- | --- |
| 严禁违规占用耕地绿化造林 | 要严格执行《土地管理法》《基本农田保护条例》等法律法规，禁止占用永久基本农田种植苗木、草皮等用于绿化装饰以及其他破坏耕作层的植物。违规占用耕地及永久基本农田造林的，不予核实造林面积，不享受财政资金补助政策。平原地区要根据资源禀赋，合理制定绿化造林等生态建设目标。退耕还林还草要严格控制在国家批准的规模和范围内，涉及地块全部实现上图入库管理。正在违规占用耕地绿化造林的要立即停止 |
| 严禁超标准建设绿色通道 | 要严格控制铁路、公路两侧用地范围以外绿化带用地审批，道路沿线是耕地的，两侧用地范围以外绿化带宽度不得超过 5 米，其中县乡道路不得超过 3 米。铁路、国道省道（含高速公路）、县乡道路两侧用地范围以外违规占用耕地超标准建设绿化带的要立即停止。不得违规在河渠两侧、水库周边占用耕地及永久基本农田超标准建设绿色通道。今后新增的绿色通道，要依法依规建设，确需占用永久基本农田的，应履行永久基本农田占用报批手续。交通、水利工程建设用地范围内的绿化用地要严格按照有关规定办理建设用地审批手续，其中涉及占用耕地的必须做到占补平衡。禁止以城乡绿化建设等名义违法违规占用耕地 |
| 严禁违规占用耕地挖湖造景 | 禁止以河流、湿地、湖泊治理为名，擅自占用耕地及永久基本农田挖田造湖、挖湖造景。不准在城市建设中违规占用耕地建设人造湿地公园、人造水利景观。确需占用的，应符合国土空间规划，依法办理建设用地审批和规划许可手续。未履行审批手续的在建项目，应立即停止并纠正；占用永久基本农田的，要限期恢复，确实无法恢复的按照有关规定进行补划 |

---

① 《市级国土空间总体规划编制指南（试行）》（2020 年）。

续表

| 要点 | 政策内容 |
|---|---|
| 严禁占用永久基本农田扩大自然保护地 | 新建的自然保护地应当边界清楚，不准占用永久基本农田。目前已划入自然保护地核心保护区内的永久基本农田要纳入生态退耕、有序退出。自然保护地一般控制区内的永久基本农田要根据对生态功能造成的影响确定是否退出，造成明显影响的纳入生态退耕、有序退出，不造成明显影响的可采取依法依规相应调整一般控制区范围等措施妥善处理。自然保护地以外的永久基本农田和集中连片耕地，不得划入生态保护红线，允许生态保护红线内零星的原住民在不扩大现有耕地规模前提下，保留生活必需的少量种植 |
| 严禁违规占用耕地从事非农建设 | 加强农村地区建设用地审批和乡村建设规划许可管理，坚持农地农用。不得违反规划搞非农建设、乱占耕地建房等。巩固"大棚房"问题清理整治成果，强化农业设施用地监管。加强耕地利用情况监测，对乱占耕地从事非农建设及时预警，构建早发现、早制止、严查处的常态化监管机制 |
| 严禁违法违规批地用地 | 批地用地必须符合国土空间规划，凡不符合国土空间规划以及不符合土地管理法律法规和国家产业政策的建设项目，不予批准用地。各地区不得通过擅自调整县乡国土空间规划规避占用永久基本农田审批。各项建设用地必须按照法定权限和程序报批，按照批准的用途、位置、标准使用，严禁未批先用、批少占多、批甲占乙。严格临时用地管理，不得超过规定时限长期使用。对各类未经批准或不符合规定的建设项目、临时用地等占用耕地及永久基本农田的，依法依规严肃处理，责令限期恢复原种植条件 |

　　为防止耕地"非粮化"倾向，《国务院办公厅关于防止耕地"非粮化"稳定粮食生产的意见》（国办发〔2020〕44 号）要求：①充分认识防止耕地"非粮化"稳定粮食生产的重要性紧迫性。坚持把确保国家粮食安全作为"三农"工作的首要任务，坚持科学合理利用耕地资源，坚持共同扛起保障国家粮食安全的责任。②坚持问题导向，坚决防止耕地"非粮化"倾向。明确耕地利用优先序，加强粮食生产功能区监管，稳定非主产区粮食种植面积，有序引导工商资本下乡，严禁违规占用永久基本农田种树挖塘。③强化激励约束，落实粮食生产责任。严格落实粮食安全省长责任制，完善粮食生产支持政策，加强耕地种粮情况监测，加强组织领导。

　　2017 年印发的《中共中央 国务院关于加强耕地保护和改进占补平衡的意见》，明确要求一般建设项目不得占用永久基本农田，重大建设项目选址确实难以避让永久基本农田的，在可行性研究阶段，必须对占用的必要性、合理性和补划方案的可行性进行严格论证，严禁通过擅自调整县乡土地利用总体规划，规避占用永久基本农田的审批。

（2）占用和临时占用永久基本农田的管控措施

为贯彻落实党中央、国务院文件精神，2018年8月自然资源部印发《关于做好占用永久基本农田重大建设项目用地预审的通知》（自然资规〔2018〕3号），统筹考虑国家发展战略及重大基础设施项目难以完全避让永久基本农田的实际情况，将六类占用永久基本农田的重大建设项目纳入用地预审受理范围。

2019年修正的《土地管理法》第三十五条规定：永久基本农田经依法划定后，任何单位和个人不得擅自占用或者改变其用途。国家能源、交通、水利、军事设施等重点建设项目选址确实难以避让永久基本农田，涉及农用地转用或者土地征收的，必须经国务院批准。

另外，为贯彻落实中央坚决打赢脱贫攻坚战的部署要求，2017年《国土资源部关于支持深度贫困地区脱贫攻坚的意见》（国土资规〔2017〕10号）、2019年《自然资源部　农业农村部关于加强和改进永久基本农田保护工作的通知》（自然资规〔2019〕1号）明确对贫困地区实施用地审批特殊政策。为加快推动国家重大项目落地实施，2020年国家发展改革委联合自然资源部印发《关于梳理国家重大项目清单加大建设用地保障力度的通知》（发改投资〔2020〕688号）。现阶段允许占用永久基本农田的重大建设项目类型见表4-6。

**表4-6　允许占用永久基本农田的重大建设项目类型**

| 文件 | 类别 | 具体内容 |
|---|---|---|
| 自然资规〔2018〕3号 | 党中央、国务院明确支持的重大建设项目 | 包括党中央、国务院发布文件或批准规划中明确具体名称的项目和国务院批准的项目 |
| | 军事国防类 | 中央军委及其有关部门批准的军事国防项目 |
| 自然资规〔2018〕3号 | 交通类 | ①机场项目。国家级规划（指国务院及其有关部门颁布）明确的民用运输机场项目。②铁路项目。国家级规划明确的铁路项目，《推进运输结构调整三年行动计划（2018-2020年）》明确的铁路专用线项目，国务院投资主管部门批准的城际铁路建设规划明确的城际铁路项目，国务院投资主管部门批准的城市轨道交通建设规划明确的城市轨道交通项目。③公路项目。国家级规划明确的公路项目，包括《国家公路网规划（2013年-2030年）》明确的国家高速公路和国道项目，国家级规划明确的国防公路项目。省级公路网规划的部分公路项目：省级高速公路；连接深度贫困地区直接为该地区服务的省级公路 |

续表

| 文件 | 类别 | 具体内容 |
|---|---|---|
| 自然资规〔2018〕3号 | 能源类 | 国家级规划明确的能源项目。①电网项目，包括 500 kV 及以上直流电网项目和 500、750、1 000 kV 交流电网项目，以及国家级规划明确的其他电网项目。②其他能源项目，包括国家级规划明确的且符合国家产业政策的能源开采、油气管线、水电、核电项目 |
| | 水利类 | 国家级规划明确的水利项目 |
| | 其他 | 国务院投资主管部门或国务院投资主管部门会同有关部门支持和认可的交通、能源、水利基础设施项目 |
| 自然资规〔2019〕1号 | | 深度贫困地区、集中连片特困地区、国家扶贫开发工作重点县省级以下基础设施、易地扶贫搬迁、民生发展项目 |
| 发改投资〔2020〕688号 | | 需中央加大建设用地保障的国家能源、交通、水利、军事设施重大项目 |

与此同时，为规范和严格临时用地管理，切实加强耕地保护，促进节约集约用地，自然资源部发布《关于规范临时用地管理的通知》（自然资规〔2021〕2号）。具体管控要求见表 4-7。

表 4-7　临时用地占用永久基本农田的管控要求

| 要求 | 具体内容 |
|---|---|
| 临时用地选址要求 | 建设项目施工、地质勘查使用临时用地时应坚持"用多少、批多少、占多少、恢复多少"，尽量不占或者少占耕地。使用后土地复垦难度较大的临时用地，要严格控制占用耕地。铁路、公路等单独选址建设项目，应科学组织施工，节约集约使用临时用地。制梁场、拌合站等难以恢复原种植条件的不得以临时用地方式占用耕地和永久基本农田，可以建设用地方式或者临时占用未利用地方式使用土地。临时用地确需占用永久基本农田的，必须能够恢复原种植条件，并符合《自然资源部 农业农村部关于加强和改进永久基本农田保护工作的通知》（自然资规〔2019〕1号）中申请条件、土壤剥离、复垦验收等有关规定 |
| 临时用地恢复要求 | 临时用地期满后应当拆除临时建（构）筑物，使用耕地的应当复垦为耕地，确保耕地面积不减少、质量不降低；使用耕地以外的其他农用地的，应当恢复为农用地；使用未利用地的，对于符合条件的鼓励复垦为耕地 |

续表

| 要求 | 具体内容 |
|---|---|
| 临时用地监管要求 | ①自然资源部建立临时用地信息系统，并向社会公开临时用地批准信息。县（市）自然资源主管部门负责督促临时用地使用人按照土地复垦方案报告表开展土地复垦工作，在信息系统中及时更新土地复垦等信息；<br>②建立定期抽查和定期通报制度，自然资源部和省级自然资源主管部门负责定期抽查占用耕地和永久基本农田临时用地的使用和复垦情况，对不符合用地要求和未完成复垦任务的，予以公开通报；<br>③加强"一张图"管理，各级自然资源主管部门在年度国土变更调查、卫片执法检查中要结合临时用地信息系统中的批准文件、合同、影像资料、土地复垦方案报告表等，认真审核临时用地的批准、复垦情况 |

## （二）生态保护红线

### 1. 概念内涵

生态保护红线是指在生态空间范围内具有特殊重要生态功能、必须强制性严格保护的区域。优先将具有重要水源涵养、生物多样性维护、水土保持、防风固沙、海岸防护等功能的生态功能重要区域，以及生态极敏感脆弱的水土流失、沙漠化、石漠化、海岸侵蚀等区域划入生态保护红线。其他经评估目前虽然不能确定但具有潜在重要生态价值的区域也划入生态保护红线[①]。

### 2. 管控要求

生态保护红线内，自然保护地核心保护区原则上禁止人为活动，其他区域严格禁止开发性、生产性建设活动，在符合现行法律法规的前提下，除国家重大战略项目外，仅允许对生态功能不造成破坏的有限人为活动，主要包括：①零星的原住民在不扩大现有建设用地和耕地规模的前提下，修缮生产生活设施，保留生活必需的少量种植、放牧、捕捞、养殖；②因国家重大能源资源安全需要开展的战略性能源资源勘查、公益性自然资源调查和地质勘查；③自然资源、生态环境监测和执法包括水文水资源监测及涉水违法事件的查处等，灾害防治和应急抢险活动；④经依法批准进行的非破坏性科学研究观测、标本采集；⑤经

---

[①]　《关于在国土空间规划中统筹划定落实三条控制线的指导意见》（2019 年）。

依法批准的考古调查发掘和文物保护活动；⑥不破坏生态功能的适度参观旅游和相关的必要公共设施建设；⑦必须且无法避让、符合县级以上国土空间规划的线性基础设施建设、防洪和供水设施建设与运行维护；⑧重要生态修复工程[①]。目前，自然资源部、生态环境部、国家林业和草原局正在研究起草《关于加强生态保护红线管理的通知（试行）》，细化生态保护红线内允许的有限人为活动类型和管理要求，明确国家重大项目占用生态保护红线的具体情形及审批程序。

## （三）城镇开发边界

### 1. 概念内涵

城镇开发边界是在国土空间规划中划定的，一定时期内因城镇发展需要，可以集中进行城镇开发建设，完善城镇功能、提升空间品质的区域边界，涉及城市、建制镇以及各类开发区等。城镇开发边界内可分为城镇集中建设区、城镇弹性发展区和特别用途区（图4-3）。城镇集中建设区是根据规划城镇建设用地规模，为满足城镇居民生产生活需要划定的一定时期内允许开展城镇开发和集中建设的地域空间。城镇弹性发展区是为应对城镇发展的不确定性，在城镇集中建设区外划定的，在满足特定条件下方可进行城镇开发和集中建设的地域空间。特别用途区是为完善城镇功能，提升人居环境品质，保持城镇开发边界的完整性，根据规划管理需划入开发边界内的重点地区，主要包括与城镇关联密切的生态涵养、休闲游憩、防护隔离、自然和历史文化保护等地域空间[②]。

### 2. 管控要求

（1）城镇开发边界内管控规则

在城镇开发边界内建设，实行"详细规划+规划许可"的管制方式。在不突破规划城镇建设用地规模的前提下，城镇建设用地布局可在城镇弹性发展范围内进行调整，同时相应核减城镇集中建设区用地规模。调整方案由国土空间规划审批机关的同级自然资源主管部门同意后，及时纳入自然资源部国土空间规划监测评估预警管理系统实施动态监管，调整原则上一年不超过一次。特别

---

① 《关于在国土空间规划中统筹划定落实三条控制线的指导意见》（2019年）。

② 《市级国土空间总体规划编制指南（试行）》（2020年）。

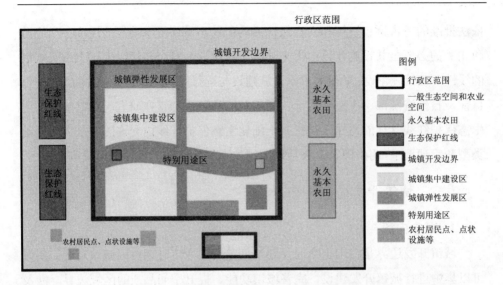

图 4-3　城镇开发边界内的空间关系示意*

用途区原则上禁止任何城镇集中建设行为，实施建设用地总量控制，原则上不得新增除市政基础设施、交通基础设施、生态修复工程、必要的配套及游憩设施外的其他城镇建设用地。根据实际功能分区，在市县国土空间规划中明确用途管制方式。

（2）城镇开发边界外管控规则

在城镇开发边界外的建设，按照主导用途分区，实行"详细规划+规划许可"和"约束指标+分区准入"的管制方式。城镇开发边界外不得进行城镇集中建设，不得设立各类开发区。允许交通、基础设施及其他线性工程，军事及安全保密、宗教、殡葬、综合防灾减灾、战略储备等特殊建设项目，郊野公园、风景游览设施的配套服务设施，直接为乡村振兴战略服务的建设项目，以及其他必要的服务设施和城镇民生保障项目。城镇开发边界外的村庄建设、独立选址的点状和线性工程项目，应符合国土空间规划和用途管制要求。

（3）边界调整规则

城镇开发边界以及特别用途区原则上不得调整。因国家重大战略调整、国

---

* 彩图请见彩插。

家重大项目建设、行政区划调整等确需调整的，按国土空间规划的调整程序进行。调整内容要及时纳入自然资源部国土空间规划监测评估预警管理系统实施动态监测[①]。

## 二、城市绿线、蓝线、紫线、黄线"四线"管控

### （一）绿线

**1. 概念内涵**

城市绿线，是指城市各类绿地范围的控制线。城市绿线主要在总体规划和详细规划中划定，是空间管制的刚性线。

**2. 管控要求**

城市绿线主要在城市总体规划（城市绿地系统规划）和详细规划中划定。城市绿地系统规划应确定城市绿化目标和布局，规定城市各类绿地的控制原则，按照规定标准确定绿化用地面积，分层次合理布局公共绿地，确定防护绿地、大型公共绿地等的绿线。控制性详细规划应当提出不同类型用地的界线、规定绿化率控制指标和绿化用地界线的具体坐标。修建性详细规划应当根据控制性详细规划，明确绿地布局，提出绿化配置的原则或者方案，划定绿地界线。

城市绿线管控内容主要涉及绿地建设、开发管控、活动管理等方面，要点如下：

第一，城市绿线范围内的公共绿地、防护绿地、生产绿地、居住区绿地、单位附属绿地、道路绿地、风景林地等，必须按照《城市用地分类与规划建设用地标准》《公园设计规范》等标准进行绿地建设。

第二，城市绿线内的用地，不得改作他用，不得违反法律法规、强制性标准以及批准的规划进行开发建设。有关部门不得违反规定，批准在城市绿线范围内进行建设。因建设或者其他特殊情况，需要临时占用城市绿线内用地的，必须依法办理相关审批手续。在城市绿线范围内，不符合规划要求的建筑物、

---

① 《市级国土空间总体规划编制指南（试行）》（2020 年）。

构筑物及其他设施应当限期迁出。

第三，任何单位和个人不得在城市绿地范围内进行拦河截溪、取土采石、设置垃圾堆场、排放污水以及其他对生态环境构成破坏的活动。

### （二）蓝线

#### 1. 概念内涵

城市蓝线，是指城市规划确定的江、河、湖、库、渠和湿地等城市地表水体保护和控制的地域界线。城市蓝线主要在总体规划、详细规划和相关专项规划中划定，是空间管制的刚性线。

#### 2. 管控要求

城市蓝线划定需遵循以下四项基本原则：①统筹考虑城市水系的整体性、协调性、安全性和功能性，改善城市生态和人居环境，保障城市水系安全；②与同阶段城市规划的深度保持一致；③控制范围界定清晰；④符合法律、法规的规定和国家有关技术标准、规范的要求。其中，在市级总体规划阶段，应当确定城市规划区范围内需要保护和控制的主要地表水体，划定城市蓝线，并明确城市蓝线保护和控制的要求。在控制性详细规划阶段，应当依据城市总体规划划定的城市蓝线，规定城市蓝线范围内的保护要求和控制指标，并附有明确的城市蓝线坐标和相应的界址地形图。

城市蓝线管控内容主要涉及建设管控、活动管理、划线撤销等方面，要点如下：

第一，在城市蓝线内新建、改建、扩建各类建筑物、构筑物、道路、管线和其他工程设施，应当依法向自然资源部门申请办理规划许可，并依照有关法律、法规办理相关手续。需要临时占用城市蓝线内的用地或水域的，应当报经直辖市、市、县人民政府自然资源部门同意，并依法办理相关审批手续；临时占用后，应当限期恢复。

第二，在城市蓝线内禁止进行下列活动：违反城市蓝线保护和控制要求的建设活动；擅自填埋、占用城市蓝线内水域；影响水系安全的爆破、采石、取土；擅自建设各类排污设施；其他对城市水系保护构成破坏的活动。

第三，城市蓝线一经批准，不得擅自调整。因城市发展和城市布局结构变化等，确实需要调整城市蓝线的，应当依法调整总体规划，并相应调整城市蓝线。调整后的城市蓝线，应当随调整后的总体规划一并报批。

（三）紫线

**1. 概念内涵**

城市紫线，是指国家历史文化名城内的历史文化街区和省、自治区、直辖市人民政府公布的历史文化街区的保护范围界线，以及历史文化街区外经县级以上人民政府公布保护的历史建筑的保护范围界线。城市紫线主要在总体规划、详细规划和历史文化保护名城规划等专项规划中划定，是空间管制的刚性线。

**2. 管控要求**

城市紫线划定需遵循以下三项基本原则：①历史文化街区的保护范围应当包括历史建筑物、构筑物和其风貌环境所组成的核心地段，以及为确保该地段的风貌、特色完整性而必须进行建设控制的地区；②历史建筑的保护范围应当包括历史建筑本身和必要的风貌协调区；③控制范围清晰，附有明确的地理坐标及相应的界址地形图。

城市紫线管控内容主要涉及建设管控、活动管理、划线撤销等方面，要点如下：

第一，历史文化街区内的各项建设必须坚持保护真实的历史文化遗存，维护街区传统格局和风貌，改善基础设施、提高环境质量的原则。历史建筑的维修和整治必须保持原有外形和风貌，保护范围内的各项建设不得影响历史建筑风貌的展示。在城市紫线范围内确定各类建设项目，必须先由市、县人民政府自然资源部门依据保护规划进行审查，组织专家论证并进行公示后核发选址意见书。在城市紫线范围内进行新建或者改建各类建筑物、构筑物和其他设施，对规划确定保护的建筑物、构筑物和其他设施进行修缮和维修，以及改变建筑物、构筑物的使用性质，应当依照相关法律、法规的规定，办理相关手续后方可进行。

第二，在城市紫线范围内禁止进行下列活动：违反保护规划的大面积拆除、开发；对历史文化街区传统格局和风貌构成影响的大面积改建；损坏或者拆毁保护规划确定保护的建筑物、构筑物和其他设施；修建破坏历史文化街区传统风貌的建筑物、构筑物和其他设施；占用或者破坏保护规划确定保留的园林绿地、河湖水系、道路和古树名木等；其他对历史文化街区和历史建筑的保护构成破坏性影响的活动。

第三，历史文化街区和历史建筑已经破坏，不再具有保护价值的，有关市、县人民政府应当向所在省、自治区、直辖市人民政府提出专题报告，经批准后方可撤销相关的城市紫线。撤销国家历史文化名城中的城市紫线，应当经国务院建设行政主管部门批准。

### （四）黄线

#### 1. 概念内涵

城市黄线，是指对城市发展全局有影响的，城市规划中确定的、必须控制的城市基础设施用地的控制界线。城市黄线主要在总体规划和详细规划中划定，是空间管制的刚性线。

#### 2. 管控要求

城市黄线划定需遵循以下三项基本原则：①与同阶段城市规划内容及深度保持一致；②控制范围界定清晰；③符合国家有关技术标准、规范。总体规划应当根据规划内容和深度要求，合理布置城市基础设施，确定城市基础设施的用地位置和范围，划定其用地控制界线。控制性详细规划应当依据总体规划，落实总体规划确定的城市基础设施的用地位置和面积，划定城市基础设施用地界线，规定城市黄线范围内的控制指标和要求，并明确城市黄线的地理坐标。修建性详细规划应当依据控制性详细规划，按不同项目具体落实城市基础设施用地界线，提出城市基础设施用地配置原则或者方案，并标明城市黄线的地理坐标和相应的界址地形图。

城市黄线管控内容主要涉及建设管控、活动管理、划线撤销等方面，要点如下：

第一，在城市黄线内新建、改建、扩建各类建筑物、构筑物、道路、管线和其他工程设施，应当依法向自然资源部门申请办理规划许可，并依据有关法律、法规办理相关手续。迁移、拆除城市黄线内城市基础设施的，应当依据有关法律、法规办理相关手续。因建设或其他特殊情况需要临时占用城市黄线内土地的，必须依法办理相关审批手续。

第二，在城市黄线范围内禁止进行下列活动：违反总体规划要求，进行建筑物、构筑物及其他设施的建设；违反国家有关技术标准和规范进行建设；未经批准，改装、迁移或拆毁原有城市基础设施；其他损坏城市基础设施或影响城市基础设施安全和正常运转的行为。

第三，城市黄线一经批准，不得擅自调整。因城市发展和城市功能、布局变化等需要调整城市黄线的，应当组织专家论证，依法调整总体规划，并相应调整城市黄线。调整后的城市黄线，应当随调整后的总体规划一并报批。

## 三、海域海岛海岸线管控

### （一）海域

#### 1. 概念内涵

2001 年 10 月 27 日第九届全国人民代表大会常务委员会第二十四次会议通过的《中华人民共和国海域使用管理法》明确提出，海域是指中华人民共和国内水、领海的水面、水体、海床和底土。其中，内水是指中华人民共和国领海基线向陆地一侧至海岸线的海域。海域属于国家所有，国务院代表国家行使海域所有权。任何单位或者个人不得侵占、买卖或者以其他形式非法转让海域。单位和个人使用海域，必须依法取得海域使用权。

#### 2. 管控要求

《中华人民共和国海域使用管理法》（2001 年）提出国务院海洋行政主管部门应会同国务院有关部门和沿海省、自治区、直辖市人民政府，编制全国海洋功能区划。沿海县级以上地方人民政府海洋行政主管部门应会同本级人民政府有关部门，依据上一级海洋功能区划，编制地方海洋功能区划。要求养殖、盐业、交通、旅游等行业的规划涉及海域使用的，应当符合海洋功能区划。沿海土地利用总体规划、城市规划、港口规划涉及海域使用的，应当与海洋功能区划相衔接。单位和个人可以向县级以上人民政府海洋行政主管部门申请使用海域，应当提交的书面材料包括海域使用申请书、海域使用论证材料、相关的资信证明材料、法律法规规定的其他书面材料。应当报国务院审批的项目用海情形包括：填海 50 公顷以上的项目用海；围海 100 公顷以上的项目用海；不改变海域自然属性的用海 700 公顷以上的项目用海；国家重大建设项目用海；国务院规定的其他项目用海。规定国家实行海域有偿使用制度，单位和个人使用海域，应当按照国务院的规定缴纳海域使用金。

依据《中华人民共和国海域使用管理法》《中华人民共和国海洋环境保护法》等法律法规和国家有关海洋开发保护的方针、政策，在 2002 年国务院批准的《全国海洋功能区划》基础上，2012 年 3 月，国务院批准了《全国海洋功能区划（2011–2020 年）》。区划范围为我国的内水、领海、毗连区、专属经济区、大陆架以及管辖的其他海域。区划将我国全部管辖海域划分为农渔业、港口航运、工业与城镇用海、矿产与能源、旅游休闲娱乐、海洋保护、特殊利用、保留等八类海洋功能区。同时，基于自然条件和经济社会发展需求，确定了渤海、黄海、东海、南海及台湾以东海域等五大海区的总体管控要求，将我国管辖海域划分为 29 个重点海域，并确定了重点海域主要功能和开发保护方向。

2015 年 8 月，国务院发布《全国海洋主体功能区规划》。作为《全国主体功能区规划》的重要组成部分，《全国海洋主体功能区规划》是推进形成海洋主体功能区布局的基本依据，是海洋空间开发的基础性和约束性规划。规划范围为我国内水和领海、专属经济区和大陆架及其他管辖海域（不包括港澳台地区）。该规划提出，海洋主体功能区按开发内容可分为产业与城镇建设、农渔业生产、生态环境服务三种功能。依据主体功能，将海洋空间划分为以下四类区域：①优化开发区域，是指现有开发利用强度较高，资源环境约束较强，产业结构亟须调整和优化的海域。②重点开发区域，是指在沿海经济社会发展中具有重要地位，发展潜力较大，资源环境承载能力较强，可以进行高强度集中开发的海域。③限制开发区域，是指以提供海洋水产品为主要功能的海域，包括用于保护海洋渔业资源和海洋生态功能的海域。④禁止开发区域，是指对维护海洋生物多样性，保护典型海洋生态系统具有重要作用的海域，包括海洋自然保护区、领海基点所在岛屿等。《全国海洋主体功能区规划》提出，要针对内水和领海、专属经济区和大陆架及其他管辖海域等的不同特点，根据不同海域资源环境承载能力、现有开发强度和发展潜力，合理确定不同海域主体功能，科学谋划海洋开发，调整开发内容，规范开发秩序，提高开发能力和效率，着力推动海洋开发方式向循环利用型转变，实现可持续开发利用，构建陆海协调、人海和谐的海洋空间开发格局。其中，内水和领海主体功能区可划分为优化开发区域、重点开发区域、限制开发区域、禁止开发区域；专属经济区和大陆架及其他管辖海域划分为重点开发区域和限制开发区域，《全国海洋主体功能区规划》分别对各主体功能区提出了具体管控要求。

《市级国土空间总体规划编制指南（试行）》要求按照主体功能定位和空间治理要求，优化城市功能布局和空间结构，划分一级规划分区和二级规划分区。一级规划分区包括生态保护区、生态控制区、农田保护区，以及城镇发展区、乡村发展区、海洋发展区、矿产能源发展区。其中，海洋发展区可细分为渔业用海区、交通运输用海区、工矿通信用海区、游憩用海区、特殊用海区、海洋预留区六类二级规划分区。

### （二）海岛

**1. 概念内涵**

2009 年 12 月，第十一届全国人民代表大会常务委员会第十二次会议通过的《中华人民共和国海岛保护法》明确，海岛是指四面环海水并在高潮时高于水面的自然形成的陆地区域，包括有居民海岛和无居民海岛。海岛保护是指海岛及其周边海域生态系统保护，无居民海岛自然资源保护和特殊用途海岛保护。无居民海岛属于国家所有，国务院代表国家行使无居民海岛所有权。

**2. 管控要求**

《中华人民共和国海岛保护法》提出国家实行海岛保护规划制度。海岛保护规划是从事海岛保护、利用活动的依据。制定海岛保护规划应当遵循有利于保护和改善海岛及其周边海域生态系统，促进海岛经济社会可持续发展的原则。要求国务院海洋主管部门会同本级人民政府有关部门、军事机关，依据国民经济和社会发展规划、全国海洋功能区划，组织编制全国海岛保护规划，报国务院审批。全国海岛保护规划应当按照海岛的区位、自然资源、环境等自然属性及保护、利用状况，确定海岛分类保护的原则和可利用的无居民海岛，以及需要重点修复的海岛等。全国海岛保护规划应当与全国城镇体系规划和全国土地利用总体规划相衔接。《中华人民共和国海岛保护法》针对海岛保护提出了一般规定、有居民海岛生态系统的保护、无居民海岛的保护、特殊用途海岛的保护等具体管控要求（表4–8）。

　　依据《中华人民共和国海岛保护法》等法律法规、国民经济和社会发展规划、全国海洋功能区划，结合《全国土地利用总体规划纲要（2006—2020年）》、国家海洋事业发展规划等相关规划，2012年4月国务院发布《全国海岛保护规划》。在海岛分类保护方面，提出严格保护特殊用途海岛，主要包括领海基点所在海岛、国防用途海岛、海洋自然保护区内的海岛和有居民海岛的特殊用途区

表 4–8　海岛管控要求

| 类别 | 管控内容 |
| --- | --- |
| 一般规定 | 禁止改变自然保护区内海岛的海岸线。禁止采挖、破坏珊瑚和珊瑚礁。禁止砍伐海岛周边海域的红树林。国家保护海岛植被，促进海岛淡水资源的涵养；支持有居民海岛淡水储存、海水淡化和海岛外淡水引入工程设施的建设。国家支持利用海岛开展科学研究活动。在海岛从事科学研究活动不得造成海岛及其周边海域生态系统破坏。国家开展海岛物种登记，依法保护和管理海岛生物物种。国家支持在海岛建立可再生能源开发利用、生态建设等实验基地。国家安排海岛保护专项资金，用于海岛的保护、生态修复和科学研究活动。国家保护设置在海岛的军事设施，禁止破坏、危害军事设施的行为。国家保护依法设置在海岛的助航导航、测量、气象观测、海洋监测和地震监测等公益设施，禁止损毁或者擅自移动，妨碍其正常使用 |
| 有居民海岛生态系统的保护 | 有居民海岛及其周边海域应当划定禁止开发、限制开发区域，并采取措施保护海岛生物栖息地，防止海岛植被退化和生物多样性降低。在有居民海岛进行工程建设，应当坚持先规划后建设、生态保护设施优先建设或者与工程项目同步建设的原则。进行工程建设造成生态破坏的，应当负责修复；无力修复的，由县级以上人民政府责令停止建设，并可以指定有关部门组织修复，修复费用由造成生态破坏的单位、个人承担。严格限制在有居民海岛沙滩建造建筑物或者设施；确需建造的，应当依照有关城乡规划、土地管理、环境保护等法律、法规的规定执行。未经依法批准在有居民海岛沙滩建造的建筑物或者设施，对海岛及其周边海域生态系统造成严重破坏的，应当依法拆除。严格限制在有居民海岛沙滩采挖海砂；确需采挖的，应当依照有关海域使用管理、矿产资源相关的法律法规执行。严格限制填海、围海等改变有居民海岛海岸线的行为，严格限制填海连岛工程建设；确需填海、围海改变海岛海岸线，或者填海连岛的，项目申请人应当提交项目论证报告、经批准的环境影响评价报告等申请文件，依照《中华人民共和国海域使用管理法》的规定报经批准 |

| 类别 | 管控内容 |
|---|---|
| 无居民海岛的保护 | 未经批准利用的无居民海岛，应当维持现状；禁止采石、挖海砂、采伐林木以及进行生产、建设、旅游等活动。严格限制在无居民海岛采集生物和非生物样本；因教学、科学研究确需采集的，应当报经海岛所在县级以上地方人民政府海洋主管部门批准。从事《全国海岛保护规划》确定的可利用无居民海岛的开发利用活动，应当遵守可利用无居民海岛保护和利用规划，采取严格的生态保护措施，避免造成海岛及其周边海域生态系统破坏。无居民海岛的开发利用涉及利用特殊用途海岛，或者确需填海连岛以及其他严重改变海岛自然地形、地貌的，由国务院审批。经批准在可利用无居民海岛建造建筑物或者设施，应当按照可利用无居民海岛保护和利用规划限制建筑物、设施的建设总量、高度以及与海岸线的距离，使其与周围植被和景观相协调。无居民海岛利用过程中产生的废水，应当按照规定进行处理和排放。无居民海岛利用过程中产生的固体废物，应当按照规定进行无害化处理、处置，禁止在无居民海岛进行弃置或者向其周边海域倾倒。临时性利用无居民海岛的，不得在所利用的海岛建造永久性建筑物或者设施。在依法确定为开展旅游活动的可利用无居民海岛及其周边海域，不得建造居民定居场所，不得从事生产性养殖活动；已经存在生产性养殖活动的，应当在编制可利用无居民海岛保护和利用规划中确定相应的污染防治措施 |
| 特殊用途海岛的保护 | 国家对领海基点所在海岛、国防用途海岛、海洋自然保护区内的海岛等具有特殊用途或者特殊保护价值的海岛，实行特别保护。领海基点所在的海岛，禁止进行工程建设以及其他可能改变该区域地形、地貌的活动。确需进行以保护领海基点为目的的工程建设的，应当经过科学论证，报国务院海洋主管部门同意后依法办理审批手续。禁止破坏国防用途无居民海岛的自然地形、地貌和有居民海岛国防用途区域及其周边的地形、地貌。禁止将国防用途无居民海岛用于与国防无关的目的。国务院、国务院有关部门和沿海省、自治区、直辖市人民政府，根据海岛自然资源、自然景观以及历史、人文遗迹保护的需要，对具有特殊保护价值的海岛及其周边海域，依法批准设立海洋自然保护区或者海洋特别保护区 |

域等；加强有居民海岛生态保护，保护海岛沙滩、植被、淡水、珍稀动植物及其栖息地，优化开发利用方式，改善海岛人居环境；适度利用无居民海岛，按照无居民海岛的主导用途，分别提出海岛保护的总体要求。在海岛分区保护方面，依据海岛分布的紧密性、生态功能的相关性、属地管理的便捷性，结合国家及地方发展的区划与规划，立足海岛保护工作的需要，注重区内的统一性和区间的差异性，将我国海岛分为黄渤海区、东海区、南海区和港澳台区四个一级区进行保护。为保障《全国海岛保护规划》目标的实现，解决海岛开发、建设、保护中的重大问题，在规划期内，组织实施海岛资源和生态调查评估、海岛典型生态系统和物种多样性保护、领海基点海岛保护等十项重点工程。

### （三）海岸线

**1. 概念内涵**

海岸线是陆域和海域的分界线，具有重要的资源价值和生态功能，严格保护海洋岸线是实施海洋生态空间用途管制的重要举措。海岸线可分为自然岸线和人工岸线两大类，其中自然岸线是指砂质岸线、淤泥质岸线、基岩岸线、生物岸线等原生海岸线，以及整治修复后具有自然海岸形态特征和生态功能的海岸线[①]；人工岸线是指由永久性人工构筑物组成的岸线。研究发现，从 1940 年到 2020 年的 80 年间，我国大陆自然岸线长度已由 15 000 千米骤降到 6 000 千米，人工岸线的长度则由 3 000 千米增至 13 000 千米，成为我国大陆海岸线的主要类型（单之蔷，2020）。人工岸线不仅会隔离陆地和海洋的物质交换，还可能造成更严重的海洋灾害问题，实施针对海洋岸线的用途管制刻不容缓。

**2. 管控要求**

（1）分级管控

《海岸线保护与利用管理办法》提出，"根据海岸线自然资源条件和开发程度，分为严格保护、限制开发和优化利用三个类别"。其中，严格保护岸线是指自然形态保持完好、生态功能与资源价值显著的自然岸线，主要包括优质沙滩、典型地质地貌景观、重要滨海湿地、红树林、珊瑚礁等所在海岸线；限制开发岸线是指自然形态保持基本完整、生态功能与资源价值较好、开发利用程度较低的海岸线；优化利用岸线是指人工化程度较高、海岸防护与开发利用条件较好的海岸线，主要包括工业与城镇、港口航运设施等所在岸线。

沿海各地应根据保护强度的不同，对海洋岸线实施严格化分级管控措施。对于严格保护岸线，应按生态保护红线的有关要求划定，由省级人民政府发布本行政区域内严格保护岸段名录，明确保护边界并设立保护标识，除国防安全需要外禁止在严格保护岸线的保护范围内实施损害海岸地形地貌和生态环境的活动。对于限制开发岸线，应严格控制改变海岸自然形态和影响海岸生态功能的开发利用活动，预留未来发展空间，严格海域使用审批。对于优化利用岸线，

---

① 《市级国土空间总体规划编制指南（试行）》（2020 年）。

应集中布局确需占用海岸线的建设项目，严格控制占用岸线长度，提高投资强度和利用效率，优化海岸线开发利用格局。

（2）分类管控

除分级管控外，沿海各地还可根据地区实际情况，按照海洋岸线的基本功能划分保护利用类型，包括生态保护岸线、农渔业岸线、港口岸线、城镇岸线、工业岸线、旅游娱乐岸线等，并针对不同类型的海洋岸线制定差异化、精细化的保护和利用措施。例如，对于生态保护岸线，要严格保护和生态修复，禁止破坏和改变海岸自然属性；对于农渔业岸线，要合理控制捕捞强度，保护重点渔场资源，保障沿海农业生产空间；对于港口航运岸线，要实施统一管理和重点调控，提高港口岸线的使用效率和综合效益；对于城镇工业岸线，要重点引进产业链长、带动力强且确需使用岸线资源的临港（海）项目，严格把关项目准入和污染物排放量，合理布局生产和生活空间，促进港城产一体化发展；对于旅游娱乐岸线，要对旅游资源实施严格保护、合理开发和可持续利用，注重海岸景观效应。专栏4–5反映了广东省和浙江省海洋岸线用途管制的实践探索情况。

---

**专栏4–5 海洋岸线用途管制实践探索**

海洋岸线用途管制实践一般将分级管控和分类管控相结合。例如，《广东省海岸带综合保护与利用总体规划》提出，将全省4 114千米海岸线划分为484段，构建分级分类管控体系，对海岸线及其两侧保护与利用实施网格化管理（表4–9）。

表4–9 《广东省海岸带综合保护与利用规划》海岸线分级分类管控体系

| | |
|---|---|
| 优化利用岸线 | 港口航运类 |
| | 城镇工业类 |
| | 旅游娱乐类 |
| | 农渔业类 |
| | 其他类 |
| 限制开发岸线 | 旅游娱乐类 |
| | 农渔业类 |
| | 其他类 |
| 严格保护岸线 | |

海洋岸线的用途管制还可以与围填海控制等其他用途管制方向相结合。例如，《浙江省海岸线保护与利用规划》提出，以保护等级和围填海控制双指标，明确海岸线保护要求，规范开发程度和利用方式，提升海岸线利用的管控能力。其中，海洋岸线按照保护等级规范其开发程度和方式；围填海是影响较大的海岸线开发利用方式，分为禁止占用海岸线围填海、限制占用海岸线围填海和可占用海岸线围填海三个类别，两者之间有一定联系。一般而言，严格保护岸段禁止围填海活动，限制开发岸段禁止规模化围填海活动（表4-10）。

表4-10 《浙江省海岸线保护与利用规划》海岸线管控与围填海控制的关系

|  | 严格保护岸线 | 限制开发岸线 | 优化利用岸线 |
|---|---|---|---|
| 禁围填海 | 严格保护岸段，禁止围填海 | 环境条件敏感的限制开发岸段禁止围填海 |  |
| 限围填海 |  | 环境条件允许且有少量围填海需求的限制开发岸段允许少量围填海 | 环境条件允许且开发方式以规模构筑物为主的优化利用岸段允许少量围填海 |
| 可围填海 |  |  | 环境条件宽松且开发方式以围填海为主的优化利用岸段允许规模围填海 |

## 四、林地、草原与湿地管控

### （一）林地管控

《中华人民共和国森林法》（2019年修订）明确林地和林地上的森林、林木的所有权、使用权，由不动产登记机构统一登记造册，核发证书。国家实行天然林全面保护制度，严格限制天然林采伐，加强天然林管护能力建设，保护和修复天然林资源，逐步提高天然林生态功能。国家保护林地，严格控制林地转为非林地，实行占用林地总量控制，确保林地保有量不减少。各类建设项目占用林地不得超过本行政区域的占用林地总量控制指标。矿藏勘查、开采以及其他各类工程建设，应当不占或者少占林地；确需占用林地的，应当经县级以上人民政府林业主管部门审核同意，依法办理建设用地审批手续。国家根据生态保护的需要，将森林生态区位重要或者生态状况脆弱、以发挥生态效益为主要目的的林地和林地上的森林划定为公益林，国家对公益林实施严格保护。《中华人民共和国森林法实施条例》（2018 年修订）明确国家依法实行森林、林木和林地登记发证制度，依法登记的森林、林木和林地的所有权、使用权受法律保护。林地包括郁闭度 0.2 以上的乔木林地以及竹林地、灌木林地、疏林地、采伐迹地、火烧迹地、未成林造林地、苗圃地和县级以上人民政府规划的宜林地。依法使用的国家所有的森林、林木和林地，按照规定登记。勘查、开采矿藏和修建道路、水利、电力、通信等工程，需要占用或者征收、征用林地的，用地单位应当向县级以上人民政府林业主管部门提出用地申请，经审核同意后，按照国家规定的标准预交森林植被恢复费，领取使用林地审核同意书。用地单位凭使用林地审核同意书依法办理建设用地审批手续。需要临时占用林地的，应当经县级以上人民政府林业主管部门批准。25°以上的坡地应当用于植树、种草；25°以上的坡耕地应当按照当地人民政府制定的规划，逐步退耕，植树和种草。

（二）草原管控

《中华人民共和国草原法》（2021 年修订）明确草原包括天然草原和人工草地，依法登记的草原所有权和使用权受法律保护。进行矿藏开采和工程建设，应当不占或者少占草原；确需征收、征用或者使用草原的，必须经省级以上人民政府草原行政主管部门审核同意后，依照有关土地管理的法律、行政法规办理建设用地审批手续。需要临时占用草原的，应当经县级以上地方人民政府草原行政主管部门审核同意。临时占用草原的期限不得超过两年，并不得在临时占用的草原上修建永久性建筑物、构筑物；占用期满，用地单位必须恢复草原植被并及时退还。国家实行基本草原保护制度。基本草原包括重要放牧场，割草地，用于畜牧业生产的人工草地、退耕还草地以及改良草地、草种基地，对调节气候、涵养水源、保持水土、防风固沙具有特殊作用的草原，作为国家重点保护野生动植物生存环境的草原，草原科研、教学试验基地，国务院规定应当划为基本草原的其他草原。禁止在荒漠、半荒漠和严重退化、沙化、盐碱化、石漠化、水土流失的草原以及生态脆弱区的草原上采挖植物和从事破坏草原植被的其他活动。在草原上从事采土、采砂、采石等作业活动，应当报县级人民政府草原行政主管部门批准；开采矿产资源的，并应当依法办理有关手续。在草原上开展经营性旅游活动，应当符合有关草原保护、建设、利用规划，并不得侵犯草原所有者、使用者和承包经营者的合法权益，不得破坏草原植被。

（三）湿地管控

《中华人民共和国湿地保护法》（2021年修订）明确湿地是指具有显著生态功能的自然或者人工的、常年或者季节性积水地带、水域，包括低潮时水深不超过六米的海域，但是水田以及用于养殖的人工的水域和滩涂除外。国家对湿地实行分级管理及名录制度。国家实行湿地面积总量管控制度，将湿地面积总量管控目标纳入湿地保护目标责任制。国务院林业草原、自然资源主管部门会同国务院有关部门根据全国湿地资源状况、自然变化情况和湿地面积总量管控要求，确定全国和各省、自治区、直辖市湿地面积总量管控目标，报国务院批准。地方各级人民政府应当采取有效措施，落实湿地面积总量管控目标的要求。国家对湿地实行分级管理，分为重要湿地和一般湿地。重要湿地包括国家重要湿地和省级重要湿地，重要湿地以外的湿地为一般湿地。重要湿地依法划入生态保护红线。国家严格控制占用湿地。禁止占用国家重要湿地，但国家重大项目、防灾减灾项目、重要水利及保护设施项目、湿地保护项目等除外。建设项目选址、选线应当避让湿地，无法避让的应当尽量减少占用，并采取必要措施减轻对湿地生态功能的不利影响。建设项目规划选址、选线审批或者核准时，涉及国家重要湿地的，应当征求国务院林业草原主管部门的意见；涉及省级重要湿地或者一般湿地的，应当按照管理权限，征求县级以上地方人民政府授权部门的意见。建设项目确需临时占用湿地的，应当依照《中华人民共和国土地管理法》《中华人民共和国水法》《中华人民共和国森林法》《中华人民共和国草原法》《中华人民共和国海域使用管理法》等有关法律法规的规定办理。临时占用湿地的期限一般不得超过两年，并不得在临时占用的湿地上修建永久性建筑物。临时占用湿地期满后一年内，用地单位或者个人应当恢复湿地面积和生态条件。红树林湿地应当列入重要湿地名录；符合《国家重要湿地确定指标》（GB/T 26535—2011）的，应当优先列入国家重要湿地名录。禁止占用红树林湿地；禁止在红树林湿地挖塘；禁止采伐、采挖、移植红树林或者过度采摘红树林种子；禁止投放、种植危害红树林生长的物种。符合重要湿地标准的泥炭沼泽湿地，应当列入重要湿地名录。禁止在泥炭沼泽湿地开采泥炭或者擅自开采地下水；禁止将泥炭沼泽湿地蓄水向外排放，但因防灾减灾需要的除外。

## 五、水资源管理与河湖岸线管控

### （一）水资源管控

《中华人民共和国水法》（2016 年修订）明确水资源包括地表水和地下水。国家对用水实行总量控制和定额管理相结合的制度。直接从江河、湖泊或者地下取用水资源的单位和个人，应当按照国家取水许可制度和水资源有偿使用制度的规定，向水行政主管部门或者流域管理机构申请领取取水许可证，并缴纳水资源费，取得取水权。但是家庭生活和零星散养、圈养畜禽饮用等少量取水的除外。用水应当计量，并按照批准的用水计划用水。国家建立饮用水水源保护区制度。禁止在饮用水水源保护区内设置排污口。在江河、湖泊新建、改建或者扩大排污口，应当经过有管辖权的水行政主管部门或者流域管理机构同意，由环境保护行政主管部门负责对该建设项目的环境影响报告书进行审批。在地下水超采地区，县级以上地方人民政府应当采取措施，严格控制开采地下水。在地下水严重超采地区，经省、自治区、直辖市人民政府批准，可以划定地下水禁止开采或者限制开采区。在沿海地区开采地下水，应当经过科学论证，并采取措施，防止地面沉降和海水入侵。禁止在江河、湖泊、水库、运河、渠道内弃置、堆放阻碍行洪的物体和种植阻碍行洪的林木及高秆作物。禁止在河道管理范围内建设妨碍行洪的建筑物、构筑物，以及从事影响河势稳定、危害河岸堤防安全和其他妨碍河道行洪的活动。国家实行河道采砂许可制度。在河道管理范围内采砂，影响河势稳定或者危及堤防安全的，有关县级以上人民政府水行政主管部门应当划定禁采区和规定禁采期，并予以公告。禁止围湖造地。

已经围垦的，应当按照国家规定的防洪标准有计划地退地还湖。禁止围垦河道。确需围垦的，应当经过科学论证，经省、自治区、直辖市人民政府水行政主管部门或者国务院水行政主管部门同意后，报本级人民政府批准。国家对水工程实施保护。在水工程保护范围内，禁止从事影响水工程运行和危害水工程安全的爆破、打井、采石、取土等活动。

### （二）河湖岸线管控

#### 1. 河湖岸线概念

河湖岸线是指河流两侧、湖泊周边一定范围内水陆相交（通常指外缘控制线和临水控制线之间）的带状区域，是河流、湖泊自然生态空间的重要组成部分。河湖岸线控制线是指沿河流水流方向或湖泊沿岸周边为加强岸线资源的保护和合理开发而划定的管理控制线。岸线既具有行洪、调节水流和维护河流（湖泊）健康的自然生态功能属性，同时在一定情况下，也具有开发利用价值的资源功能属性[①]。

#### 2. 河湖岸线管控方法

（1）分级管控

河湖岸线控制线分为临水控制线和外缘控制线。临水控制线是指为稳定河势、保障河道行洪安全和维护河流健康生命的基本要求，在河岸的临水一侧顺水流方向或湖泊沿岸周边临水一侧划定的管理控制线。外缘控制线是指岸线资源保护和管理的外缘边界线，一般以河（湖）堤防工程背水侧管理范围的外边线作为外缘控制线，对无堤段河道以设计洪水位与岸边的交界线作为外缘控制线[②]。通常规定，要对划定的临水边界线和外缘边界线分别提出针对现状及规划建设项目的岸线保护要求和开发利用的制约条件、准入标准等。任何进入外缘控制边界线以内岸线区域的开发利用行为都必须符合岸线功能区划的规定及管理要求，且原则上不得逾越临水控制边界线。

---

① 水利部《河湖岸线保护与利用规划编制指南（试行）》（2019 年）。
② 水利部《河湖岸线保护与利用规划编制指南（试行）》（2019 年）。

---

**专栏 4-6　河湖岸线管控的部分政策规定**

《城市蓝线管理办法》规定："在城市蓝线内禁止下列活动：①违反城市蓝线保护和控制要求的建设活动，②擅自填埋、占用城市蓝线内水域，③影响水系安全的爆破、采石、取土，④擅自建设各类排污设施，⑤其他对城市水系保护构成破坏的活动。"

《防洪法》规定："禁止在河道、湖泊管理范围内建设妨碍行洪的建筑物、构筑物，倾倒垃圾、渣土，从事影响河势稳定、危害河岸堤防安全和其他妨碍河道行洪的活动。禁止在行洪河道内种植阻碍行洪的林木和高秆作物。"

《河道管理条例》规定："在河道管理范围内，禁止修建围堤、阻水渠道、阻水道路；种植高秆农作物、芦苇、杞柳、荻柴和树木（堤防防护林除外）；设置拦河渔具；弃置矿渣、石渣、煤灰、泥土、垃圾等。在堤防和护堤地，禁止建房、放牧、开渠、打井、挖窖、葬坟、晒粮、存放物料、开采地下资源、进行考古发掘以及开展集市贸易活动。禁止围湖造田。已经围垦的，应当按照国家规定的防洪标准进行治理，逐步退田还湖。湖泊的开发利用规划必须经河道主管机关审查同意。"

---

（2）分区管控

根据河湖岸线的自然属性、经济社会功能属性以及保护和利用要求划定不同功能定位的区段，可分为岸线保护区、岸线保留区、岸线控制利用区和岸线开发利用区等岸线功能区。

岸线保护区是指岸线开发利用可能对防洪安全、河势稳定、供水安全、生态环境、重要枢纽和涉水工程安全等有明显不利影响的岸段。应当坚持保护优先的原则，河道治理应当尊重河流自然属性，维护河流自然形态，在保障防洪安全前提下优先采用生态工程治理措施。原则上禁止一切对河势安全与生态环境保护不利的开发利用行为，切实加强监督管理，对已侵占的岸线要限期予以恢复。

岸线保留区是指规划期内暂时不宜开发利用或者尚不具备开发利用条件、

为生态保护预留的岸段。应充分兼顾将来经济社会发展需求，为远期发展预留空间，做到远近结合、持续发展。原则上不应进行岸线开发利用活动，因经济社会发展确需利用保留区的，应经过充分论证，并按照有关法律法规履行相关水行政许可手续方可开发利用。

岸线控制利用区是指岸线开发利用程度较高，或开发利用对防洪安全、河势稳定、供水安全、生态环境可能造成一定影响，需要控制其开发利用强度、调整开发利用方式或开发利用用途的岸段。现状可能对防洪安全、河势稳定、供水安全、生态环境造成影响的河段，须调整其开发利用方式或开发利用用途；严格控制新增开发利用项目的数量和类型，合理控制整体开发规模和强度；新建和改扩建项目必须严格论证，不得加大对防洪安全、河势稳定、供水安全、航道稳定的累计不利影响。

岸线开发利用区是指河势基本稳定、岸线利用条件较好，岸线开发利用对防洪安全、河势稳定、供水安全以及生态环境影响较小的岸段。岸线开发利用区内的建设项目立项须符合岸线规划管控要求，严禁建设与规划不符的项目，须符合依法批准的流域综合规划、城市总体规划、土地利用规划、航运发展规划等；坚持"深水深用、浅水浅用"，优化贴岸企业布局，减少岸线多占少用和占而不用现象，推进岸线效益最大化[①]。

## 六、自然保护地管控

2019年中共中央办公厅、国务院办公厅印发的《关于建立以国家公园为主体的自然保护地体系的指导意见》，明确指出新时代我国的自然保护地体系由国家公园、自然保护区和自然公园组成。以此为基础，通过生态保护红线进一步完善自然保护地用途管制办法，优化国土空间与生态安全格局，是国土空间开发保护制度的重要组成。在国土空间规划体系改革前，主要分为生态保护红线和一般生态空间进行分区管控，其中生态保护红线可按禁止建设区严格管控，一般生态空间按限制建设区管理；体系改革后，生态红线范围内的区域按生态

---

① 水利部《河湖岸线保护与利用规划编制指南（试行）》（2019年）。

保护区管理，风景名胜区部分属一般生态空间的区域则按生态控制区管理。

### （一）国家公园

**1. 概念内涵**

国家公园作为我国生态价值和保护强度最高的区域，是以保护具有国家代表性的自然生态系统为主要目的，实现自然资源科学保护和合理利用的特定陆域或海域，是我国自然生态系统中最重要、自然景观最独特、自然遗产最精华、生物多样性最富集的部分[①]。自 2015 年，中央先后印发了《建立国家公园体制试点方案》《关于建立以国家公园为主体的自然保护地体系的指导意见》等重要文件，2021 年 10 月，中国正式设立五处第一批国家公园，标志着以国家公园为主体的自然保护地体系建设进入新阶段。

**2. 管控要求**

《国家公园总体规划技术规范》（GB/T 39736—2020）明确了"国家公园管控区"的概念，分为核心保护区和一般控制区。核心保护区原则上禁止人为活动，一般控制区的管控具体执行生态保护红线的相关要求。为实施专业化、精细化管理，可在管控区的基础上根据管理目标进一步划分为严格保护区、生态保育区、传统利用区、科教游憩区、服务保障区五类功能区，据此提出差异化用途管制要求，制定规模控制要求及用地转用规则，指引用地结构优化。

### （二）自然保护区

**1. 概念内涵**

作为我国建立时间最早的自然保护地类型，自然保护区是保护典型的自然生态系统、珍稀濒危野生动植物种的天然集中分布区、有特殊意义的自然遗迹的区域。自然保护区具有较大面积，确保主要保护对象安全，维持和恢复珍稀濒危野生动植物种群数量及赖以生存的栖息环境，对于我国自然资源

---

① 中共中央办公厅、国务院办公厅印发的《关于建立以国家公园为主体的自然保护地体系的指导意见》（2019 年）。

的保护具有特殊意义①。与其他几类自然保护地相比，自然保护区受人类活动和建设行为的影响普遍较小，开发强度较弱，也是以自然资源保护为最根本、最直接目标的区域，应该实施最为精准、全面、严格的用途管制措施。

**2. 管控要求**

传统的自然保护区管制分区采用功能分区方法。根据《中华人民共和国自然保护区条例》《自然保护区总体规划技术规程》《自然保护区功能区划技术规程》，在保护管理与用途管控中，主要采用"核心区—缓冲区—实验区"的三区圈层式划分方法。在此基础上，根据不同区划保护强度与对象的需要，确定差异化建设和保护要求。2020年，自然资源部、国家林业和草原局发布《自然资源部　国家林业和草原局关于做好自然保护区范围及功能分区优化调整前期有关工作的函》，对管制分区的调整办法做出了细化规定，提出将自然保护区原核心区、缓冲区、实验区转为核心保护区和一般控制区（表4–11）。核心保护区原则上禁止人为活动，一般控制区的管控具体执行生态保护红线的相关要求。

**表 4–11　自然保护区分区调整**

| 原分区 | 新分区 | 调整范围 |
|---|---|---|
| 核心区 | 核心保护区 | 包括原核心区和缓冲区，以及原实验区内无人为活动且具有重要保护价值的区域，特别是国家和省级重点保护野生动植物分布的关键区域、生态廊道的重要节点、重要自然遗迹 |
| 缓冲区 | | |
| 实验区 | 一般控制区 | 包括除划入核心保护区的原实验区，以及原核心区和缓冲区内存在以下情况的区域：自然保护区设立之前就存在的合法水利水电等设施；历史文化名村、少数民族特色村寨和重要人文景观合法建筑，包括有历史文化价值的遗址遗迹、寺庙、名人故居、纪念馆等有纪念意义的场所 |

**（三）自然公园**

**1. 概念内涵**

自然公园是保护重要的自然生态系统、自然遗迹和自然景观，具有生态、

---

① 中共中央办公厅、国务院办公厅印发的《关于建立以国家公园为主体的自然保护地体系的指导意见》（2019年）。

观赏、文化和科学价值，可持续利用的区域。自然公园确保森林、海洋、湿地、水域、冰川、草原、生物等珍贵自然资源，以及所承载的景观、地质地貌和文化多样性得到有效保护。包括森林公园、地质公园、海洋公园、湿地公园等各类自然公园[①]。

**2. 管控要求**

根据《关于建立以国家公园为主体的自然保护地体系的指导意见》，自然公园原则上按一般控制区管理，限制人为活动。由于自然公园是在当前以国家公园为主体的自然保护地体系基础上建立的，生态价值和保护强度较国家公园和自然保护区稍低，因此有关自然公园的用途管制制度尚未明确。但自然公园属于生态保护红线涵盖区域，其管控总体原则应符合生态红线管理的相关规定，具体各类自然公园的相关管制体系、管理模式和逻辑主要沿用改革前森林公园、湿地公园、海洋公园等各类专业自然公园的管理办法，根据自然资源要素的不同而各有侧重。

## 七、历史文化保护区管控

### （一）历史文化保护区概念

历史文化保护区的保护对象主要包括历史文化名城、名镇、名村（传统村落）、街区和不可移动文物、历史建筑、历史地段，与工业遗产、农业文化遗产、灌溉工程遗产、非物质文化遗产、地名文化遗产等共同构成的有机整体[②]。历史文化保护区的划定与管控理应与各层级国土空间规划合理衔接，从文物部门一家的工作要求变成城市经济建设的整体部署。《市级国土空间总体规划编制指南（试行）》要求，挖掘本地历史文化资源，梳理市域历史文化遗产保护名录，明确和整合历史文化遗存的保护范围，统筹划定包括城市紫线在内的各类历史

---

[①] 中共中央办公厅、国务院办公厅印发的《关于建立以国家公园为主体的自然保护地体系的指导意见》（2019年）。

[②] 中共中央办公厅、国务院办公厅印发的《关于在城乡建设中加强历史文化保护传承的意见》（2021年）。

文化保护线，合理管控历史文化保护区。

　　1982 年，"历史文化名城"制度正式确立；1986 年，"历史街区"被纳入历史文化名城保护体系；2005 年，《历史文化名城保护规范》正式明确了"历史城区"概念，开始关注城市格局及传统风貌的保持与延续；2012 年，全国范围的历史文化名城大检查引发了遗产保护工作者对"重点保护"思路的反思，关注点开始从"历史纪念物"转向"活的遗产"，逐渐形成了历史城区"整体性"和"关联性"保护的共识。随后，《关于加强文物保护利用改革的若干意见》《历史文化名城保护规划标准》《中共中央 国务院关于建立国土空间规划体系并监督实施的若干意见》《关于在国土空间规划编制和实施中加强历史文化遗产保护管理的指导意见》等一系列文件颁布，提出了更为宽泛的"历史文化空间"概念，并将文物保护利用、文化遗产保护管理等内容纳入了国土空间规划的编制和实施要求中，而历史城区保护性详细规划作为历史城市国土空间规划"五级三类"中的重要组成部分，是落实国家战略目标与实施空间管制的重要单元。因此，如何重新认识历史文化保护区的整体特色，如何界定保护的"潜在空间"和"关联空间"并将其纳入管控体系，如何划定管理单元以更好地服务规划实施，都是历史文化保护区用途管制所面临的新挑战。

### （二）历史文化保护区管控要求

#### 1. 严格历史文化保护相关区域用途管制和规划许可

　　经依法批准的详细规划是各类开发建设活动的依据，不得以历史文化遗产保护利用设计方案、实施方案等取代详细规划实施规划许可。自然资源主管部门严格依据详细规划，细化落实历史文化遗产保护利用的用途管制要求，依法核发建设项目用地预审与选址意见书、建设用地规划许可证、建设工程规划许可证和乡村建设规划许可证，并按程序予以规划核实。坚持先规划后建设的原则，实施城市更新和乡村振兴行动，防止大拆大建破坏文物等各类历史文化遗存本体及其环境的行为，严禁违反规划或擅自调整规划在历史文化名城、名镇、名村相关区域建设高层建筑、大型雕塑等高大构筑物。文物保护单位的保护范围和建设控制地带内进行建设工程，应依法履行批准手续，并及时纳入国土空间规划"一张图"监管。

### 2. 健全"先考古，后出让"政策机制

经文物主管部门核定可能存在历史文化遗存的土地，要实行"先考古、后出让"制度，在依法完成考古调查、勘探、发掘前，原则上不予收储入库或出让。具体空间范围由文物主管部门商自然资源主管部门确定。在文物主管部门完成考古工作，认定确需依法保护的文物，并提出具体保护要求后，自然资源主管部门在国土空间规划编制、土地出让中落实。暂不具备考古前置条件的，文物主管部门应在土地出让前完成考古工作。

### 3. 促进历史文化遗产活化利用

在不对生态功能造成破坏的前提下，允许在生态保护红线内、自然保护地核心保护区外，开展经依法批准的考古调查、勘探、发掘和文物保护活动，以及适度的参观旅游和相关必要的公共设施建设，促进文化和自然遗产的合理利用。各地自然资源主管部门对国家考古遗址公园建设等重大历史文化遗产保护利用项目的合理用地需求应予保障。考古和文物保护工地建设临时性文物保护设施、工地安全设施、后勤设施的，可按临时用地规范管理。鼓励各地自然资源主管部门商文物主管部门结合实际探索历史风貌分类管控机制，研究制定引导历史文化遗产合理利用的规划、土地等支持政策。

### 4. 加强监督管理

各级自然资源主管部门、文物主管部门应建立协调机制，增强工作联动，将历史文化遗产保护纳入国土空间规划实施监督体系，有关执行情况纳入城市体检评估和自然资源执法监督范围。对违反国土空间规划约束性指标和刚性管控要求审批专项规划，违反详细规划核发规划许可，未取得规划许可实施新建、改建、扩建工程，以及随意拆建造成对历史文化遗存本体及环境破坏等行为，依法依规严肃处理[①]。

---

① 《自然资源部 国家文物局关于在国土空间规划编制和实施中加强历史文化遗产保护管理的指导意见》（2021 年）。

## 八、地下空间管控

### （一）地下空间概念及分类

#### 1. 概念内涵

《中共中央 国务院关于建立国土空间规划体系并监督实施的若干意见》提出：国土空间覆盖陆海全域、涵盖各类空间资源。同时要统筹和综合平衡各相关专项领域的空间需求，统筹地上地下空间综合利用。要统筹国土空间的整体格局，必须充分认识国土空间在保护、开发、修复过程中的立体复合关系。国土空间用途管制的最终目的是对空间单元进行综合治理。因为空间的立体复合关系，地下空间要素的管控失序，会对地表空间要素造成重大的影响；忽略地上地下的权属交织关系，会阻碍综合治理的实施进程（肖达等，2021）。构建包含多种管制手段的国土空间用途管制制度，关键点之一就在于加强地下空间用途管制，实现地上地下空间资源的统筹利用（林坚等，2019）。

地下空间有广义和狭义两种概念。广义的地下空间是相对于以空气为介质的地面以上空间即地上空间而言的，指岩土和地下水为介质的地面以下空间。狭义的地下空间，是指在地面以下的岩层或土层中天然形成或经过人工开发形成的，可用于满足人类社会生产、生活需求的空间。广义地下空间更多是从潜在资源角度定义的，狭义地下空间更多是从可供人类利用的实际空间角度定义的（王曦、刘松玉，2014）。因此，地下空间管制也可以划分为两类：一类聚焦与矿产有关的大尺度地下空间；另一类关注城市内部的地下空间。

#### 2. 城市地下空间的分类

为履行统一行使全民所有自然资源资产所有者、统一行使所有国土空间用途管制和生态保护修复、统一调查和确权登记、建立"多规合一"的国土空间规划体系并监督实施等职责，2020 年 11 月自然资源部发布《国土空间调查、规划、用途管制用地用海分类指南（试行）》（自然资办发〔2020〕51 号）。用地用海分类采用三级分类体系，共设置 24 种一级类、106 种二级类及 39 种三级类（专栏 4-4）。地下空间用途分类的表达方式，应对照三级分类体系的用地类型并在其代码前增加"UG"字样（同时删除"用地"字样），表达对应设施所属的用途；当地下空间用途出现上述三级分类体系中未列出的用途类型时，应符合对地下空间用途补充分类及其名称、代码和含义的规定（表4-12）。

**表4-12　地下空间用途补充分类及其名称、代码和含义**

| 代码 | 名称 | 含义 |
| --- | --- | --- |
| **UG12** | 地下交通运输设施 | 指地下道路设施、地下轨道交通设施、地下公共人行通道、地下交通场站、地下停车设施等 |
| UG1210 | 地下人行通道 | 指地下人行通道及其配套设施 |
| **UG13** | 地下公用设施 | 指利用地下空间实现城市给水、供电、供气、供热、通信、排水、环卫等市政公用功能的设施，包括地下市政场站、地下市政管线、地下市政管廊和其他地下市政公用设施 |
| UG1314 | 地下市政管线 | 指地下电力管线、通信管线、燃气配气管线、再生水管线、给水配水管线、热力管线、燃气输气管线、给水输水管线、污水管线、雨水管线等 |
| UG1315 | 地下市政管廊 | 指用于统筹设置地下市政管线的空间和廊道，包括电缆隧道等专业管廊、综合管廊和其他市政管沟 |
| **UG25** | 地下人民防空设施 | 指地下通信指挥工程、医疗救护工程、防空专业队工程、人员掩蔽工程等设施 |
| **UG26** | 其他地下设施 | 指除以上之外的地下设施 |

### （二）城市地下空间开发管制要求的地方实践

城市地下空间利用应遵循分层利用、由浅入深的原则，成都市等地对城市地下空间用途管制进行了实践探索（专栏4-7）。

---

**专栏4-7　成都市地下空间用途管制实践探索**

为加强地下空间的开发管理，保障相关权利人合法权益，促进资源集约利用，提升城市综合承载能力，2022年3月31日四川省第十三届人民代表大会常务委员会第三十四次会议批准通过《成都市地下空间开发利用管理条例》（本专栏以下简称《条例》）。

《条例》提出要通过地下空间普查明确适宜建设、限制建设和禁止建设的范围，编制国土空间总体规划，明确地下空间规划的总体原则和目标，提出地下空间开发利用的总体布局和管控要求。《条例》规定地下空间应当优先用于布局地下交通、应急防灾、人民防空、环境保护等城市基础设施和公共服务设施；可以布局商业、工业、仓储、物流设施等项目；禁止布局住宅、学校、托幼、养老等项目。在用地管理方面，《条例》要求开发利用地下空间应当依法取得地下空间建设用地使用权，单建式地下空间单独取得地下空间建设用地使用权，同一主体开发的结建式地下空间应当随其地表建筑一并取得地下空间建设用地使用权。规划和自然资源、住建主管部门应当依法核定地下空间规划条件、建设条件，并将其纳入地下空间土地出让方案一并公告。规划条件应当明确地下空间建设项目位置、规划用途、水平投影范围、竖向高程、建筑面积、公建配套要求、出入口和连通方式的设置要求等内容。建设条件应当对地下空间建设项目提出轨道交通沿线保护、地下空间配建、人民防空、公建配套、绿色建筑等要求。开发利用地下空间的，不得影响地表建筑物、构筑物使用安全和农作物生长。造成影响的，应当及时消除影响并依法予以补偿。在建设管理方面，《条例》明确地下空间建设应当依法办理规划许可和施工许可。禁止擅自进行地下空间建设。

# 第五节　自然资源管理其他规定

## 一、不动产登记与自然资源确权登记

### （一）不动产统一登记规定

为整合不动产登记职责，规范登记行为，方便群众申请登记，保护权利人合法权益，2014 年 11 月 24 日，国务院发布《不动产登记暂行条例》（以下简写为《条例》）。2019 年 3 月 24 日，根据中华人民共和国国务院令第 710 号《国务院关于修改部分行政法规的决定》进行第一次修订。

《条例》明确国家实行不动产统一登记制度。不动产登记是指不动产登记机构依法将不动产权利归属和其他法定事项记载于不动产登记簿的行为，包括首次登记、变更登记、转移登记、注销登记、更正登记、异议登记、预告登记、查封登记等。不动产包括土地、海域以及房屋、林木等定着物。应当依照本条例规定办理登记的不动产权利包括集体土地所有权；房屋等建筑物、构筑物所有权；森林、林木所有权；耕地、林地、草地等土地承包经营权；建设用地使用权；宅基地使用权；海域使用权；地役权；抵押权；法律规定需要登记的其他不动产权利。《条例》规定不动产以不动产单元为基本单位进行登记。不动产单元具有唯一编码。不动产登记簿应当记载以下事项：①不动产的坐落、界址、空间界限、面积、用途等自然状况；②不动产权利的主体、类型、内容、来源、期限、权利变化等权属状况；③涉及不动产权利限制、提示的事项；④其他相关事项。《条例》还对不动产登记程序进行了规定，包括不同情形申请主体、申请材料、受理查验、实地查看等，并提出登记信息共享与保护的具体要求。

## （二）自然资源确权登记

2013年11月12日，中国共产党第十八届中央委员会第三次全体会议通过《中共中央关于全面深化改革若干重大问题的决定》，明确提出要对水流、森林、山岭、草原、荒地、滩涂等自然生态空间进行统一确权登记，形成归属清晰、权责明确、监管有效的自然资源资产产权制度。2015年中共中央、国务院《关于加快推进生态文明建设的意见》《生态文明体制改革总体方案》，2016年《国务院办公厅关于健全生态保护补偿机制的意见》，2019年中共中央办公厅、国务院办公厅《关于建立以国家公园为主体的自然保护地体系的指导意见》等相继提出明确要求。

为贯彻落实党中央、国务院关于生态文明建设的决策部署，建立和实施自然资源统一确权登记制度，推进自然资源确权登记法治化，推动建立归属清晰、权责明确、保护严格、流转顺畅、监管有效的自然资源资产产权制度，实现山水林田湖草整体保护、系统修复、综合治理，2019年7月，自然资源部、财政部、生态环境部、水利部、国家林业和草原局联合印发《自然资源统一确权登记暂行办法》（以下简写为《办法》），明确提出国家实行自然资源统一确权登记制度，对水流、森林、山岭、草原、荒地、滩涂、海域、无居民海岛以及探明储量的矿产资源等自然资源的所有权和所有自然生态空间统一进行确权登记。核心任务是通过开展自然资源统一确权登记，清晰界定全部国土空间各类自然资源资产的所有权主体，划清全民所有和集体所有之间的边界，划清全民所有、不同层级政府行使所有权的边界，划清不同集体所有者的边界，划清不同类型自然资源之间的边界。《办法》提出自然资源统一确权登记以不动产登记为基础，依据《条例》的规定办理登记的不动产权利，不再重复登记。已按照《条例》办理登记的不动产权利，通过不动产单元号、权利主体实现自然资源登记簿与不动产登记簿的关联。《办法》规定自然资源登记簿应当记载以下事项：①自然资源的坐落、空间范围、面积、类型以及数量、质量等自然状况；②自然资源所有权主体、所有权代表行使主体、所有权代理行使主体、行使方式及权利内容等权属状况；③其他相关事项。自然资源登记簿应当对地表、地上、地下空间范围内各类自然资源进行记载，并关联国土空间规划明确的用途、划定的生态保护红线等管制要求以及其他特殊保护规定等信息。自然资源登记簿附图内容包括自然资源空间范围界线、面积，所有权主体、所有权代表行使主体、所有权代理行使主体，以及已登记的不动产权利界线，不同类型自然资源的边界、面积等信息。《办法》要求自然资源统一确权登记以自然资源登记单元为基本单位，登记单元划定以管理或保护审批范围界线为依据。国家批准的国家公园、自然保护区、自然公园等各类自然保护地应当优先作为独立登记单元划定，其范围内的森林、草原、荒地、水流、湿地等不再单独划定登记单元。《办法》提出自然资源登记类型包括自然资源首次登记、变更登记、注销登记和更正登记。首次登记程序为通告、权籍调查、审核、公告、登簿。《办法》还对自然资源登记信息管理与应用进行了具体规定，并提出《自然资源统一确权登记工作方案》。

为进一步明确自然资源确权登记的技术标准和操作要求，更好地指导全国各级登记机构做好自然资源确权登记工作，2020 年 2 月 14 日自然资源部根据《自然资源统一确权登记暂行办法》，制定发布《自然资源确权登记操作指南（试行）》，包括工作组织、工作流程、技术要求、首次登记和其他登记的具体操作要求，以及登记资料管理要求。

## 二、自然资源调查监测评价

为贯彻落实党的十九大和十九届二中、三中、四中全会精神，加快建立自然资源统一调查、评价、监测制度，健全自然资源监管体制，切实履行自然资源统一调查监测职责，2020年1月17日自然资源部印发《自然资源调查监测体系构建总体方案》，明确工作任务主要包括建立自然资源分类标准，构建调查监测系列规范；调查我国自然资源状况，包括种类、数量、质量、空间分布等；监测自然资源动态变化情况；建设调查监测数据库，建成自然资源日常管理所需的"一张底版、一套数据和一个平台"；分析评价自然资源调查监测数据，科学分析和客观评价自然资源和生态环境保护修复治理利用的效率。

### （一）自然资源调查

自然资源调查分为基础调查和专项调查。基础调查是对自然资源共性特征开展的调查，主要任务是查清各类自然资源体投射在地表的范围，以及开发利用与保护等基本情况，掌握最基本的全国自然资源的本底状况和共性特征。基础调查以各类自然资源的分布、范围、面积、权属性质等为核心内容，以地表覆盖为基础，按照自然资源管理基本需求，组织开展我国陆海全域的自然资源基础性调查工作。专项调查指为自然资源的特性或特定需要开展的专业性调查，针对土地、矿产、森林、草原、水、湿地、海域海岛等自然资源的特性、专业管理和宏观决策需求，组织开展自然资源的专业性调查，查清各类自然资源的数量、质量、结构、生态功能以及与人文地理相关的多维度信息。建立自然资源专项调查工作机制，根据专业管理的需要，定期组织全国性的专项调查，发布调查结果。基础调查与专项调查统筹谋划、同步部署、协同开展。通过统一调查分类标准，衔接调查指标与技术规程，统筹安排工作任务。原则上采取基础调查内容在先、专项调查内容递进的方式，统筹部署调查任务，科学组织，有序实施，全方位、多维度获取信息，按照不同的调查目的和需求，整合数据成果并入库，做到图件资料相统一、基础控制能衔接、调查成果可集成，确保两项调查全面综合地反映自然资源的相关状况。

（二）自然资源监测

自然资源监测是在基础调查和专项调查形成的自然资源本底数据基础上，掌握自然资源自身变化及人类活动引起的变化情况的一项工作，实现"早发现、早制止、严打击"的监管目标。根据监测的尺度范围和服务对象，分为常规监测、专题监测和应急监测。常规监测是围绕自然资源管理目标，对我国范围内的自然资源定期开展的全覆盖动态遥感监测，及时掌握自然资源年度变化等信息，支撑基础调查成果年度更新，也服务年度自然资源督察执法以及各类考核工作等。常规监测以每年 12 月 31 日为时点，重点监测包括土地利用在内的各类自然资源的年度变化情况。专题监测是对地表覆盖和某一区域、某一类型自然资源的特征指标进行动态跟踪，掌握地表覆盖及自然资源数量、质量等的变化情况，包括地理国情监测、重点区域监测、地下水监测、海洋资源监测、生态状况监测。应急监测是根据党中央、国务院的指示，按照自然资源部党组的部署，对社会关注的焦点和难点问题，组织开展监测工作，突出"快"字（响应快、监测快、成果快、支撑服务快），第一时间为决策和管理提供第一手的资料和数据支撑。

（三）自然资源评价

自然资源评价是在建立自然资源调查监测数据库的基础上，统计汇总自然资源调查监测数据，建立科学的自然资源评价指标，开展综合分析和系统评价，为科学决策和严格管理提供依据。具体而言：①统计。按照自然资源调查监测统计指标，开展自然资源基础统计，分类、分项统计自然资源调查监测数据，形成基本的自然资源现状和变化成果。②分析。基于统计结果等，以全国、区域或专题为目标，从数量、质量、结构、生态功能等角度，开展自然资源现状、开发利用程度及潜力分析，研判自然资源变化情况及发展趋势，综合分析自然资源、生态环境与区域高质量发展整体情况。③评价。建立自然资源调查监测评价指标体系，评价各类自然资源基本状况与保护开发利用程度，评价自然资源要素之间、人类生存发展与自然资源之间、区域之间、经济社会与区域发展之间的协调关系，为自然资源保护与合理开发利用提供决策参考。如全国耕地资源质量分析评价、全国水资源分析以及区域水平衡状况评价、全国草场长势及退化情况分析、全国湿地状况及保护情况分析评价等。

## 三、自然资源资产有偿使用

### （一）土地资源资产有偿使用

《中华人民共和国宪法》（2018 年修正）明确提出土地的使用权可以依照法律的规定转让。《中华人民共和国城市房地产管理法》（2019 年修正）提出国家依法实行国有土地有偿、有限期使用制度。但是，国家在本法规定的范围内划拨国有土地使用权的除外。《中华人民共和国土地管理法》（2019 年修正）明确规定土地的使用权可以依法转让，国家依法实行国有土地有偿使用制度，建设单位使用国有土地，应当以出让等有偿使用方式取得。但是，国家在法律规定的范围内划拨国有土地使用权的除外，包括国家机关用地和军事用地，城市基础设施用地和公益事业用地，国家重点扶持的能源、交通、水利等基础设施用地，法律、行政法规规定的其他用地。以出让等有偿使用方式取得国有土地使用权的建设单位，按照国务院规定的标准和办法，缴纳土地使用权出让金等土地有偿使用费和其他费用后，方可使用土地。新增建设用地土地有偿使用费，百分之三十上缴中央财政，百分之七十留给有关地方人民政府。具体使用管理办法由国务院财政部门会同有关部门制定，并报国务院批准。建设单位使用国有土地的，应当按照土地使用权出让等有偿使用合同的约定或者土地使用权划拨批准文件的规定使用土地，确需改变该幅土地建设用途的，应当经有关人民政府自然资源主管部门同意，报原批准用地的人民政府批准。《中华人民共和国城镇国有土地使用权出让和转让暂行条例》（2020 年修订）对土地使用权出让、转让、出租、抵押、终止以及划拨土地使用权进行具体规定。《中华人民共和国土地管理法实施条例》（2021 年修订）提出国有土地有偿使用的方式包括国有土地使用权出让、国有土地租赁、国有土地使用权作价出资或者入股。国有土地使用权出让、国有土地租赁等应当依照国家有关规定，通过公开的交易平台进行交易，并纳入统一的公共资源交易平台体系。除依法可以采取协议方式外，应当采取招标、拍卖、挂牌等竞争性方式确定土地使用者。国土空间规划确定为工业、商业等经营性用途，且已依法办理土地所有权登记的集体经营性建设用地，土地所有权人可以通过出让、出租等方式交由单位或者个人在一定年限内有偿使用。2020 年 5 月 21 日，财政部、自然资源部、税务总局、人民银行联合发布《关于将国有土地使用权出让收入、矿产资源专项收入、海域使用金、无居民海岛使用金四项政府非税收入划转税务部门征收有关问题的通知》，提出以河北省、内蒙古自治区、上海市、浙江省、安徽省、青岛市、云南省为试点，将由自然资源部门负责征收的国有土地使用权出让收入、矿产资源专项收入、海域使用金、无居民海岛使用金四项政府非税收入，全部划转给税务部门负责征收。另外，《划拨用地目录》《招标拍卖挂牌出让国有建设用地使用权规定》《协议出让国有土地使用权规定》《中华人民共和国城镇土地使用税暂行条例》等规章政策的出台，建立了国有土地使用权市场化配置制度。

（二）矿产资源资产有偿使用

为贯彻实施矿产资源法，实行探矿权、采矿权有偿取得和依法转让法律制度，建立适应社会主义市场经济体制下的矿业权管理制度，1998 年 2 月 12 日国务院以第 240 号、第 241 号、第 242 号令发布《矿产资源勘查区块登记管理办法》《矿产资源开采登记管理办法》《探矿权采矿权转让管理办法》，并于 2014 年 7 月统一进行修订，明确提出国家实行探矿权、采矿权有偿取得的制度，可以通过招标投标的方式取得。探矿权使用费，在第一个勘查年度至第三个勘查年度，每平方千米每年缴纳 100 元；从第四个勘查年度起，每平方千米每年增加 100 元，但是最高不得超过每平方千米每年 500 元。申请国家出资勘查并已经探明矿产地的区块的探矿权的，探矿权申请人除缴纳探矿权使用费外，还应当缴纳国家出资勘查形成的探矿权价款。采矿权使用费，按照矿区范围的面积逐年缴纳，标准为每平方千米每年 1 000 元。申请国家出资勘查并已经探明矿产地的采矿权的，采矿权申请人除缴纳采矿权使用费外，还应当缴纳国家出资勘查形成的采矿权价款。

《矿业权出让收益征收管理暂行办法》（2017 年）提出矿业权出让收益是国家基于自然资源所有权，将探矿权、采矿权出让给探矿权人、采矿权人而依法收取的国有资源有偿使用收入，包括探矿权出让收益和采矿权出让收益。矿业权出让收益为中央和地方共享收入，由中央和地方按照 4∶6 的比例分成，纳入一般公共预算管理，地质调查及矿山生态环境修复等相关支出，由同级财政予以保障。地方分成的矿业权出让收益在省（自治区、直辖市）、市、县级之间的分配比例，由省级人民政府确定。

《中华人民共和国资源税法》（2019 年）规定，在中华人民共和国领域和中华人民共和国管辖的其他海域开发应税资源的单位和个人为资源税的纳税人，应当依照本法规定缴纳资源税。资源税的税目、税率，依照《资源税税目税率表》（以下简写为《税目税率表》）执行。《税目税率表》中规定实行幅度税率的，其具体适用税率由省、自治区、直辖市人民政府统筹考虑该应税资源的品位、开采条件以及对生态环境的影响等情况，在《税目税率表》规定的税率幅度内提出，报同级人民代表大会常务委员会决定，并报全国人民代表大会常务委员会和国务院备案。《税目税率表》中规定征税对象为原矿或者选矿的，应当分别确定具体适用税率。从衰竭期矿山开采的矿产品，减征百分之三十资源税。纳税人开采共伴生矿、低品位矿、尾矿，可以免征或者减征资源税。

《中华人民共和国矿产资源法（修订草案）》（征求意见稿）（2019 年）明确提出国家实行矿业权有偿取得和矿产资源有偿开采制度。探矿权受让人、采矿权受让人应当按照探矿权出让合同、采矿权出让合同的约定分别缴纳探矿权出让金、采矿权出让金。探矿权人、采矿权人应当按照国家规定的标准，分别缴纳探矿权占用费、采矿权占用费。开采矿产资源应当依法缴纳资源税。县级以上人民政府自然资源主管部门应当采取招标拍卖挂牌等竞争性方式出让矿业权。但是，国务院规定可以采取协议方式出让的除外。石油、天然气等矿产资源实行探采合一制度。

《自然资源部关于推进矿产资源管理改革若干事项的意见（试行）》（2019年）提出全面推进矿业权竞争性出让，明确除协议出让外，对其他矿业权以招标、拍卖、挂牌方式公开竞争出让；严格控制协议出让，稀土、放射性矿产勘查开采项目或国务院批准的重点建设项目，可以协议方式向特定主体出让，已设采矿权深部或上部的同类矿产，可以协议方式向同一主体出让；积极推进"净矿"出让，开展砂石土等直接出让采矿权的"净矿"出让，积极推进其他矿种的"净矿"出让；提出开放油气勘查开采市场、实行油气探采合一制度。

## （三）海域、无居民海岛有偿使用

《国家海域使用管理暂行规定》（1993 年）首次提出使用国家海域从事生产经营活动的，实行海域使用证制度和有偿使用制度。在我国有偿转移海域使用权的，必须向国家缴纳海域使用金。《中华人民共和国海域使用管理法》（2001年）明确提出国家实行海域有偿使用制度。单位和个人使用海域，应当按照国务院的规定缴纳海域使用金。海域使用金应当按照国务院的规定上缴财政。对渔民使用海域从事养殖活动收取海域使用金的具体实施步骤和办法，由国务院另行规定。免缴海域使用金的情形包括军事用海，公务船舶专用码头用海，非经营性的航道、锚地等交通基础设施用海，教学、科研、防灾减灾、海难搜救打捞等非经营性公益事业用海。《财政部、国家海洋局关于加强海域使用金征收管理的通知》（2007 年）首次在全国层面明确了海域使用金征收标准和征收方式，要求海域使用金统一按照用海类型、海域等别以及相应的海域使用金征收标准计算征收。其中，对填海造地、非透水构筑物、跨海桥梁和海底隧道等项目用海实行一次性计征海域使用金，对其他项目用海按照使用年限逐年计征海域使用金。各地在同一海域具有两个以上意向用海单位或个人的，应依法采取招标、拍卖方式出让海域使用权。以招标、拍卖方式取得海域使用权的项目用海，海域使用金征收金额按照招标、拍卖的成交价款确定。2010 年颁布实施的《中华人民共和国海岛保护法》确立了无居民海岛有偿使用制度。同年，为规范无居民海岛有偿使用管理，财政部、原国家海洋局出台了《无居民海岛使用金征收使用管理办法》，对无居民海岛使用金征收、免缴、使用等予以规定。2017 年，经中央深化改革领导小组审议通过，印发《关于海域、无居民海岛有偿使用的意见》，从提高生态门槛、建立使用金征收标准动态调整机制、加强使用金征收管理、加强有偿使用监管等方面提出明确要求。2018 年，财政部、原国家海洋局《关于印发〈调整海域无居民海岛使用金征收标准〉的通知》，大幅提高了海域、无居民海岛使用金征收标准，将生态环境损害成本纳入海域、无居民海岛资源价格形成机制，要求沿海省、自治区、直辖市、计划单列市根据本地区情况合理划分海域级别，制定不低于国家标准的地方海域使用金征收标准。以申请审批方式出让海域使用权的，执行地方标准；以招标、拍卖、挂牌方式出让海域使用权的，出让底价不得低于按照地方标准计算的海域使用金金额。尚未颁布地方海域使用金征收标准的地区，执行国家标准。养殖用海海域使用金执行地方标准。

## 四、自然资源节约集约利用

### （一）土地资源

《国务院关于促进节约集约用地的通知》（国发〔2008〕3号）提出切实保护耕地，大力促进节约集约用地，走出一条建设占地少、利用效率高的符合我国国情的土地利用新路子，是我国必须长期坚持的一条根本方针。要按照节约集约用地原则，审查调整各类相关规划和用地标准；充分利用现有建设用地，大力提高建设用地利用效率；充分发挥市场配置土地资源的基础性作用，健全节约集约用地长效机制；强化农村土地管理，稳步推进农村集体建设用地节约集约利用；加强监督检查，全面落实节约集约用地责任。《国土资源部关于大力推进节约集约用地制度建设的意见》明确了节约集约用地制度是我国土地管理制度中的一项基础性制度，要重点建立健全土地利用总体规划管控制度、土地利用计划调节制度、建设用地使用标准控制制度、土地资源市场配置制度、节约集约用地鼓励政策制度、土地利用监测监管制度、土地利用评价考核制度、节约集约用地共同责任制度。《中华人民共和国土地管理法》（2019年修正）提出非农业建设必须节约使用土地，可以利用荒地的，不得占用耕地；可以利用劣地的，不得占用好地。《节约集约利用土地规定》（2019年修正）明确节约集约利用土地是指通过规模引导、布局优化、标准控制、市场配置、盘活利用等手段，达到节约土地、减量用地、提升用地强度、促进低效废弃地再利用、优化土地利用结构和布局、提高土地利用效率的各项行为与活动。《节约集约利用土地规定》对各项手段的具体要求进行了规定。《中华人民共和国土地管理法实施条例》（2021年修订）明确规定，国土空间规划应当包括国土空间开发保护格局和规划用地布局、结构、用途管制要求等内容，明确耕地保有量、建设用地规模、禁止开垦的范围等要求，统筹基础设施和公共设施用地布局，综合利用地上地下空间，合理确定并严格控制新增建设用地规模，提高土地节约集约利用水平，保障土地的可持续利用。县级人民政府应当按照国土空间规划关于统筹布局农业、生态、城镇等功能空间的要求，制定土地整理方案，促进耕地保护和土地节约集约利用。建设项目需要使用土地的，应当符合国土空间规划、土地利用年度计划和用途管制以及节约资源、保护生态环境的要求，并严格执行建设用地标准，优先使用存量建设用地，提高建设用地使用效率。各级人民政府应当依据国民经济和社会发展规划及年度计划、国土空间规划、国家产业政策以及城乡建设、土地利用的实际状况等，加强土地利用计划管理，实行建设用地总量控制，推动城乡存量建设用地开发利用，引导城镇低效用地再开发，落实建设用地标准控制制度，开展节约集约用地评价，推广应用节地技术和节地模式。乡（镇）、县、市国土空间规划和村庄规划应当统筹考虑农村村民生产、生活需求，突出节约集约用地导向，科学划定宅基地范围。

## （二）水资源

2011 年中央一号文件《中共中央 国务院关于加快水利改革发展的决定》和中央水利工作会议明确提出要实行最严格的水资源管理制度，确立用水总量控制、用水效率控制、水功能区限制纳污"三条红线"。《国务院关于实行最严格水资源管理制度的意见》（2012 年）要求加强水资源开发利用控制红线管理，严格实行用水总量控制；加强用水效率控制红线管理，全面推进节水型社会建设；加强水功能区限制纳污红线管理，严格控制入河湖排污总量。确立水资源开发利用控制红线，到 2030 年全国用水总量控制在 7 000 亿立方米以内；确立用水效率控制红线，到 2030 年用水效率达到或接近世界先进水平，万元工业增加值用水量（以 2000 年不变价计，以下同）降低到 40 立方米以下，农田灌溉水有效利用系数提高到 0.6 以上；确立水功能区限制纳污红线，到 2030 年主要污染物入河湖总量控制在水功能区纳污能力范围之内，水功能区水质达标率提高到 95% 以上。《关于印发〈全民节水行动计划〉的通知》（发改环资〔2016〕2259号）提出农业节水增产行动、工业节水增效行动、城镇节水降损行动、缺水地区节水率先行动、产业园区节水减污行动、节水产品推广普及行动、节水产业培育行动、公共机构节水行动、节水监管提升行动、全民节水宣传行动等十个方面的具体要求，推进各行业、各领域节水，在全社会形成节水理念和节水氛围，全面建设节水型社会。《中华人民共和国水法》（2016 年修订）明确提出国家厉行节约用水，大力推行节约用水措施，推广节约用水新技术、新工艺，发展节水型工业、农业和服务业，建立节水型社会。各级人民政府应当采取措施，加强对节约用水的管理，建立节约用水技术开发推广体系，培育和发展节约用水产业。国家对用水实行总量控制和定额管理相结合的制度。新建、扩建、改建建设项目，应当制定节水措施方案，配套建设节水设施。节水设施应当与主体工程同时设计、同时施工、同时投产。《取水许可和水资源费征收管理条例》（2006 年）规定取用水资源的单位和个人，除本条例第四条规定的情形外，都应当申领取水许可证，并缴纳水资源费。征收的水资源费应当全额纳入财政预算，由财政部门按照批准的部门财政预算统筹安排，主要用于水资源的节约、保护和管理，也可以用于水资源的合理开发。实施取水许可应当坚持地表水与地下水统筹考虑，开源与节流相结合、节流优先的原则，实行总量控制与定额管理相结合。《国家发展改革委　水利部关于印发〈国家节水行动方案〉的通知》（发改环资规〔2019〕695 号）强调总量强度双控、农业节水增效、工业节水减排、城镇节水降损、重点地区节水开源、科技创新引领等六个方面，并提出政策制度推动、市场机制创新等体制机制改革措施，大力推动全社会节水，全面提升水资源利用效率，形成节水型生产生活方式，保障国家水安全，促进高质量发展。

（三）矿产资源

《中华人民共和国矿产资源法（修订草案）》（征求意见稿）（2019 年）明确提出矿产资源的保护、勘查、开采以及矿区生态修复应当遵循节约集约、综合利用的原则。勘查、开采矿产资源，应当采用先进技术，选择合理的方法和工艺，提高矿产资源节约集约利用水平。国家鼓励开采共伴生、低品位的重要矿产资源，鼓励采选废弃物的减量化、资源化再利用。《中华人民共和国固体废物污染环境防治法》（2020 年修订）规定矿山企业应当采取科学的开采方法和选矿工艺，减少尾矿、煤矸石、废石等矿业固体废物的产生量和贮存量。国家鼓励采取先进工艺对尾矿、煤矸石、废石等矿业固体废物进行综合利用。《自然资源部关于全面开展矿产资源规划（2021–2025年）编制工作的通知》（2020年）强调规划编制应重点推进资源高效利用，坚持节约优先，加快科技创新，推动资源利用方式转变。完善资源高效利用和管理制度，合理调控资源开发利用强度，严格矿山最低开采规模准入要求，提升矿业集中度。完善矿产资源节约与综合利用的激励约束机制。鼓励资源循环利用，推进资源有效保护、规模开发和集约利用。《关于"十四五"大宗固体废弃物综合利用的指导意见》（发改环资〔2021〕381号）提出要推进煤矸石和粉煤灰在工程建设、塌陷区治理、矿井充填以及盐碱地、沙漠化土地生态修复等领域的利用，稳步推进金属尾矿有价组分的高效提取及整体利用，推进共伴生矿产资源综合开发利用和有价组分梯级回收，推动有价金属提取后剩余废渣的规模化利用。鼓励从赤泥中回收铁、碱、氧化铝，从冶炼渣中回收稀有稀散金属和稀贵金属等有价组分，提高矿产资源利用效率。开展能源、冶金、化工等重点行业绿色化改造，不断优化工艺流程、改进技术装备，降低大宗固废产生强度。推动提升磷石膏、赤泥等复杂难用大宗固废净化处理水平，为综合利用创造条件。

（四）能源资源

2021年3月中央财经委员会第九次会议强调："十四五"是碳达峰的关键期、窗口期，要构建清洁低碳安全高效的能源体系，控制化石能源总量，着力提高利用效能，实施可再生能源替代行动，深化电力体制改革，构建以新能源为主体的新型电力系统。要实施重点行业领域减污降碳行动，工业领域要推进绿色制造，建筑领域要提升节能标准，交通领域要加快形成绿色低碳运输方式。要推动绿色低碳技术实现重大突破，抓紧部署低碳前沿技术研究，加快推广应用减污降碳技术，建立完善绿色低碳技术评估、交易体系和科技创新服务平台。要完善绿色低碳政策和市场体系，完善能源"双控"制度，完善有利于绿色低碳发展的财税、价格、金融、土地、政府采购等政策，加快推进碳排放权交易，积极发展绿色金融。《中共中央 国务院关于完整准确全面贯彻新发展理念做好碳达峰碳中和工作的意见》（2021年）明确把节约能源资源放在首位，实行全面节约战略，持续降低单位产出能源资源消耗和碳排放，提高投入产出效率。加快构建清洁低碳安全高效能源体系，强化能源消费强度和总量双控，大幅提升能源利用效率，严格控制化石能源消费，积极发展非化石能源，深化能源体制机制改革。《国务院关于印发 2030 年前碳达峰行动方案的通知》（国发〔2021〕23 号）提出要落实节约优先方针，完善能源消费强度和总量双控制度，严格控制能耗强度，合理控制能源消费总量，推动能源消费革命，建设能源节约型社会。具体行动包括全面提升节能管理能力、实施节能降碳重点工程、推进重点用能设备节能增效、加强新型基础设施节能降碳。《国家发展改革委 国家能源局关于完善能源绿色低碳转型体制机制和政策措施的意见》（发改能源〔2022〕206 号）明确坚持把节约能源资源放在首位，着力降低单位产出资源消耗和碳排放，增强能源系统运行和资源配置效率。强化能耗强度降低约束性指标管理，有效增强能源消费总量管理弹性，新增可再生能源和原料用能不纳入能源消费总量控制，合理确定各地区能耗强度降低目标，加强能耗"双控"政策与碳达峰、碳中和目标任务的衔接。

# 第五章 国土空间用途管制的
# 方法手段

国土空间用途管制作为生态文明制度体系的重要内容，是强化和落实各类生态保护目标的重要手段。具体来讲，强调计划和指标管理、空间准入与转用管理、项目用地和工程规划审批、实施监督是国土空间用途管制运行的重要环节，政策工具是我国多年探索实践形成的具体化制度。

## 第一节 自然资源计划管理

计划管理，即指标管理是实施国土空间规划与落实国土空间用途管制的重要抓手，包括土地、林地、海洋等自然资源开发保护的年度计划。计划管理旨在对国土空间开发保护和整治修复作出时序安排，是对建设用地进行流量管控的政策工具（姜海等，2014）。其中，土地利用计划管理是国土空间用途管制制度的重要内容，在我国传统的空间规划体系和用途管制实践中占据重要地位（专栏 5-1）。土地利用规划与计划相配合，为土地资源要素的合理分配和遏制耕地的急剧减少提供了制度保障；土地利用计划、供应计划与土地市场共同组成国家土地调控体系，为建设发展做出了重要贡献（杨凌，2021）。

**专栏 5–1　我国传统土地利用计划管理的发展历程**

我国土地利用计划管理经过了长期的卓有成效的探索与实践，主要经历了以下阶段：

（1）1986 年及以前，无统一用地计划管理，按项目批地

这一时期，我国实行计划经济体制，没有实施明确、统一的用地计划管理。项目批地采取"实报实销"的划拨制度，通过立项将土地列入固定资产投资计划，经过批准后，由相关部门根据社会经济计划及有关用地标准审批土地，没有总量控制。

（2）1987—1998 年，配合国民经济和社会发展计划的建设用地计划

1987 年起开始编制的"建设用地计划"是我国土地利用计划的开端，该计划被纳入国民经济和社会发展计划，同时下达"全国非农业建设占用耕地计划"，并在 1989 年形成"土地利用计划"，是当时审批建设用地的重要依据。根据 1987 年《建设用地管理暂行办法》，地方计划由各级自行编制，中央用地纳入省级指标，在各省基础上编制全国计划；中央用地下达到省一级，再逐级分解到县，县政府统一管理村建设用地。1996 年修订后的《建设用地管理办法》作出调整，规定地方土地管理部门不再自行编制用地计划，而是提出计划建议并上报。这一举措强化了土地利用计划与国民经济和社会发展计划的关系，更强化了中央对地方、上级部门对下级部门用地计划编制的管理。

（3）1999—2017 年，作为土地利用规划的延续的土地利用年度计划

1990 年以来，建设用地扩张和耕地破坏问题再次引起重视。1998 年修订版《中华人民共和国土地管理法》首次提出土地利用年度计划管理，1999年正式开始执行，土地利用总体规划与土地利用年度计划成为了确保耕地总量不减少的重要制度保障，主要包括：①加强土地利用计划管控，实行建设用地总量控制，管理方式从分级限额审批转向土地用途管理；②通过立法明确了土地利用年度计划的强制效力，"一经审批下达，必须严格执行"；③加强耕地保护管理，首次立法明确了合理利用土地和切实保护耕地的基本国策。

　　这一时期，土地利用年度计划在长期实践中不断调整健全。其中，2004年的修订旨在凸显计划管理对宏观调控的作用；2006年的修订加入了将新增建设用地控制指标纳入土地利用年度计划，在耕地保护方面强调对基本农田的保护，在引导用地需求方面强调土地节约集约利用；2016年的修订主要聚焦土地管理的灵活性、精细化与保障作用，包括对存量盘活、重大项目保障、耕地质量管控等提出要求，并创新实现了三年滚动编制，分年度下达的制度，结余指标三年内可结转使用，还将增减挂钩、工矿废弃地复垦利用等计划指标执行情况和农村宅基地指标保障情况等内容纳入考核。

　　总而言之，全面建立健全时期的土地利用年度计划具有以下特点：①伴随着土地利用规划的确立与发展，土地利用计划管控成为土地利用总体规划的延续与调整。②不仅作为土地部门的计划，而是国土部门主导、多个部门共同参与用地计划制定的政府计划。③从以耕地保护为目标的土地调控计划，发展为具有保护土地资源、管控建设用地、保障经济社会发展等综合目标的宏观调控计划。④从占用耕地指标，逐渐发展为包括耕地保有量、农用地转用、建设用地总量等在内的多指标综合体系。⑤从指导性的建设用地计划，逐渐加强约束性和强制性，并具有丰富监督和考核方式的完善制度。

　　（4）2018年以后，机构改革与土地利用计划管控转型

　　机构改革与建立健全国土空间规划体系，开启了自然资源统一管理背景下的土地利用计划管控，统一国土空间用途管制和推进土地要素市场化配置成为改革的重要背景。2020年3月20日，实施二十年之久的《土地利用年度计划管理办法》废止，用地计划管理工作进入了新的改革调整阶段，相关探索还在推进。

# 一、土地利用计划管理

## （一）传统计划管理的指标体系与配置

### 1. 核心指标体系

土地利用年度计划指标构成了土地利用计划管控的核心内容，在20余年的实践中形成了以新增建设用地和补充耕地计划指标为核心，土地整治、增减挂钩、工矿废弃地复垦指标为保障的指标体系（表5–1）。

表5–1 传统土地利用年度计划指标体系

| 指标 | 内涵 | 指标确定或配置方式 | 类型 | 目的 |
|---|---|---|---|---|
| 新增建设用地计划指标 | 包括新增建设用地总量和新增建设占用农用地及耕地指标 | 一般包括分配下达至各省（区、市）指标、直接配置的重点保障项目指标、单列重点领域指标和奖励指标 | 增量指标 | 限制建设用地对耕地等农用地的占用，控制建设用地增长 |
| 耕地保有量计划指标 | 计划年末耕地保护的实有数量 | 依据国务院向省级行政单元下达的耕地保护责任考核目标确定 | 存量指标 | 确保耕地总量稳定，明确耕地保护责任 |
| 土地整治补充耕地计划指标 | 通过土地开发、整理和复垦等方式补充被占耕地数量 | 依据相关规划、耕地后备资源潜力等情况确定 | 平衡指标 | 通过"开源"确保耕地补充数量，落实耕地占补平衡制度 |
| 城乡建设用地增减挂钩指标 | 城镇建设用地增加与农村建设用地减少相挂钩 | 依据发展状况、规划安排、资源潜力、工作进展等确定，分层级下达 | 周转流量指标 | 引导城乡用地结构调整和布局优化，改善农村生产生活条件，推进土地节约集约，促进城乡协调发展 |
| 工矿废弃地复垦利用指标 | 将历史遗留的工矿废弃地（包括交通、水利等基础设施废弃地）加以复垦 | 依据发展状况、规划安排、资源潜力、工作进展等确定，分层级下达 | 周转流量指标 | 在治理改善生态环境基础上，合理调整建设用地布局，确保建设用地总量不增加，利用耕地集约，耕地面积不减少、质量不降低 |

资料来源：根据《土地利用年度计划管理办法》（2016年）整理总结。

机构改革后，土地利用年度计划管理进入新一轮改革探索阶段，指标核算方式发生较大变化，针对重点、非重点项目进行了分类配置。此外，还安排了对批而未供和闲置土地处置情况的"奖优罚劣"与用于脱贫攻坚、农村村民住宅建设的专项指标。

### 2. 指标配置特点

我国传统的土地利用计划管控采用"增量控制＋计划配置"的管理思路，新增建设用地的增量控制是土地利用计划管控的核心，依据土地利用总体规划确定年度内指标，并以指令性管理配置下达。在我国两级土地发展权管理体系下，土地利用年度计划的实质是从维护公共利益的角度出发，中央对地方、上级对下级的一级土地发展权年内统一配置。其中：①"计划配置"体现一级土地发展权的权利赋予。围绕"建与非建"的问题，国务院授权地方政府在年度内对一定数量的土地进行管理和处置。②"增量控制"体现对一级土地发展权的权利限制。运用土地利用计划管控，构建约束地方政府投资冲动和扩张冲动的重要闸门。而在更为微观的层面，土地利用计划隐含在建设项目的用地预审和用地审批中，既是二级土地发展权配置依据，也能通过增存挂钩机制、指标单列等方式引导和促进地方政府对二级土地发展权的合理配置。

### （二）传统计划管理的运行程序

土地利用计划管控在制度流程设计上，包括编制、下达、执行、监督、考核等环节，经历了从制度框架构建到逐渐完善成熟的过程。

### 1. 编制下达

土地利用计划的编制下达流程具体分为五个环节（图 5–1），包括地方计划建议、重点项目提交、全国计划编制、计划下达地方、指标向下分解。其中，前两步为自下而上的建议和需求收集过程，县级以上自然资源部门结合用地需求，会同有关部门提出土地年度计划建议，逐级上报至自然资源部；同时，行业主管部门根据重点建设项目的用地需求，向自然资源部提出计划建议，并抄送项目所在省份相关部门。后两步为自上而下的编制下达过程，全国土地利用年度计划下达至各省级政府，以及计划单列市和兵团，其中独立选址重点项目指标在审批时直接安排，其他指标每年一次性全部下达；省级部门再根据实际情况，确定省级预留指标和市县下达指标，并上报自然资源部。整个流程注重上下协调贯通，畅通地方用地诉求表达，也强化了顶层设计统筹和自上而下的用途管制。

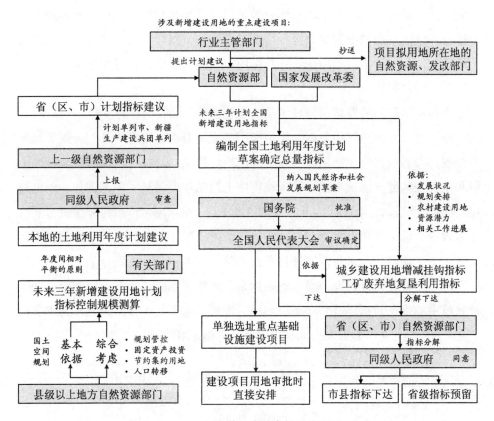

图 5-1　土地利用计划编制下达流程

资料来源：参考《土地利用年度计划管理办法》（2016 年）绘制，管理部门调整为自然资源部门等。

## 2. 执行实施

土地利用年度计划实行指令性管理，通过建设项目用地预审、农用地转用审批和耕地占补平衡制度等，土地利用计划管控得以顺利实施。其中，建设项目用地预审是项目批准、核准的前置条件；农用地转用审批是严格控制农用地转为建设用地的重要举措；耕地保护与占补平衡要求各省级行政区需严格执行国土空间规划和土地利用年度计划的指标要求，确保本行政区域内耕地总量不减少、质量不降低。

此外，实际在土地利用年度计划的执行过程中，各地自然资源部门可能会出现"实际需求高于计划指标"或"计划指标多于实际需求"的情况。若原定计划指标不足时，可以向上级自然资源部门申请追加指标，上级自然资源部门则根据各地区使用情况和缺口进行协调与平衡。省级自然资源部门在实施土地利用年度计划时确需调整用地计划指标的，需向自然资源部提出申请。

**3. 监督考核**

土地利用计划的监督考核环节是为加强监管、保证执行的需要。具体而言：①考核一般以农用地转用审批、土地利用变更调查、土地利用计划台账等数据为依据；②考核内容包括依法依规批准用地、计划指标执行情况考核及批而未供和闲置土地处置情况考核；③考核程序上包括年度考核、中期评估和季度通报。年度考核以每年 1 月 1 日至 12 月 31 日为考核年度，一般每年 1 月月底前地方政府上报上一年度土地利用计划执行情况，2 月至 3 月自然资源部根据土地利用变更调查数据进行年度评估考核。除年度考核外，中期评估是评价每年一至三季度计划执行情况，季度通报则是自然资源部将各地在土地利用计划管控系统中的报备数据进行公布通报和提示预警；④监督考核结果既作为"奖优罚劣"的依据，也作为未来土地利用年度计划编制和管理的重要依据（图 5–2）。

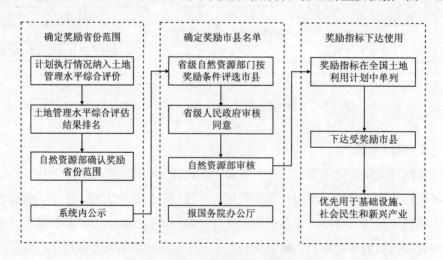

图 5–2 依据计划执行的指标奖励流程

资料来源：参考《落实国务院大督查土地利用计划指标奖励实施办法》绘制。

## （三）年度计划指标核算方式的重大变化

土地利用年度计划是土地利用计划管控的核心抓手。2020 年土地利用年度计划的指标核算方式发生重大变化。《自然资源部关于 2020 年土地利用计划管理的通知》（自然资发〔2020〕91 号）提出"以真实有效的项目落地作为配置计划的依据"，明确"要素跟着项目走"，"统筹新增和存量"，以及"分类保障""支持脱贫攻坚"等目标，调整土地利用计划管理指标配置方式（表 5–2）。

表 5–2　2020 年土地利用计划管理指标配置方式

| 类别 | 配置方式 | | 具体管理 |
|---|---|---|---|
| 纳入重点保障的项目用地 | 批准用地时直接配置计划指标 | 纳入国家重大项目清单的项目用地 | 涉及"农转用"：①国家批准"农转用"，用地审批时直接配置计划指标；②地方批准"农转用"，按照法律法规规定先行审批用地，预支计划指标，批准后报备 |
| | | 纳入省级人民政府重大项目清单的单独选址的能源、交通、水利、军事设施、产业项目用地 | |
| 未纳入重点保障的项目用地 | 配置计划指标与处置存量土地挂钩 | 2017 年年底前批准的批而未供土地 | 按处置完成量的 50%核算计划指标 |
| | | 2018 年以来批准的批而未供土地 | 按处置完成量的 30%核算计划指标 |
| | | 纳入本年度处置任务的闲置土地 | 按处置完成量的 50%核算计划指标 |
| | 激励计划 | 大督查奖励 | 对落实国家重大政策措施成效显著、土地利用计划执行情况好、节约集约利用水平高、土地利用秩序良好的市县，奖励当年额外用地计划指标 |
| | | 脱贫攻坚计划 | 对每个贫困县安排 600 亩专项计划指标，深度贫困地区计划指标不足的，可预支使用 |
| | | 增存挂钩的奖励 | 对完成 2019 年批而未供和闲置土地处置任务的省份，在核算计划指标基础上再奖励 10% |
| 鼓励开展城乡建设用地增减挂钩和工矿废弃地复垦利用 | | | 相关计划由各省（区、市）根据需要确定，项目管理按照有关要求，并及时纳入在线监管备案系统 |

资料来源：根据自然资发〔2020〕91 号文件归纳总结。

## 二、林地用地计划管理

国务院明确要求"要把林地与耕地放在同等重要的位置,高度重视林地保护"。我国林地用地计划管理起源于 1985 年林权证制度的出台,当时明确要求征占林地 2 000 亩以上需报国务院批准。此后又相继出台了《中华人民共和国森林法》《中华人民共和国森林法实施条例》《全国林地保护利用规划纲要(2010–2020 年)》和《占用征收林地定额管理办法》等规范性文件,逐步建立起了以林地用地计划管理为核心的林地用途管制体系,严格限制林地转用。其中,占用征收林地管理是林地用地计划管理的主要内容,自然资源部下辖的国家林业和草原局以及地方林业主管部门是林地资源用途管制的主管部门。

### (一)林地保护利用指标管理

#### 1. 林地保护利用指标体系

林地保护利用指标体系是林地用地计划管理的核心手段。本着严格限制林地转为建设用地、严格控制林地转为其他农用地、严格保护公益林地和加大对临时占用林地和灾毁林地修复力度的用途管制原则,2021 年 7 月国家林业和草原局、国家发展和改革委员会联合印发的《"十四五"林业草原保护发展规划纲要》,纲要确立的 12 项"十四五"时期林草保护发展主要指标中,有 9 项与林地管理有关。其中,森林覆盖率和森林蓄积量为约束性指标,乔木林单位面积蓄积量、林草产业总产值等 7 项指标为预期性指标(表 5–3)。

表 5–3 《"十四五"林业草原保护发展规划纲要》的林地保护发展主要指标

| 属性 | 指标 | 2020 年 | 2025 年 |
|------|------|---------|---------|
| 约束性 | 森林覆盖率(%) | — | 24.1 |
| | 森林蓄积量(亿立方米) | — | 180 |
| 预期性 | 乔木林单位面积蓄积量(立方米/公顷) | 96.17 | 99.52 |
| | 国家公园等自然保护地面积占比(%) | — | >18 |
| | 治理沙化土地面积[a](亿亩)[b] | | 1 |

续表

| 属性 | 指标 | 2020 年 | 2025 年 |
|------|------|---------|---------|
| 预期性 | 国家重点保护野生动物/植物种数保护率（%） | 动物：73<br>植物：66 | 动物：75<br>植物：80 |
| | 森林/草原火灾受害率（‰） | 森林：≤0.9<br>草原：≤3 | 森林：≤0.9<br>草原：≤2 |
| | 林业/草原有害生物成灾率（‰/%） | 林业：≤8.5<br>草原：≤10.33 | 林业：≤8.2<br>草原：≤9.5 |
| | 林草产业总产值（万亿元） | 8.17 | 9 |
| | 森林生态系统服务价值 c（万亿元） | 15.88 | 18 |

注：a. 治理沙化土地面积是指五年累计值。b. 1 亩≈666.667 平方米。c. 森林生态系统服务价值包括森林涵养水源、保育土壤、固碳释氧、林木养分固持、净化大气环境、农田防护与防风固沙、生物多样性保护、森林康养八类。

### 2. 占用征收林地定额

占用征收林地定额是林地用地计划管理的核心指标，国家每五年编制或修订一次征占用林地总额，并将总额指标按年度分解到省（区、市）。国家林业局 2011 年印发的《占用征收林地定额管理办法》明确规定，占用征收林地定额是指年度内国家允许勘察、开采矿藏和各项建设工程占用征收林地面积的最大限量。根据办法，定额使用应当以严格保护为前提，节约集约使用林地；执行国家产业政策和供地政策，优先保障国家重点基础建设项目；严格控制林地转为建设用地。县级以上地方人民政府林业主管部门应当促请本级人民政府将定额的执行情况作为政府目标责任制的重要内容。办法对定额编制审批流程、用地项目类型、年度间调剂规则、执行情况监督等方面做出了明确规定（图 5–3）。

根据办法，定额实行五年总额控制，允许年度间调剂使用（表 5–4）。对擅自超定额审核占用征收林地，违反规定、隐瞒不报，将审核项目变更为临时占用或直接为林业生产服务工程设施项目，以及存在其他严重问题的行为，国务院林业主管部门据情调减其下年度定额，并对相关责任单位和责任人，依照有关法律法规，严肃处理。

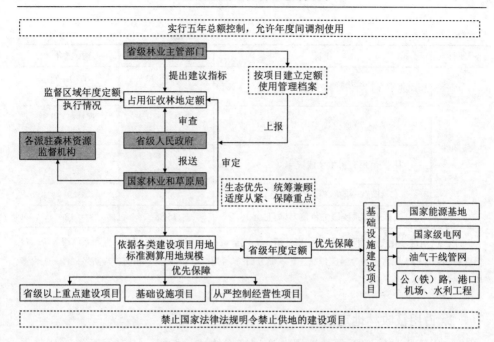

图 5–3 占有征收林地定额管理流程

资料来源：根据《占用征收林地定额管理办法》整理绘制。

**表 5–4 五年总定额年间调剂使用情况**

| 年度定额 | 主管部门 | 调剂要求 |
|---|---|---|
| 节余 | 国家林业和草原局在下年度定额中给予相应增加 | 国家林业和草原局核定结转额度 |
| 欠缺 | 国家林业和草原局在下年度定额中给予相应核减 | 提前使用的定额数量，不得超过本年度定额的 20%；申请提前使用下年度定额的，仅限于经国务院有关部门或者省级人民政府及其发展改革部门审批、核准或者备案的重点建设项目、基础设施项目和抢险救灾需要使用的林地 |

资料来源：根据《占用征收林地定额管理办法》整理。

## （二）林地分级管理

除了指标管理外，林地分级管理是林地用地计划管理中提高林地资源保有质量的重要举措。坚持全面保护与突出重点相结合的原则，根据生态脆弱性、生态区位重要性以及林地生产力等指标，对林地进行系统评价定级，划定为 I

级、Ⅱ级、Ⅲ级和Ⅳ级四个保护等级，分别制定相应的保护、利用和管理措施，严格控制占用公益林、天然林和蓄积量高的林地。同时，为强化对征占用林地的控制和引导，实行建设项目所在县级行政区域内的森林（有林地和国家特别规定的灌木林）占补平衡。征占用林地收缴的森林植被恢复费，必须优先用于统一安排植树造林，恢复的森林植被不得少于因征占用林地而减少的森林面积，并且不得降低林地生产力。

（三）建设项目使用林地审核审批管理

为进一步切实加强建设项目使用林地管理，2021年9月国家林业和草原局印发《建设项目使用林地审核审批管理规范》，要求各级政府林草主管部门严格执行建设项目占用林地定额管理规定，不得超过下达各省的年度占用林地定额审核同意建设项目使用林地。明确了建设项目使用林地审核审批的申请材料、实施程序、办理条件、特别规定、监管要求等方面内容。申请材料方面，根据项目性质和所处区域范围，分别提交相应的申请材料，具体包括统一式样的使用林地申请表、建设项目有关批准文件、使用林地可行性报告或者使用林地现状调查表以及需要的其他材料。实施程序上主要涉及用地方提交申请、相关主管部门进行材料核对和现场查验、对建设项目拟使用林地组织公示、按照审批权限进行审批共四大环节。为切实节约集约使用林地资源，要从建设项目的前期申请到后期建设全流程进行严格的审批监督，包括临时使用林地在内。

同时，为认真贯彻落实党中央、国务院"放管服"改革要求，切实提高用地、用林审批效率，自然资源部办公厅、国家林业和草原局办公室于2021年发布了《关于加强协调联动进一步做好建设项目用地审查和林地审核工作的通知》，对建设项目同时涉及农地转用和使用林地的，进行了相关的联动上报审批规定，并要求各相关部门按月将使用林地审核情况、涉及林地的用地审批结果在国土空间基础信息平台上实现信息共享。

（四）林长制

新时期为全面贯彻落实林地用地计划管理目标，2021年1月中共中央办公厅、国务院办公厅印发《关于全面推行林长制的意见》，在既有的监督实施环节手段基础上，新设"林长制"，进一步压实地方各级党委和政府保护发展森林草原资源的主体责任。林长制是指按照"分级负责"原则，由各级地方党委和政府主要负责同志担任林长，其他负责同志担任副林长，构建省、市、县、乡、村等各级林长体系，实行分区（片）负责，落实保护发展林草资源属地责任的制度。其中，林地用地计划管理情况是各级各区林长考核的重要内容，包括"十四五"时期有关林地保护发展主要指标落实情况、占有征收林地定额实施情况等。考核结果作为地方有关党政领导干部综合考核评价和自然资源资产离任审计的重要依据。

## 三、海洋自然资源计划管理探索

海洋自然资源计划管理是自然资源部的职责之一，其前身是围填海计划管理，始于 2006 年对江苏、浙江两省高涂围垦养殖用海实施年度总量控制制度。2008 年，《国家海洋事业发展规划纲要》将总量控制思想扩展到全部围填海活动，提出"加强国家对海洋开发利用的宏观控制，将围填海总量控制作为重要手段，纳入国家年度指令性计划管理"。2011 年，国土资源部和国家海洋局下发《关于加强围填海造地管理有关问题的通知》，主要从区划规划衔接、计划衔接、项目审查、供地方式、调查登记和监督检查六个方面明确提出了围填海管理中用海管理和用地管理相互衔接的主要措施。这是海域管理制度的重要创新，在当时的历史条件下发挥了重要的作用。

生态文明体制改革以来，国家对海洋自然资源的管理理念或措施主要集中在以下方面：一是对海洋自然资源实行总量控制和开发利用规模控制；二是强化自然岸线保有率的约束作用；三是解决围填海历史遗留问题（刘大海等，2019）。由于围填海规模增长过快，从 2017 年开始，国家海洋局发布文件，暂停下达 2017 年地方围填海计划指标，并对围填海项目实行"一事一报"方式审查和安排计划指标。2018 年，国务院继续加大对围填海的规模管控，印发《关于加强滨海湿地保护严格管控围填海的通知》，正式取消围填海地方年度计划指标。目前，围填海计划指标只包含中央围填海计划指标，并仅支持国家重大战略项目围填海。海洋自然资源年度利用计划是调控海洋空间开发利用规模的抓手，制度建立相关工作正在推进之中。

# 第二节　国土空间准入与转用

国土空间准入管理强调国土空间用地用海的准入条件设定，是建设项目用地管控的第一道闸门。具体来讲，在建设项目审批、核准、备案阶段，依法对建设项目涉及的用地用海事项进行审查，核发用地预审与选址建议书、用海预审意见。

## 一、正面和负面清单的准入管理

正面和负面清单的准入管理是指依据区域正面和负面清单，对国土空间开发利用活动进行空间准入的前置审查。依据国家发展重大战略、区域功能定位及有关法律法规要求，区域正面清单主要界定允许、鼓励的开发利用项目和行为，负面清单主要界定禁止、限制的开发利用项目和行为。以下重点分析试行的自然生态空间准入要求。

2017 年 3 月，国土资源部印发《自然生态空间用途管制办法（试行）》（国土资发〔2017〕33 号）（以下简写为《管制办法》），部署在福建省、江西省、河南省、海南省、贵州省、青海省各选择 2～3 个市县开展试点，以点带面探索可复制、可推广的自然生态空间用途管制制度经验。《管制办法》明确自然生态空间涵盖需要保护和合理利用的森林、草原、湿地、河流、湖泊、滩涂、岸线、海洋、荒地、荒漠、戈壁、冰川、高山冻原、无居民海岛等。国家对生态空间依法实行区域准入和用途转用许可制度，严格控制各类开发利用活动对生态空间的占用和扰动，确保依法保护的生态空间面积不减少，生态功能不下降。《管制办法》同时明确了自然生态空间与生态保护红线的关系，规定生态保护红线原则上按禁止开发区域的要求进行管理，严禁不符合主体功能定位的各类开发活动，严禁任意改变用途，严格禁止任何单位和个人擅自占用和改变用地性质等。对于生态保护红线外的生态空间，《管制办法》提出，原则上按限制开发区域的要求进行管理。按照生态空间用途分区，依法制定区域准入条件，明确允许、限制、禁止的产业和项目清单，根据空间规划确定开发强度，提出城乡建设、工农业生产、矿产开发、旅游康体等活动的规模、强度、布局和环境保护等方面的要求。

《管制办法》的出台主要基于以下考虑：①在定位上，《管制办法》将用途管制扩大到所有自然生态空间，重点明确生态、农业与城镇空间的转用管理和生态空间内部用途转化规则与要求，严格控制生态空间转为农业、城镇空间，确保依法保护的生态空间面积不减少、功能不降低、服务保障能力逐渐提高。②在用途管制模式上，体现了分级分类管理的管制思路。分级管理是指将生态空间范围内划定的具有特殊重要生态功能、必须强制性严格保护的区域划入生态保护红线，原则上按禁止开发区的要求进行管理，实行特殊保护。其他生态空间原则上按限制开发区域的要求进行管理，执行区域准入制度，限制开发利用活动，在不妨害现有生态功能的前提下，允许适度的国土开发、资源和景观利用。分类管理是指国土、农业、水利、林业等相关行政主管部门按照部门职能，对各类生态空间的开发利用进行管控。③在管制方式上，除指标控制外，进一步强化空间控制，通过空间布局落实生态空间保护目标，体现自上而下和自下而上相结合的思路。国家通过制定调查标准、生态保护红线划定标准、监管平台和用途管制规则，确保需要重点保护的生态空间在下级规划中得到落实。通过编制市县空间规划，强化生态空间和生态保护红线的落地管理，作为生态空间用途管制的依据①。

## 二、用地预审与选址意见书核发

### （一）概念内涵

建设项目用地预审是自然资源主管部门在建设项目审批、核准、备案阶段

---

① 国家产业规划网："【政策解读】国土资源部印发实施《自然生态空间用途管制办法（试行）》"，2017 年 4 月 22 日，https://www.sohu.com/a/135793656_273128。

依法对建设项目涉及的土地利用事项进行的审查。建设项目用地预审是控制建设项目用地的第一道闸门，是实施国土空间规划、严格国土空间用途管制的重要政策工具，对严守耕地红线、节约集约用地、保障经济社会发展和维护群众权益等发挥着长期重要的作用。

选址意见书是建设项目是否符合城乡规划的法定依据之一，也是建设项目批准核准的前置条件。《城乡规划法》第三十六条规定："按照国家规定需要有关部门批准或者核准的建设项目，以划拨方式提供国有土地使用权的，建设单位在报送有关部门批准或者核准前，应当向城乡规划主管部门申请核发选址意见书"。选址意见书核发属于省级以下自然资源主管部门事权，与用地预审功能内容相近。

## （二）规定要求

### 1. 用地预审制度

（1）制度建立

1997 年 4 月中共中央、国务院下发《中共中央　国务院关于进一步加强土地管理切实保护耕地的通知》，提出了加强土地管理，切实保护耕地的坚决措施。该通知强调保护耕地就是保护我们的生命线，对农地和非农地实行严格的用途管制；明确要求在建设项目可行性研究报告评审阶段，土地管理部门就要对项目用地进行预审。用地预审第一次出现在中央文件中，成为国家土地管理的重要政策工具。1998 年 8 月修订的《中华人民共和国土地管理法》第五十二条规定：建设项目可行性研究论证时，土地行政主管部门可以根据土地利用总体规划、土地利用年度计划和建设用地标准，对建设用地有关事项进行审查，并提出意见。1998 年 12 月发布的《中华人民共和国土地管理法实施条例》第二十二条和第二十三条规定：建设项目可行性研究论证时，由土地行政主管部门对建设项目用地有关事项进行审查，提出建设项目用地预审报告；可行性研究报告报批时，必须附具土地行政主管部门出具的建设项目用地预审报告。法律法规的明确规定为用地预审制度奠定了法律基础。

2001 年 7 月，《建设项目用地预审管理办法》发布，明确预审遵循土地用途管制、切实保护耕地、合理和集约利用土地、保障基础设施和国家重点建设项目用地原则;审查项目选址是否符合土地利用总体规划和地质灾害防治规划、是否符合供地政策,占用耕地的是否合理落实补充耕地资金等内容;提交材料包括申请文件、项目建议书批复、包含土地利用章节的项目可研报告等;按土地利用总体规划确定的城市建设用地范围内外(俗称"圈内圈外")划分了用地预审权限,对审查程序等作出了规定;明确应进行预审的建设项目未申请用地预审的,土地行政主管部门不受理建设用地申请,用地预审制度正式建立。用地预审制度使用地管理工作提前到项目可行性研究阶段,改变了土地被动跟随项目走的局面。

（2）制度改革

2004 年 10 月,国务院颁布《关于深化改革严格土地管理的决定》,提出进一步完善符合我国国情的最严格的土地管理制度的 25 项措施,加强建设项目用地预审管理为其中一项。明确规定:项目建设单位向发展改革等部门申报核准或审批建设项目时,必须附国土资源部门预审意见;没有预审意见或预审未通过的,不得核准或批准建设项目。用地预审成为建设项目审批、核准的必备前置要件。2004 年 11 月,修订后的《建设项目用地预审管理办法》公布。修订版办法落实国务院要求,明确用地预审意见是建设项目批准、核准的必备文件。把保障基础设施和国家重点建设项目用地在原则中予以删除,规定预审遵循符合土地利用总体规划、保护耕地特别是基本农田、合理和集约利用土地、符合国家供地政策的原则。审查增加了建设项目用地标准和总规模是否符合有关规定、建设项目需修改土地利用总体规划的规划修改方案应符合相关规定两项内容,取消了选址是否符合地质灾害防治规划的内容。权限不再区分"圈内""圈外",实行分级预审、同级预审,将充分发挥土地供应的宏观调控作用作为制定办法的目的,明确用地预审文件有效期为两年。

2007 年 11 月,国务院办公厅发布《关于加强和规范新开工项目管理的通知》,要求对于未履行备案手续或者未予备案的项目,城乡规划、国土资源等部门不得办理相关手续。2008 年 11 月,《建设项目用地预审管理办法》进行了修正,该办法将备案类建设项目的用地预审从办理备案手续前调整到办理备案手续后。增加了建设项目征地补偿费用安排情况审查,对矿山项目增加了土地复垦资金拟安排情况的审查;对已批准项目建议书的审批类建设项目和备案类建设项目，增加地质灾害危险性评估和是否压覆重要矿产资源的审查。

2016 年 11 月，《建设项目用地预审管理办法》再次修正。此次修正取消了补充耕地初步方案的内容，取消了征地补偿费用和矿山项目土地复垦资金拟安排情况的内容，取消了对审批类项目是否开展地质灾害危险性评估进行审查，取消了对审批类项目是否开展压覆重要矿产资源进行审查；将用地预审文件有效期调整为三年；规定对占用基本农田或者其他耕地规模较大的建设项目进行踏勘论证，以及对尚未颁布或突破土地使用标准的建设项目进行节地评价。在配套出台的《改进和优化建设项目用地预审和用地审查的通知》中缩小了用地预审范围，不涉及新增建设用地，在规划确定的城镇建设用地范围内使用已批准的建设用地进行建设的项目，可以不进行用地预审。

2019 年 9 月，自然资源部出台《自然资源部关于以"多规合一"为基础推进规划用地"多审合一、多证合一"改革的通知》（自然资规〔2019〕2 号），明确合并规划选址和用地预审，不再单独核发建设项目选址意见书、建设项目用地预审意见。

2021 年 9 月施行的《中华人民共和国土地管理法实施条例》，明确了建设项目批准、核准前或者备案前后，由自然资源主管部门对建设项目用地事项进行审查，提出建设项目用地预审意见。建设项目需要申请核发选址意见书的，应当合并办理建设项目用地预审与选址意见书，核发建设项目用地预审与选址意见书。备案类项目备案前后均可用地预审，合并规划选址和用地预审在行政法规上得到确认。

在审批权限上，按《建设项目用地预审管理办法》，遵循分级原则，需人民政府或有批准权的人民政府发展和改革等部门审批的建设项目，由该级人民政府的自然资源管理部门预审；需核准和备案的建设项目，由与核准、备案机关同级的自然资源管理部门预审。2017 年出台的《中共中央 国务院关于加强耕地保护和改进占补平衡的意见》明确，重大建设项目选址确需占用永久基本农田的，须通过自然资源部用地预审。2020 年 3 月国务院印发《关于授权和委托用地审批权的决定》后，对应国务院授权和委托的用地审批权，自然资源部将不占用永久基本农田的部分用地预审权，同步下放省级自然资源主管部门。

（3）用地预审审查内容

用地预审审查内容集中在项目为什么要做（项目建设依据是否充分），为什么要选在这个位置，为什么要占这么多地，相关问题如何解决。具体审查内容不断调整，总体呈先增后减的趋势。现在用地预审主要审查项目建设的依据是否充分，用地是否符合国家产业政策、供地政策和中华人民共和国土地管理法律、法规规定的条件。具体而言，包括项目主要功能和用途；项目是否存在信访情况；项目是否存在行政复议或行政诉讼事项；建设项目选址是否符合国土空间规划管控要求；建设项目占用永久基本农田的，是否属于允许占用的重大建设项目范围，占用是否必要，规模是否合理，是否按要求编制永久基本农田补划方案，永久基本农田补划是否按照"数量不减、质量不降、布局稳定"的要求进行；建设项目用地规模和功能分区是否符合有关土地使用标准的规定；对国家和地方尚未颁布土地使用标准和建设标准的建设项目，以及确需突破土地使用标准确定的规模和功能分区的建设项目，是否已组织建设项目节地评价并出具评审论证意见；占用永久基本农田或其他耕地规模较大的建设项目，是否已按要求组织实地踏勘论证；建设单位是否已承诺将补充耕地、征地补偿、土地复垦等相关费用足额纳入项目工程概算，且占用永久基本农田的缴费标准按照当地耕地开垦费最高标准的两倍执行。有关自然资源部门督促建设单位和地方政府，在正式用地报批前按规定做好征地补偿安置、耕地占补平衡及土地复垦等有关工作。涉及占用生态保护红线、自然保护区确实难以避让的，必须符合相应管理要求。

**2. 建设项目规划选址制度**

1989 年 12 月，《中华人民共和国城市规划法》颁布，正式确立了建设项目规划选址制度。《城市规划法》第三十条规定，城市规划区内的建设工程选址和布局必须符合城市规划，设计任务书报请批准时，必须附有城市规划行政主管部门的选址意见书。建设项目的选址，不仅对建设项目本身的成败起着决定性的作用，而且对城市的布局结构和发展将产生深远的影响。规划选址制度的建立，使国家对建设项目的宏观管理，在可行性研究阶段实现了计划管理和规划管理的有机结合，保证了各项工程有计划并按照规划进行建设。

2007 年 10 月，《中华人民共和国城乡规划法》颁布，为适应国有土地使用权有偿出让制度的全面推行，该法律对选址意见书制度进行了改革。按照《城乡规划法》第三十八条规定，出让地块必须附具城乡规划主管部门出具的规划条件，规划条件依据控制性详细规划出具并明确地块开发建设的规划管理要求。对于通过有偿出让方式取得土地的建设项目，其本身就具有与城乡规划相符的建设地点和建设条件。故《城乡规划法》规定，需要有关部门批准、核准，或通过划拨方式取得用地使用权的建设项目，需申请核发建设项目选址意见书。建设项目选址意见书是建设项目规划管理的开始，其办理主要是依据发展和改革部门批准的项目建议书等，以及城乡规划的相关要求，其核发层级一般与发展和改革部门项目批准层级一致。需报国务院有关部门审批、核准、备案的建设项目，由省级城乡规划主管部门核发选址意见书。建设项目规划选址审查依据有关空间规划，审查建设项目与规划布局的协调，与交通、通信、能源、市政、防灾规划的衔接和协调，与配套生活设施、居住区及公共服务设施规划的衔接和协调，与生态环境保护和风景名胜、文物古迹保护规划的协调等。

### 3. 建设项目用地预审与选址意见书

2018 年，随着自然资源部的组建，土地管理和规划管理长期分治的局面被打破。2019 年 9 月，《自然资源部关于以"多规合一"为基础推进规划用地"多审合一、多证合一"改革的通知》将处于同一审批阶段、审查功能相似的建设项目选址意见书、建设项目用地预审意见合并，由自然资源主管部门统一核发建设项目用地预审与选址意见书（专栏 5–2）。涉及新增建设用地，用地预审权限在自然资源部的，预审通过后，由地方核发建设项目用地预审与选址意见书。用地预审权限在省级以下的，由省级自然资源主管部门确定办理的层级和权限。使用已经依法批准的建设用地进行建设的项目，不再办理用地预审。合并后的建设项目用地预审与选址意见书需载明项目名称、项目代码、建设单位名称、项目建设依据、项目拟选位置、拟用地面积、拟建设规模等内容，进一步明确和规范了审核内容。申请建设项目用地预审与选址意见书的要件包括建设单位的书面申请，项目建设依据文件（包括项目建议书批复、建设项目列入相关规划或产业政策的文件等），以及法规规章需要的其他材料。

**专栏 5–2 建设项目用地预审与选址意见书合并**

合并规划选址和用地预审

1、将建设项目选址意见书、建设项目用地预审意见合并，自然资源主管部门统一核发建设项目用地预审与选址意见书，不再单独核发建设项目选址意见书、建设项目用地预审意见。

2、**涉及新增建设用地**

---------- 用地预审权限在自然资源部 ----------

建设单位向地方自然资源主管部门提出用地预审与选址申请，由地方自然资源主管部门受理；经省级自然资源主管部门报自然资源部通过用地预审后，地方自然资源主管部门向建设单位核发建设项目用地预审与选址意见书。

------ 用地预审权限在省级以下自然资源主管部门 ------

由省级自然资源主管部门确定建设项目用地预审与选址意见书办理的层级和权限。

3、**使用已经依法批准建设用地进行建设**

不再办理用地预审；需要办理规划选址的，由地方自然资源主管部门对规划选址情况进行审查，核发建设项目用地预审与选址意见书

图 5-4 建设项目用地预审与选址意见书合并相关介绍

资料来源：中国自然资源报社。

## 三、用海预审意见出具

依据《自然资源部关于进一步优化报国务院批准项目用海审查流程 提高审批效率的通知（征求意见稿）》（2019 年），国务院或国务院投资主管部门审批或核准的建设项目，需要自然资源部出具用海预审意见的，用海申请人先行提交用海预审申请，自然资源部审查通过后出具用海预审意见。用海预审申请材料包括用海预审申请函、海域使用申请书（含宗海图）、海域使用论证报告、资信证明材料和利益相关者处理协议。不需要自然资源部出具用海预审意见的项目，自然资源部按规定程序和要求审查通过项目用海申请后，上报国务院审批。

涉及新增围填海造地和围填海历史遗留问题的项目用海，围填海申请由项目所在地省级人民政府向自然资源部上报；涉及新增围填海造地的项目，应同时报送国家发展和改革委员会。此类项目的用海申请材料、审查程序和要求按照《国务院关于加强滨海湿地保护 严格管控围填海的通知》（国发〔2018〕24号）、《自然资源部 国家发展和改革委员会关于贯彻落实〈国务院关于加强滨海湿地保护 严格管控围填海的通知〉的实施意见》（自然资规〔2018〕5号）、《自然资源部关于进一步明确围填海历史遗留问题处理有关要求的通知》（自然资规〔2018〕7号）执行。

## 四、用途转用审批

### （一）农用地转用

#### 1. 概念内涵

依据《中华人民共和国土地管理法实施条例》（2021 年修订）第四章第二节规定，可按照国土空间规划确定的城市和村庄、集镇建设用地范围内和外审批农转用地，将农用地转用分为圈内批次农用地转用、圈外单独选址项目农用地转用。

依据《中华人民共和国土地管理法实施条例》（2021 年修订）第二十二条规定，建设项目占用国土空间规划确定的未利用地的，按照省、自治区、直辖市的规定办理。

**2. 规定要求**

（1）精简报批材料

《中华人民共和国土地管理法实施条例》（2021 年修订）（以下简写为新《条例》）将原《中华人民共和国土地管理法实施条例》（2014 年修订）（以下简写为旧《条例》）规定的农用地转为建设用地和土地征收需要报批的"一书四方案"（即建设项目用地呈报说明书、农用地转用方案、补充耕地方案、土地征收方案和供地方案）进行了精简。按照"批什么就审什么"的原则，简化为农用地转用方案和土地征收申请。其中，针对农用地转用方案进行细化规定，即：①在国土空间规划确定的城市和村庄、集镇建设用地范围内，为实施该规划而将农用地转为建设用地的，农用地转用方案应当重点对建设项目安排、是否符合国土空间规划和土地利用年度计划以及补充耕地情况作出说明；②建设项目确需占用国土空间规划确定的城市和村庄、集镇建设用地范围外的农用地，农用地转用方案应当重点对是否符合国土空间规划和土地利用年度计划及补充耕地情况作出说明，涉及占用永久基本农田的，还应当对占用永久基本农田的必要性、合理性和补划可行性作出说明（图 5-5）。

（2）减少审查层级

新《条例》取消了旧《条例》农用地转用审批需"分批次逐级上报有批准权的人民政府"的要求，规定：①在国土空间规划确定的城市和村庄、集镇建设用地范围内，为实施该规划而将农用地转为建设用地的，由市、县人民政府组织自然资源等部门拟订农用地转用方案，分批次报有批准权的人民政府批准；②建设项目确需占用国土空间规划确定的城市和村庄、集镇建设用地范围外的农用地，涉及占用永久基本农田的，由国务院批准；不涉及占用永久基本农田的，由国务院或者国务院授权的省、自治区、直辖市人民政府批准。

（3）下放审批权限

相较于旧《条例》农用地转用需逐级上报至国务院审批，新《条例》将除永久基本农田以外的农用地转用审批权限下放至国务院授权的省、自治区、直辖市人民政府。

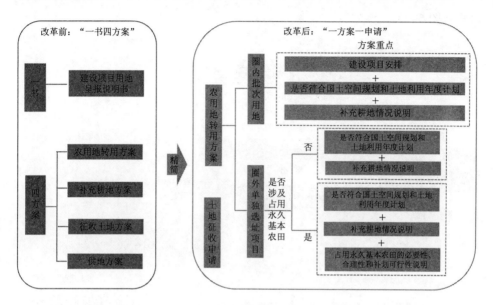

图 5–5　改革前后报批材料区别

资料来源：据新、旧《中华人民共和国土地管理法实施条例》整理。

（4）审批全流程

由新《条例》第二十三条规定，整理出圈内批次农用地转用审批流程（图5–6）。

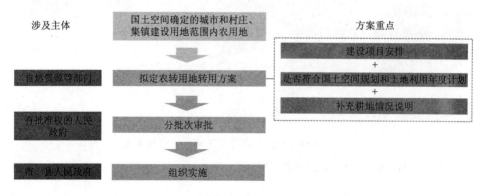

图 5–6　圈内批次农用地转用审批流程

资料来源：根据《中华人民共和国土地管理法实施条例》（2021 年修订）整理。

由新《条例》第二十四条规定，整理出圈外单独选址项目农用地转用审批流程（图5–7）。

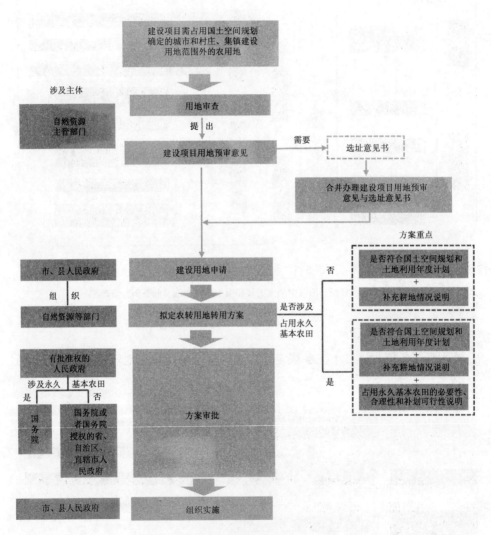

图 5–7　圈外单独选址项目农用地转用审批流程

资料来源：《中华人民共和国土地管理法实施条例》（2021 年修订）整理。

## （二）林草等其他用地转用

**1. 概念内涵**

依据《建设项目使用林地审核审批管理办法》（国家林业局令第35号）第二条规定，建设项目使用林地，是指在林地上建造永久性、临时性的建筑物、构筑物，以及其他改变林地用途的建设行为，包括进行勘查、开采矿藏和各项建设工程占用林地，建设项目临时占用林地，森林经营单位在所经营的林地范围内修筑直接为林业生产服务的工程设施占用林地。

依据《草原征占用审核审批管理规范》（林草规〔2020〕2号）第二条规定，草原征占用情形包括矿藏开采和工程建设等需要征收、征用或使用草原，临时占用草原，在草原上修建为草原保护和畜牧业生产服务的工程设施使用草原。

**2. 规定要求**

（1）林地转用

为贯彻落实党中央、国务院"放管服"改革要求，切实提高用地、用林审批效率，2021年1月自然资源部办公厅、国家林业和草原局办公室联合发布《关于加强协调联动进一步做好建设项目用地审查和林地审核工作的通知》（自然资办发〔2021〕18号），提出国务院批准农用地转用和土地征收的建设项目，涉及使用林地的，由省级自然资源主管部门将用地报批材料、林业和草原主管部门作出的行政许可决定一并报自然资源部，自然资源部完成用地审查后按要求上报国务院批准用地。省级人民政府批准农用地转用（含国务院委托和授权审批用地）的建设项目，涉及使用林地的，具有林地审核权限的林业和草原主管部门作出行政许可决定后，应同时抄送有关省级自然资源主管部门。用地审查、林地审核通过的，省级自然资源主管部门按要求上报省级人民政府批准用地。

为加强建设项目使用林地审核审批管理，进一步明确审核审批内容，规范审核审批程序，强化审核审批监管，2021年9月国家林业和草原局发布《建设项目使用林地审核审批管理规范》（林资规〔2021〕5号）（本节以下简写为《规范》）。建设项目使用林地的申请材料包括使用林地申请表、建设项目有关批准文件、使用林地可行性报告或者使用林地现状调查表及其他材料。建设项目使用林地审核审批实施程序包括提出申请、现场查验、组织公示等环节。《规范》

还对建设项目使用林地审核审批办理条件进行了明确规定，建设项目使用林地应当严格执行《建设项目使用林地审核审批管理办法》的规定。列入省级以上国民经济和社会发展规划的重大建设项目，符合国家生态保护红线政策规定的基础设施、公共事业和民生项目，国防项目，确需使用林地但不符合林地保护利用规划的，先调整林地保护利用规划，再办理建设项目使用林地手续。因项目建设调整自然保护区、森林公园等范围、功能区的，根据其范围、功能区调整结果，先调整林地保护利用规划，再办理建设项目使用林地手续。建设项目使用林地，用地单位或者个人应当一次性申请办理使用林地审核手续，不得化整为零，随意分期、分段或拆分项目进行申请，有关人民政府林业和草原主管部门也不得随意分期、分段或分次进行审核。国家和省级重点的公路、铁路和大型水利工程，可以根据建设项目可行性研究报告、初步设计批复确定的分期、分段实施安排，分期、分段申请办理使用林地审核手续。各级人民政府林业和草原主管部门要严格执行建设项目占用林地定额管理规定，不得超过下达各省的年度占用林地定额审核同意建设项目使用林地。建设项目使用林地需要采伐林木的，应当按照《森林法》《森林法实施条例》《野生植物保护条例》等有关规定办理。此外，《规范》还对建设项目使用林地审核审批特别规定进行了明确。

（2）草地转用

为加强草原征占用的监督管理，规范草原征占用的审核审批，保护草原资源和生态环境，2020年6月国家林业和草原局发布《草原征占用审核审批管理规范》。矿藏开采和工程建设确需征收、征用或者使用草原超过70公顷的，由国家林业和草原局审核；70公顷及其以下的，由省级林业和草原主管部门审核。工程建设、勘查、旅游等确需临时占用草原的，由县级以上地方林业和草原主管部门依据所在省、自治区、直辖市确定的权限分级审批。临时占用草原的期限不得超过两年，并不得在临时占用的草原上修建永久性建筑物、构筑物；占用期满，使用草原的单位或个人应当恢复草原植被并及时退还。在草原上修建直接为草原保护和畜牧业生产服务的工程设施确需使用草原的，包括建设生产、贮存草种和饲草饲料的设施，牲畜圈舍，科研、试验、示范基地，草原防火和灌溉设施等，超过70公顷的，由省级林业和草原主管部门审批；70公顷及其以下的，由县级以上地方林业和草原主管部门依据所在省、自治区、直辖市确定的审批权限审批。《规范》对草原征占用审批审核程序进行了规定，草原征占用单位或者个人应当填写《草原征占用申请表》，向具有审核审批权限的林业和草原主管部门提出草原征占用申请。林业和草原主管部门应当在自受理申请之日起 20 个工作日内完成审核或审批工作。20 个工作日内不能完成的，经本部门负责人批准，可延长 10 个工作日，并告知申请人延长的理由。省级以上林业和草原主管部门可以根据需要组织开展现场查验工作。当地县级以上林业和草原主管部门应当将现场查验报告及时报送负责审核的林业和草原主管部门。矿藏开采和工程建设等确需征收、征用或使用草原的申请，经审核同意的，林业和草原主管部门应当按照《中华人民共和国草原法》的规定，向申请人收取草原植被恢复费，经审核不同意的，向申请人发放不予行政许可决定书，告知不予许可的理由。申请人在获得准予行政许可决定书后，依法向自然资源主管部门申请办理建设用地审批手续。建设用地申请未获批准的，林业和草原主管部门退还申请人缴纳的草原植被恢复费；临时占用草原或修建直接为草原保护和畜牧业生产服务的工程设施需要使用草原的申请，经审批同意的，林业和草原主管部门作出准予行政许可的书面决定。经审批不同意的，作出不予行政许可的书面决定。

为贯彻落实《中华人民共和国草原法》和国务院"放管服"改革要求，依法依规办理矿藏开采、工程建设征收、征用或使用 70 公顷以上草原行政许可，2020 年 9 月《国家林业和草原局公告》（2020 年第 19 号）对该项行政许可的办事条件和申请材料进行了精简优化，包括矿藏开采、工程建设征收、征用或使用 70 公顷以上草原审核办事指南，草原征占用申请表，征占用草原现场查验表。

# 第三节　建设用地和工程的规划审批

建设用地和工程的规划审批包括项目建设前的规划条件核定、"三证"（建设用地规划许可证、建设工程规划许可证、乡村建设规划许可证）核发。

## 一、规划条件核定

### （一）概念内涵

规划条件原名为规划设计条件，原先由《中华人民共和国城市规划法》（以下简写为《城市规划法》）设立，是建设用地规划许可的组成部分，一般作为建设用地规划许可证的附件。其设立的目的是依据详细规划，明确地块进行开发建设活动必须遵循的城市规划相关要求，使建设单位按照规划使用土地。《城市规划法》第三十一条规定，在城市规划区内进行建设需要申请用地的，必须持国家批准建设项目的有关文件，向城市规划行政主管部门申请定点，由城市规划行政主管部门核定其用地位置和界限，提供规划设计条件，核发建设用地规划许可证。

随着国有土地有偿使用制度改革的深入，为适应土地供给方式的变化，后续颁布的《中华人民共和国城乡规划法》（以下简写为《城乡规划法》）第三十八条规定，在城市、镇规划区内以出让方式提供国有土地使用权的，在国有土地使用权出让前，城市、县人民政府城乡规划主管部门应当依据控制性详细规划，提出出让地块的位置、使用性质、开发强度等规划条件，作为国有土地使用权出让合同的组成部分。对于以出让方式提供国有土地使用权的，将提出规划条件的环节前置到土地出让前，规划条件成为国有土地使用权出让合同的组成部分，并作为土地出让地价的重要评定要素。《城乡规划法》对划拨类用地规划条件办理程序未做明确规定，各地一般沿袭《城市规划法》，在建设用地规划许可阶段提出规划条件，上海、浙江、重庆、江苏等地将规划条件纳入建设项目用地预审与选址意见书（建设项目选址意见书）。目前，规划条件的提出一般作为政府内部审批事项。

### （二）规定要求

规划条件一般包括：用地性质、容积率、建筑密度、建筑高度、绿地率、停车泊位、主要出入口、需配置的公共设施、工程设施及其他要求。根据控制性详细规划，确定规划条件，限定建设单位在进行土地使用和建设活动时必须遵循的基本准则，强化了城乡规划主管部门对国有土地使用状况的规划调控和引导。规划条件审查的主要内容：根据控制性详细规划、地块现状、地籍图及申请单位的申请来确定地块边界范围；根据控制性详细规划、相关城市设计、相关技术规范来确定地块的用地性质、建筑退界、容积率、建筑密度、建筑高度、绿地率等经济技术指标；绘制地块规划条件附图。

## 二、建设用地规划许可证核发

（一）概念内涵

建设用地规划许可证是经自然资源主管部门依法确认其建设项目位置和用地范围的法律凭证。《城乡规划法》针对获得土地的两种不同方式（划拨和出让）对建设用地规划许可做出了不同的规定。《城乡规划法》第三十七条规定：在城市、镇规划区内以划拨方式提供国有土地使用权的建设项目，经有关部门批准、核准、备案后，建设单位应当向城市、县人民政府城乡规划主管部门提出建设用地规划许可申请，由城市、县人民政府城乡规划主管部门依据控制性详细规划核定建设用地的位置、面积、允许建设的范围，核发建设用地规划许可证。建设单位在取得建设用地规划许可证后，方可向县级以上地方人民政府土地主管部门申请用地，经县级以上人民政府审批后，由土地主管部门划拨土地。《城乡规划法》第三十八条规定：以出让方式取得国有土地使用权的建设项目，建设单位在取得建设项目的批准、核准、备案文件和签订国有土地使用权出让合同后，向城市、县人民政府城乡规划主管部门领取建设用地规划许可证。城市、县人民政府城乡规划主管部门不得在建设用地规划许可证中，擅自改变作为国有土地使用权出让合同组成部分的规划条件。

（二）规定要求

### 1. 建设用地规划许可的内容与程序

1984 年 1 月国务院颁布实施的《城市规划条例》规定，申请建设用地，需经城市规划主管部门审查批准其用地位置、用地面积和范围，发给建设用地许可证。建设用地许可证即是建设用地规划许可证的前身，核定用地位置、面积、范围是其主要内容。1989 年 12 月颁布的《城市规划法》，以法律的形式确立建设用地规划许可证制度，提供规划设计条件（《城乡规划法》出台后更名为"规划条件"）确定为核发建设用地规划许可的一项重要内容。《城乡规划法》出台之后，对两类土地使用方式，规定了不同的许可内容和程序。

①对于通过有偿出让方式取得土地的建设项目，在国有土地使用权出让前，城乡规划主管部门应当依据控制性详细规划提出规划条件，作为国有土地使用权有偿出让合同的附件，待建设单位签订国有土地使用权出让合同、具备法人资格及其他条件后，持建设项目的批准、核准、备案文件和国有土地使用权有偿出让合同，向城乡规划主管部门领取办理建设用地规划许可证。因建设用地的位置、范围、面积及规划条件已作为国有土地使用权有偿出让合同的内容，建设用地规划许可证仅是对以上内容的确认。②对于通过划拨方式取得土地的建设项目，建设单位在完成用地预审、选址等手续，取得有关部门对拟建设项目的批准、核准、备案后，向城乡规划主管部门提出申请，城乡规划主管部门核定建设用地的位置、面积、允许建设范围以及规划条件，核发建设用地规划许可证。一些地方结合实际将规划条件前置，如上海、浙江等地在城乡规划地方性法规中规定，划拨用地在前期的选址意见书阶段一并核定规划条件。

**2. 建设用地规划许可和用地批准改革**

2019 年 9 月，自然资源部发布《自然资源部关于以"多规合一"为基础推进规划用地"多审合一、多证合一"改革的通知》，将所处阶段相同、内容高度一致的建设用地规划许可证和建设用地批准书合并成为新的建设用地规划许可证（专栏 5–3）。对于划拨土地，实行建设用地规划许可证与划拨决定书同步办理、同步核发；对于出让土地，在签订出让合同时，同步核发建设用地规划许可证。新的建设用地规划许可证证载内容包括用地单位、项目名称、批准用地机关、批准用地文号、用地位置、用地面积、土地用途、建设规模、土地取得方式。申请办理建设用地规划许可证的要件包括：建设单位的书面申请、建设项目批准、核准、备案文件、建设项目用地预审与选址意见书或国有土地使用权出让合同、法规规章规定的其他材料。

专栏 **5–3** 建设用地规划许可证和用地批准书合并

二、合并建设用地规划许可和用地批准

将建设用地规划许可证、建设用地批准书合并，自然资源主管部门统一核发新的建设用地规划许可证，不再单独核发建设用地批准书。

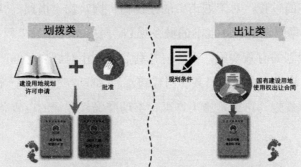

**划拨类**

建设单位向所在地的市、县自然资源主管部门提出建设用地规划许可申请，经有建设用地批准权的人民政府批准后，市、县自然资源主管部门向建设单位同步核发建设用地规划许可证、国有土地划拨决定书。

**出让类**

市、县自然资源主管部门将规划条件纳入国有建设用地使用权出让合同。建设单位在签订国有建设用地使用权出让合同后，市、县自然资源主管部门向建设单位核发建设用地规划许可证。

图 5–8 建设用地规划许可证和用地批准书合并相关介绍

资料来源：中国自然资源报社。

### 三、建设工程规划许可核发

#### （一）概念内涵

建设工程规划许可证是经城乡规划主管部门依法审核、建设工程符合城乡规划要求的法律凭证。建设工程规划许可设立的目的是确保建设工程活动符合控制性详细规划和规划条件的各项要求，统筹协调房屋建筑、市政道路和管线的空间关系，解决建设活动对城市空间、周围环境的外部性问题，并为建设活动的事前、事中、事后监管提供法定依据。在规划管理中一般将建设工程分为：建筑工程、市政交通工程和市政管线工程。进行城市各项建设，实质上是城乡规划逐步实施的过程，对于城市中的建筑物、构筑物、道路、管线和其他工程建设活动，依据经法定程序批准的城乡规划，严格实施建设工程规划许可管理，对保障城乡规划的有效实施，维护公共利益、防止对城乡空间产生不利影响具有重要意义。依据《中华人民共和国建筑法》《不动产登记暂行条例》等法律法规，建设工程规划许可证是施工许可、不动产确权登记的前置条件。

#### （二）规定要求

##### 1. 建设工程规划许可的内容

建设工程规划许可的管理内容主要以规划条件为依据，通过建设工程设计方案体现。以房屋建筑工程为例，主要包括：①建设工程用地方面，审核建设工程设计方案总平面图用地红线、用地面积，以土地用途确定各建筑物的功能性质；②建设工程本体方面，审核建筑物的功能、比例、面积、位置；配套公共服务设施的面积、位置，日照、消防情况，建筑密度、绿地率、各类限高、建筑退线、建筑间距、停车位配建等技术经济指标；③建设工程与外部衔接方面，审核公共设施配套、道路交通衔接、市政管线布局、场地标高控制等。

依据《国土空间用途管制数据规范（试行）》，市政交通工程中城市道路类建设工程规划许可主要审核用地面积、道路等级、道路长度、横断面设计，市政管线类建设工程规划许可内容主要审核管线类型、长度、管径、敷设方式、起止点标高、覆土深度等。

### 2. 建设工程规划许可的程序

建设单位或个人办理建设工程规划许可证，应当按照法律的规定，向城乡规划主管部门提出申请，并提交使用土地的有关证明文件、建设工程设计方案等材料。城乡规划主管部门需审核建设工程设计方案是否符合有关规划、规划条件及国家规范标准，并征求相关部门意见。各地关于使用土地的有关证明文件的规定不同，一般包括土地证、不动产权证书、用地批准书、建设用地规划许可证、划拨决定书、有关部门出具的使用土地证明文件等。

## 四、乡村建设规划许可证核发

### （一）概念内涵

2007 年《城乡规划法》颁布，设立乡村建设规划许可证制度，改变了乡村建设缺乏监督约束的状态，扭转了乡村建设无规划的现状，为改变我国城乡规划二元管理、统筹城乡发展打下坚实基础。《城乡规划法》规定，在乡、村庄规划区内的有关建设工程，应当办理乡村建设规划许可证。2019 年，《农业农村部 自然资源部关于规范农村宅基地审批管理的通知》（农经发〔2019〕6 号）出台，进一步强化了部门协作配合，实现了农村宅基地批准和乡村建设规划许可一次申请，同步办理。

### （二）规定要求

### 1. 乡村建设规划许可的内容和程序

《城乡规划法》将乡村建设规划许可证的适用范围规定为乡、村庄规划区范围内，并将建设活动划分为两类，一类是乡镇企业、乡村公共设施和公益事业建设类，一类是村民住宅建设类，针对两类建设活动设置不同的许可程序。①对于乡镇企业、乡村公共设施和公益事业建设活动，建设单位或个人需向所在乡、镇人民政府提出申请，由乡、镇人民政府审核后，报城市、县人民政府城乡规划主管部门核发乡村建设规划许可证。审查的主要内容是确认建设项目的性质、规模、位置和范围是否符合城乡规划。办理乡村建设规划许可证的要件包括：书面申请，建设项目批准、核准、备案文件，建设工程设计方案，村集体经济组织或村民委员会审查意见，法规规章规定的其他材料。②对于村民住宅建设活动，各地多结合实际制定实施规定，办理乡村建设规划许可证的要件一般包括：书面申请，土地使用证明文件，住宅建设方案及其他材料。各地结合规划管理需求对乡村建设规划许可制度进行探索完善，如广东、福建、浙江、上海等地对乡、村庄规划区内使用国有土地的建设活动，参照城市规划区内建设活动管理，核发建设用地规划许可证、建设工程规划许可证。

**2. 地方实践：以广州市为例**

为加强乡村建设规划许可管理，引导乡村建设合法有序开展，改善乡村人居环境，根据《城乡规划法》《广东省城乡规划条例》《广州市城乡规划条例》等法律、法规，2020 年 7 月，《广州市人民政府办公厅关于印发广州市乡村建设规划许可证实施办法的通知》（穗府办规〔2020〕17 号）发布，具体要求如下：

（1）使用存量建设用地的，不需办理新增建设用地审批手续。涉及新增建设用地的，以村委会（村集体经济组织）为主体持勘测定界技术报告书向区规划和自然资源部门申请办理，区规划和自然资源部门拟订农用地转用方案、补充耕地方案等报批材料，并按现行规定逐级上报有审批权的人民政府审批。新增建设用地经批准后，村民个人建房在批复用地范围内申请办理乡村建设规划许可。

（2）申请人应当持下列材料向村委会（村集体经济组织）提出建房申请：户口簿、家庭成员身份证；《农村村民住宅建设申请表》；《"一户一宅"承诺书》；能够反映拟用地位置、面积与四至间距的地形图；使用存量建设用地建房的，还应提供权属证明材料（包括建设用地批准书或村镇建房许可证、宅基地证、房屋产权证等）。

（3）审核通过后，村委会（村集体经济组织）应当将申请和审核情况在村、社显要位置及建房用地现场进行公示，公示期不少于 7 个工作日。公示期满且村民无异议或异议不成立的，村委会（村集体经济组织）出具公示情况报告，并在《农村村民住宅建设申请表》上加具意见，申请人在 3 个月内报送所在地的镇、街。

（4）镇、街受理窗口现场审核申请材料，进行纸质媒介和电子系统登记。立案申请资料包括：村委会（村集体经济组织）加具意见的《农村村民住宅建设申请表》；申请人的户口簿、各位家庭成员身份证复印件；申请人出具的且经村委会（村集体经济组织）核实的《"一户一宅"承诺书》；能够反映拟用地位置、面积与四至间距的地形图；村委会（村集体经济组织）盖章及负责人签名的公示情况报告；设计方案，应当标明是否选用《美丽乡村民居设计图集》中的设计方案；使用存量建设用地建房的，还应提供权属证明材料；使用新增建设用地建房的，还应提供用地批复意见。镇、街经办部门在办理过程中，应会同村委会（村集体经济组织）代表实地核查，内容包括公示情况、选址用地面积、地类、四至情况，以及是否符合经批准的村庄规划等。

（5）镇、街经办部门根据资料审核与现场实勘情况，可征求相关部门意见后，提出是否批准的建议，报镇、街作出是否核发《乡村建设规划许可证》的决定。核发《乡村建设规划许可证》应当符合以下条件：符合"一户一宅"的规定；符合土地利用总体规划；符合城市、镇总体规划；符合村庄规划；建筑基底面积、建筑面积、建筑间距、建筑外立面、建筑高度及房屋使用功能等应符合国家、省、市等有关法律、法规及规章的规定。自许可决定送达申请人之日起15个工作日内，镇、街经办部门应当在镇、街或区规划和自然资源部门门户网站上公布许可内容，并以方便公众查阅的方式长期公开，涉及国家秘密、商业秘密或个人隐私的除外。

（6）被许可人应当按照《乡村建设规划许可证》许可的内容进行建设。面积、高度、间距等确需变更的，被许可人应当按照规定程序申请，办理变更手续。涉及《乡村建设规划许可证》中姓名、地名等的变更，被许可人凭有关部门的证明文件直接向作出乡村建设规划许可决定的机关申请变更。被许可人需要延长《乡村建设规划许可证》期限的，应当在期限届满30日前向原许可机关提出申请办理延期手续，经批准延期的，延期不得超过6个月。申请延期的，申请人应当提供《乡村建设规划许可证》文证编号，并说明申请延期的事由。由于乡村建设规划许可所依据的法律、法规、规章修改或废止，或者准予乡村建设规划许可所依据的客观情况发生重大变化的，为了公共利益的需要，可依法变更或撤回已经生效的《乡村建设规划许可证》。由此给被许可人造成财产损失的，应依法给予补偿。

---

**专栏 5-4　广州市黄埔区乡村建设规划许可证办理流程**①

（1）申请

已取得新增建设用地或使用存量建设用地建房的村民应当持下列材料向所属村委会、经济社提出建房申请：《村民住宅建设申请表》（原件）；"一户一宅"承诺书（原件）；申请人户口簿、申请人及各家庭成员身份证（复印件，需核对原件）；申请人及本户内所有家庭成员《个人名下房地产登记情况查询证明》；使用存量建设用地建房的，应提供符合前款第六条规定的合法权属证明材料（复印件，需核对原件）；属于原址拆建的，应当提供原状建筑四至图（需标明房屋地址，建筑红线，用地红线，与四周现状建筑及道路的间距、四邻情况等信息）、各立面照片（原件）。

（2）审批

①村委会审查。村委会、经济社对建房申请材料进行审查并研究同意建房后，由主要负责人在村民住宅建设申请表上签名并加盖村委会、经济社公章。

②现场公示。审查通过后，村委会应当将申请及审查情况在人流密集的村、社显要位置（如村社宣传栏、村口、祠堂外墙等）及拟建房用地现场进行公示，接受群众监督和举报，公示期不少于 7 个工作日。公示期满且村民无异议或异议不成立的，村委会出具公示情况报告（附现场公示照片），在《村民住宅建设申请表》上加具意见后，申请人或由申请人委托村委会将所有材料报送九佛街道办事处、龙湖街道办事处、新龙镇人民政府审核。

③资料受理。九佛街道办事处、龙湖街道办事处、新龙镇人民政府设立政务窗口对申请人或村委会提交的材料进行审核，并进行纸质媒介和电

---

① 《关于印发〈广州市黄埔区乡村建设规划许可证实施细则〉的通知》（2019 年）。

子系统登记。经审核，申请资料存在可当场更正错误的，应指导申请人当场更正；资料不齐或不符合要求的，窗口或经办部门应当场或 5 个工作日内一次性书面告知申请人需补正材料内容，逾期不告知的，自收到材料之日起即为受理。

④审核报送。受理申请后，九佛街道办事处、龙湖街道办事处、新龙镇人民政府村民建房管理部门应会同村委会、经济社代表实地核查，核查内容应包括拟建房用地面积、地类、四至情况，并审核是否符合以下条件：符合"一户一宅"的规定；符合土地利用总体规划；符合城市总体规划及村庄规划；已完善用地手续，未涉及地质灾害危险区域；未涉及违法建设及违法用地。经现场实勘，资料齐备、真实且符合相关要求的，由九佛街道办事处、龙湖街道办事处、新龙镇人民政府村民建房管理部门在村庄规划中标明拟建房位置，与已加具意见的《村民住宅建设申请表》一同报送区规划和自然资源部门对建房地块进行规划符合性审核。

（3）发证

九佛街道办事处、龙湖街道办事处、新龙镇人民政府自建筑设计图报入正式受理之日起15个工作日内做出是否批准核发《乡村建设规划许可证》的许可决定。

# 第四节　实施监督的全生命周期管理

实施监督主要包括三个方面，一是通过国有土地使用权出让合同管理的手段落实开发建设要求，实现产业用地出让全生命周期管理；二是对建设项目即将组织竣工验收前进行规划核实和土地核验；三是对国土空间用途管制制度落实情况、国土空间规划实施及规划目标落实情况进行监督。

## 一、开发建设要求落实与合同管理

### （一）概念内涵

开发建设要求落实与合同管理的目的是实现用地全生命周期管理，具体来说就是以提高土地利用质量和效益为目的，以建设用地使用权有偿使用合同（以下简写为出让合同）为平台，对项目在用地期限内的利用状况实施全过程动态评估和监管，通过健全用地产业准入、综合效益评估、土地使用权退出等机制，将项目建设、投入、产出、节能、环保、本地就业等经济、社会、环境各要素纳入合同管理，实现产业用地利用管理系统化、精细化、动态化①。

### （二）规定要求

为全面推进土地资源高质量利用，深化产业用地市场化配置改革，强化产业用地出让全生命周期管理，实现产业用地更集约、更高效、更可持续的高质量利用，2021 年 9 月上海市规划和自然资源局发布《关于印发〈关于加强上海市产业用地出让管理的若干规定〉的通知》（沪规划资源规〔2021〕6 号）（本节以下简称《通知》），明确本规定所称产业用地包括工业用地（产业项目类、标准厂房类）、研发用地（产业项目类、通用类）。新增供应的产业用地，存量产业用地提升能级、盘活转型、划拨转出让、节余分割转让，其他存量建设用地转型为产业用地均按照本规定执行。仓储等其他产业用地参照本规定执行。《通知》要求强化产业项目准入审核制度，明确产业用地项目的产业类型、投资强度、产出效率和节能、环保、本地就业等的要求，并将其纳入出让合同，作为土地利用绩效评估的依据。出让合同中，应当明确地下建设工程的用途、最大占地范围、起始深度、建筑量控制要求、与相邻建筑连通、地质安全等规划建设条件。出让合同应当根据项目的实际情况及区政府相关部门、园区管理机构意见，约定项目开工、竣工、投产时间和履约监管、违约处置方式，确保

---

① 《关于印发〈关于加强上海市产业用地出让管理的若干规定〉的通知》（2021 年）。

产业用地高质量利用。履约监管按照合同约定开工、竣工、投产等阶段，采取分阶段、差别化方式管理。对违反合同约定情形，依照合同约定追究违约责任，情节严重的，按照合同约定，可解除出让合同，收回建设用地使用权。建设用地使用权人应按照合同约定的开发利用条件使用土地。因建设用地使用权人自身原因未按时开工、竣工、投产的，在达产评估、过程评估阶段经区政府相关部门或园区管理机构评估认定不符合要求的，在使用过程中经环境保护部门认定造成严重环境污染的，按照合同约定，出让人可无偿收回建设用地使用权。对地上建筑物的补偿，可事先约定采取残值补偿、无偿收回、由建设用地使用权人恢复原状等方式处置，并在出让合同中予以约定。还可结合地区实际及项目情况，另行设定本地就业人口管理、投产达产后低效运行等方面的强制退出要求，纳入出让合同条款。《通知》规定要加强产业用地的转让管理，在出让合同中，应当分别约定产业项目类工业用地和产业项目类研发用地、标准厂房类工业用地、通用类研发用地的转让管理要求及违约责任。产业用地必须按照批准用途、规划建设条件使用，对产业用地擅自改变用途的，责令限期改正，恢复产业用途。违法情节严重，在规定期限内未完成整改的，出让人可按照约定解除出让合同，无偿收回建设用地使用权。

## 二、规划核实和土地核验

### （一）概念内涵

规划核实和土地核验是指自然资源主管部门为保证建设工程符合国家有关规范、标准并满足质量和使用要求，对建筑工程的放线情况和建设情况是否符合《建设工程规划许可证》及其附件、附图所确定的内容进行验核和确认的行政行为。其审批依据为：《城乡规划法》第四十五条第一款"县级以上地方人民政府城乡规划主管部门按照国务院规定对建设工程是否符合规划条件予以核实。未经核实或经核实不符合规划条件的，建设单位不得组织竣工验收"。

（二）规定要求

核实核验一般需提交规划核实测绘报告、土地勘测报告、房产勘测报告、土地出让（租赁）合同或划拨决定书。核实内容主要包括：①总平面布局，建筑工程平面位置及平面尺寸；公建配套设施及市政配套设施的平面位置及平面尺寸；场地内构筑物位置及平面尺寸；建筑退让用地红线及各类控制线距离；建筑间距；场地竖向标高；围墙、道路、绿化布置；机动车出入口、地下车库出入口位置及起坡点位置等。②主要经济技术指标，包括核查土地面积、用地界址、容积率、建筑基底面积、总建筑面积、地上建筑面积、地下建筑面积、公建配套设施及市政配套设施建筑面积、建筑密度、绿地率、公共绿地面积等。③建筑单体，包括核查用途、建筑面积、建筑高度、层数及层高，办公、研发类建筑的内部平面布局及功能、建筑立面造型及色彩。地下室核查要求参照执行。④停车配建指标，包括核查停车位的数量和位置[含机动车停车位（机械式停车位）、非机动车停车位、特殊停车位]等。⑤其他需要规划核实的事项，包括配套市政管线工程应当核查其长度、走向、线位、埋深、间距、中心线、管径、竖向控制节点标高、标准横断面等内容。

## 三、执法和督察

（一）概念内涵

执法督察是自然资源主管部门依法对自然资源相关法律关系主体执行和遵守法律、法规的情况进行监督检查，并对违法者实施行政处罚的执法活动。执法督察始终贯穿在国土空间规划、用途管制、生态修复、保护和合理利用的一个整体系统中，是国土空间用途管制监督实施的重要环节。

2006年国家土地督察制度正式建立，在严守耕地红线、促进土地集约节约使用、维护群众权益、保障经济发展等方面发挥了积极的作用。土地督察的主要功能有反馈功能、预防功能、纠正功能和问责功能，逐步形成了例行督察、专项督察和审核督察三项核心业务。国家土地督察制度的实施，开创了土地用途管制监管的新模式和新格局，为构建现代化国家治理体系积累了重要实践经验。

（二）有关要求

2018 年，根据自然资源部"三定"方案，自然资源部根据中央授权，对地方政府落实党中央、国务院关于自然资源和国土空间规划的重大方针政策、决策部署及法律法规执行情况进行督察，查处自然资源开发利用和国土空间规划及测绘重大违法案件，指导地方有关行政执法工作。因此，国土空间用途管制执法督察是中央赋予自然资源管理部门的一项主要职责和任务。在督察方面，自然资源部内设国家自然资源总督察办公室，负责组织实施国家自然资源督察制度和协调自然资源督察工作，并向地方派驻九个督察局，承担对所辖区域的自然资源督察工作；授权三个海区局，承担所辖海区内海洋自然资源和国土空间规划督察职责。其中，九个督察局包括北京局、南京局、武汉局、沈阳局、济南局、成都局、上海局、广州局、西安局；三个海区局包括北海局、东海局、南海局。在执法方面，自然资源部内设执法局，负责指导实施重大国土空间规划和自然资源违法案件查处，协调全国违法案件调查处理工作。

2020 年，《自然资源部办公厅关于加强国土空间规划监督管理的通知》（自然资办发〔2020〕27 号）指出，将国土空间规划执行情况纳入自然资源执法督察内容，加强日常巡查和台账检查，做好批后监管。对新增违法违规建设"零容忍"，一经发现，及时严肃查处；对历史遗留问题全面梳理，依法依规分类加快处置。

按照国家要求和督察机构的职责，国土空间用途管制督察主要是监督地方政府主体责任落实的情况，具体包括：①对地方政府落实中央有关重大方针政策和决策部署的督察。督察机构主要是监督地方政府领导对中央有关国土空间规划的重大方针政策和决策部署思想认识是否到位、政治态度是否坚决；监督地方政府在国土空间规划有关部署落实方面是否彻底、责任分解是否明确，是否把党中央精神与地方实际相结合，是否严格按照有关要求及时准确落实，相关部门是否支持配合。②对三条控制线、国土空间管控、规划主要控制指标及有关法律法规等执行情况的督察。一是对三条控制线落实情况的督察；二是对城镇、农业、生态三类空间管控及国土空间用途管制制度落实情况的督察；三是对耕地保有量、永久基本农田、建设用地规模、各类生态用地等的总量、结构及国土开发强度等主要刚性控制指标落实情况的督察；四是对国土空间规划编制和实施过程中自然资源有关法律法规执行情况的督察。③对地方政府履职问题及地方有关重大典型问题的督察。重点对国土空间规划体系建立过程中，地方政府及相关部门在思想认识和工作部署上存在重视不够、敷衍塞责、拖延扯皮等问题，对规划实施过程中出现的重大典型问题和苗头性、倾向性问题，特别是突破三条控制线、破坏生态环境及历史文化遗产等重大问题进行督察。对地方政府及相关部门履职不力、监管不严、失职渎职的，要及时移交纪委监委，依纪依法追责问责。④对地方政府主体责任落实情况的督察并及时反馈自然资源部有关政策的问题。督察机构在督察过程中要明确权力边界，不取代、不替代国土空间规划业务主管机构、地方政府及有关部门依法履职，做到定位不错位、到位不缺位、有为不越位。同时，按照"刀刃向内"的要求，在督察过程中，及时反馈自然资源部有关政策实施中存在的问题。⑤督促地方做好问题整改并在做好调查研究的基础上提出意见和建议。对督察中发现的问题要充分考虑督察区域的实际及历史背景，具体情况具体分析，不搞"一刀切"，按照中央的决策部署及自然资源部有关要求，督促地方及时整改到位。加强对有关新情况、新问题的调查研究，及时提出进一步完善国土空间制度体系及法制方面的政策建议（郑伟元，2019）。

为贯彻落实党中央、国务院关于严格保护耕地的决策部署，完善早发现、早制止、严查处的工作机制，采取"长牙齿"的硬措施，落实最严格的耕地保护制度，坚决遏制新增违法占用耕地问题，2021年4月《自然资源部办公厅关于完善早发现早制止严查处工作机制的意见》（自然资办发〔2021〕33号）发布，明确要扎实抓好耕地"非农化""非粮化"问题，保中华民族的"铁饭碗"，强调严守耕地红线不能搞形式主义，不能搞变通，18亿亩耕地红线要稳住，出了问题要问责，并在执法督察方面提出主要措施和要求（表5-5）。

#### 表5–5　国土空间用途管制执法督察的主要措施和要求

| 主要措施 | 具体要求 |
| --- | --- |
| 加强内部协同，形成耕地保护监管合力 | 严格落实《国务院关于加强和规范事中事后监管的指导意见》，对耕地保护职责进行全流程梳理。自然资源主管部门负责审批或指导实施的行政许可事项，各内设机构要对照职责清单依法依规担负起事中事后监管责任。国家自然资源督察机构发现的重大违法线索，及时提供给执法机构；执法机构立案查处情况，定期通报督察机构和有关单位。执法机构定期对各省、自治区、直辖市及相关重点地区的违法类型、趋势、成因等进行梳理分析并提出建议，及时提供督察机构。省级自然资源主管部门要加强对市县耕地保护与利用情况的动态监测监管。对违法占用耕地的，要限期拆除复耕、消除违法状态；年度内未能消除违法状态的，按数量、质量相当的原则，扣除该地区储备补充耕地指标，涉及永久基本农田的必须限期补划 |
| 严格执法，加强保障，落实落细各项执法制度 | 各级自然资源主管部门要进一步加大对违法行为的查处力度，重点打击违法违规占用耕地，特别是永久基本农田问题，以直接立案、联合立案、挂牌督办等方式严肃查处，提高震慑力。建立健全执法全过程记录制度、执法公示制度和重大案件会审制度。严格落实报告制度，对重大、突发、可能造成严重后果的违法行为，以及在制止、查处过程中受到阻力或干扰的违法行为，要按规定及时报告本级人民政府和上级自然资源主管部门。严格落实错案责任追究制度，坚决纠正错案并追究过错责任。探索建立领导干部、机关内部人员或特殊关系人等干预执法活动、插手具体案件处理的记录、通报和责任追究制度。推动基层自然资源执法队伍建设，加强对执法查处工作的监督检查，强化制度建设和业务指导，提高执法人员依法履职能力，增强执法保障 |
| 加强部门协调联动，严肃惩处违法占用耕地行为 | 各级自然资源主管部门要按照有关规定，积极推进建立违法用地行政执法与刑事司法衔接机制，加强部门之间的协作配合，协同推进公益诉讼、行政非诉执行监督工作。积极协调公安、检察院、法院、纪委监委，对发现的违法行为，该拆除的必须拆除，该没收的必须没收，不得以罚款、补办手续取代，该追究责任的必须追究责任。按照全面依法治国的总体要求，总结实践中行之有效的做法，推动建立"法院裁定准予执行、政府组织实施、法院到场监督"的拆除违法用地地上建筑物强制执行机制 |
| 强化科技支撑，创新和完善监管方式 | 改进土地卫片执法工作，进一步提升时效性、精确性和系统性，完善工作制度、加强工作协同、压实各级责任，第一时间向基层推送最新遥感影像及变化图斑等疑似违法线索，加强对地方上报结果的审查、抽查，督促做好卫片执法发现问题整改和问责落实。在全国季度卫片执法的基础上，综合利用卫星遥感、无人机、视频监控等技术手段，探索按月度或实时对辖区内违法占地、耕地保护等情况进行监测监管。提升执法信息化水平，依托国土空间基础信息平台和国土空间规划"一张图"加强耕地保护信息化建设，对耕地现状、耕地开发复垦、耕地占补、增减挂钩、违法占用及整改落实等情况进行全程在线监督管理。充分发挥自然资源执法综合监管平台作用，持续升级完善平台功能，强化执法工作全链条管理，努力构建智能、高效、规范、协同的立体化监管格局 |

续表

| 主要措施 | 具体要求 |
|---|---|
| 加大对省督察工作力度 | 对新增违法违规占用耕地问题突出的地区，以及地方政府不作为、乱作为等导致违法占用耕地行为屡禁不止的地区，国家自然资源督察机构采取向相关省级人民政府发督察意见书、约谈地方政府负责人等方式，压实地方政府耕地保护主体责任，督促依法依规落实整改要求。针对督察发现、媒体曝光的新增违法违规占用耕地问题，以及重点督办的重大典型问题，国家自然资源督察机构依法依规督促地方进行整改、查处，发现地方政府及有关部门查处不力、监管不到位等问题突出的，依法依规提出督察意见，涉及失职渎职情节严重的，依据自然资源行政监督与纪检监察监督贯通协调工作机制的相关规定，移送纪检监察机关处理 |

# 第五节　主要配套政策工具

我国在实施国土空间用途管制的长期实践中，通过制度创新探索形成了一系列政策工具，是规模管控和空间管控的具体化。其中，目前发展比较成熟、应用比较广泛的政策工具主要有城乡建设用地增减挂钩、农村全域土地综合整治、耕地保护的占补平衡与进出平衡，以及城镇低效用地再开发。

## 一、城乡建设用地增减挂钩

### （一）概念内涵

20 世纪 90 年代，我国工业化、城镇化进程加快，圈占土地、乱占滥用耕地、农村建设用地利用低效的问题突出。为严控建设用地增量，盘活存量土地，2004 年 10 月发布的《国务院关于深化改革严格土地管理的决定》（国发〔2004〕28 号）提出"鼓励农村建设用地整理，城镇建设用地增加要与农村建设用地减少相挂钩"，这是"增减挂钩"的概念首次写入中央文件。《关于规范城镇建设用地增加与农村建设用地减少相挂钩试点工作的意见》（国土资发〔2005〕207

号）明确了"城镇建设用地增加与农村建设用地减少相挂钩"的基本概念。《城乡建设用地增减挂钩试点管理办法》（国土资发〔2008〕138号）正式提出"城乡建设用地增减挂钩是指在一定区域内，依据土地利用总体规划，将布局零散、利用粗放的建设用地整理复垦为农用地（即拆旧），将产生的增减挂钩节余指标用于城乡建设（即建新），实现耕地面积不减少、质量不降低、建设用地总量不增加，城乡用地布局更合理"。

## （二）发展历程

### 1. 政策萌芽阶段

20世纪末期，我国社会经济快速发展，城乡建设用地供需矛盾不断加剧，违法建设占用耕地问题日益突出。广东、浙江、江苏、山东等经济发达地区通过土地整理、村庄整治的方式，将腾退的空闲地、工矿废弃地、农村宅基地等农村建设用地复垦为耕地，与非农业建设占用耕地指标在空间上进行置换，统筹城乡建设用地利用，增减挂钩政策发端于此。2000年6月，《中共中央 国务院关于促进小城镇健康发展的若干意见》首次提出"要严格限制分散建房的宅基地审批，鼓励农民进镇购房或按规划集中建房，节约的宅基地可用于小城镇建设用地"，这便是增减挂钩政策的早期雏形。2004年10月，国务院《关于深化改革严格土地管理的决定》明确"鼓励农村建设用地整理，城镇建设用地增加要与农村建设用地减少相挂钩"。

### 2. 试点开展阶段

为进一步立足挖潜、实现低效用地再开发，2005年10月，国土资源部印发了《关于规范城镇建设用地增加与农村建设用地减少相挂钩试点工作的意见》，组织启动了增减挂钩试点工作，决定在天津、浙江、江苏、安徽、山东、湖北、广东、四川等8省（市）开展增减挂钩试点。2007年7月，国土资源部印发了《关于进一步规范城乡建设用地增减挂钩试点工作的通知》，"城乡建设用地增减挂钩"一词首次出现在正式政策文件中。

在总结第一批试点经验及问题的基础上，2008年6月，国土资源部印发了《城乡建设用地增减挂钩试点管理办法》，明确了城乡建设用地增减挂钩工作开展的原则、组织、实施、验收等内容。截至目前，全国共有30个省份（除西藏自治区、香港特别行政区、澳门特别行政区、台湾地区外）开展了增减挂钩工作。

### 3. 脱贫攻坚阶段

2015 年 11 月，《中共中央 国务院关于打赢脱贫攻坚战的决定》提出"在集中连片特困地区和国家扶贫开发工作重点县开展易地扶贫搬迁，允许将城乡建设用地增减挂钩指标在省域范围内使用"。为进一步显化土地级差收益，解决脱贫攻坚资金难题，充分发挥土地政策特别是城乡建设用地增减挂钩政策对扶贫开发及易地扶贫搬迁的支持促进作用，国土资源部将增减挂钩政策进行了拓展，2016 年 6 月印发《关于用好用活增减挂钩政策积极支持扶贫开发及易地扶贫搬迁工作的通知》，明确集中连片特困地区、国家扶贫开发工作重点县和开展易地扶贫搬迁的贫困老区，可将增减挂钩节余指标在省域范围内流转使用，充分发挥国土资源超常规政策，特别是增减挂钩政策对扶贫开发及易地扶贫搬迁的支持促进作用。2017 年 4 月印发《国土资源部关于进一步运用增减挂钩政策支持脱贫攻坚的通知》，进一步加大增减挂钩政策支持脱贫攻坚的力度，增减挂钩节余指标省域范围内流转拓展到省级扶贫开发工作重点县。为攻克深度贫困堡垒，按照中央要求，出台《城乡建设用地增减挂钩节余指标跨省域调剂管理办法》，2018 年 3 月由国务院办公厅印发实施，允许"三区三州"及其他深度贫困县节余指标由国家统筹跨省域调剂使用。为规范推进增减挂钩节余指标跨省域调剂工作，2018 年 7 月印发的《城乡建设用地增减挂钩节余指标跨省域调剂实施办法》，明确了节余指标任务落实、节余指标使用、监测监管等内容。2021年，为巩固拓展脱贫攻坚成果同乡村振兴有效衔接，自然资源部会同财政部、国家乡村振兴局联合印发《巩固拓展脱贫攻坚成果同乡村振兴有效衔接过渡期内城乡建设用地增减挂钩节余指标跨省域调剂管理办法》。为进一步明确过渡期内跨省域调剂实施的有关要求，自然资源部办公厅印发了《自然资源部办公厅关于城乡建设用地增减挂钩节余指标跨省域调剂有关事项的通知》。

（三）主要政策规定

### 1. 基本规定

《城乡建设用地增减挂钩试点管理办法》明确：①项目区应在试点市、县行政辖区内设置，优先考虑城乡接合部地区；项目区内建新和拆旧地块要相对接近，便于实施和管理，并避让基本农田。②项目区内建新地块总面积必须小于拆旧地块总面积，拆旧地块整理复垦耕地的数量、质量，应比建新占用耕地的数量有增加、质量有提高。项目区内拆旧地块整理的耕地面积，大于建新占用的耕地的，可用于建设占用耕地占补平衡。③挂钩试点通过下达城乡建设用地增减挂钩周转指标进行。挂钩周转指标专项用于控制项目区内建新地块的规模，同时作为拆旧地块整理复垦耕地面积的标准。不得作为年度新增建设用地计划指标使用。挂钩周转指标应在规定时间内用拆旧地块整理复垦的耕地面积归还，面积不得少于下达的挂钩周转指标。④试点省（区、市）应根据批准下达的挂钩周转指标规模，在项目区备选库中择优确定试点项目区，对项目区实施规划和建新拆旧进行整体审批，不再单独办理农用地转用审批手续。项目区经整体审批后方可实施，未经整体审批的项目区不得使用挂钩周转指标；未纳入项目区、无挂钩周转指标的地块不得改变土地用途，涉及农用地改变为新增建设用地的应依法办理农用地转用手续。⑤项目区竣工验收后，要在规定的时间内完成地籍调查和土地变更调查，明确地块界址，并依法办理土地变更登记手续。

按照《城乡建设用地增减挂钩试点管理办法》，城乡建设用地增减挂钩的一般流程主要分为以下五个阶段：①编制土地整理开发总体方案。以土地利用总体规划图为工作底图，通过测算不同地区农村宅基地可挖掘的潜力确定城乡建设用地增减挂钩的重点区域，编制可行的土地整理开发总体方案。②选择项目区，包括拆旧区和建新区。依据土地整理开发总体方案选择项目成熟的拆旧区，依据土地利用总体规划及用地需求选择合适的建新区，编制具体增减挂钩项目实施方案。③国土资源部门报批。上级部门审查下级国土部门上报的增减挂钩项目实施方案后，下达周转指标，批准拆旧区复垦及建新地块的农转用及征收。④增减挂钩项目具体实施。包括项目批准后，拆旧地块的拆除复垦工作、农民安置区建设及城镇周边新增建设用地的出让建设工作。⑤检查验收。拆旧地块拆除复垦工作完成后，报上级国土部门验收，归还增减挂钩周转指标。

**2. 脱贫攻坚期政策规定**

按照脱贫攻坚期出台的增减挂钩文件要求，集中连片特困地区、国家和省级扶贫开发工作重点县开展增减挂钩的，可将增减挂钩节余指标在省域范围内流转使用。①各省（区、市）对节余指标流转进行统一管理和全面监管，在编制下达土地利用计划时，应实行增量和存量用地统筹联动，适当减少节余指标流入地区新增建设用地安排，经营性用地尽量要求使用增减挂钩指标，以提高增减挂钩节余指标收益。②省级自然资源主管部门要建立台账，按照公开、公平、有偿的原则，引导节余指标合理流转，用于效益好的项目，充分显化土地级差收益。③市、县自然资源主管部门要加强增减挂钩项目区实施管理，认真核定节余指标，并报省级自然资源主管部门备案。④各级自然资源主管部门要在规划调整完善中充分考虑扶贫开发及易地扶贫搬迁需要，统筹安排建设用地规模和布局，确保增减挂钩节余指标有落地空间。⑤省域范围内流转的增减挂钩项目区，产生节余指标地区的项目区实施方案和使用节余指标地区的建新方案分别报备。⑥节余指标收益应由县（市）统一管理，充分考虑各项目区拆旧安置成本和增减挂钩指标用途，确保挂钩收益公平合理。节余指标收益，可采取省级自然资源主管部门制定指导价格，由产生节余指标方和使用指标方协商确定节余指标价格；有条件的地区可探索竞争方式确定节余指标价格。

　　"三区三州"①及其他深度贫困县增减挂钩节余指标可跨省域调剂使用。①国家下达调剂任务，确定调剂价格标准，统一资金收取和支出；各有关省（区、市）统筹组织本地区跨省域调剂有关工作，并做好与省域内城乡建设用地增减挂钩工作的协调。②自然资源部根据有关省（区、市）土地利用和贫困人口等情况，经综合测算后报国务院确定跨省域调剂节余指标任务。报经国务院同意后下达有关省（区、市）。③深度贫困地区根据国家核定的调剂节余指标，按照增减挂钩政策规定，以不破坏生态环境和历史文化风貌为前提，按照宜耕则耕、宜林则林、宜草则草的原则复垦，切实做好搬迁群众安置。④国家统一制定跨省域调剂节余指标价格标准。节余指标调出价格根据复垦土地的类型和质量确定，复垦为一般耕地或其他农用地的每亩30万元，复垦为高标准农田的每亩40万元。节余指标调入价格根据地区差异相应确定，北京、上海每亩70万元，天

---

　　① "三区"指西藏自治区，青海、甘肃、四川、云南四省藏区，新疆南疆的和田、阿克苏、喀什、克孜勒苏柯尔克孜自治州四地州；"三州"指四川凉山州、云南怒江州、甘肃临夏州。

津、江苏、浙江、广东每亩 50 万元，福建、山东等其他省份每亩 30 万元；附加规划建设用地规模的，每亩再增加 50 万元。⑤财政部根据自然资源部核定的调剂资金总额，向深度贫困地区所在省份下达 70%调剂资金指标，待完成拆旧复垦安置并经自然资源部核定后下达剩余 30%调剂资金指标。

**3. 过渡期政策规定**

《巩固拓展脱贫攻坚成果同乡村振兴有效衔接过渡期内城乡建设用地增减挂钩节余指标跨省域调剂管理办法》明确了原"三区三州"及其他深度贫困县、国家乡村振兴重点帮扶县可在过渡期内继续开展城乡建设用地增减挂钩节余指标跨省域调剂，延续脱贫攻坚期调剂价格标准，调出的节余指标必须来源于增减挂钩拆旧复垦产生的、可长期稳定利用的耕地。该管理办法要求"调入节余指标省份优先按照东西部协作和对口支援关系购买节余指标，鼓励进一步购买其他省份的调出节余指标。调剂双方省份在充分协商基础上，由省级人民政府分别提出调入、调出需求上报自然资源部，自然资源部商财政部等有关部门组织进行统筹平衡，报请国务院同意后下达调剂任务。调出节余指标经验收并由自然资源部核定后，调剂资金结算不再经过中央财政，由相关省份自行对接，通过一般公共预算转移性收入和支出科目反映"。

---

**专栏 5-5　城乡建设用地增减挂钩的地方实践模式：重庆市"地票"模式**

重庆市"地票"模式的运作流程如下：①符合条件的农村建设用地权利人（包括农村集体经济组织和农户），自愿申请将其闲置、废弃的农村建设用地进行复垦。区县规划自然资源局将多个权利人零星分散的复垦片块组合为复垦项目，报市规划自然资源局进行项目备案后组织实施。复垦完成验收合格，确认复垦退出的建设用地指标并核发农村建设用地整理合格证，这个指标就是初次交易地票的来源。②受农村土地权利人委托，区县规划自然资源部门持农村建设用地整理合格证，向重庆农村土地交易所申请地票交易。重庆农村土地交易所定期公开组织地票交易，市场主体通过挂牌或拍卖方式购得地票。重庆农村土地交易所完成每批次地票交易价款收缴后，按"收益归农、价款直拨"原则进行结算，即扣除用于项目施工、融资和管理等复垦成本后，依托商业银行将地票净收益全部拨付注入农村土地权利人账户。③在符合规划和用途管制的前提下，地票持有主体向区县政府申请地票落地使用。规划自然资源部门使用地票办理农用地转用手续后，再依规开展经营性建设用地招拍挂。原地票持票主体可平等参与建设用地竞购，若其未能竞得土地使用权，土地出让方应向其返还购票成本。

## 二、耕地保护的占补平衡与进出平衡

### （一）概念内涵

依据《中华人民共和国土地管理法》（2019 年修正）第三十条规定，国家实行占用耕地补偿制度。非农业建设经批准占用耕地的，按照"占多少，垦多少"的原则，由占用耕地的单位负责开垦与所占用耕地的数量和质量相当的耕地；没有条件开垦或开垦的耕地不符合要求的，应当按照省、自治区、直辖市的规定缴纳耕地开垦费，专款用于开垦新的耕地。《中华人民共和国土地管理法实施条例》（2021 年修订）对此进行了细化规定，在国土空间规划确定的城市和村庄、集镇建设用地范围内经依法批准占用耕地，以及在国土空间规划确定的城市和村庄、集镇建设用地范围外的能源、交通、水利、矿山、军事设施等建设项目经依法批准占用耕地的，分别由县级人民政府、农村集体经济组织和建设单位负责开垦与所占用耕地的数量和质量相当的耕地；没有条件开垦或开垦的耕地不符合要求的，应当按照省、自治区、直辖市的规定缴纳耕地开垦费，专款用于开垦新的耕地。

依据《自然资源部 农业农村部 国家林业和草原局关于严格耕地用途管制有关问题的通知》（自然资发〔2021〕166 号），为守住 18 亿亩耕地红线，确保可以长期稳定利用的耕地不再减少，有必要根据本级政府承担的耕地保有量目标，对耕地转为其他农用地及农业设施建设用地实行年度"进出平衡"，即除国家安排的生态退耕、自然灾害损毁难以复耕、河湖水面自然扩大造成耕地永久淹没外，耕地转为林地、草地、园地等其他农用地及农业设施建设用地的，应当通过统筹林地、草地、园地等其他农用地及农业设施建设用地整治为耕地等方式，补足同等数量、质量的可以长期稳定利用的耕地。

## （二）耕地占补平衡的发展历程

从 1997 年实施耕地占补平衡政策至今，耕地占补平衡的政策目标经历了几次重大改革和调整，由最初追求的数量平衡演化至数量、质量平衡，再到现在的数量、质量与生态"三位一体"平衡。

### 1. 耕地占补数量平衡阶段（1997—2003 年）

改革开放以来，由于我国经济社会迅速发展和各类建设加速推进，出现了大量乱占耕地的现象，导致耕地面积不断减少。为加强土地管理，切实保护耕地，1997 年中共中央、国务院印发《关于进一步加强土地管理切实保护耕地的通知》，提出要在耕地总量动态平衡的基础上，按照提高土地利用率，占用耕地与开发、复垦挂钩的原则，以保护耕地为重点，严格控制占用耕地，统筹安排各业用地的要求。《中华人民共和国土地管理法》（1998 年修订）提出国家实行占用耕地补偿制度，非农业建设经批准占用耕地的，按照"占多少，垦多少"的原则，由占用耕地的单位负责开垦与所占用耕地的数量和质量相当的耕地；没有条件开垦或开垦的耕地不符合要求的，应当按照省、自治区、直辖市的规定缴纳耕地开垦费，专款用于开垦新的耕地。自此，我国耕地占补平衡制度正式确立，主要侧重耕地数量平衡。

### 2. 耕地占补数量和质量平衡阶段（2004—2017 年）

为正确处理保障经济社会发展与保护土地资源的关系，严格控制建设用地增量，进一步完善符合我国国情的最严格的土地管理制度，2004 年国务院发布《关于深化改革严格土地管理的决定》，提出各类非农业建设经审批占用耕地的，建设单位必须补充数量、质量相当的耕地，补充耕地的数量、质量按等级折算，防止占多补少、占优补劣。2005 年国土资源部下发《关于开展补充耕地数量质量实行按等级折算基础工作的通知》，要求各地开展补充耕地数量、质量实行按等级折算基础工作。2009 年国土资源部发布《关于全面实行耕地先补后占有关问题的通知》，提出全面实行先补后占，切实做好耕地占补平衡工作，强调加强补充耕地质量建设。2012 年国土资源部发布《关于提升耕地保护水平全面加强耕地质量建设与管理的通知》，要求全面实行"先补后占"政策，积极探索"以补定占"机制，实现补充耕地与占用耕地数量和产能双平衡。2014 年国土资源部下发《关于强化管控落实最严格耕地保护制度的通知》，提出要强化耕地数量和质量占补平衡，严格执行以补定占、先补后占规定，引导建设不占或少占耕地。2016 年国土资源部印发《关于补足耕地数量与提升耕地质量相结合落实占补平衡的指导意见》，提出以补充耕地和提质改造耕地相结合的方式（简称补改结合）落实占补平衡工作。在此阶段，我国耕地占补平衡制度主要侧重耕地数量和质量平衡。

### 3. 耕地占补"三位一体"平衡阶段（2017 年以来）

2017 年国土资源部印发《关于改进管理方式切实落实耕地占补平衡的通知》，提出建立以数量为基础、产能为核心的占补新机制，通过"算大账"的方式，落实占一补一、占优补优、占水田补水田，促进耕地数量、质量和生态"三位一体"保护，标志着我国耕地占补平衡政策目标由"数量—质量"平衡向"数量—质量—生态"平衡的转化。2018 年国务院办公厅发布《关于印发跨省域补充耕地国家统筹管理办法和城乡建设用地增减挂钩节余指标跨省域调剂管理办法的通知》，强调跨省域补充耕地要以土地整治和高标准农田建设新增耕地为主要来源，补足补优，严守红线，坚持耕地数量、质量、生态"三位一体"保护。

### （三）主要政策规定[①]

#### 1. 严格永久基本农田占用与补划

已划定的永久基本农田，任何单位和个人不得擅自占用或者改变用途。非农业建设不得"未批先建"。能源、交通、水利、军事设施等重大建设项目选址确实难以避让永久基本农田的，经依法批准，应在落实耕地占补平衡的基础上，按照数量不减、质量不降原则，在可以长期稳定利用的耕地上落实永久基本农田补划任务。具体要求如下：①建立健全永久基本农田储备区制度。各地要在永久基本农田之外的优质耕地中，划定永久基本农田储备区并上图入库。土地整理复垦开发和新建高标准农田增加的优质耕地应当优先划入永久基本农田储备区。②建设项目经依法批准占用永久基本农田的，应当从永久基本农田储备

---

① 《自然资源部 农业农村部 国家林业和草原局关于严格耕地用途管制有关问题的通知》（2021 年）。

区耕地中补划，储备区中难以补足的，在县域范围内其他优质耕地中补划；县域范围内无法补足的，可在市域范围内补划；个别市域范围内仍无法补足的，可在省域范围内补划。③在土地整理复垦开发和高标准农田建设中，开展必要的灌溉及排水设施、田间道路、农田防护林等配套建设涉及少量占用或优化永久基本农田布局的，要在项目区内予以补足；难以补足的，县级自然资源主管部门要在县域范围内同步落实补划任务。

**2. 改进和规范建设占用耕地占补平衡**

非农业建设占用耕地，必须严格落实先补后占和占一补一、占优补优、占水田补水田，积极拓宽补充耕地途径，补充可以长期稳定利用的耕地。国家建立统一的补充耕地监管平台，严格补充耕地监管。所有补充耕地项目和跨区域指标交易全部纳入监管平台，实行所有补充耕地项目报自然资源部备案并逐项目复核，实施补充耕地立项、验收、管护等全程监管，并主动公开补充耕地信息，接受社会监督。具体要求如下：①在符合生态保护要求的前提下，通过组织实施土地整理复垦开发及高标准农田建设等，经验收能长期稳定利用的新增耕地可用于占补平衡。②积极支持在可以垦造耕地的荒山荒坡上种植果树、林木，发展林果业，同时，将在平原地区原地类为耕地上种植果树、植树造林的地块，逐步退出，恢复耕地属性。其中，第二次全国土地调查不是耕地的，新增耕地可用于占补平衡。③除少数特殊紧急的国家重点项目并经自然资源部同意外，一律不得以先占后补承诺方式落实耕地占补平衡责任。经同意以承诺方式落实耕地占补平衡的，必须按期兑现承诺；到期未兑现承诺的，直接从补充耕地储备库中扣减。④垦造的林地、园地等非耕地不得作为补充耕地用于占补平衡。城乡建设用地增减挂钩实施中，必须做到复垦补充耕地与建新占用耕地数量相等、质量相当。⑤对违法违规占用耕地从事非农业建设的，先冻结储备库中违法用地所在地的补充耕地指标，拆除复耕后解除冻结；经查处后，符合条件可以补办用地手续的，直接扣减储备库内同等数量、质量的补充耕地指标，用于占补平衡。⑥县域范围内难以落实耕地占补平衡的，省级自然资源主管部门要加大补充耕地指标省域内统筹力度，保障重点建设项目及时落地。

**3. 实施年度"进出平衡"管理**

为守住 18 亿亩耕地红线，确保可以长期稳定利用的耕地不再减少，有必要根据本级政府承担的耕地保有量目标，对耕地转为其他农用地及农业设施建设用地实行年度"进出平衡"（表 5–6）。"进出平衡"首先在县域范围内落实；县域范围内无法落实的，在市域范围内落实；市域范围内仍无法落实的，在省域范围内统筹落实。

**表 5–6　各部门耕地用途转用管理要求**

| 职能部门 | 管理要求 |
| --- | --- |
| 自然资源部 | 通过卫片执法监督等方式定期开展耕地的动态监测监管，及时发现和处理问题；每年年末利用年度国土变更调查结果，对各省（区、市）耕地"进出平衡"落实情况进行检查，检查结果纳入省级党委和政府耕地保护和粮食安全责任制考核内容。未按规定落实的，自然资源部将会同有关部门督促整改；整改不力的，将公开通报，并按规定移交相关部门追究相关责任人责任 |
| 省级自然资源主管部门 | 要会同有关部门加强指导，严格耕地用途转用监督 |
| 县级人民政府 | 要强化县域范围内一般耕地转为其他农用地和农业设施建设用地的统筹安排和日常监管，确保完成本行政区域内规划确定的耕地保有量和永久基本农田保护面积目标。组织编制年度耕地"进出平衡"总体方案，明确耕地转为林地、草地、园地等其他农用地及农业设施建设用地的规模、布局、时序和年度内落实"进出平衡"的安排，并组织实施。方案编制实施中，要充分考虑养殖用地合理需求；涉及林地、草地整治为耕地的，需经依法依规核定后纳入方案；涉及承包耕地转为林地等其他地类的，经批准后，乡镇人民政府应当指导发包方依法与承包农户重新签订或变更土地承包合同变更权属证书等 |

## 三、农村全域土地综合整治

### （一）概念内涵

2018 年 9 月，浙江"千村示范、万村整治"工程获联合国"地球卫士奖"，习近平总书记作出重要批示。为贯彻落实习近平总书记对浙江"千村示范、万村整治"重要批示精神，按照《乡村振兴战略规划（2018–2022 年）》相关部署要求，2019 年 12 月，《自然资源部关于开展全域土地综合整治试点工作的通知》（自然资发〔2019〕194 号）提出农村全域土地综合整治是以科学规划为前提，以乡镇为基本实施单元，整体开展农用地、建设用地整理和乡村生态保护修复等，对闲置、利用低效、生态退化及环境破坏的区域实施国土空间综合治理的活动，明确要求在全国范围内部署开展全域土地综合整治试点。

### （二）发展历程

从第一部《中华人民共和国土地管理法》诞生并对相关工作作出原则性规定开始，可将 1986 年以来我国土地整治的发展历程划分为三个阶段。

**1. 探索起步阶段（1986—1997 年）**

20 世纪 70 年代末实行改革开放后，我国工业化城镇化发展逐渐步入正轨，生产建设占用耕地数量快速增加，耕地面积持续减少。1986 年 6 月，第六届全国人民代表大会常务委员会第十六次会议通过的《中华人民共和国土地管理法》将"合理利用土地，切实保护耕地"作为立法主要目标，并对国有荒山荒地滩涂开发和生产建设损毁土地复垦作出原则规定。1987 年国务院发布《土地复垦规定》，明确了"谁破坏、谁复垦"的原则。1997 年 4 月，《中共中央　国务院关于进一步加强土地管理切实保护耕地的通知》下发，明确"实行占用耕地与开发、复垦挂钩政策"，提出"积极推进土地整理，搞好土地建设"。截至 1997 年年底，全国已有 400 多个县开展了一定规模的土地整理实践，并形成一批典型项目，如山东省青州市"土地整理与村庄革新"等。

**2. 发展壮大阶段（1998—2007 年）**

20 世纪 90 年代中期开始，我国工业化、城镇化进程加快，各项建设用地需求持续高涨，加上生态退耕战略的实施，全国耕地资源数量一度锐减。1998 年 8 月修订的《中华人民共和国土地管理法》提出"国家实行非农业建设占用耕地补偿制度"，"国家鼓励土地整理"。同年发布的《中华人民共和国土地管理法实施条例》要求"县、乡（镇）人民政府应当按照土地利用总体规划，组织农村集体经济组织制定土地整理方案，并组织实施"。2001 年国土资源部与财政部联合下达了第一批国家投资土地开发整理项目计划与预算。2003 年国土资源部印发《全国土地开发整理规划（2001—2010 年）》，并开始部署推动地方各级土地开发整理规划编制实施工作。2004 年国务院发布《关于深化改革严格土地管理的决定》，重申"严格执行占用耕地补偿制度"，要求定期考核地方政府土地开发整理补充耕地情况。在这一阶段，以国家投资土地开发整理项目为引领，我国土地整治逐步实现了由自发、无序、无稳定投入到有组织、有规范、有稳定投入的转变，土地整治资金数量、项目数量及建设规模快速增长，全国通过土地整治补充耕地 4 042 万亩，取得显著成效。

### 3. 跨越发展阶段（2008 年以来）

党的十七届三中全会要求"大规模实施土地整治"，这一时期的土地整治概念发生了重大变化，是对 1998 年"土地整理"和 1999—2007 年"土地开发整理"概念的继承和发展。《全国土地整治规划（2011—2015 年）》要求"坚持田水路林村综合整治"，"推进全域土地整治"，"统筹安排农用地整治、农村建设用地整治、城镇工矿用地整治、土地复垦和未利用地开发等各类活动"。《全国国土规划纲要（2016—2030 年）》《全国土地整治规划（2016～2020 年）》要求推进田水路林村综合整治。习近平总书记在党的十八届三中全会上指出"山水林田湖是一个生命共同体"。党的十九大报告、《乡村振兴战略规划（2018–2022年）》提出"统筹山水林田湖草系统治理"。在这一阶段，土地整治是全域全要素的综合整治，更强调对区域协调、城乡融合、人与自然和谐发展进行统筹考虑，已经上升为国家层面的重要战略部署，成为统筹推进现代化建设、生态文明建设、乡村振兴和城乡融合的综合平台与重要抓手。

### （三）主要政策规定①

### 1. 目标任务

依据《自然资源部关于开展全域土地综合整治试点工作的通知》，在新时期"多规合一"的国土空间规划背景下，农村土地综合整治的目标任务包括农用地整理、建设用地整理、乡村生态保护修复。

在农用地整理方面，要适应发展现代农业和适度规模经营的需要，统筹推进低效林草地和园地整理、农田基础设施建设、现有耕地提质改造等，传承传

---

① 以下内容参考焦思颖："《自然资源部关于开展全域土地综合整治试点工作的通知》解读"，中国政府网，2019 年 12 月 20 日，http://www.mnr.gov.cn/dt/ywbb/201912/t20191220_2490903.html。

统农耕文化，增加耕地数量，提高耕地质量，改善农田生态，落实耕地数量、质量、生态"三位一体"保护。

在建设用地整理方面，要统筹农民住宅建设、产业发展、公共服务、基础设施等各类建设用地，有序开展农村宅基地、工矿废弃地及其他低效闲置建设用地整理，优化农村建设用地布局结构，提升农村建设用地使用效益和集约化水平，支持农村新产业新业态融合发展用地。

在乡村生态保护修复方面，要按照山水林田湖草整体保护、系统修复、综合治理的要求，结合农村人居环境整治，优化调整生态用地布局，保护和恢复乡村生态功能，维护生物多样性，提高防御自然灾害能力，保持乡村自然景观。

### 2. 配套政策

《自然资源部关于开展全域土地综合整治试点工作的通知》明确提出支持农村土地综合整治的配套政策如下：

首先是强化耕地保护，允许合理调整永久基本农田。一是强调"不动是常态，动是例外"的导向要求。涉及永久基本农田调整的，必须确保整治区域内新增永久基本农田面积原则上不少于调整面积的 5%。整治区域完成整治任务并通过验收后，更新完善永久基本农田数据库。二是与《自然资源部 农业农村部关于加强和改进永久基本农田保护工作的通知》进行衔接，对整治区域内涉及永久基本农田调整的，要按照数量有增加、质量有提升、布局集中连片、总体保持稳定的原则，统筹"三线"划定，编制整治区域永久基本农田调整方案，由省级自然资源主管部门会同农业农村主管部门审核同意后，纳入村庄规划予以实施。

其次是盘活乡村存量建设用地，增添乡村发展活力。一是增强乡村用地保障力度，通过全域土地综合整治腾退的建设用地，在保障项目区内农民安置、农村基础设施建设、公益事业等用地的前提下，重点用于农村一、二、三产业融合发展，促进产业振兴，增强乡村自我造血功能；二是显化农村土地资产价值，允许节余的建设用地指标按照城乡建设用地增减挂钩政策使用，并将流转范围从县域扩大到省域，促进土地要素科学配置、合理流动，为乡村振兴提供强有力资金支持。另外，为鼓励各地积极开展全域土地综合整治试点工作，自然资源部对试点工作给予一定的计划指标支持。

### （四）运行流程：以浙江省上虞市为例

浙江省积极探索农村全域土地综合整治（专栏 5-6）。在上虞市的探索中，坚持从实际出发，在对全市土地整治后备资源进行了全面调查和梳理的基础上，衔接产业规划、新农村建设规划等专项规划，充分听取和征求了乡镇、行政村与农户意见，按照虞北虞南不同的地理、风俗等差异和行政村发展要求，坚持宜耕则耕、宜整则整、宜建则建等原则，结合具体情况开展立项，保障农民全程知晓权和参与权，确保项目能拆能垦，并制定完善了配套政策，科学推进农村土地综合整治工作。具体流程为：①设置项目区。各乡镇、街道根据土地利用现状和中心村（镇）规划，开展调查和可行性分析，确定项目区实施范围和规模，项目区可涵盖单个或多个行政村。②编制规划设计方案。依据乡镇、街道土地利用总体规划，按照全域规划、全域设计、全域整治和《浙江省农村土地综合整治项目规划设计方案编制暂行规定》的要求，对项目区内的田、水、路、林、村进行综合整治规划设计。项目区规划设计方案由乡镇、街道组织编制。③组织论证和听证。项目区规划设计方案编制完成后，由市政府组织相关部门和专家进行论证，并对论证后的规划设计方案组织听证，经村民会议或村民代表会议讨论通过。涉及搬迁的农户，须由乡镇、街道与被搬迁农户签订搬迁协议。④组织申报。各乡镇、街道按照农村土地综合整治项目组件要求，及时向市国土资源局申报立项，经市人民政府审核后，报上级人民政府审批。⑤组织验收。项目竣工后，先由乡镇、街道组织自查，自查合格后向市政府提出验收申请，市政府将组织相关部门进行初验，再由绍兴市人民政府组织复验，报省国土资源厅备案。列入省级示范项目的由省政府组织复核确认（罗国方、祝丽丽，2013）。

---

**专栏 5-6     浙江省探索农村全域土地综合整治**

近年来，浙江省深入实施"千村示范、万村整治"工程，积极推进全域土地综合整治试点工作，有力推动了美丽乡村建设。主要做法如下：①坚持全域规划，以优化生产、生活、生态空间格局夯实乡村振兴基础。坚持把科学规划放在首位，以科学规划引领整治实践。一是以整乡整村为对象，按照"全域规划、全域设计、全域整治"的理念，统筹全域生产、生活、生态空间，优化国土空间开发格局。二是以土地利用总体规划为基础，加强多规融合，重点落实"缩减自然村、拆除空心村、改造城中村、搬迁高山村、保护文化村、培育中心村"的要求，优化村庄布局。三是结合村土地利用规划编制，探索农村土地精细化管理。②坚持全要素整治，以构建山水林田湖生命共同体激发乡村振兴活力。浙江农村土地综合整治范围日益拓展，内涵不断深化，表现为整治对象从农田单要素整理走向山水林田湖路村全要素整治，整治目标由增加有效耕地面积、提高耕地综合产能走向构建山水林田湖生命共同体，筑牢乡村振兴的生态基础。③坚持全产业链发展，以创新"土地整治+"模式释放乡村振兴潜能。浙江全域土地综合整治创新土地治理方式，推动以土地整治为平台和纽带的全产业链发展，如"土地整治+现代农业""土地整治+农村旅游""土地整治+生态建设""土地整治+乡风建设"等。"土地整治+"模式的出现，有效延长了土地整治的产业链、价值链和生态链，极大丰富了土地整治功能，为实施乡村振兴战略提供了强劲动力（董祚继，2020）。

## 四、城镇低效用地再开发

### （一）概念内涵

为贯彻落实党的十八大提出的节约集约利用资源、转变资源利用方式的要求，推动城镇低效用地再开发利用，2013年2月，国土资源部下发《关于开展城镇低效用地再开发试点指导意见》（国土资发〔2013〕3号），提出城镇低效用地是指城镇中布局散乱、利用粗放、用途不合理的存量建设用地，主要包括国家产业政策规定的禁止类、淘汰类产业用地；不符合安全生产和环保要求的用地；"退二进三"产业用地；布局散乱、设施落后，规划确定改造的城镇、厂矿和城中村等。2016年11月，国土资源部印发《关于深入推进城镇低效用地再开发的指导意见（试行）》，明确指出城镇低效用地是指经第二次全国土地调查已确定为建设用地中的布局散乱、利用粗放、用途不合理、建筑危旧的城镇存量建设用地，权属清晰、不存在争议。其中，国家产业政策规定的禁止类、淘汰类产业用地；不符合安全生产和环保要求的用地；"退二进三"产业用地；布局散乱、设施落后，规划确定改造的老城区、城中村、棚户区、老工业区等，可列入改造开发范围。现状为闲置土地、不符合土地利用总体规划的历史遗留建设用地等，不得列入改造开发范围。

顾名思义，城镇低效用地再开发是指针对认定为城镇低效用地重新进行开发利用的行为。但各地由于开展时间及侧重点的不同，所采用的名称有所差异。当前的主要称法有"城镇低效用地再开发"、"三旧"改造和"城市更新"三种。从范围界定上看，建设用地中的布局散乱、利用粗放、用途不合理、建筑危旧的城镇存量建设用地是必选范围，而闲置废弃、不符合安全生产和环保要求等存量建设用地则被选择性地纳入再开发范围。从内容界定上看，无外乎整治、改善、重建、活化、提升等方面。其中，上海市进一步明确再开发的重点，包括完善城市功能、完善公共服务配套设施、加强历史风貌保护、改善生态环境、完善慢行系统、增加公共开放空间、改善城市基础设施和城市安全等情形（林坚、叶子君等，2019）。

## （二）发展历程

近十年来，我国城镇低效用地再开发工作经历了三个阶段：

（1）广东省率先探索阶段。2007 年 6 月，广东省佛山市下发《关于加快推进旧城镇旧厂房旧村居改造的决定及 3 个相关指导意见》，成为全国第一个明确提出"三旧"改造的城市；2008 年 12 月，国土资源部和广东省启动联手共建节约集约用地试点示范省工作，"三旧"改造是其中一项重要任务和政策创新；2009 年 8 月，广东省出台《关于推进"三旧"改造促进节约集约用地的若干意见》，广东省"三旧"改造政策体系正式确立。

（2）省级层面试点探索阶段。2013 年 2 月，国土资源部下发《关于开展城镇低效用地再开发试点指导意见》，确定内蒙古、辽宁、上海、江苏、浙江、福建、江西、湖北、四川、陕西等 10 个省（区、市）开展城镇低效用地再开发试点。

（3）国家层面深入推进阶段。2016 年 11 月，国土资源部发布《关于深入推进城镇低效用地再开发的指导意见（试行）》（国土资发〔2016〕147 号），在全国部署开展城镇低效用地再开发工作；2017 年 5 月，国土资源部土地整治中心召开城镇低效用地再开发座谈会，由北京、上海、江苏、浙江等 19 个省（市）介绍城镇低效用地再开发工作情况（林坚、叶子君等，2019）。

### （三）与城市更新的关系

在实践中，我国各地关于城镇低效用地再开发的表述和关注重点存在差别，主要有"城镇低效用地再开发"、"三旧"改造和"城市更新"三种称谓。广州、深圳、上海等城市针对低效地再开发制定了有关的城市更新办法。其中，广州市的城市更新（"三旧"改造）是指由政府部门、土地权属人或其他符合规定的主体，按照"三旧"改造政策、棚户区改造政策、危破旧房改造政策等，在城市更新规划范围内，对低效存量建设用地进行盘活利用，以及对危破旧房进行整治、改善、重建、活化、提升的活动；深圳市的城市更新是指由符合规定的主体对特定城市建成区内具有规定情形的区域，根据城市规划和规定程序进行综合整治、功能改变或者拆除重建的活动。因此，城镇低效用地再开发与城市更新在实践中可能存在的差异在于：城镇低效用地再开发源于土地管理的实践创新，强调符合土地管理规定和既往政策的延续性，如不允许改造闲置土地、不允许改造不符合土地利用总体规划的用地；而城市更新与城市规划安排紧密相关，城市规划从整体性、统筹性、合理性角度出发，可能将目前国家土地管理政策不允许改造的用地也纳入改造范围。比较各地的实践认识和具体操作，尽管存在部分差异，但是城市更新与城镇低效用地再开发在目标上具有一致性，主要是通过拆除、改善、维护与提升等手段，优化城市功能布局，促进产业转型，提升城市品质，提高城镇化质量。基于上述相近的现实目标，城镇低效用地再开发和城市更新的内涵及外延往往具有高度的一致性和重合性，具有异曲同工之意（叶子君，2021）。

### （四）城镇低效用地再开发的主要政策规定

为健全节约集约用地制度，盘活建设用地存量，提高土地利用效率，国土资源部印发的《关于深入推进城镇低效用地再开发的指导意见（试行）》提出"明确改造开发范围"，"积极引导城中村集体建设用地改造开发"，"鼓励产业转型升级优化用地结构"，并"鼓励集中成片开发。鼓励市场主体收购相邻多宗低效利用地块，申请集中改造开发；市县国土资源部门可根据申请，依法依规将分散的土地合并登记。城镇低效用地再开发涉及边角地、夹心地、插花地等难以独立开发的零星土地，可一并进行改造开发，但单宗零星用地面积原则上不超过 3 亩，且累计面积不超过改造开发项目总面积的 10%。低效用地成片改造开发涉的零星新增建设用地及土地利用总体规划修改，可纳入城市批次用地依法报批，涉及的新增用地计划指标由各省（区、市）在国家下达的计划指标内安排"。规定"加强公共设施和民生项目建设。在改造开发中要优先安排一定比例的用地，用于基础设施、市政设施、公益事业等公共设施建设，促进文化遗产和历史文化建筑保护。对涉及经营性房地产开发的改造项目，可根据实际配建保障性住房或公益设施，按合同或协议约定移交当地政府统筹安排"。要求"在城镇低效用地再开发专项规划范围内、符合土地利用总体规划、经第二次全国土地调查确定为建设用地但没有合法用地手续的历史遗留建设用地，按照依法依规、尊重历史的原则进行分类处理"。专栏 5–7 列举了部分地区的城镇低效用地再开发的做法。

---

**专栏 5–7　城镇低效用地再开发的部分模式**

（1）上海工业用地转型模式

上海自贸区综合用地试点地块采取两种办法提升土地利用效率和效益。一是联合开发主体实施区域整体转型，按照"业态引领、用途引导、节约集约"原则规划布局，促进区内业态融合、功能复合，推动区域产业结构调整和转型升级。二是允许存量工业用地转型开发为综合用地，集工业、仓储、研发、商办等功能为一体，探索了土地混合使用和建筑复合利用的新模式，提高了规划土地政策服务区域产业发展的适应性和灵活性[①]。

---

① 自然资源部《关于城镇低效用地再开发工作推进情况的通报》（2018 年）。

（2）广州微改造模式

广州永庆片区危（旧）房修缮和活化利用项目采用"政府主导、企业承办、居民参与"的更新改造模式，力图形成以产权为纽带、实现外部成本内部化和建立"三方共赢"的利益共同体。在具体实践层面，永庆坊微改造遵循维持肌理与小修小补的原则，即不改变历史街区的街道肌理及空间格局。在此基础上，优化历史街区的公共服务设施，改造危旧房的外立面和内部结构，营造公共空间；同时，对片区内地块的用地性质进行适当变更调整，以适应城市发展的需要（谭俊杰等，2018）。

（3）深圳拆除重建模式

深圳赛格日立旧工业区全部股权于2007年年底由国资委所属远致投资公司收购，通过城市更新推动赛格日立产业区转型升级。远致投资公司在完成创新产业园区发展思路规划设计的阶段性工作后，由国有专业房地产开发平台深业集团公司开展后续工作。通过拆除重建方式，将原高能耗、高污染的工业产业升级为高增值的总部经济产业，建成创业板上市及拟上市企业的运营总部，打造成一个集工作、娱乐、生活于一体的城市新地标[①]。

---

① 自然资源部《关于城镇低效用地再开发工作推进情况的通报》（2018年）。

# 第六章　国土空间用途管制的改革探索与实践

国土空间用途管制是党的十八届三中全会以来中央作出的重大决策部署，是推动生态文明建设的重要措施。随着生态文明体制改革的不断深化和国家机构改革的持续推进，协调国土空间开发保护关系，建立和实施全域、全类型国土空间用途管制制度，为构建以山水林田湖草生命共同体为基本特征的自然资源管理体系奠定制度基础，是新时期自然资源集中统一综合管理的重要要求。当前在实现"两个一百年"奋斗目标的征程上，在中共中央、国务院的领导下，自然资源部会同其他部门，在国土空间用途管制相关领域进行了一系列的改革与实践，取得了重要的改革和试点成效，为构建全域全要素的国土空间用途管制制度奠定了重要的实践基础。

## 第一节　贯彻底线思维的国土空间用途管制探索

### 一、自然生态空间用途管制试点

（一）探索思路

根据中共中央、国务院印发的《关于加快推进生态文明建设的意见》和《生态文明体制改革总体方案》，为积极稳妥推进覆盖全部自然生态空间的用途管制制度，以点带面探索自然生态空间用途管制方法，形成可复制、可推广的自然生态空间用途管控经验，体现自然生态空间管制的综合性、基础性作用，按照"山水林田湖是一个生命共同体"的理念，协调现有各类生态空间用途管控的相关制度，将用途管制扩大到所有自然生态空间。主要思路和要求为：

（1）各级国土空间规划要综合考虑主体功能定位、空间开发需求、资源环境承载能力和粮食安全，明确本辖区内生态空间的保护目标与布局。国家级、省级空间规划，应明确全国和省域内生态空间的保护目标、总体格局和重点区域。市县空间规划进一步明确生态空间用途分区和管制要求。市县人民政府应通过组织编制中心城区和乡镇级土地利用总体规划等其他涉及空间开发、利用、保护、整治的规划，落实空间规划要求，对生态空间用途与管制措施进行细化。

（2）生态保护红线原则上按禁止开发区域的要求进行管理。严禁不符合主体功能定位的各类开发活动，严禁任意改变用途，严格禁止任何单位和个人擅自占用和改变用地性质，鼓励按照规划开展维护、修复和提升生态功能的活动。因国家重大战略资源勘查需要，在不影响主体功能定位的前提下，经依法批准后予以安排。生态保护红线外的生态空间，原则上按限制开发区域的要求进行管理。按照生态空间用途分区，依法制定区域准入条件，明确允许、限制、禁止的产业和项目类型清单，根据空间规划确定的开发强度，提出城乡建设、工农业生产、矿产开发、旅游康体等活动的规模、强度、布局和环境保护等方面的要求，由同级人民政府予以公示。

（3）从严控制生态空间转为城镇空间和农业空间，禁止生态保护红线内空间违法转为城镇空间和农业空间。加强对农业空间转为生态空间的监督管理，未经国务院批准，禁止将永久基本农田转为城镇空间。鼓励城镇空间和符合国家生态退耕条件的农业空间转为生态空间。生态空间与城镇空间、农业空间的相互转化利用，应按照资源环境承载能力和国土空间开发适宜性评价，根据功能变化状况，依法由有批准权的人民政府进行修改调整。

（4）按照尊重规律、因地制宜的原则，明确采取休禁措施的区域规模、布局、时序安排，促进区域生态系统自我恢复和生态空间休养生息。实施生态修复重大工程，分区分类开展受损生态空间的修复。集体土地所有者、土地使用单位和个人应认真履行有关法定义务，及时恢复因不合理建设开发、矿产开采、农业开垦等而破坏的生态空间。树立山水林田湖是一个生命共同体的理念，组织制定和实施生态空间改造提升计划，提升生态斑块的生态功能和服务价值，建立和完善生态廊道，提高生态空间的完整性和连通性。制定激励政策，鼓励集体土地所有者、土地使用单位和个人按照土地用途，改造提升生态空间的生态功能和生态服务价值。

### （二）地方实践

#### 1. 上海市案例

上海市在崇明区试点中梳理自然生态空间、农业空间和城镇空间，通过自然生态空间用途管制试点探索，深化和完善自然生态空间用途管制规则和实施细则，率先建成符合崇明生态岛建设实际、覆盖全部自然生态空间的用途管制制度体系。

崇明区的三类空间划定，主要是基于总规成果，结合生态保护红线、永久基本农田保护红线和城市开发边界。在总体规划中，全域空间分为城乡空间和生态空间，在生态空间中，划定了四类生态空间。一类生态空间为国家自然保护区核心区，二类生态空间为国家自然保护区非核心区、饮用水源地以及保护区等，三类生态空间为饮用水源地二级保护区、重要林地、基本农田、湿地等，四类生态空间为城市开发边界内重要结构性生态空间。将一类生态空间、二类生态空间和三类生态空间中除永久基本农田外的空间划入自然生态空间；将三类生态空间中的永久基本农田和城乡空间中的农村居民点划入农业空间；将四类生态空间和城乡空间中的城市开发边界内的空间划入城镇空间（图6-1）。

依据《生态空间用途管制办法（试行）》《上海崇明区总体规划暨土地利用总体规划（2017-2035）》以及上海市生态保护红线规划方案，采用生态系统服务重要性、生态敏感性和生态修复必要性等评价方法将自然生态空间划分为生态保护红线与一般生态空间。此外，将城镇空间内的生态用地纳入自然生态空间管控范围。针对不同级别的自然生态空间，采用正面和负面清单、强度数量控制、形态与布局要求三个方面进行管控。

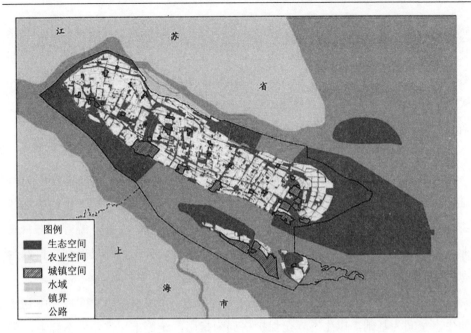

图 6-1　上海市崇明区三类空间划定结果<sup>*</sup>

依据总体规划、农业空间分区、农业发展规划对农业空间进行分区，分为永久基本农田保护区、永久基本农田管控区和一般农业空间。对于不同分区依据农业主导功能制定差异化管控细则，同时采取建设强度控制和形态布局优化进行管控。

依靠"总体规划—单元规划—详细规划"三个层次，以"新四线"和规划实施信息化数据平台为抓手，统筹各类要素资源空间配置，按照"规划—计划—项目"管理顺序展开，对生态空间用途的占用、退出、转用进行管控。

在此基础上，将崇明区的空间规划和自然生态空间用途管制纳入到上海市全覆盖规划管理信息系统（大机系统），形成全市统一的数据平台。优化各类规划和国土资源成果数据的存储、管理、应用和动态更新机制，将其纳入到现有上海市建设规划和国土资源成果管理体系，从数据成果整合、数据更新机制建立和成果管理应用等方面全面完善规划国土资源成果管理新机制。基于规划和

---

　　* 彩图请见彩插。

国土资源统一平台的数据支撑，推进规划和国土资源行业管理的精细化和科学化，同时加快完善统一平台数据服务系统建设，将国土信息资源转变为信息服务产品，统一实现平台的数据共享。通过信息平台的建设和数据库的完善，相关部门得以推行动态监督、公共监督、修改提升、补偿机制、责任追究等，以监督保障三类空间的转用和生态空间用途管制。

**2. 河南省鹤壁市案例**

河南省鹤壁市在自然生态空间划定上，以空间规划中划定的生态空间为基础，以市域生态安全保护格局为指引，结合国土空间开发适宜性评价，叠加各类保护地，衔接相关规划及各类控制线，开展实地调查、校核，统筹生态、农业、城镇等空间部署，兼顾全市各区域的主导功能，分市、县尺度划定自然生态空间。主要思路为：

（1）确定不同层级生态空间划定任务与要求。市级尺度以空间规划中划定的生态空间为基础，以生态安全保护格局为指引，统筹市域重要生态廊道，重要保护地的连续性、完整性，加强对县级自然生态空间划定的引导。县级尺度以市级划定的自然生态空间为基础，根据县级管控需求，适当优化调整自然生态空间后，开展实地核查，将自然生态空间落实到具体地类、图斑。

（2）协调生态保护与开发利用关系。鹤壁市拥有"山水林田湖城"浑然一体的独特地方风貌，践行"绿水青山就是金山银山"的理念，发挥自然禀赋优势，增强人民群众获得感，就需要处理好保护与利用的关系。①统筹生态保护与城市品质提升。淇河是华北地区唯一一条未被污染的河流，是鹤壁的母亲河，其生态功能对于该市尤为重要。鹤壁市将淇河中心城区段纳入自然生态空间进行保护，既体现整体保护理念，又改善城市环境，提升城市品质。②统筹生态保护与乡村振兴。试点充分尊重地方诉求，协调处理好生态保护与乡村发展的关系，将未安排建设项目的区域纳入自然生态空间予以保护，有建设需求的不再纳入。例如试点区内的鹤壁太行山区属重要生态功能区，而其域内桑园古村落安排有乡村旅游扶贫项目。③统筹历史文化资源保护与利用。利用好优秀传统文化将有利于满足人民美好生活的现实需求。大运河鹤壁段是世界文化遗产的重要部分，不仅承担着水源涵养、防风固沙等重要生态功能，还包含着历史遗迹、民俗风情等内容丰富的旅游资源，试点将大运河鹤壁段一定范围纳入自然生态空间，统筹大运河文化旅游资源的合理开发与利用，打造大运河文化带，推进文化旅游和相关产业融合发展。

（3）解决好生态空间与农业空间矛盾。各类型空间统筹的关键在于如何解决好生态空间和农业空间的矛盾。鹤壁市按照国土空间的主导功能，依据适宜性评价结果，兼顾生态保护和粮食安全，并经实地调研后协调确定空间的划分。具体而言，①以生态功能为主导的西部太行山区，区内耕地分布较为零碎，划定中为保持生态空间的完整性、连续性，将零星、孤立的耕地纳入自然生态空间，但其中的基本农田在未退出前仍按基本农田进行管控。②以农业功能为主导的东部平原，区内公益林和其他生态地类图斑面积较小，零星分布于耕地内，划定时将这部分纳入农业空间，参照生态地类相关管控措施进行管理。

（4）充分与相关规划衔接。试点中充分做好与相关规划的衔接工作。实际划定中，在尊重现行相关规划的基础上，针对生态敏感、重要性区域，进一步实地调研、协商论证，判定该区域是否纳入生态空间。如在与土地利用总体规划衔接时，云梦山风景名胜区部分区域安排有新增建设用地指标，按照自然生态空间应避让规划建设用地原则，这部分区域应调出生态空间。但根据相关评价结果，该区域属于生态重要性区域，对此，在充分征求地方政府和相关部门的意见后，将该部分纳入自然生态空间，不再进行建设。

（5）根据评价结果有针对性地开展实地调查。由于评价中评价因素的选取、采用的数据具有现势性，评价结果和实际情况可能有出入，针对一些重要、敏感区域进行实地调查分析，提请有关部门研究确定其适宜类别。如根据评价结果，浚县东部平原部分地区属于生态敏感性区域，应划入生态空间进行保护修复，但实地调查中，这部分区域原来存在的流动、半流动沙丘已通过综合整治项目，建成了成片耕地，不再适宜划入生态空间，因此将此部分调整纳入农业空间。

除自然生态空间划定方法上的创新外，为进一步落实"放管服"改革，提高管控手段信息化水平，鹤壁市再造审批流程、搭建信息平台，并同步推进试点成果应用。①再造审批流程。试点工作综合考虑了深化行政审批制度改革、推进"互联网+政务服务"等新要求，按照将国土空间用途管制职责统一到自然资源部门管理的组织架构，积极推进"多规合一"下的"多证合一"，将同一环节功能相近的审批事项合并，核发空间准入许可一个证书。同时立足"放管服"，精简申报材料，严格办理时限，明确办事流程，便于行政相对人办理相关手续。②搭建信息平台。鹤壁市按照分级分类管控、政务服务"一网通办"的要求，在空间规划信息平台内开发建设了自然生态空间用途管制信息系统，系统包含生态空间准入许可审查、生态空间转用审批、辅助决策、生态修复、动态变化监测等模块，可对项目是否符合生态空间正面和负面清单进行检测，为自然资源部门现有审批系统提供接口，能辅助单独选址类建设项目特别是线性工程选址选线、优化方案，可为制定生态修复工程设计方案提供基础数据支撑，为动态监测自然生态空间用途变化提供技术支持。③同步推进试点成果应用。在试点探索中，通过划定自然生态空间、制定管制规则、实施整治修复工程项目，将用途管制工作落到了实处。试点成果对于南太行地区山水林田湖草生态修复工程国家试点确定鹤壁市域的项目范围、类型、规模、整治方向等发挥了重要作用。具体包括，一是推进矿山环境生态修复，试点探索中积极争取中央和省财政资金开展地质环境整治项目，通过项目实施治理了部分矿区地质环境问题，消除了地质灾害隐患，恢复了矿区生态环境，提高了矿区群众的生活质量。试点中，还将已经关停及计划近期关停的建筑石料矿山纳入自然生态空间，通过实施废弃矿山环境的恢复治理工程，强化自然生态空间管制，促进鹤壁由"煤城"向"绿城"转变；二是建设淇河生态文化带，淇河是鹤壁市生态安全格局中重要的生态廊道之一，也是一条"诗河"（《诗经》中共有 6 首诗歌 18 次咏及淇河，采自淇水卫地一带的诗歌有近 50 篇）。试点研究依据淇河各区段生态重要性和发展定位，从统筹保护与合理利用的角度，提出不同的保护、管控及利用要求。

### 3. 浙江省临安区案例

杭州市临安区作为浙江省自然生态空间用途管制的 4 个试点之一，围绕自然资源调查、自然生态空间布局和用途确定、强化用途管控和创新管护模式等方面开展试点工作。主要措施包括：

（1）突出生态优先、统筹划定空间。在自然生态空间划定中，临安区坚持生态优先理念，基于资源环境承载力和国土空间开发适宜性评价，充分衔接生态红线划定成果和自然保护区、公益林、饮用水源保护区等各类自然保护地划定成果，优先确保生态空间的完整性。同时，按照耕地和永久基本农田保护红线、生态保护红线和城镇开发边界"三条红线"不交叉的要求，以人类活动类型和强度作为区分空间的主要依据，统筹划定"三条红线"和生态、农业、城镇三类空间，对原来红线交叉和空间重叠的区域，提出协调处理方案，妥善处理"保护与开发""不同层级类型保护之间"的关系。考虑临安区山核桃等经济林生产的人为活动强度大，结合生态敏感性分析，将生态区位不敏感、坡度在25°以下的经济林划入一般农业空间。

（2）强调保护优先、制定管制规则。在划定生态空间时，按照生态空间生态功能的重要程度，进一步将生态空间细分为生态保护红线和一般自然生态空间，实现分级管控，分别制定管制规则，明确不得进入的项目类型，引导不符合要求的用地类型逐步退出。在生态保护红线内采用正面清单和开发强度进行管控，对一般自然生态空间，采用正面和负面清单结合与开发强度进行管控，考虑各类生态空间类型的差异，细化制定针对性、差别化的准入清单。

（3）严格审批监管，优化转用流程。按照简政放权、并联审批、多证合一的思路，梳理审批流程。将生态空间内用地转用分为占用、退出、转变三种类型，按照"一窗收件、一表受理、平台联动、信息共享"的模式和"减事项、减材料、减时间"的要求，分别提出审批流程优化方案。占用须经过严格审批，分为空间准入许可和建设占用审批两个环节。退出、转变等转用类型在符合生态优先、有利于主导功能提升的原则下可采取审核制。

试点工作在统一自然资源调查基础、强化各类空间规划衔接、进一步明确自然生态空间划定和分类体系，以及建立统一的自然生态空间用途管制制度等方面取得了巨大成效。具体而言：

（1）统一了自然资源调查基础。充分利用土地变更调查、森林资源调查等现状调查数据成果，以及风景名胜区、森林公园、饮用水源保护区等自然保护地专项规划成果，摸清了临安的"生态家底"，明确了各类自然生态空间的用途、权属和分布等情况，建立了相关数据库。

（2）强化了各类空间规划的有效衔接。生态空间划定与相关规划（包括土地利用总体规划、城乡规划、环境功能区划、林业规划等）进行充分衔接，在原多规融合工作的基础上，进一步强化了各部门从空间底数到核心控制线的衔接。对生态空间进行了调整和优化，考虑边界的可识别性和完整性，提出了符合临安资源特点的"三条红线"协同划定的技术思路。研究了各类空间划定的具体技术方法，为"多规合一"和新一轮空间规划的编制提供了样本。

（3）进一步明确了自然生态空间划定和分类体系。综合考虑临安的主体功能区定位、空间开发需求、国土空间开发适宜性和粮食安全，以生态保护红线、永久基本农田保护区、建设用地扩展边界划定成果以及各部门相关规划成果为依据，结合空间规划成果，明确了自然生态保护的空间布局，根据生态功能价值和保护的重要性程度，确定差别化自然生态空间保护目标。

（4）建立了统一的自然生态空间用途管制制度。按照生态主导功能和自然生态空间保护类型，明确了不同自然生态空间土地用途分区，建立了符合实际、覆盖全部自然生态空间的用途管制规则。在生态保护红线内，进一步细化制定了各生态功能类型的管制规则及准入正面和负面清单，使得不同区域管制和准入条件更加清晰且有针对性。按照生态优化，有利于主导功能提升的原则，整合各类用途转用制度，针对生态空间内占用、退出、转变三种类型，结合"最多跑一次"改革，制定了用途转用审批流程，探索用途转用许可制度。

（三）效果分析

试点地区深入践行"绿水青山就是金山银山"的生态文明理念，统一自然资源调查评价，以"多规合一"为基础，探索协调解决自然生态空间、生态保护红线边界确定、用途管制等方面的矛盾，初步形成了对自然生态空间、生态保护红线的用途管制规则。

（1）探索统筹全域国土空间划定生态保护红线。在统筹全域开发保护格局的框架下，通过协调生态保护与城镇开发和农业发展的空间需求，合理确定自然生态空间范围。根据生态功能重要程度，将自然生态空间划分为生态保护红线和一般自然生态空间。将生态功能极重要区域和极敏感脆弱区域，以及国家和省级各类自然保护地的核心区域划入生态保护红线；将生态功能较重要区域和较敏感脆弱区域，以及国家和省级自然保护地的一般保护区域划入一般自然生态空间，同时允许试点结合当地具体情况进一步细化分类。强化山水林田湖草全要素和陆海统筹，将辖区内森林、草原、湿地、河流、湖泊、海洋、海岛等不同覆被特征的自然资源区域划入自然生态空间，实施整体保护、系统修复和综合治理。

（2）探索协调生态保护红线边界矛盾的技术路径。以 2016 年土地利用变更调查数据为基础，以国土空间开发适宜性评价为依据，结合生态服务功能重要性评价和生态敏感性评价综合评价，划分生态保护红线和一般生态空间。按照"多规合一"的要求，充分利用和协调现有规划基础开展试点工作。明确空间划定矛盾的协调规则，生态保护红线与永久基本农田存在矛盾的，根据所在区域生态功能重要性和敏感脆弱性的等级，确定是生态保护红线退出还是基本农田退出；位于各类自然保护地核心区内的基本农田有序退出，其他区域的生态保护红线通过"开天窗"的方式保留基本农田。协调生态保护红线、自然保护地等自然生态空间的边界矛盾。采取"管制规则从严""并行管理"的方式，处理各类自然保护地交叉重叠导致的管制规则冲突。

（3）探索对自然生态空间实行分级分类管理。生态保护红线按照"禁止开发+正面清单"管理，一般自然生态空间按照"限制开发+负面清单"管理，针对不同生态功能和类型进行差别化管控，允许在不降低生态功能、不破坏生态系统的前提下，进行适度开发利用和结构布局调整。探索形成"指标管控+空间准入（正面和负面清单）+用途转用"为手段的管制制度。将生态保护红线面积和国土开发强度纳入省级规划约束性指标，强化对市县政府开发行为和保护责任的约束；制定针对生态保护红线与一般生态空间的正面和负面清单，明确不同空间内允许、限制和禁止的地块用途转变方向，从空间分区和地块两个空间尺度对市场主体行为进行约束。

（4）探索统一生态保护红线内的用途管制规则。对生态保护红线实行严格管控，生态保护红线内严禁不符合主导功能定位的各类开发活动，严禁任意改变用途，严禁任何单位和个人擅自占用和改变用地性质。鼓励制定生态保护修复专项规划，开展维护、修复和提升生态功能的活动，将其他用途的国土空间转换为生态空间。鼓励对生态系统功能有扰动或破坏的土地利用活动、用海活动进行逐步退出。按照"多审合一"要求，探索整合建设用地审批、城乡规划许可、林地占用、水域占用等管理制度，简化建设占用审批。

（5）探索促进"两山转化"的国土空间开发利用方式。促进生态空间的网络化、均好性保护，将远离居民点、需要禁止开发、减少人为活动的生态保护红线，以及靠近居民点、需要限制开发、促进人与自然和谐相处的一般自然生态空间，划定出来实施严格保护，构建从"无人区"到人口密集区的生态保护网络。探索实现一般自然生态空间的经济社会价值实现机制。

自然生态空间用途管制的关键在于确定生态保护红线边界和统一用途管制规则。目前的试点工作在取得良好成效的同时，也暴露了一些问题，如部分试点地区承担了多项与自然生态空间用途管制具有较强关联的改革任务，但由于各项改革任务之间进度不同、衔接配合不够，难以形成改革合力；自然资源部组建后，各部门职责亟须深化改革统一，自然生态空间用途管制制度体系亟待完善。

## 二、强化耕地保护的系列探索

2019 年 5 月，《中共中央　国务院关于建立国土空间规划体系并监督实施的若干意见》要求，在国土空间规划中要统筹划定耕地和永久基本农田、生态保护红线、城镇开发边界等空间管控边界及各类海域保护线，强化底线约束。为统筹划定落实耕地和永久基本农田、生态保护红线、城镇开发边界等控制线，2019 年 11 月中共中央办公厅、国务院办公厅印发《关于在国土空间规划中统筹划定落实三条控制线的指导意见》，明确按照保质保量要求划定永久基本农田，依据耕地现状分布，根据耕地质量、粮食作物种植情况、土壤污染状况，在严守耕地红线基础上，按照一定比例，将达到质量要求的耕地依法划入。已经划定的永久基本农田中存在划定不实、违法占用、严重污染等问题的要全面梳理整改，确保永久基本农田面积不减、质量提升、布局稳定。各控制线出现矛盾时，生态保护红线要保证生态功能的系统性和完整性，确保生态功能不降低、面积不减少、性质不改变；永久基本农田要保证适度合理的规模和稳定性，确保数量不减少、质量不降低；城镇开发边界要避让重要生态功能，不占或少占永久基本农田。目前已划入自然保护地核心保护区的永久基本农田、镇村、矿业权逐步有序退出；已划入自然保护地一般控制区的，根据对生态功能造成的影响确定是否退出，其中，造成明显影响的逐步有序退出，不造成明显影响的可采取依法依规相应调整一般控制区范围等措施进行妥善处理。协调过程中退出的永久基本农田在县级行政区域内同步补划，确实无法补划的在市级行政区域内补划。

2020 年，党中央、国务院连续作出了坚决制止耕地"非农化"、防止耕地"非粮化"的决策部署，但从第三次全国国土调查、2020 年度国土变更调查和督察执法情况来看，一些地方违规占用耕地植树造绿、挖湖造景，占用永久基本农田发展林果业和挖塘养鱼，一些工商资本大规模流转耕地改变用途造成耕作层破坏，违法违规建设占用耕地等问题依然十分突出，严重冲击了耕地保护红线。为贯彻落实党中央、国务院的决策部署，切实落实《中华人民共和国土地管理法》及其实施条例的有关规定，严格耕地用途管制，自然资源部、农业农村部、国家林业和草原局联合发布《关于严格耕地用途管制有关问题的通知》（自然资发〔2021〕166 号），提出要严格落实永久基本农田特殊保护制度，严格管控一般耕地转为其他农用地，实施年度"进出平衡"管理，严格永久基本农田占用与补划，改进和规范建设占用耕地占补平衡，严肃处置违法违规占用耕地问题，并作出了具体规定。

## 第二节　推进土地计划和用地审批"放管服"改革

### 一、土地利用计划管理方式改革

#### （一）改革内容

为贯彻落实党的十九届四中全会、中央经济工作会议、中央财经委员会第五次会议精神，自然资源部改革了土地利用计划管理方式，于 2020 年 6 月印发了《自然资源部关于 2020 年土地利用计划管理的通知》（自然资发〔2020〕91 号），以真实有效的项目落地作为配置计划的依据。

此次改革内容主要在指标核算方式方面发生较大变化，正如第五章第一节"土地利用计划管理"中"年度计划指标核算方式的重大变化"所阐释的，计划指标将针对重点、非重点项目进行分类配置。主要包括：一是依据国土空间规划和国民经济与社会发展计划编制全国总量；二是"要素跟着项目走"，批准用地时对纳入重点保障的项目用地直接配置计划指标；三是"增存挂钩"，对未纳入重点保障的项目用地，其指标配置与处置存量土地挂钩。此外，还安排了对大督查情况、批而未供和闲置土地处置情况的"奖优罚劣"措施，以及用于脱贫攻坚、农村村民住宅建设的专项指标。

## （二）地方实践

### 1. 湖南省案例

湖南省建立了土地利用指标统筹调剂机制，切实保障有效投资用地需求。让有限的指标尽可能配置到真实有效的建设项目上去。把"配置权"集中起来，成为改革的最大亮点。具体做法包括：

（1）建立建设用地指标库，统筹管理全省土地利用计划。印发《湖南省建设用地指标库管理办法》，建立建设用地指标库制度，集中统一管理全省新增建设用地计划指标、增减挂钩节余指标和撤销批文腾退用地指标，并明确了省级库和市县库用地指标的来源、保障范围、使用规则等。除国家单列安排的脱贫攻坚专项计划、国务院大督查奖励计划外，新增建设用地计划指标原则上不再分解下达市县，由省级库统筹用于城镇批次用地和未纳入重点保障的独立选址项目用地。同时，为保障乡村振兴用地需求，市州批准的集体建设用地涉及农用地转用计划指标，按照不少于全部计划10%的比例采用因素法测算分解指标至各市县库。

（2）加大存量土地处置力度，新增计划来源实行"增存挂钩"。落实国家土地计划管理改革要求，新增计划安排与存量土地处置直接挂钩，建立了月清"三地两矿"工作机制，聚焦处置批而未供土地、闲置土地、违法用地、非法采矿查处、废弃矿山生态环境治理等重点问题，实行月调度，推动任务处置月清月结。在批而未供土地处置方面，持续推进供地承诺制，通过每月采集比对相关时限信息，发现新增批而未供土地，形成任务清单，及时移交市县，做到增量当月处置、存量限期处置；在闲置土地处置方面，深入推进"摘帽"行动、"净地"攻坚行动、"执法行动"，同时严格遏制增量，杜绝"边清边增""账面闲置"等。2020年湖南省批而未供和闲置土地处置率均位居全国第一，2021年处置率分别位居全国第五和第一。

（3）项目建设可报尽报，根据"供地承诺"配置指标。在确定总量的基础上，以真实有效的项目落地作为配置计划的依据，实行可报尽报、限期供地，切实保障投资用地需求。在计划保障方面，将批地和供地挂钩，实行以供定批。凡是纳入计划指标保障范围的项目，市县可报尽报，省级自然资源主管部门按综合项目轻重缓急和库存指标数量统筹配置计划指标，原则上承诺领取批文后一年内供地的准予配置，优先保障承诺领取用地批文后六个月内供地的项目。同时，得益于纳入国家重大项目清单及省级人民政府重大项目清单的单独选址项目用地，用地批准后由自然资源部直接配置计划指标，省级用地计划保障重心转移到城镇村批次用地。

（4）加强信息化建设，强化事中、事后监管。建设"规划一张图"，与农用地转用审批信息系统联通，坚持"规划生成项目"，实行"无总规不批地，无详规不供地"，并依托土地批后监管系统审查供应用途与批准用途是否一致。开发了"市县批准用地省级备案系统"，联通建设用地指标库，聚焦市州批准农用地和未利用地转用在线报备和用地指标自动核销，强化用地和计划监管。通过省级土地批后监管系统，对批后实施情况加强监管，在市县承诺供地时间到期前两个月自动发出预警，同时向县市区下达任务清单，供地承诺到期未兑现的，按规定办理公告失效或申请撤销。对同一年度内逾期数量较多的县市区，暂停受理其除产业用地外的经营性用地农用地转用和土地征收审批，批而未供土地处置率达到规定标准后，才可恢复办理相关用地审批，有效防止一批了之、批后不管的现象。

### 2. 江苏省案例

江苏省为落实最严格的耕地保护制度和节约集约用地制度，以推进供给侧结构性改革为主线，不断改进完善土地利用计划管理，落实总量控制要求，强化计划调控职能，优化土地资源要素配置，探索建立了"要素跟着项目走、新增跟着盘活走、分配跟着效率走"三个"跟着走"的用地计划管理方式。

（1）落实"要素跟着项目走"。①对列入国家重大项目清单的项目及列入省重大项目清单的能源、水利、交通、军事等单独选址项目，由国家直接安排计划；对列入省重大项目清单的产业、民生等项目，由省级计划"应保尽保"。②2021年起，对重大项目中违法用地补办手续的部分，省级不再保障用地计划；对违法用地补办手续的非基础设施类项目，原则上要求各地使用增减挂钩计划。③对农村村民建房用地计划，根据各地填报需求实施单列下达，据实核销用地计划。

（2）实行"新增跟着盘活走"。严格按照批而未供和闲置土地处置规模核定各地计划指标，按季度下达各地，省级计划按照一定比例预留；根据国家现行计划指标配置规则，各地可以通过多处置批而未供和闲置土地多使用计划，上不封顶，超过处置任务形成的用地计划全额下达各地。

（3）坚持"分配跟着效率走"。加大统筹力度，省级自然资源主管部门分季度将用地计划下达各设区市，由各市自行明确规则统筹安排。每季度末对各市县未使用的用地计划收回省级统筹调剂，各市县用地计划使用完毕、确有需求的，可以向省级自然资源主管部门申请使用省级收回计划，从而倒逼各地提高计划执行率。

### 3. 浙江省案例

浙江省土地利用计划管理改革中注重发挥各地利用存量土地的主观能动性，使新增建设用地计划管理更加精准有效，主要做法为：

（1）实行用地计划精准化配置、精细化管理。取消切块下达用地计划，将用地指标按照"项目计划、奖励计划、挂钩计划"三大类分配，重点支持国家和省重大战略项目，着力保障民生改善和农民建房，统筹安排基础设施用地。

（2）完善存量盘活挂钩办法。全面推行增存挂钩激励机制，建立新增建设用地计划分配与存量建设用地盘活相挂钩的制度，在自然资源部核算浙江省增存挂钩计划年度总额内，进一步修订完善存量盘活挂钩办法，调整优化挂钩范围和比例。同时，为鼓励各地加大存量土地处置力度，建立超额完成存量土地处置任务激励机制，对各地批而未供土地消化利用、闲置土地处置、正常周期供应土地三类超额完成部分按照一定比例给予奖励。

（3）完善省重大产业项目用地保障机制。制定浙江省重大产业项目申报及奖励办法，重点支持重大制造业项目、高科技企业、实体经济。对符合条件的省级重大产业项目，按特别重大类、引领类、示范类等分别给予100%、60%、

40%的用地指标奖励政策；对特别重大类、引领类项目，如地方指标不足，可按规定申请提前预支用地计划指标。

### （三）效果分析

土地利用计划是我国土地管理制度的重要组成部分，也是落实国土空间用途管制的重要手段，同时还是国土空间规划有序实施的重要保障。土地利用计划管理长期以来都是土地参与宏观调控的重要工具。当前我国社会经济已经进入新发展阶段，自由市场经济无法解决发展不平衡问题，对"全国一盘棋"政治经济制度优势的需求就更加显著。土地利用计划管理改革随着客观形势的变化，从单一指标管理逐步调整为以服务有效投资用地需求新模式，以更好地推进"双循环"大背景下的全面高质量发展。

改革后的计划管理方式在总量控制的前提下，坚持依据规划生成项目、土地"要素跟着项目走"，以真实有效的项目落地作为配置计划指标的依据，切实保障了省级以上重大项目落地；坚持指标分配与存量盘活相挂钩，存量处置越多，计划指标越多，促进了节约集约用地。对比改革目标，实现了总量控制下计划管理的平稳运行，同时重大项目保障力度明显加强，增量安排与存量盘活相挂钩的机制使得土地节约集约利用取得切实进展，管理水平也取得相当突破。

但是，在实践中仍然存在一些问题，如各地重点保障项目的认定标准不统一、区域指标分配缺乏平衡、"计划跟着项目走"管理难度大、计划指标与地方实际需求不匹配等，都亟待解决。

## 二、用地审批和规划许可改革

### （一）改革内容

#### 1. 用地审批"放管服"改革

作为土地用途管制的关键环节，用地审批是控制农用地转为建设用地、规范土地合理利用的重要措施。用地审批"放管服"改革作为我国一项重大的制度安排，体现了国土空间治理现代化的内在要求，有利于优化区域营商环境和提升自然资源服务效能。新的《中华人民共和国土地管理法》实施以来，用地审批"放权"包括永久基本农田以外的农用地转为建设用地审批授权、永久基本农田转为建设用地审批事项委托试点和国务院批准土地征收审批事项委托试点三种情形，同时建立"双随机、一公开"监督制度。

（1）授权和委托用地审批权

严格的用地审批权限和程序，自上而下贯彻了国家意志，保障了公共权益，在新增建设用地从严从紧、严守 18 亿亩耕地红线等方面发挥了十分重要的作用，但客观上用地审批周期较长，与新时代经济社会发展需要有较大冲突。自然资源部组建后，积极推动用地审批制度改革。重塑审批流程，合理设定审批环节，减少不必要的"形式审查"、重复审查，进一步简化报件，实行网上远程报送和审查、加大会审会频率、实施重大项目用地协调机制、支持重大项目先行用地、实行重大项目耕地占补平衡国家统筹等多项措施，对提高用地审批水平和效率取得一定效果，但因有关法律法规限制，难以从根本上解决用地审批周期长等问题。2018 年自然资源部在报请审议《中华人民共和国土地管理法》修改建议时明确提出，《中华人民共和国土地管理法》修改既要按照中央原要求解决"三块地"改革的法律依据问题，也要考虑一并推进用地审批制度"放管服"改革，2018 年 10 月自然资源部向国务院报送了改革建议。经与有关部门深入沟通，将改革用地审批制度、下放审批权限的内容写入了《中华人民共和国土地管理法》。修改了原《中华人民共和国土地管理法》第四十四条，增加国务院"授权"省级人民政府行使审批权，使得原由国务院批准的 106 个城市建设用地的农用地转用审批事项，可以全部授权省级人民政府；使得除永久基本农田以外的单独选址建设项目农用地转用审批事项可以全部授权省级人民政府。新的《中华人民共和国土地管理法》实施后，国务院保留永久基本农田转为建设用地的审批权，以及征收永久基本农田、35 公顷以上耕地、70 公顷以上其他土地的审批权。

考虑全国 80%以上耕地为永久基本农田，且重大项目多数需要占用耕地 35 公顷或总用地 70 公顷以上，因此很多项目用地实质上仍需由国务院审批。为落实十九届四中全会"赋予地方政府更多自主权，支持地方创造性开展工作"的要求和中央经济工作会议的部署，国务院进行了专题研究，明确了依照新修正的《中华人民共和国土地管理法》，将国务院可以授权的用地审批权授权各省级人民政府行使，同时，经审慎研究，将国务院保留的用地审批权通过委托方式在全国部分省份开展试点。2020 年 3 月，《国务院关于授权和委托用地审批权的决定》（国发〔2020〕4 号）印发，明确要在严格保护耕地、节约集约用地的前提下，进一步深化"放管服"改革，改革土地管理制度，赋予省级人民政府更大的用地自主权。主要措施包括：

①将国务院可以授权的永久基本农田以外的农用地转为建设用地审批事项授权给各省、自治区、直辖市人民政府批准。按照《中华人民共和国土地管理法》第四十四条第三款规定，对国务院批准土地利用总体规划的城市在建设用地规模范围内，按土地利用年度计划分批次将永久基本农田以外的农用地转为建设用地的，国务院授权各省、自治区、直辖市人民政府批准；按照《中华人民共和国土地管理法》第四十四条第四款规定，对在土地利用总体规划确定的城市和村庄、集镇建设用地规模范围外，将永久基本农田以外的农用地转为建设用地的，国务院授权各省、自治区、直辖市人民政府批准。

②试点将永久基本农田转为建设用地和国务院批准土地征收审批事项委托给部分省、自治区、直辖市人民政府批准。对《中华人民共和国土地管理法》第四十四条第二款规定的永久基本农田转为建设用地审批事项，以及第四十六条第一款规定的永久基本农田、永久基本农田以外的耕地超过 35 公顷的、其他土地超过 70 公顷的土地征收审批事项，国务院委托部分试点省、自治区、直辖市人民政府进行批准。首批试点省份为北京市、天津市、上海市、江苏省、浙江省、安徽省、广东省、重庆市，试点期限 1 年。国务院将建立健全省级人民政府用地审批工作评价机制，根据各省、自治区、直辖市的土地管理水平综合评估结果，对试点省份进行动态调整。

③严格实施监管。各省、自治区、直辖市人民政府要按照法律、行政法规和有关政策规定，严格审查把关，特别要严格审查涉及占用永久基本农田、生态保护红线、自然保护区的用地，切实保护耕地，节约集约用地，盘活存量土地，维护被征地农民的合法权益，确保相关用地审批权"放得下、接得住、管得好"。各省、自治区、直辖市人民政府不得将承接的用地审批权进一步授权或委托。自然资源部要对用地审批工作加强指导和服务，明确审批要求和标准，切实提高审批质量和效率；要采取"双随机、一公开"等方式，加强对用地审

批情况的监督和检查，发现违规问题及时督促纠正，重大问题及时向国务院报告。

对应国务院授权和委托的用地审批权，自然资源部将其用地预审权同步下放省级自然资源主管部门；将先行用地批准权委托给试点省份省级自然资源主管部门。其中委托用地预审和先行用地批准权的期限与试点时间相同。

（2）建立用地审批"双随机、一公开"监督机制

用地审批"双随机、一公开"，即从检查人员库中随机抽取检查人员，从地方审批的项目中随机抽取一定数量的项目进行检查，检查评分结果以适当方式向社会公开。自然资源部印发了《关于建立用地审批"双随机、一公开"监管制度的函》（自然资函〔2020〕926号），建立了用地审批"双随机、一公开"监管制度。

用地审批"双随机、一公开"的目的，是对用地审批特别是授权和委托用地审批权行使的合法合规性和效率效能进行监管，促进用地审批规范高效运行，切实落实最严格的生态环境保护制度、最严格的耕地保护制度和最严格的节约用地制度，推动高质量发展。基本原则包括：①坚持权责对等。赋予省级人民政府更大的用地自主权，进一步夯实省级人民政府及自然资源主管部门主体责任，体现权责一致，确保用地审批权"放得下、接得住、管得好"。②坚持问题导向。针对用地审批中可能出现的违规占用永久基本农田或补划不实、违规占用生态保护红线或自然保护区、限制禁止用地目录审核不严、建设用地指标（用地规模和功能分区）审核不严、耕地占补平衡和土地复垦不落实、征收土地不合规等把关不严问题，强化监督检查，及时发现和解决问题。③坚持"严起来"。建立"严起来"的机制，通过严格的审查标准、严密的抽查检查、严肃的问责查处，做到早发现、早纠错、早查处。

用地审批"双随机、一公开"按年度实施，抽查评分结果反馈各省级人民政府、通报自然资源主管部门，并纳入土地管理水平综合评估，作为用地审批权委托试点省份动态调整的依据之一；对审批不规范等问题，采取通报、限期整改等措施及时纠正；将抽查中发现的违法违规问题线索，转送国家自然资源督察机构，移交自然资源部执法部门处理。

**2. 规划用地"多审合一、多证合一"**

为贯彻落实党中央全面深化党和国家机构改革、深化"放管服"改革和优化营商环境要求，根据《中共中央 国务院关于建立国土空间规划体系并监督实

施的若干意见》要求，2019 年 9 月，自然资源部制定出台了《自然资源部关于以"多规合一"为基础推进规划用地"多审合一、多证合一"改革的通知》。

规划用地的"多审合一、多证合一"是对规划许可和用地审批改革的一项简述、简称，核心是把规划许可和用地审批相关手续和文书能够合并的进行合并，能够简化的进行简化，以提高行政效率，降低行政相对人的成本，核心归纳为"三个合并"和"一个简化"：如第五章第二节"用地预审与选址意见书核发"中"规定要求"阐述，将用地预审意见、选址意见书合并为建设项目用地预审与选址意见书；如第五章第三节"建设用地规划许可证核发"中"规定要求"阐述，将原建设用地规划许可证、建设用地批准书合并为建设用地规划许可证；将建设用地审批、城乡规划许可、规划核实、竣工验收和不动产登记等多项测绘业务整合，实现"多测合并、联合测绘、成果共享"；简化报件审批材料，提高行政审批效率。

（二）地方实践

**1. 广东省的用地审批"放管服"改革**

广东省持续深化用地审批"放管服"改革，强化用地审批制度建设，着力破解用地审批难点、堵点，全力提供自然资源要素支撑，有效推动重大项目落地建设。

（1）简政放权做"减法"。一方面，按照党中央、国务院关于深化"放管服"改革的要求，省政府以供给侧结构性改革为主线，按照"能放则放"的原则，大刀阔斧推进省级土地审批职权"放管服"改革。自 2018 年起积极探索将省级建设用地审批权以委托方式下放给各地级以上市人民政府，其中 2018 年下放给广州市等 12 个地级以上市人民政府，2020 年下放给韶关市等 9 个地级以上市人民政府。2021 年，又将城乡建设用地增减挂钩节余指标跨省域调剂建新方案审批委托广州市、深圳市自然资源主管部门实施；将国务院授权广东省批准的永久基本农田以外的农用地转为建设用地审批委托深圳市人民政府实施。另一方面，积极做好承接国家用地审批权下放工作。用好用足国家赋予的用地审批权限，按照"先字入手、严字当头、快字为先、廉字托底"的四项工作原则，明确承接国家授权委托用地审批权的总体要求、委托范围、审批流程、职责分工和保障措施，推动项目用地严审、快审、廉审，助推高质量发展。

（2）放管结合做"加法"。广东省自然资源厅按照"放得下、接得住、管得好"的总体要求，与有关市政府、自然资源部门签订委托实施协议，明确委托责任。①加强建章立制。制定用地预审和用地审批标准化手册，先后印发《广东省承接国家授权和委托用地审批权实施细则》《省管权限建设用地审批监督管理办法》《广东省自然资源厅关于进一步完善建设用地审查会审制度的通知》《广东省自然资源厅关于进一步明确建设用地审批有关要求的通知》等配套政策，通过建立和完善厅内建设用地审查会审制度，坚守底线红线，规范审批行为。②推动用地审批信息化支撑。不断优化审批流程，将委托前的国家审批权、原有的省级审核权合并，实现用地审批事项网上组卷、初审、审查、审批"一条龙"；通过细化完善系统审查规则和自动校验功能，设置280多条审批规则，规范自由裁量；严格执行省级预审查，规范审批时间，提高审查质量。③强化跟踪培训指导。分专题多层次组织开展用地审批业务培训，提高用地报批人员业务水平，全面提升用地报批组卷质量和审批效率。④加强省级监管。按照"谁行政、谁审批、谁负责"的原则，督促各地进一步加强建设用地审批事前事中事后全程监管和自我监管。结合"双随机、一公开"工作要求，对各市行使审批职权情况进行年度评估。

（3）优化服务做"乘法"。以点带面，服务支撑重大项目落地建设。①系统推进重大项目开工建设。印发《广东省强化资源要素支撑全力推进省重大项目开工建设的工作方案》，聚焦关键领域和重点环节发力，提出14条创新改革举措，系统解决重大项目用地用海用林难点堵点问题。②强化系统谋划和部门联动。建立省重大项目用地用海用林资源要素支撑联席会议制度，通报各市重大项目用地用海用林审批情况，现场协调解决省重大项目用地用海用林审批实际问题，督促有关责任单位落实。与省发展改革委、交通运输厅建立三部门月度会商制度，互相对接、及时通报、共享信息，定期研究分析问题，协调解决重大项目落地建设中涉及自然资源领域的问题。③制定重大项目服务支撑清单。以供给侧结构性改革为主线，加大基础设施领域补短板力度，印发年度服务保障重大项目清单，并将工作责任落实到人，确保持续做好跟踪服务。④集中攻坚重大项目。用好用足国家赋予的相关用地审批权限，在2020年、2021年部署开展了重大项目用地审批集中攻坚行动，通过短期集中攻坚，推动了一批重大项目在当年底前在用地用海用林审批方面取得突破性进展。⑤实施政府购买指导组卷报批服务，通过公开招标选取两家服务单位，明确指导组卷的重大项目清单，提前介入、加强指导、及时跟踪，推动重大项目用地用海用林组卷工作提速提质。

（4）提升效率做"除法"。①用地审批时间和效率显著提升。一方面，将省级用地审批职权委托给各地行使以来，用地审批效率总体提速30%以上。另一方面，国务院、自然资源部授权和委托用地审批权后，直接减少用地审批层级，使得建设项目用地审批"不出省"，用地预审及用地审批的省级以上审批时间逐年缩短、审批效率有效提升。②促进高质量发展的要素精准配置能力不断提升。通过预支国土空间规划建设用地规模，明确土地利用总体规划剩余建设用地规模继续使用，基本解决了急于开工的重大项目用地空间问题。分级分类保障项目用地计划指标，通过"争指标+挣指标+腾指标"三管齐下，有效保障了各类建设项目用地计划需求。③制约用地审批的症结逐个击破。一方面，多举措解决耕地占补平衡困局。2020年以来向国家申请购买跨省域水田指标3.39万亩。另一方面，优化流程压缩时间。明确实地踏勘和节地评价合并论证，同步开展规划修改和用地审批，实行单独选址类项目历史违法用地与用地报批脱钩，以行业协会出具审查意见代替重新出具地质灾害报告、项目压覆重要矿产审批实行告知承诺。④破解征地拆迁难题。省重大线性工程采取货币化安置、经营性物业安置等方式取代实物留用地。

**2. 江苏省的用地审批"放管服"改革**

江苏省将省级用地审批权下放，地方能够更加精准高效地服务保障重大项目建设，在各地提振发展信心、稳定有效投资等方面发挥了"压舱石"作用。省级用地审批权的下放，赋予了各设区市人民政府更大用地自主权，有效减少了用地审批层级，提高了用地审批质效，极大提高了审批效率。具体做法包括：

（1）委托下放审批权。2020年，修改后的《中华人民共和国土地管理法》对用地审批作出大幅调整，国务院将用地审批权限进行了授权和委托。江苏省委、省政府高度重视，主要领导多次作出重要批示。为进一步深化"放管服"改革，优化营商环境，提高审批质效，省政府将部分用地审批权委托下放给设区市人民政府行使。

（2）严格审批标准。始终将"严起来"的工作理念贯穿建设用地审查报批全过程。为建立依法、规范、高效的审批机制，规范审查标准，江苏省自然资源厅印发了《关于切实做好用地审批权委托下放有关工作的通知》（苏自然资发〔2020〕115号），切实强化"放权不等于放松"的意识，要求地方严格管控目标不动摇、严格审查标准不降低、严格管理制度不松懈。

（3）开发审批系统。用地审批权委托下放后，江苏省自然资源厅及时开发了江苏省建设用地审批监管系统，建立了"文件资料网上传、现场情况图上判、审核意见书面签"的不见面审批模式，实现了省级与地方自然资源部门间数据共享、业务协同，对全省各级用地审批实行全流程、全业务、全区域、全节点管理。

（4）强化监督监管。依据自然资源部用地审查标准，印发《江苏省自然资源厅关于建立用地审批"双随机、一公开"监管制度的函》（苏自然资函〔2021〕591号），开展省级用地审批"双随机、一公开"检查，强化对委托用地审批权行使的合法合规性和效率效能进行监管，确保省级委托下放各设区市的用地审批权规范高效行使。

**3. 广西壮族自治区的用地审批"放管服"改革**

为促进重大项目用地审批再提速，广西自然资源厅决定下放用地审查审批权。除自然资源部委托下放、占用永久基本农田和跨设区市的项目外，属自治区本级建设项目用地预审与选址意见书核发审批权限的，全部委托下放给各设区市自然资源主管部门（含自由贸易区）。主要做法为：

（1）创新监管。从提高用地规划保障力度着眼，明确规划修改情形、简化论证程序和优化审查方式，提出加快推进项目规划修改（调整）工作，解决项目合规性问题，为重大项目提供规划用地空间保障。在城乡建设用地规模不突破前提下，重大项目用地位于增减挂钩建新区图层的，视为符合规划，可直接进行用地报批；重大项目位于限制建设区的，可依法依规修改规划，使用增减挂钩建新区图层进行规划指标平衡调整。同时，提高耕地占补平衡统筹力度，通过修订完善补充耕地指标交易管理办法及交易细则，调整完善补充耕地指标交易指导价，促进自治区、市两级补充耕地指标交易等系列措施，加大补充耕地指标统筹调剂，切实解决重大项目占用耕地的"占一补一、占优补优、占水田补水田"问题；鼓励和支持重大交通基础设施建设单位结合交通线性工程施工，投资或参与沿线土地综合整治项目，自行落实耕地占补平衡义务。符合耕地占补要求的，不再征收耕地开垦费，节余的补充耕地指标可申请交易。

（2）提高服务。立足于优化土地供给方式和服务保障机制，拓展重大项目用地渠道，推动优势资源向重点产业、重大项目聚集配置，提高重大项目保障服务水平。大力推广"工业用地弹性出让""标准地"等系列供地政策举措，盘活利用批而未供和闲置土地，落实建设用地增存挂钩机制，加快土地供给。

**4. 福建省的"多审合一、多证合一"改革**

福建省为进一步贯彻落实"放管服"改革，优化营商环境，明确提出了各项改革和优化营商环境的决策部署。措施包括：

（1）合并规划选址和用地预审。自然资源主管部门统一核发建设项目用地预审与选址意见书，不再单独核发建设项目用地预审意见、建设项目选址意见书。建设项目用地预审与选址意见书有效期为三年，自批准之日起计算。

（2）合并建设用地规划许可和用地批准。自然资源主管部门统一核发新的建设用地规划许可证，不再单独核发建设用地批准书。以划拨方式提供国有土地使用权的，建设用地规划许可证、划拨决定书同步申请，一并办理；以出让方式提供国有土地使用权的，建设用地规划许可证不再作为依申请事项，在签订土地出让合同时，由自然资源主管部门一并核发。

（3）推进"多测整合、多验合一"。①以统一规范标准、强化成果共享为重点，将建设用地审批、城乡规划许可、规划条件核实、竣工验收和不动产登记等多项测绘业务整合，归口成果管理，推进"多测合并、联合测绘、成果共享"。②建设项目测绘成果应采用国家规定的2000国家大地坐标系和1985国家高程基准。各地自然资源主管部门应及时更新基础地理信息数据，向建设单位和测绘单位提供基本比例尺地形图等基础测绘成果，其中政府投资更新的基础地理信息数据应当免费提供。不得重复要求建设单位或测绘单位多次提交对同一标的物的测绘成果；确有需要的，可以进行核实更新和补充测绘。③在建设项目竣工验收阶段，将规划核实、土地核验、不动产测绘等合并为一个验收事项。"多验合一"事项纳入工程建设项目竣工联合验收事项，自然资源主管部门确定牵头处（科、股）参与联合验收。

（4）加强服务监管。各地自然资源主管部门要根据机构设置实际情况，明确部门内部机构职责分工，避免推诿扯皮。结合本地工程建设项目审批制度改革实际情况，制定相应的实施细则，优化办事流程，及时更新办事指南，实行"一表申请、一窗受理、合并办理"。全面推行"双随机、一公开"监管、重点监管和信用监管，依法严肃查处违法违规行为。加强信用体系建设，对失信企业和从业人员严格监管，构建"一处失信、处处受限"的联合惩戒机制。各地要按照自然资源部统一的标准自行印制证书，免费核发。有条件的市、县（区）要大力推进电子证照，更好地方便群众办事。涉及上级自然资源部门出具用地预审意见的，将该用地预审意见的内容作为证书附件的内容。

### 5. 浙江省的"多审合一、多证合一"改革

2019 年 4 月，浙江省在全国率先出台《浙江省自然资源厅关于全面推行建设项目规划选址和用地预审合并办理的实施意见》（浙自然资规〔2019〕2 号），提出了优化一个办理流程、整合一张申请表单、统一一套申报材料、开展一次技术论证、提升一个审批系统等"九个一"具体举措。同年，制定印发《浙江省建设项目规划选址和用地预审论证报告编制技术指南》，推行规划用地"多评合一"，将两个事项涉及的建设项目选址论证报告、耕地保护暨占用和补划永久基本农田踏勘论证、节地评价报告、生态保护红线不可避让论证和修改土地利用总体规划建议方案论证进行归并，统一编制一个论证报告，开展一次技术论证。2019 年 7 月，浙江省自然资源厅牵头会同省农业农村厅、省建设厅制定印发《浙江省农民建房"一件事"办事指南》，整合三个部门的六个审批事项，做到"一张表单、一口受理、一体审查"。

2020 年，根据《自然资源部关于以"多规合一"为基础推进规划用地"多审合一、多证合一"改革的通知》，省自然资源厅印发《浙江省自然资源厅关于推进规划用地"多审合一、多证合一"改革的通知》（浙自然资规〔2020〕2 号），根据深化改革的要求，全面梳理并优化了规划用地审批事项，继续简政放权、完善制度机制、提高行政效能。主要包括：一是优化建设项目规划选址和用地预审，统一审批的层级权限，省级层面加强涉及永久基本农田、生态保护红线或修改县级以上国土空间规划的建设项目的论证和审查工作；二是提出合并建

设用地规划许可和用地批准的实施路径；三是分类实行建设工程规划许可；四是规范乡村建设规划许可；五是推进"综合测绘""多验合一"工作。围绕规划用地"多审合一、多证合一"改革，省自然资源厅还在依法行政、优化营商环境、职能转变方面做了以下工作：一是对接省司法厅，将改革事项全面纳入《浙江省建设法治政府（依法行政）工作联席会议办公室关于公布行政许可事项目录和告知承诺制行政许可事项目录的通知》；二是根据优化营商环境和"最多跑一次"改革要求，将规划用地审批事项全面纳入"浙江省投资项目在线审批监管平台 3.0"；三是农村宅基地管理和改革职能调整到省农业农村厅后，将涉及农民建房的乡村建设规划许可，纳入省农业农村厅牵头开发的"浙江省农民建房'一件事'审批管理系统"。

2021 年，省自然资源厅印发《浙江省自然资源厅关于进一步加强规划用地"多审合一、多证合一"工作的通知》（浙自然资函〔2021〕36 号），同步出台《建设用地规划许可证和国有建设用地划拨决定书并联办理的操作办法》，规定适用情形，明确办理路径，细化操作细则，深入推行行政划拨类建设项目的建设用地规划许可和用地批准并联审批改革，提高联办事项标准化制度化水平。同时，打通"浙江省投资项目在线监管平台 3.0"与"浙江省建设用地供应动态监管系统"接口，实现两个事项的线上联办功能。在"浙江省投资项目在线审批监管平台 3.0"实行"一网办"，全面推行电子批文、电子证书、电子档案和矢量数据上图入库。

自 2022 年始，根据省委省政府推进政府数字化改革的要求，省自然资源厅奋力打造"浙江省省域空间治理数字化平台 2.0"，由用途管制处牵头谋划构建"浙里空间利用"模块，加强空间规划的科学引领、实现项目落地的高效集约，加强用地规划管理的深度融合。

### 6. 上海市的"多审合一、多证合一"改革

2019 年 9 月 20 日《自然资源部关于以"多规合一"为基础推进规划用地"多审合一、多证合一"改革的通知》印发之后，上海市加快了规划资源领域审批制度改革的步伐，在重点领域先行先试。

（1）用地预审与规划选址合并。将划拨土地项目选址意见书与用地预审合并，并与出让土地核提规划条件和自有土地核定规划条件统一为"建设项目规

划土地意见书"一个事项。规划选址、用地预审的核心内容是确定建设项目的规划条件、用地条件，针对三种不同的用地形式（划拨、出让、自有），统一规范核定规划条件和用地条件的审批形式，确定了以规划土地意见书作为统一规范三种用地形式核定条件的批准文件，精简管理文件。自有土地项目与出让土地核发批文和附图，划拨土地项目除核发批文和附图外，根据自然资源部"多审合一、多证合一"改革通知的要求核发《建设项目用地预审与选址意见书》作为法定证照。

（2）方案审批"多审合一"。设计方案审批由多部门审批改革为规划资源部门一家牵头，相关管理部门以行政协助的方式提供征询意见。市审改办牵头建立了行政协助制度，并负责效能监督。规划资源部门以"行政协助"方式全面推进工程建设项目设计方案意见征询，以"一口受理、一文审批"方式向相关管理部门和单位统一提出行政协助请求，做到征询材料不漏收、相关部门不漏询、回复意见不漏传。被征询部门和单位做到限时回复、限期办结，提高行政协助效能。

（3）建设用地审批"三证合一"。根据《中华人民共和国土地管理法》（2019年修正），要求先完成征地主要工作程序（包括财物调查、权利人登记、补偿安置方案公告等），再批准征地。上海市在规划选址与用地预审合并后，明确：对于土地储备项目和划拨土地项目，完成项目立项审批或核准后，以规划土地意见书为依据启动权属调查、土地征收、农转用、土地储备批准、供地方案批准以及房屋征收等相关工作。基于以上改革要求，将建设用地规划许可证、建设用地批准书合并为新的"建设用地规划许可证"，并在批文中明确原国有建设用地划拨决定书中的管理要求。

（4）用地审批、工程许可"二合一"（"一文两证"到"两证合一"）。2019年10月，自然资源部与上海市人民政府签订的《共同推进自然资源领域重大改革事项战略合作协议》中，明确要求上海市大力推进行政审批制度改革，对核定条件、核发许可、核查验收三个阶段的多个审批事项进行深度整合，试行"多证合一"。上海市在建设用地审批"三证合一"（建设用地规划许可证、划拨决定书、建设用地批准书）的基础上，进一步探索建设用地审批和工程规划许可的深度融合，首先是合并办理建设用地规划许可和建设工程规划许可，实现"两审合一、一文两证", 然后将建设用地规划许可和建设工程规划许可合并为一个许可事项, 核发一个证照, 实现"两证合一、一文一证"。进一步减少环节, 精简申报材料, 提升审批效率。

（5）竣工验收"五合一"。上海市对竣工规划资源验收流程进行整合再造, 将原竣工规划验收、土地核验、档案验收、地名查验、地质资料汇缴五项工作整合为竣工规划资源验收一个事项, 将原竣工规划验收合格证、土地核验合格证明、档案验收合格证合并为《上海市建设项目竣工规划资源验收合格证》一个合格证, 真正做到"一表申请, 统一发证"。一是精简环节、减少了申报材料; 二是减少时间, 提高效率。

### 7. 无锡市的"多审合一、多证合一"改革

无锡市自然资源和规划局由原国土局、规划局整建制合并, 同时整合农林、市政园林、水利、环保等部分职责, 自组建以后无锡市局大力开展"全业务、大融合"行政管理体系改革, 将"多审合一、多证合一"改革融入其中。改革把原规划、国土、林业和风景名胜涉及的事权、业务、政策、平台、数据全面梳理整合, 明确以行政审批体系改革为核心, 先行探索融合思路, 通过业务重构、流程再造, 统一业务标准, 统一数据平台, 统一管理体系, 推动治理体系和治理能力现代化。

（1）研究法定依据, 形成职能事权"大清单"。全面梳理原规划、国土、林业、农林等法律法规和政策服务依据, 研究贯彻新的《中华人民共和国土地管理法》, 自然资源部、江苏省自然资源厅关于土地征收、建设用地审批事项委托, 以及"多审合一、多证合一"等改革要求。梳理确认自然资源规划（含林业）领域涉及行政权力事项338项。编制建设项目审批事项清单, 梳理确认自然资源规划（含林业）审批管理类事项12项, 逐项厘清设定依据、审批部门和审批方式, 确保"目录之外无事项, 大厅之外无审批"。

（2）打通业务脉络, 构建全链审批"大流程"。在厘清职能事权的基础上, 基于全生命周期理念, 构建形成全局业务"一张图", 以"地"为载体, 以建设项目取得土地使用权方式为主线, 按照"一类事项一个部门统筹、一件事情一个部门负责、一个阶段同类事项整合"的思路, 将原本"串联"在项目建设过程中所涉及的规划、土地、林业、风景名胜、测绘、矿产等各类业务的审批流

程、时限、材料进行全链整合优化，实现业务流程"通"、业务事项"合"、业务办理"联"、收件资料"简"。在完成"多审合一、多证合一"规定动作的基础上，推动规划方案审查与占用林地报批分头并进，对建设工程设计方案进行联合技术审查。此外，理清大流程中需要申请人提交的共性材料与选择性材料，涉及业务审批内部产生的材料，凡是没有明确规定要求提供的报件材料一律取消，凡是大流程中内部产生的出让合同、许可书证及附件附图等材料，在后续审批流程中不再向申请人收取，凡是项目立项批复文件等共性材料只收一次不重复收取。整合简化申请表单，减轻行政相对人负担。

（3）强化技术支撑，推动管理运行"三统一"。统一数据基础，全面梳理规划、土地、地质、矿产、林业、湿地等各类自然资源和国土空间数据，在"全业务、大融合"业务模型基础上，搭建国土空间基础信息平台"一张图"。统一信息平台，构建全业务行政审批、执法监察、"互联网+"高效服务、监管决策、督察考核"五大应用"系统。统一业务规范，按照权责事项标准化、办理流程标准化、职责分工标准化、文书表单标准化的思路，完善"四全"标准体系，明确相关事项的办理层级、审批流程、收件材料等要素，规范权力运行机制。

（三）效果分析

各地在推进用地审批"放管服"改革和规划用地"多审合一、多证合一"的过程中，主要取得了以下两方面的成效。

（1）优化了营商环境。用地审批"放管服"改革减少了用地审批层级，缩短了报批链条，大幅度提高了审批效率，增强了用地保障能力，同时以较低的监管成本实现较好的监管效果，促进用地审批规范高效运行。"多审合一、多证合一"实施以后，一是实现了审批融合，行政相对人或者办手续者可在"一个窗口"申请办理规划审批和土地审批手续；二是精简了审批材料，同一个事项只需办理一个证件，改善了营商环境；三是测绘方面，法定要件以外的要件和程序一律取消，降低了企业制度性交易成本。

（2）减少了行政资源浪费。通过用地审批"放管服"改革和规划用地融合审批改革，改变了以往一个事项多个层级（部门）审批或一个事项分成多个审批事项的审批模式，大大降低了对公共资源和政府行政资源的巨大浪费，降低了政府的管理成本，使政府从具体的、烦琐的、微观的行政审批事务中解脱出来，更多地进行国土空间规划、自然资源管理和整个生态文明建设中的制度设计、政策体系、法规完备方面的研究，同时加强对各项事务的监管。

从各地探索用地审批"放管服"改革和"多审合一、多证合一"的规划用地融合审批改革实践来看，改革取得了显著成效，但也存在一些亟待解决和完善的问题，如缺乏完善的法律政策体系，各地实施标准不统一，以及由于某些地区技术力量不足导致改革的进度落后等（魏钦稳等，2020）。

# 第三节　加强重点区域的国土空间用途管控监测

## 一、长江经济带国土空间用途管制与纠错试点

### （一）探索思路

认真贯彻落实习近平总书记在深入推进长江经济带发展座谈会上的重要讲话精神，按照长江经济带"共抓大保护、不搞大开发"的总体要求，自然资源部办公厅印发《长江经济带国土空间用途管制和纠错机制试点工作方案》（自然资办发〔2018〕48号，以下简写为《试点方案》），在上海、江苏、浙江、江西、湖北、湖南、重庆、四川等8省（市）选择18个地区，围绕国土空间用途管制现状调查、负面准入清单、纠错机制三项内容，组织开展长江经济带国土空间用途管制和纠错机制试点工作，探索建立长江国土空间管控机制。相关试点成果已纳入2020年12月新颁布的《长江保护法》。

### （二）地方实践

#### 1. 湖南省案例

"长江病了，而且病得还不轻。"习近平总书记曾这样形容长江。长江之病，"化工围江"是重要病因。如何推动加快解决"化工围江"，特别是当化工企业搬迁与其他要求相冲突时，如何在多重目标中寻求动态平衡，在长江经济带国

土空间用途管制和纠错机制试点中，湖南省岳阳市中石化巴陵分公司己内酰胺搬迁与升级改造项目是一个重要缩影。

中石化巴陵石化己内酰胺工厂为湖南省最大的沿江化工企业，始建于1990年，位于湖南省岳阳市中心城区，距洞庭湖入长江口仅500米，生产区最近处距离长江仅100米，己内酰胺的生产规模由5万吨/年逐步扩展至30万吨/年，占地规模约4 066亩，其产品及半成品多属于危险化学品。同时，随着工厂规模不断扩大和岳阳市城市发展，该己内酰胺工厂已经处于城镇人口密集区，周边居民社区、学校、医院、市场等敏感区域较多，附近常住人口达到10万人。2018年4月25日，习近平总书记亲临湖南省岳阳市视察，作出"守护好一江碧水"重要指示，随后在湖北武汉召开深入推进长江经济带发展座谈会，强调要正确把握破除旧动能和培育新动能的关系，解决"化工围江"问题。为落实习近平总书记重要指示，推动长江经济带发展领导小组办公室印发了《关于加强长江经济带沿江化工产业污染防治的指导意见》，明确提出鼓励长江干流、主要支流1千米范围内具备条件的化工企业搬迁至1千米范围外，或者搬离、进入合规化工园区。《国务院关于推进城镇人口密集区危险化学品生产企业搬迁改造的指导意见》（国办发〔2017〕77号）要求，城镇人口密集区危险化学品生产企业必须在2020年启动搬迁改造，2025年年底前完成搬迁改造。中石化巴陵石化己内酰胺工厂列入城镇人口密集区危险化学品生产企业搬迁改造目录。一方面，己内酰胺产业属于危险化学品行业，按照要求必须搬迁进入省级以上化工园区。另一方面，项目选址还对地形地貌、周边敏感设施、配套产业链等有较高要求。经论证，搬迁选址在湖南省唯一的专业化工产业园区岳阳绿色化工产业园及其北侧。拟用地面积2 650亩，但园区仅余约700亩的规模空间，导致项目用地不符合规划面积约2 016亩，且涉及永久基本农田约434亩。为解决上述冲突，尤其是搬迁占用永久基本农田的瓶颈问题，己内酰胺搬迁与升级改造项目的主要做法如下：

（1）坚持实事求是，依法依规支持搬迁。岳阳市政府将项目搬迁遇到的困难反映给有关方面后，自然资源部迅速商推动长江经济带发展领导小组办公室等有关部门，以专题会商、现场调研等方式着手研究此类问题。推动长江经济带发展领导小组办公室明确函复支持项目，指出项目搬迁与升级改造是贯彻落实习近平总书记重要讲话精神和视察岳阳时所作的"守护好一江碧水"重要指示精神的举措，是落实长江经济带"共抓大保护、不搞大开发"要求的具体行动，项目实施对推动长江经济带化工污染防治、加快产业转型升级和高质量发展具有示范意义。综合党中央、国务院有关要求和土地管理法律法规等文件规定，自然资源部将搬迁与升级改造项目纳入重大建设项目用地预审受理范围，支持并及时完成了用地预审、报批，协调解决了项目搬迁的瓶颈问题。

（2）坚持资源节约集约高效利用。项目搬迁后用地由 4 066 亩缩减至 2 650 亩，占地面积减少 35%，并按照补足补优的要求对占用永久基本农田进行了补划。项目搬迁后将同步建设相关下游产业项目，延长产业链条，给地方带来千亿元 GDP 增量，有效提高土地产出效益。项目搬迁也有利于岳阳市城市发展，有效解决中心城区人口密集区域环境和安全隐患，提高城市土地利用水平，提升城市发展品位。

（3）坚持贯彻绿色发展要求。项目升级搬迁后距长江 3.6 千米，将采用最新一代生产工艺技术，实施清洁生产，实行废弃超低排放、废水循环利用等污染防治措施，预计产能将提高到每年 60 万吨，搬迁后产生的污水将全部纳入园区污水处理厂统一收集处理，单位污染物排放量将减少到搬迁前的一半，每年污水排放总量减少 364 万吨，总氮减少 242 吨，总磷减少 7.465 吨，化学需氧量（$COD_{cr}$）下降 64%，氨氮（$NH_3\text{-}N$）下降 65%，二氧化硫（$SO_2$）下降 70%，达到产能倍增、排污下降的目标。

### 2. 江苏省案例

江苏省以破解长江经济带岸线开发过度、环境污染风险加大、生态系统退化、水土流失加重等关键问题为重点，科学设定国土空间纠错内涵，从源头预防生态破坏和环境污染，推动国土空间治理思路和国土空间开发利用目标的根本转变。江苏省依据《长江经济带发展规划纲要》、江苏省"263"专项整治行动等相关文件，以生态空间、城镇空间、农业空间划分结果为依据，结合现行空间类规划科学划定管制单元，合理确定畜禽养殖、水产养殖、食品加工、纺织、石油化工业等重点管制对象，注重与《产业结构调整指导目录》《市场准入负面清单》《长江经济带市场准入禁止限制目录》等既有清单衔接，做到有机融合，确保试点清单的现实操作性。按照全面与重点相结合、现状与规划相结合的原则，从"现行规划、现状分析"角度，科学识别国土空间错配类型，同时积极探索城乡挂钩"双指标"机制，容积率奖励机制、税收调节机制以及生态保护修复财政资金保障机制等纠错政策措施。

江苏省张家港市把长江经济带国土空间用途管制的纠错工作总结归纳为"现状用途错配""行业门类错配"和"强度规模错配"三类问题，围绕纠错主体、纠错方式等制定相应的纠错方案（专栏6–1）。现状用途错配主要采用用途转用的方法予以纠错；行业门类错配问题，可在维持工业用地的情况下，改变企业类型或经营项目方向；强度规模错配问题主要采用低效用地再开发、产业提档升级、提高环保水平等方式纠错。

---

**专栏 6–1　土地用途错配下的转用：恒丰工业园区的成建制清退转用**

恒丰工业园坐落江苏省张家港市锦丰镇店岸村，同时也位于某干河应急水源保护区范围内（生态保护红线内）和长江岸线范围内。园区占地 3.54 公顷，该工业区共集中了 43 家小五金、小纺织、小铸造企业。由于这些企业普遍规模小、设备陈旧，存在废水、废气排放不达标等问题，对一干河的水环境安全带来较大的隐患，整个园区已不适宜作为工业用地继续使用。

为彻底解决恒丰工业园这一突出环境问题，贯彻苏州"三优三保"试点工作，响应上级"散乱污"整治的要求，2018 年，张家港市人民政府共投入资金 4 400 万元，对恒丰工业园内 27 家企业实施整体关停。拆除园区企业后，结合"三优三保"政策对场地进行了复耕，严格落实复垦奖补政策，实施了复垦奖补与资金预付，从而减小了区镇复垦资金压力，调动了复垦积极性。注重复垦量质并举，张家港市从国土、财政、农委、环保等部门抽调人员，组建市级联合验收小组，严把复垦质量关。主要做法如下：

（1）政策利用得当，有效缓解资金压力。主要利用市"三优三保"政策对园区进行关停和拆除，通过复垦奖补与资金预付的方式共同筹措资金（即结合验收面积和年度奖补标准，通过市级初验的，预付复垦补助资金的 30%，通过苏州验收的则全额拨付。按照"紧前不紧后"的原则，设定 2017—2020 年复垦奖补标准为每年每亩递减 5 万元，以经济杠杆激发区镇前期复垦动力）。

（2）纠错分级分类处理，科学有序轻重缓急。优先对应急水源保护区和长江岸线范围处的"散乱污"园区进行重点整治，在解决好突出的环境问题后再推进外围其他区域的纠错工作。

图6-2　2009年与2019年恒丰工业园影像对比

### 3. 浙江省案例

浙江省以现行主体功能区规划、土地利用总体规划、城乡规划、长江岸线保护和开发利用总体规划以及编制中的国土空间规划等空间类规划为依据，通过开展长江岸线国土空间用途管制现状调查、制定国土空间用途管制负面准入清单、建立国土空间用途管制纠错机制三个方面的工作，进一步健全生态环境保护修复管控措施，分类处理长江岸线及外围空间开发利用的历史遗留问题。例如，宁波市依据国土空间用途监测与评价结果，对不符合国土空间用途管制要求的各类活动，依据国土空间负面清单研究建立分门别类的国土空间用途纠错制度，包括城镇空间负面清单退出制度，生态空间负面清单退出与生态修复制度，农渔业空间退出、复垦与永久基本农田划补制度。

---

**专栏6-2　浙江省杭州湾新区漂染园区"蝶变"众创园**

漂染园区地处杭州湾新区，东至规划支路，南至句章江，西至兴慈四路，北至滨海五路。2006年开始建设，2007年年底基本建成，并投入生产运营，园区内有漂染企业39家，企业用地约1 100亩，注册染缸指标324

只，日污水排放指标 3 万吨，年 COD 排放量指标 466.58 吨、年 $SO_2$ 排放量指标 23.04 吨。

漂染园区建成运营以来，园区企业"两高一资"的问题非常严峻。39 家印染企业主要从事小规模加工，能源消耗大，产出少，偷排漏排渗排严重，对新区生态环境构成了严重威胁。随着杭州湾新区的快速发展和产业定位的不断提高，漂染园区逐渐成为制约新区发展的不利因素。2013 年年底，杭州湾新区党工委管委会根据省市关于"三改一拆"要求，作出了全面关停漂印染园区的决策部署。2014 年 12 月月底，漂染园区 39 家企业全部停止生产。2015 年 10 月，经多方考察，凭借中央关于"大众创业、万众创新"契机，新区决定将原漂染园区整体改造为众创园。

目前，众创园面积约 1 100 亩，通过旧厂房改造和配套设施建设，众创园已形成北部中国（杭州湾）e 设计街区、南部复旦宁波杭州湾科创园、西部中试示范基地和智能制造集聚区的基本格局。众创园是杭州湾新区共享智联小镇的核心建设区，该特色小镇被评为 2018 年市级创建类考核优秀等级；联合吉利研究院成功申报浙江省级新能源汽车产业创新服务综合体创建单位；拥有宁波市中小企业创新创业基地 e 设计街区、复旦科创园。另外，复旦科创园是新区唯一的国家级众创空间和宁波市级科技企业孵化器、市级生物医药产业创新服务综合体创建单位；e 设计街区是省级众创空间、宁波市 A 级电子商务产业基地、宁波市级培育文化创意产业园。

根据宁波市国土空间工业区高污染、高能耗产业退出机制的要求，该地块以产业转型升级为主，进行生态修复和生态环境保护。该地块依托高标准的基础设施、生态景观和重点项目，发展以"创业孵化、研发设计、跨境电商、文创旅游"四大主导功能为主，同时兼具创新创业、文化休闲、科技教育、生活居住等支撑功能，成为集金融投资、创业辅导、项目孵化、人才培养、资本对接等于一体的众创园区。

## （三）效果分析

各试点地区深入贯彻长江经济带"共抓大保护、不搞大开发"的总体要求，认真对照《试点方案》，坚持全域与试点相结合、刚性和弹性相结合，坚持问题导向，结合本地实际，积极探索，创新思路，力争做到"治已病、防未病"，形成了一批可复制的做法和经验，包括：

（1）积极探索对长江岸线空间"全面体检"的具体路径，初步摸清了试点范围国土空间用途管制现状。通过深入调查研究，从自然资源管理角度找出了"长江病"的病症的病因。①因地制宜探索岸线空间划定的思路和方法。结合本区域自然地理状况，因地制宜对岸线空间范围界定进行了创新尝试。上海将崇明全域作为试点工作的研究实验区域，共 2 494.5 平方千米。浙江宁波行政区域范围内无长江岸线，试点范围为海岸线及其外围区域，海岸线向陆一侧至乡镇行政范围线，向海一侧至海洋功能区划边界。江西彭泽对长江岸线外围 6～10 千米范围进行了现状调查和分析。湖北荆州以长江沿岸最高设计洪水位线（即防洪大堤线）为准向后缓冲 1 千米的区域为长江岸线范围。重庆以外围 1 千米和 5 千米为参照，结合第一山脊线、行政区划界线、工业园区范围、DEM、最低水位线、最高设计洪水位线、土地利用现状、规划等因素综合划定。②基本摸清了国土空间开发保护及管理现状。江苏仪征结合 2017 年土地变更调查数据，梳理分析试点范围内土地开发利用现状，所获取的数据表明，沿江岸线 1千米范围内的用地类型主要是工业用地，占比高达 70%，涉及工业企业 728 家，达到全市总量的 42.90%。江西庐山、彭泽、瑞昌三个试点还全面梳理了试点区域企业相关情况，建立了专门的企业库。浙江宁波收集整理涉及海岸带的空间类规划、方案等 42 个，并以主体功能区规划、土地利用规划、城市总体规划、海洋功能区划确定的分区类型为主梳理了分区管控现状。重庆石柱、永川梳理耕地、林地、草原、水域、湿地等相关法律法规及规划中的管制要求，总结了试点范围内用途管制现状。③初步查明了长江岸线空间保护利用存在的主要问题。梳理发现存在的问题主要是局部岸线利用布局不尽合理、部分岸线利用效率低、岸线管理责权利不清、空间类规划存在较明显冲突、用途管制不到位、相关法律法规及体制机制建设不足等。例如，地处上游的四川纳溪现行规划衔接不充分、区域发展定位存在差异，空间错配问题较多、治理难度大等。中游的湖北武汉沿江产业结构及配套设施空间布局不合理，各类用途管制措施强制性内容不明确、不系统，空间管控侧重单要素管理，缺乏系统性和整体性。下游的江苏仪征沿江国土空间开发失衡、开发强度偏大，国土空间开发利用效率和质量亟须提升，资源短缺和低效利用并存，结构性矛盾日益突出等。

（2）积极探索制定国土空间用途管制正负面准入清单，丰富了长江经济带"防未病"的用途管制手段。以现行各类空间规划为依据，衔接长江经济带国土空间规划及各级国土空间规划编制，参照《长江经济带发展负面清单（试行）》，开展国土空间用途管制正负面准入清单研究。①初步形成了空间划定方法，强化分区管制的基础。以土地变更调查成果为基础，充分利用依法设立的各级各类保护区域数据和相关规划成果，通过叠加、判读，区分优先级，划定不同的空间类型。试点地区按照岸线范围距离即岸线范围外1千米和5千米分别开展研究，并将试点区域划定为生态、城镇和农业三大空间，在三大空间内再细化若干空间类型。例如，江苏仪征将生态空间划分为生态核心区和一般生态区两类，将农业空间划分为基本农田保护区、一般农业区两类，将城镇空间分为主城区、开发区等四类。②提出了长江岸线准入条件，制定管制规则。立足已有的土地用途管制制度和已有的清单制度，借助其他部门清单管理的经验，探索国土空间的清单管理，根据地方需求和实际需求，形成了不同空间的管制规则。有的试点地区将生态空间内的生态保护红线和农业空间内的永久基本农田红线采用正面清单管理，其他生态空间、农业空间及城镇空间采用负面清单管理。有的试点地区对岸线1千米范围内采用正面清单管理为主；5千米范围内区分不同生态空间、农业空间类型，实施正面清单和负面清单相结合的模式。还有的试点地区根据岸线保护区、岸线保留区、岸线控制利用区、岸线开发利用区等岸线分区分别制定准入清单。③探索了空间内用途转用规则和行政审批的流程。湖南省根据《长江岸线保护和开发利用总体规划》划分的四类岸线功能区（岸线保护区、岸线保留区、岸线控制利用区、岸线开发利用区）明确用途管控要求和项目准入条件，分占用、退出、转变三种情形制定了相应的转用规则。四川纳溪制定了国土空间准入负面清单的实施流程，将正面和负面清单纳入用地预审、用地审批、规划许可条件。④积极探索了流域国土空间用途管制新模式。上海崇明结合各相关部门关于空间管制的要求，在空间叠合农业、自然生态、城镇空间划分方式，梳理汇总后分类形成各区域管制规则和负面清单，遵循"全域管控、突出重点"的原则，进行分级、分类管控与准入正面和负面清单制管理，形成全域空间、全要素、全生命周期管制制度框架。江苏张家港市构建了"两层三类"国土空间用途管制架构（"两层"是指国土空间用途管制规划分区、国土空间用途管制功能分区；"三类"是指准入管制、使用管制和转用管制），以国土空间用途管制规划分区做好准入管理；以国土空间用途管制功能分区实现使用、转用和项目管理。

（3）积极探索激励企业退出长江岸线的政策措施，设计了差别化、"治已病"的用途管制纠错机制。各试点地区按照"分类处理、实事求是"的原则，对长江沿线空间错配进行类型划分、成因剖析，提出差异化的空间错配纠错方法和路径。①明确了纠错类型。湖南省将岸线空间生产活动错配情况分为用途错配、强度错配、产能错配、环保错配、安全错配五种类型，认为后三种类型属行业错配间接导致的空间用途错配，并据此把纠错类型分为直接和间接错配类的用途纠错。湖北武汉将错误类型分为空间划分错配、设施配套错配、沿江产业错配和农业生产错配。四川南溪以合法性为标准总结出两类主要错误类型：符合用地审批和城乡规划许可但纳入负面清单的"错误"项目，未取得合法用地审批和城乡规划许可且纳入负面清单的"错误"项目。②设计了纠错路径。江西彭泽根据国土空间准入条件、企业所属行业、生产工艺、产品等，对相关企业进行综合评价，按评价结果进行分级，A、B、C类企业纳入二级负面清单，D类企业纳入一级负面清单，分别按照优先保障、提质增效、整改提升、限制淘汰四种方式处理。江苏张家港针对现状用途错配、行业门类错配和强度规模错配三类问题，采取不同的纠错方式和路径，如对经济实力强、具备发展潜力的企业且愿意转型的，实行企业转型的纠错方式；对"低小散"企业，亩均绩效低、实力不足的企业，以清退为主；对具备一定实力和潜力但无法转型的企业，实施搬迁。湖北荆州对因规划或政府政策变更导致的负面空间利用行为，通过"关、改、搬、转"，逐步退出负面清单，对于未依法依规进行岸线资源开发利用的，一律取缔关停，并追究相关人员的责任。③总结提炼了典型案例。本着试点先行探索的目的，同时为后续建立覆盖全部国土空间全域全类型的用途管制提供试点经验，大部分试点地区都提炼了在用途管制纠错机制方面的典型案例。例如，江西省三个试点县市均制作了典型案例册，对所在区域的大型企业退出、岸线整治修复、绿色矿山建设、退渔还湖进行总结。浙江宁波杭州湾新区漂染园区成功"蝶变"成众创园，为国内其他高污染、高能耗产业园区的升级改造提供了良好借鉴。

## 二、大运河核心监控区国土空间管控

### （一）探索思路

遵照习近平总书记的重要指示批示精神，按照《大运河文化保护传承利用规划纲要》，打造大运河文化带，深入挖掘大运河丰富的历史文化资源，保护好、传承好、利用好大运河这一祖先留给我们的宝贵遗产，是新时代党中央、国务院作出的一项重大决策部署。同时，国家和各省也编制了大运河保护传承利用规划纲要，以强化大运河传承保护利用的顶层设计，明确大运河文化带的方向、目标和任务，推进保护传承利用工作，打造宣传中国形象、展示中华文明、彰显文化自信的亮丽名片。

大运河位于我国中东部地区，全长逾 2 700 千米，流域宽广，从北到南流经北京市、天津市、河北省、山东省、河南省、安徽省、江苏省、浙江省等 8 个省份，大运河周边地形、地貌、地类多样。同时，大运河衔接"一带一路"建设、京津冀协同发展、长江经济带发展、黄河流域生态保护和高质量发展等重大国家战略，沿线交通路网密集，拥有京沪等国家骨干铁路、公路，区位交通条件十分优越，产业体系较完备，战略性新兴产业发展迅速。因此，大运河是一个复杂、复合的国土空间。当前，大运河沿线如何进行历史文化遗产保护、如何协调土地开发利用与城市建设，大运河核心监控区管控措施如何纳入国土空间规划并落地实施，是沿河沿线地区亟待解决的矛盾。

《大运河文化保护传承利用规划纲要》提出要加强大运河生态空间管控，将大运河两岸 2 000 米范围划定为核心监控区加以严格保护，并建立相应的国土空间用途管制规则，这对我国新时代国土空间治理水平提出了挑战，因此具有重要的现实意义。

（二）地方实践

**1. 天津市案例**

天津市管制措施将充分尊重大运河世界文化遗产价值并将其放在首位，重点研究如何在做好世界文化遗产保护的基础上，兼顾城乡发展，传承大运河文化，努力实现大运河有人类聚居活动的区域更加具有烟火气息，有良好生态环境的区域保持自然环境不受到破坏。主要做法包括：

（1）编制《大运河天津段核心监控区国土空间管控细则》（以下简写为《管控细则》），全面指导大运河保护工作。《管控细则》分别从国土空间布局与用途管控、空间形态与风貌管控、土地资源节约集约利用管控等方面提出了管控要求，突出了保护传承的内容和核心要义，体现了最严格的管控，同时兼顾了长远发展。重点从可操作性、针对性、解决难点问题等角度为天津大运河保护传承利用工作量身定制了具体管控措施，涉及规划、土地、文化遗产保护、生态环境保护、产业准入等工作领域，对大运河保护的实际工作和长远发展具有一定的指导意义。

（2）划定管控分区，分别制定管控要求。天津市在管制措施制定中针对大运河天津段文化遗产、自然资源禀赋和当前建设现状，突出文化属性、生态建设和综合功能，统筹考虑自然资源承载能力，优化国土空间布局，节约集约利用土地，明确国土空间管控要求。管制措施中创新性地提出了八个具体管控分区，按照管控严格程度依次为：生态保护红线区、大运河文化遗产区、滨河生态空间非建成区、核心监控区非建成区、滨河生态空间村庄区、核心监控区村庄区、滨河生态空间建成区、核心监控区建成区。针对八个管控分区分别划定了界线范围，明确了管控要求，实现了无缝管控，并从国土空间布局、用途管控、空间形态、土地资源节约集约利用等方面对八个管控分区提出了原则性管控要求。

（3）做好各类规划、相关行政许可审批与《管控细则》的衔接落实工作。在国土空间规划编制和行政许可审批过程中，严格落实《管控细则》要求，并充分征求市领导小组成员单位意见。包括：①对于控制性详细规划编制、修改或修编项目，在管理审查和第三方技术审查中，依据大运河核心监控区、建成区范围及管控要求进行审核，不符合要求的不得履行后续程序。②在村庄规划管理相关文件中提出要求，在技术审查时对大运河管控要求落实的情况进行严格把关。③在用地审查报批过程中，对不符合大运河管控要求的不予审批土地征收成片开发方案、不予进行农用地转用土地征收。④土地出让前严格审查，确保土地供应符合大运河管控要求。天津市印发了《国有经营性土地出让项目会审办法》《天津市深化工程建设项目审批制度改革优化营商环境建立"用地清单制"实施细则（试行）》，把大运河保护国土空间管控要求纳入审查范围。⑤在建设项目审批方面，依据《大运河文化保护传承利用规划纲要》和《管控细则》的保护原则和管控要求，"一把尺子量到底"，严格把控大运河沿线空间形态与风貌塑造。按照一般控制区遵循滨水梯度原则，升高幅度不宜大于18°视角、老城改造项目第一层视线范围建筑限高等要求，对已出让房地产项目组织专家论证、空间分析、严格审查等程序，降低了建筑高度、折减相应建筑面积，保护大运河市区段空间形态，严格执行大运河管控要求。

（4）积极探索"一事一议"联审制度，为重大项目及重大原则性问题提出解决思路和路径。"一事一议"制度中规定：需要一事一议的事项由项目主体或区政府提出，天津市大运河文化保护传承利用领导小组办公室受理，并组织相关成员单位、专家进行审议，审议结果报送市领导小组批准。

### 2. 河南省案例

河南省结合《大运河文化保护传承利用规划纲要》《河南省大运河文化保护传承利用实施规划》中国家、省级行政区对大运河国土空间"严控""严禁"的相关内容，统筹考虑河南省实际，通过对管控力度不同的把握，分别从引导性管控和约束性管制两个层面进行管控。引导性管控方面，衔接国土空间规划，识别大运河国土空间结构、核心区域、重要廊道和节点，明确各河段发展的功能定位，提出城镇和产业发展、农村和农业发展、生态保护和建设等方面的空间引导措施，同时按照距河岸远近及生态重要性，分层引导；约束性管制方面，按照《国土空间规划分区与用途分类指南》，合理划定文化遗产保护区、生态保护区、永久基本农田区、城镇发展区、生态控制区、村庄建设区和一般农业区，分区分类进行管制。主要做法包括：

（1）注重落实国家、省相关要求。严格落实"严控""严禁"等相关内容，项目准入条件采取清单管制模式。滨河生态空间实行正面清单管理，明确准入类型和建设强度；核心监控区实行负面清单管理，明确禁止建设项目的用地类型和规模，对属于负面清单的项目进行有效控制与清退。把生态环境建设摆在重要的位置，重点加强生态环境保护修复，全面开展自然生态系统保护修复工作，强化空间管控利用，带动区域生态环境质量全面改善，实现优秀文化、优良生态和优美环境的有机统一。

（2）注重结合河南省实际。实行分段、分区管控。根据大运河河南段有水河段卫河段、洛河段、汴河故道索须河段各段的分布特点，统筹考虑其现状特征、资源禀赋、发展趋势和规划的空间布局，明确其主体功能，制定分段引导性管控要求；按照国土空间规划编制规定，进行科学合理分区，并制定约束性管制措施；依据地域特色，因地制宜进行空间形态与风貌指引。

（3）注重尺度的把握。省级层面制定原则性的管控要求，涉及省辖市、县（市、区）政府需按照省级管控要求，结合当地实际，组织制定本行政辖区内的具体管控细则，落实细化管控措施。充分考虑国土空间规划的内容变化，结合主体功能区和战略定位，从点、线、面三个层面分别做好用途管制，强化许可、空间、清单等管控工具之间的协调互动。制定弹性和刚性相结合的管制制度，以"鼓励""限制""严控""严禁"不同的管理强度，合理确定管控力度。

（4）衔接国土空间规划。注重与空间规划相衔接，分区在"三区"基础上，结合"三线"，依据河南省市县国土空间规划编制导则，建立了大运河核心监控区国土空间用途管制分区体系，制定具体、可操作的管控措施并落实到对应的分区中。同时加强规划管控、限制产业准入、控制运河城市景观视线走廊等原则性管控要求，实现与正在编制的国土空间规划无缝对接，也可以通过国土空间规划落地实施。

---

**专栏 6-3　　河南省洛阳市大运河核心监控区国土空间用途管制**

洛阳是隋唐大运河"人"字形结构的中心，也是国家治理的中心地带。运河的开凿曾巩固了国家的统一，促进了经济文化的交融，支撑了隋唐洛阳城的鼎盛繁华。大运河洛阳段全长 50 千米（牡丹桥—偃师巩义边界），沿线河道遗存、水工设施遗存、仓库遗存、桥梁遗存、运河城镇遗存丰富。包含隋唐、汉魏两大都城遗址，含嘉仓、回洛仓等国家仓窖，以及洛河、瀍河、漕渠等丰富的水工遗存。其中含嘉仓、回洛仓被列入中国大运河世界文化遗产。

为保护好、传承好、利用好大运河这一宝贵遗产，打造"一河揽千年文明"的世界级历史空间，近年来，洛阳市在针对大运河沿岸土地利用与保护管控、沿线城市风貌彰显、文化遗产保护传承、文化旅游融合发展、河道水系治理、生态环境修复等方面做出了众多改革举措，相继编制了《大运河洛阳城区段核心监控区国土空间管控细则》《洛阳市大运河文化保护传承利用暨大运河国家文化公园建设实施方案》《洛阳市城市双修总体规划》《洛阳市大运河文化遗产保护传承实施方案》《洛阳市大运河文旅融合发展实施方案》《洛阳市大运河洛阳河道治理管护专项实施方案》等规划。以上规划在落实国家、河南省相关要求的基础之上，通过对洛阳市大运河沿线土地利用、建设强度、建筑风貌、城市天际线、文化遗产要素、生态环境等多方面内容的研究，形成具有洛阳特色的管控思路。目前，洛阳市对大运河的保护管控要求已形成完善体系，具体保护管控要求已纳入相关规划及控制性详细规划之中且得到具体落实。

（1）在土地利用和保护管控方面，洛阳市通过《大运河洛阳城区段核心监控区国土空间管控细则》《大运河总体城市设计》两个层面，进行刚性加弹性的两级管控，对细则管控内容进行精准落实。管控细则对整体分区用途进行管制，以及提出生态修复、土地节约集约利用等措施；城市设计构建大运河沿线总体格局，并进行风貌分区、建筑高度管控、滨河特色空间营建、重点片区设计等内容。结合洛阳实际情况进行了细化优化。

（2）在历史文脉保护展示方面，构建承载汉唐盛景的璀璨运河。以隋唐洛阳城、汉魏洛阳城展示为重点，推进文化要素回填，通过隋唐大运河国家文化公园、隋唐大运河文化博物馆、隋唐洛阳城九州池遗址保护工程、汉魏洛阳城国家考古遗址公园等项目建设，开展关键节点织补，重构都城历史格局，融入文化体验，展现汉唐都城气派。

（3）在环境生态保护管控方面，构筑带动城水交融的"绿色运河"。全面开展自然生态系统保护修复，通过洛河沿线五处湿地公园、洛阳伊洛河生态公园、洛河滨水乐道等项目建设，提升区域内生态环境质量，重塑大运河活力开敞、文脉彰显的水岸空间，强化城河互动，加强运河与重要历史文化节点的有机串联，让城市公共文化生活回归运河，让运河成为自然、文化和生活的交融地，再现城水相依、水文一脉的运河风光，构筑全新的运河长卷，打造山水秀丽的绿色生态带。

（4）在文旅融合发展方面，坚持以文塑旅、以旅彰文，立足洛阳文旅基础优势，彰显大运河文化神韵，打造"隋唐胜迹"旅游品牌，建设河洛古镇、隋唐西市、世界古都论坛永久会址、隋唐大运河核心段文旅融合项目等一批项目，培育一批特色鲜明、类型丰富的文化旅游业态，优化基础设施和配套服务设施建设布局，促进大运河文化国际传播，打造享誉中外的缤纷旅游带。

## （三）效果分析

针对大运河各段核心监控区，大运河沿线8个省份结合各地实际，明确了管控分区以及不同分区的用途管控规定、空间形态与景观风貌管控、土地节约集约利用管控等要求，着重保护文化遗产和生态空间、控制建设空间、稳定农业空间、鼓励增加绿色生态空间。取得的主要成效包括：

（1）在保护文化遗产方面，依法依规划定核心监控区内大运河世界文化遗产的遗产区和缓冲区、文物保护单位保护范围和建设控制地带，并纳入国土空间规划。历史文化名城、名镇、名村、街区范围根据依法批准的相关保护规划确定并实施管控。文化遗产保护区内禁止不符合文化遗产保护传承要求的项目建设。

（2）在保护生态空间方面，生态保护区内严禁不符合主体功能定位的各类开发活动，严禁任何单位和个人擅自占用和改变用地性质，鼓励按照规划开展维护、修复和提升生态功能的活动。自然保护地核心保护区原则上禁止人为活动。除国家重大项目外，仅允许对生态功能不造成破坏的有限的人为活动，严禁开展与其主导功能定位不相符合的开发利用活动。滨河生态空间内严控新增非公益性建设用地，原则上不在现有农村居民点外新增居民点。

（3）在控制建设空间方面，实行国土空间准入正面和负面清单管理，控制开发规模和强度，严禁不符合主体功能定位的各类开发活动。提出落实空间形态和风貌管控的具体要求，控制城市景观视线走廊，遵循滨水梯度原则，前低后高，渐次升高，形成良好的天际线效果，例如，天津市将缓冲区和建设控制地带内新建建筑檐口高度与河流对岸河流外坡脚的距离的比例控制在 1∶3 以下，沿运河第一层视线范围内，新建住宅建筑高度不大于 27 米，其他建筑高度不大于 24 米。

（4）在稳定农业空间方面，从严控制非农建设活动，严禁擅自占用基本农田挖湖造景；鼓励开展高标准农田建设和土地整治活动，提高永久基本农田质量，发展高效农业；鼓励和支持生态农业建设，鼓励发展创意农业、休闲农业和观光农业。坚持最严格的耕地保护制度，坚决制止耕地"非农化"行为，防止耕地"非粮化"，对永久基本农田实行特殊保护，加强耕地数量、质量、生态"三位一体"保护。比如，山东省、安徽省要求滨河生态空间内的永久基本农田应以种植大田作物为主，注重与周边生态自然系统有机结合，发挥生态服务功能；河南省明确一般农业区内严禁新增不符合生态环境保护要求的设施农业建设用地。

（5）在鼓励增加绿色生态空间方面，北京市要求涉及绿化隔离地区和北运河的郊野区段应保证形成良好的生态与生物群落，不宜小于 1 000 米；河南省、江苏省等地实施滨河防护林生态屏障建设，沿河两岸集中连片植树造林，提高植被覆盖率。滨河生态空间内腾退的建设用地，应坚持生态保护原则，依法开发利用，优先用于建设公共绿地，切实维护运河风貌。加强生态修复，注重自然修复与工程治理相结合，推进河岸带生态化改造，维护大运河沿线的自然景观风貌。

在推进大运河沿岸土地利用与保护过程中，沿线 8 省份进行了诸多有益探索，但还存在一些实际困难和问题亟待解决：一是区域发展不平衡问题仍较突出，导致大运河保护利用质量存在差异，如各地项目准入条件不统一、保护利用的标准和技术手段各异；二是沿线区域协调推进机制不健全，包括合作机制和利益分享机制等方面，存在各地各自为战、重复建设和同质化竞争等现象。

# 第四节　建设标准化支持的监督管理信息化系统

在大数据信息化时代，国土空间用途管制的标准化与信息化建设是实现国土空间治理体系和治理能力现代化的重要手段。数据标准建设为国土空间用途管制各项业务提供统一的数据规范，国土空间基础信息平台建设可实现各级各类国土空间数据信息跨区域、跨部门、跨层级的全面实时共享，在此基础上构建国土空间用途管制信息应用系统，完善保障体系，推动用途管制全链条实施与监管。

## 一、国土空间用途管制数据标准化建设

### （一）有关背景

2019 年 7 月，习近平总书记在中央全面深化改革委员会第九次会议上强调，"科学有序统筹布局生态、农业、城镇等功能空间，按照'统一底图、统一标准、统一规划、统一平台'的要求，建立健全分类管控机制"。《中共中央　国务院关于建立国土空间规划体系并监督实施的若干意见》提出，要"按照'多规合一'要求，由自然资源部会同相关部门负责构建统一的国土空间规划技术标准体系"。用途管制作为国土空间规划实施的重要内容，其数据标准的统一也是落实"四个统一"的应有之义。自机构改革以来，各级自然资源管理部门在用途管制技术标准制定方面，开展了一系列探索和实践，掌握了大量管理数据和资料，为制定统一规范提供了宝贵的经验和有效路径。2021 年，《国土空间用途管制数据规范（试行）》（本节以下简写为《规范》）正式发布。

### （二）《规范》要求

《规范》提出按照"全域、全要素、全流程、全生命周期"原则，规范开

展国土空间用途管制信息化建设，明确用途管制各项业务数据标准，实现互联互通和数据共享，提高空间治理现代化水平。《规范》也对适用范围、数据内容、应用内容等方面作了说明。适用范围上，《规范》适用于国土空间用途管制的五个阶段，包括建设项目用地预审与选址意见书、农用地转用和土地征收、建设用地规划许可、建设工程规划许可、土地核验与规划核实。乡村地区可按规定包含乡村建设规划许可。数据规范成果适用于国土空间用途管制相关的各类数据库和信息系统建设，以及数据交换。数据内容上，数据应涵盖国土空间用途管制全周期，即对应上述的各个阶段。应用内容上，国家、省、市、县四级（根据工作需要可扩展到乡镇）自然资源管理部门基于本规范，开展国土空间用途管制业务协同、系统建设、数据共享，实现与各类管理系统的衔接，并指导各类管理数据、审批（许可）结果的汇交[①]。

（1）履行管制职责，规范业务管理。对照《规范》梳理管控内容和审查规则，找出差距，完善业务制度。面向行政、事业、项目建设和设计单位，有针对性开展业务指导和培训，统一认识，逐步实现各级管理同标准受理、无差别审批（许可）。

（2）开展数据治理，奠定应用基础。全方位开展用途管制数据整理，汇集分散数据，改善数据质量，补齐缺失的数据内容，高质量转换和加工数据，建立数据间联系，实施数据融合，高水平建设用途管制数据库。

（3）完善系统建设，提高治理水平。以国土空间基础信息平台为基底，新建或改造原有信息系统，满足"多审合一、多证合一、多测合一"要求，建立涵盖用途管制各类业务的用途管制信息系统，与部级系统纵向连接，与相关系统横向关联，实现业务协同。从便民利民和提高空间治理水平出发，探索开展多级联审、异地通办、证照分离、三维信息模型应用等工作，全面推进管理运行方式、业务流程和服务模式的数字化、智能化和网络化。

（4）构建信息模型，实施动态监管。逐步构建覆盖"全域、全要素、全流程、全生命周期"的国土空间时空演化模型。构建以人为本的空间治理指标体

---

① DIST 上海数慧："《国土空间用途管制数据规范（试行）》的理解与实践探讨"，2021年 7 月 9 日，https://baijiahao.baidu.com/s?id=1704768122586669382。

系、分析模型和预警响应机制，应用大数据和人工智能等新技术，智能分析和发现更多有价值的空间治理信息，探索提升治理水平的解决方案，达到"可感知、能学习、善治理、自适应"的智慧规划和用途管制目标。

（5）加强数据共享，改善服务效能。切实加强系统对接，建立数据共享制度，探索数据资产收益分配机制，不断扩大共享应用的覆盖面并提高技术水平，以及数据利用率，真正发挥数据作用，形成数据共享常态化机制，增强数字化转型驱动力，不断创新应用服务。

### （三）《规范》示范情况

《规范》确定了9个省（自治区）和11个城市为示范单位，依据《规范》推进国土空间用途管制数字化、智能化、网络化建设，为制定国家层面的相关标准和全面推广应用提供经验。其主要围绕三方面：一是开展数据治理。对照《规范》梳理业务流程和管控规则，汇集分散数据，改善数据质量，构建"全域、全要素、全流程、全生命周期"用途管制数据体系。二是完善系统建设。落实"多审合一"要求，改造、整合、提升原有信息系统，通过系统互联互通，推动实现用途管制数据关联、共享、融合，强化动态监管。三是研究解决关键技术问题。例如，网络运行中的数据脱密规则及自动脱密方式、"一书三证"的三维电子报批、全周期业务关联的统一赋码技术等技术应用（专栏6-4）。

---

**专栏6-4  地方结合《规范》开展的实践**

（1）数据治理方面

浙江省编制了《浙江省国土空间用途管制数据规范》（初稿），明确共享关系、对照关系，开展数据治理，形成管制数据综合治理管理元数据，并逐步完成数据的共享融合。以《规范》为依据，浙江省完善了五个事项的报批审查规则，优化了审查标准、组件材料及业务流程。

厦门市开展了用途管制全流程全生命周期业务梳理，重塑"规、策、批、征、储、供、用、验"全链条用途管制业务体系，绘制形成《厦门市建设项目用途管制全生命周期业务体系视图》。开展用途管制业务标准化建

---

设，形成《厦门市用途管制业务流程标准化手册》。

南宁市梳理了 2020 年以来共计 15 698 个建设项目的有关信息，并选取典型项目通过汇交平台进行填报分析，提出了 39 条修订意见。

（2）系统建设方面

上海市以《规范》为数据线索，实现多系统整合融合，打破处室职责的硬边界，把过去分散的、单一的审批行为串联起来，将原来碎片化的 89 个系统整合融合为"一厅八室"的布局架构。如"大项目"模块将"审批流程再造"贯穿各类工程建设项目，以及从选址预审到综合验收的审批全流程。

江苏省 2021 年开发了全省建设用地组卷服务系统，将审批阶段提前至组卷阶段，提高了组卷质量；开发了建设用地联席会审联网审批系统，应用省政府电子印章平台，自动实现联审厅局电子印章答应功能。土地利用计划管理系统，创新建立"一号管理"模式，为每个重大项目分配唯一编号，做到"报批时自动配置、批准时自动确认、退件时自动撤销"，对项目计划的使用全程留痕。

浙江省自然资源行政审批管理信息系统，实现从项目组件、预检、受理、审查、补正、查询、缴费等全流程省市县三级联网、自动配号和实时办理；按照"权责一致"的原则，明确各级审查职责，优化审查材料目录，精简组件材料；同时，从市县录入地块开始审查和管控，落实过程质量管理，设置预检环节，开展数据提前落图与智能校核，确保项目用地图、数、实地一致，有效保障报件质量；以系统审批为原则、人工审批为补充，探索构建建设用地自动化、系统化、智能化审批模式。

福建省 2020 年 7 月建成运行国土空间用途管制管理系统，全省各市、县（区）在办理规划许可审批时，需实时在线通过该系统进行材料预检、业务流转、统一配号和证书打印。

广西壮族自治区统一数据采集标准，搭建了广西用途管制数据衔接汇交系统。

（3）关键技术突破方面

福建省以规划用地从选址到核实全链条网络化管理为目标，围绕不同的用地方式、用地性质等业务场景，通过项目代码、统一配号、空间位置等信息进行验证关联，建立层层关联、层层验证、差别化的用途管制业务关联模型。

南京市探索建设"宁资码"，以不动产单元代码为基础，结合业务行为编码，将建设过程中的各个阶段与对应业务实体空间的衍化过程关联起来。2021年，南京市上线了基于BIM的工程建设项目三维报批，并与一体化政务服务系统、市工改审批系统无缝集成，实现 CAD/GIS 二维报批和BIM/CIM 三维报批的协同并轨运行模式；延伸了三维报批工作和不动产管理工作的结合，开展了三维不动产权籍表达模型建模方法的研究，探索实现了三维宗地、楼幢、户不动产信息的成果管理、关联查询、展示与统计分析等应用，打通从"规划、建设、验收"向不动产登记全生命周期管理的延伸。

## 二、国土空间基础信息平台的支持

国土空间基础信息平台是按照"共建、共用、互联、共享"的原则，集成整合并统一管理各级各类国土空间数据信息，为统一行使全民所有自然资源资产所有权职责、统一行使所有国土空间用途管制和生态保护修复职责，提升国土空间治理体系和治理能力现代化水平、提供基础服务、数据服务、专题服务和业务应用服务的基础设施[①]。

国土空间基础信息平台具有全面、翔实、准确的权威性国土空间数据资源体系，为国土空间用途管制提供数据支撑。具体而言，数据类型包含五类：①覆盖全国范围、包含地上地下、能够及时更新的以基础地理、高分辨率遥感影像、土地利用现状、矿产资源现状、地理国情普查、基础地质、地质灾害与地质环境等现时状况为主的空间现状数据集。②以永久基本农田保护红线、生态保护红线、城市扩展边界、国土规划、土地利用总体规划、矿产资源规划、地质灾

---

① 《国土空间规划"一张图"实施监督信息系统技术规范》（GB/T 39972—2021）。

害防治规划等管控性规划为主的空间规划数据集。③以不动产登记（土地、房屋、林地、草地、海域）、土地审批、土地供应、矿业权审批等空间开发管理和利用信息为主的空间管理数据集。④通过收集、汇聚形成的包含人口、经济等信息的社会经济数据集。⑤通过整合定制形成的国土资源承载力评价、矿产资源分布等数据产品集[①]。

国土空间基础信息平台横向上覆盖各类自然资源主管部门，纵向上连接国家、省、市、县自然资源主管部门，同时与政府相关部门联通。配套平台接入、应用管理、数据服务等相关标准制度与技术规范，通过统一的共享服务门户，向自然资源系统各单位和各级政府部门提供国土空间的数据共享和应用服务，包括为国土空间开发提供信息服务，为国土空间规划的编制提供辅助服务，为行政审批提供项目落地的合规性审查，对国土空间进行全方位动态监测等[②]。

## 三、国土空间用途管制监管系统建设

### （一）建设目标

建立全国国土空间用途管制监管系统，要依据"四个统一"要求，落实"两统一"职责，基于全国统一的国土空间基础信息平台，实现国家、省、市、县四级业务协同、数据共享，促进部门之间系统互联、信息互通，推进各级国土空间用途管制工作数字化转型，提升国土空间治理现代化水平。要成为服务、监测、评估各级自然资源主管部门履行国土空间用途管制职责的重要工具，并在强化国土空间管控、提高行政审批效能、优化营商环境中发挥重要作用。

（1）统一底图底数，推动数据共享。实现国家、省、市、县四级用途管制系统互联互通，以国土"三调"和年度变更调查成果为底图，以国土空间规划为法定依据，开展各项审查和许可；面向国家、省、市、县四级自然资源主管部门和发改、交通运输、水利、能源等相关部门提供信息共享服务，面向社会

---

① 《国土空间基础信息平台建设总体方案》（2017年）。
② 《国土空间基础信息平台建设总体方案》（2017年）。

公众提供信息公开查询服务。

（2）统一业务核验，提高审查效率。完善用途管制各项管制规则，统一各项业务的核验内容、核验标准及监测指标，通过系统自动智能核验和建立监测模型，实现用途管制全流程、全要素的数字化智能服务和监管，提高服务效能，强化各项管控要求落实到位。

（3）统一赋码关联，加强协同联动。构建以电子监管码为核心的数据关联协同机制，通过项目统一赋码，串联用途管制和相关业务流程，实现业务联通和协同联动，建立全生命周期数据的统一归集和实时监测机制，实现数据管理全程留痕、管理行为全程透明、管理环节全程可追溯。

## （二）总体架构

监管系统基于国家级国土空间基础信息平台，实现用途管制各项管理业务的整合协同。基于自然资源业务网，通过系统接口、文件交换等方式接入国家、省、市、县各级用途管制系统，基于统一底图、统一规则开展数据动态核验，关联和验证不同层级审批、许可的结果，实现四级联网、业务协同、数据共享、实时监管。基于政务外网，通过建立数据共享机制与发展改革、交通运输、水利、能源等部门实现数据共享与业务协同。基于互联网，向社会公众提供信息查询服务（图6-3）。

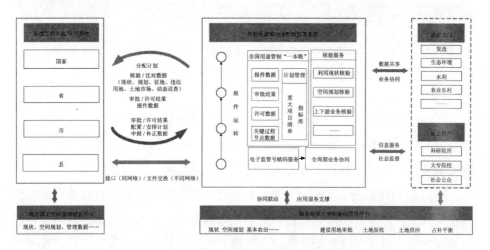

图6-3 国土空间用途管制监管系统架构

（三）系统功能

监管系统提供系统接入与信息互通、业务核验与监测监管、信息服务和数据共享等方面应用功能，支撑实现国家对各项用途管制业务全流程实时监测监管，系统主要功能如下（图6-4）。

图6-4　国土空间用途管制监管系统功能架构

（1）系统接入与信息互通。通过系统接口与文件交换等方式实现与四级用途管制系统、相关业务系统等部门内部系统的信息实时互联互通，以及与发改委投资项目在线审批监管平台等相关部门业务系统的信息互通。

（2）项目申报与业务协同。通过系统接入实现建设项目各管理阶段从县级组卷、批复（许可）和项目实施等全周期信息申报。暂时未完成信息系统建设的地区，用户通过登录监管系统，人工填写或导入数据包申报项目信息和下载项目核验结果。在同一建设项目或空间单元上提供业务系统功能，实现用途管制与土地征收、耕地保护、土地供应和开发利用的协同管理。

（3）统一编码和知识图谱。按照数据规范确定的编码规则对全周期管理过程实行全国统一编码。应用图数据库等知识图谱技术连接空间单元和各管理环节信息，动态构建全国用途管制知识图谱，实现国土空间数据的智能应用。

（4）规则核验与监测监管。应用国土空间规划"一张图"和核验规则，实现包括空间规划核验、现状地类核验、上下游业务约束分析等核验和监管功能，对项目申报和审批（许可）结果进行统一的核验与底线管控。实现全周期空间分析、许可超期预警、超计划申报审批监测预警等功能，对国土空间用途管制各级各类业务全方位监测和管控。

（5）数据共享和智能分发。整合接入的各类用途管制数据和相关业务数据，根据各类业务涉及的县、市、省等区域和业务办理进展，应用密码和数字水印等技术智能分发给相关用户，实现数据安全管控下的动态共享。

（6）信息服务和查询统计。提供用途管制项目全生命周期全链条的关联查询、各级各类各状态业务办件量统计查询；提供各类项目批准信息的在线公开、查询和下载服务。

（7）系统运行支撑。对各类用户进行统一管理，对各级接口的运行状态进行动态监控，实时跟踪数据运转情况，记录完善的运行日志，及时发现各类问题，实现稳定高效的运行维护。

---

**专栏 6–5　南京市市级用途管制信息化建设的实践**

（1）用途管制信息系统总体框架

基于国土空间基础信息平台，将用途管制信息系统作为监管决策应用的重要子系统，与一体化审批系统形成联动，全面收集并规范用途管制各环节产生的数据信息，建立涵盖用途管制各类业务的用途管制信息系统，探索省、市、县、乡纵向业务协同，以及与发展改革、农业农村、生态环境等部门的横向业务协同（图6–5）。

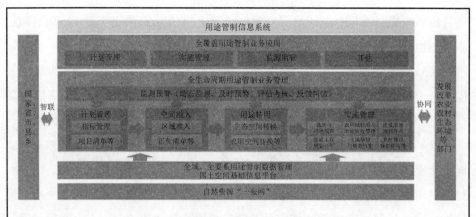

图 6-5　南京市用途管制信息系统总体框架

（2）实现业务全生命周期关联

通过"一张图"和"一平台"建设，实现从立项选址、用地报批、土地供应、规划报建、竣工验收到产权登记的全生命周期的"地"与"项目"关联关系，完成计划管理、重大项目管理、土地储备管理、勘测定界、执法监督、不动产登记等业务系统信息互通（图 6-6）。

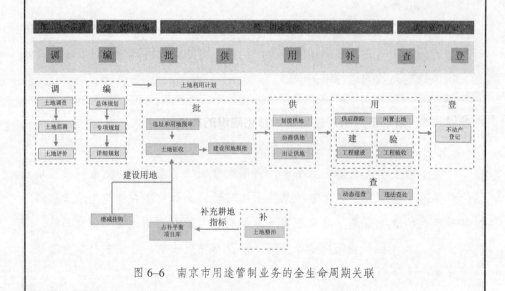

图 6-6　南京市用途管制业务的全生命周期关联

（3）实现用途管制数据部门间共享

实现与江苏省"一书三证"监管系统、用地报批系统、司法监督平台等的数据同步，与南京市政务平台、信用系统、房产系统、税务系统、城乡建设委员会系统等建立数据交互。

（4）探索三维智能审查实践

2021年3月1日，在全市五个片区推行基于BIM的工程建设项目三维报批。围绕"工程建设项目全生命周期一体化联动管理"和"建筑、市政一体化智能审查审批"的建设目标，初步定制了工程建设项目智能化审查审批规则库，最大限度解决机器审查"能不能"的问题，基本实现了工程建设项目BIM规划报建智能化审批（图6-7）。

| 建筑工程共104个指标 | 全自动审查指标共47个 | 半自动审查指标42个 | 全人工审查指标共15个 |
|---|---|---|---|
| | 用地性质 | 建筑退让 | 交通组织 |
| | 用地面积 | 建筑间距 | 围墙设计 |
| | 建筑面积 | 场地竖向设计 | 地下空间衔接 |
| | 容积率 | 道路坡度 | 建筑立面 |
| | 建筑密度 | 非机动车停车区域 | 建筑屋面 |
| | 绿地率 | 地下空间净高 | 建筑平面布局 |
| | 机动车停车配建 | 公共配套设施 | 公共配套设施独立占地 |
| | 非机动车停车配建 | 车辆出入口 | 室外活动场地 |
| | 充电桩数量 | 单建空中连廊宽度 | 建筑附属物设计 |
| | 商住比例 | 单建空中连廊净高 | …… |
| | 商办比例 | 地下空间层数 | |
| | 住宅建筑户型比例 | 地下空间分层功能 | |
| | 单体建筑楼层数量 | 总平面图设计 | |
| | 房间使用面积 | 地坪标高 | |
| | 房间进深 | 公共配套设施 | |
| | 地下室覆土深度 | 所在楼层停车位尺寸 | |
| | 场地标高 | 地库出入口 | |
| | …… | …… | |

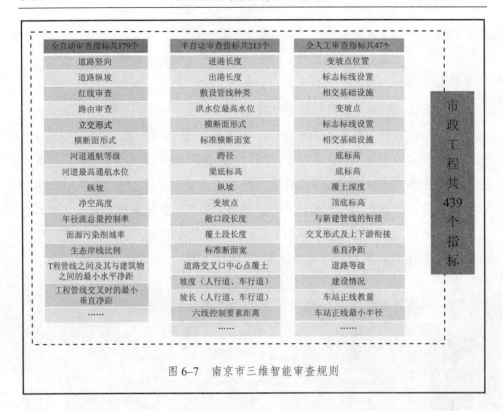

| 全自动审查指标共179个 | 半自动审查指标共213个 | 全人工审查指标共47个 | |
|---|---|---|---|
| 道路竖向 | 进港长度 | 变坡点位置 | |
| 道路纵坡 | 出港长度 | 标志标线设置 | |
| 红线审查 | 敷设管线种类 | 相交基础设施 | |
| 路由审查 | 洪水位最高水位 | 变坡点 | |
| 立交形式 | 横断面形式 | 标志标线设置 | 市政工程共439个指标 |
| 横断面形式 | 标准横断面宽 | 相交基础设施 | |
| 河道通航等级 | 跨径 | 底标高 | |
| 河道最高通航水位 | 梁底标高 | 底标高 | |
| 纵坡 | 纵坡 | 覆土深度 | |
| 净空高度 | 变坡点 | 顶底标高 | |
| 年径流总量控制率 | 敞口段长度 | 与新建管线的衔接 | |
| 面源污染削减率 | 覆土段长度 | 交叉形式及上下游衔接 | |
| 生态岸线比例 | 标准断面宽 | 垂直净距 | |
| 工程管线之间及其与建筑物之间的最小水平净距 | 道路交叉口中心点覆土 | 道路等级 | |
| | 坡度（人行道、车行道） | 建设情况 | |
| 工程管线交叉时的最小垂直净距 | 坡长（人行道、车行道） | 车站正线教量 | |
| …… | 六线控制要素距离 | 车站正线最小半径 | |
| | …… | …… | |

图 6-7　南京市三维智能审查规则

## 四、国土空间用途管制实施监督的"一张图"保障

### （一）概念内涵

"一张图"是指以自然资源调查监管数据为基础，采用国家统一的测绘基准和测绘系统，整合各类空间关联数据，建立全国统一的国土空间基础信息平台，并结合各级各类国土空间规划编制，实现主体功能区战略和各类空间管控要素精准落地，逐步形成全国国土空间规划"一张图"，并将监管信息系统覆盖国土空间规划全生命周期，在此基础上，实现国土空间用途管制监督。

### （二）发展历程

#### 1. 提出国土空间规划"一张图"

《中共中央　国务院关于建立国土空间规划体系并监督实施的若干意见》指

出，到 2020 年，基本建立国土空间规划体系，逐步建立"多规合一"的规划编制审批体系、实施监督体系、法规政策体系和技术标准体系；基本完成市县以上各级国土空间总体规划编制，初步形成全国国土空间开发保护"一张图"。

2019 年 7 月，《自然资源部办公厅关于开展国土空间规划"一张图"建设和现状评估工作的通知》印发，明确在统一形成国土空间一张现状底图的基础上，建立国土空间基础信息平台和国土空间规划"一张图"，开展国土空间开发保护现状评估工作。

**2. 提出构建国土空间规划实施监督"一张图"**

《自然资源部办公厅〈关于印发 2020 年自然资源部网络安全与信息化工作要点的通知〉》（自然资办函〔2020〕962 号）的相关工作要求，"各地应于 2020 年底前完成省、市、县各级国土空间基础信息平台（以下简写为平台）建设，并与国家级平台对接"，"基于平台，建设从国家到市县的国土空间规划'一张图'实施监督信息系统，全面开展国土空间规划动态监测评估预警和实施监管"。

2021 年 3 月，《国土空间规划"一张图"实施监督信息系统技术规范》（GB/T 39972—2021）正式发布，成为"多规合一"改革后国土空间规划领域的首个国家标准，明确依托全国统一的国土空间基础信息平台，以第三次全国国土调查数据为底图，叠合各级各类国土空间规划，形成全国国土空间规划"一张图"，作为规划编制审批、实施监督全周期管理的权威依据。

**3. 落实构建国土空间规划实施监督"一张图"**

2020 年开始，广东省、四川省、山东省、浙江省、江苏省、天津市、杭州市、厦门市等多地已经完成国土空间规划"一张图"实施监督信息系统的建立。

（三）政策特点

"一张图"实施监督信息系统是提升规划全周期管理、开展全过程用途管制的有力手段，具有明确的目标导向和全面的标准体系。数据类型、业务内容、运转机制均有详细的要求，可以实现智能化编制、审查、监督等。

"一张图"实现了多源数据归集，赋能国土空间智慧治理。依托"一张图"可以推动国土空间治理机制流程的重塑、治理方式效能的提升，在推进治理体系和治理能力现代化方面发挥重要作用。

　　"一张图"可充分运用物联网、5G、大数据、云计算、区块链、人工智能等先进技术，融合空间数据和社会经济发展数据，建设更为权威的国土空间数据库，有利于制定更为科学的空间治理和社会发展政策。

# 第七章 深化国土空间用途管制制度改革的思考与展望

中华人民共和国成立以来，我国国土空间用途管制始于城市规划区建设用地许可制度，发展于土地用途管制制度，成熟于多部门多资源用途管制网络构建，实现了制度建设从无到有、从"摸着石头过河"到全面深化改革的巨大突破。进入生态文明新时代，中央提出"将用途管制扩大至所有自然生态空间""对所有国土空间分区分类实施用途管制"等要求，并组建自然资源部，统一行使所有国土空间用途管制职责。随着自上而下机构改革的全面完成，"多规合一"国土空间规划体系逐渐建立，第三次全国国土调查成果公布，统一行使国土空间用途管制具备了体制基础、规划基础和现状基础，但仍有一些全局性、关键性的问题需要深入思考和实践探索。

## 第一节 把握国土空间用途管制改革的方向和定位

### 一、统一行使所有国土空间用途管制职责的理解

新一轮国家机构改革，党中央赋予自然资源部"统一行使全民所有自然资源资产所有者职责，统一行使所有国土空间用途管制和生态保护修复职责"的

"两统一"职责。其中，统一行使所有国土空间用途管制职责的内涵可以从以下五个方面理解。

（1）统一的行政管理机构。2018年，国务院机构改革组建自然资源部，并管理国家林业和草原局，至此，除河、湖、库等水资源外，在中央国家机关层面实现了山、林、田、草、矿、沙、海的归口统一管理，从根本上解决了此前职能分散、多头治理等问题，为构建山水林田湖草沙生命共同体、实施全要素用途管制提供了体制保障。

（2）统一的空间规划体系。《中共中央 国务院关于建立国土空间规划体系并监督实施的若干意见》提出将主体功能区规划、土地利用规划、城乡规划等空间规划融合为统一的国土空间规划，建立"五级三类"国土空间规划体系，逐步形成全国国土空间规划"一张图"；强化国土空间规划对各专项规划的指导约束作用，不得在国土空间规划体系之外另设其他空间规划，确保了国土空间规划的唯一性、权威性，为统一实施用途管制提供了统一的规划依据。

（3）统一的空间底图底数。国务院机构改革将水利部的水资源调查和确权登记管理职责，农业部的草原资源调查和确权登记管理职责，国家林业局的森林、湿地等资源调查和确权登记管理职责，统一划转至自然资源部，从根本上解决了因调查标准、统计口径不同导致的数据差异、空间冲突问题。基于第三次全国国土调查形成统一底图和底数，作为编制空间规划、实施用途管制的共同基础和刚性约束。

（4）统一的用途管制规则。统一行使国土空间用途管制职责应遵循山水林田湖草沙生命共同体的理念，坚持严格保护耕地、统筹生态建设、节约集约用地、分区分类管控的原则，建立全域覆盖、协调统一的用途管制规则，相关职能部门、相关内设机构按照统一规则，在各自职责范围内落实用途管制的要求，从而实现统一管理，分工协作。

（5）统一的国土空间基础信息平台。《中共中央 国务院关于建立国土空间规划体系并监督实施的若干意见》要求以自然资源调查监测数据为基础，采用国家统一的测绘基准和测绘系统，整合各类空间关联数据，建立全国统一的国土空间基础信息平台。以国土空间基础信息平台为底板，结合各级各类国土空间规划，同步完成县级以上国土空间基础信息平台建设，实现主体功能区战略和各类空间管控要素精准落地，逐步形成全国国土空间规划"一张图"，推进政府部门之间的数据共享及政府与社会之间的信息交互。

## 二、统一实施国土空间用途管制尚需解决的问题

随着自然资源部的组建和国土空间规划体系的建立，以及中央和地方在国土空间用途管制相关领域的一系列改革探索，建立新时代全域全要素的国土空间用途管制制度已具备一定的基础，但目前仍然存在一些亟待解决的问题和困难。

（1）制度体系尚未建成。以服务生态文明建设、服务"两统一"职责为目标，做好国土空间用途管制顶层设计，有利于系统谋划用途管制体系，加快健全用途管制制度。机构改革后，自然资源部在国土空间用途管制方面进行了积极探索，2017—2019 年在 6 省各选取 2～3 个市县（区）开展自然生态空间用途管制试点，2018 年在长江沿线 6 省（市）选择 18 个市县开展长江经济带国土空间用途管制和纠错机制试点，国土空间用途管制获得了相关研究结果，但尚未形成系统的制度框架体系。

（2）管制规则不够完善。现有管制规则侧重农用地转为建设用地，对农业生产、生态建设、整治修复等活动管制较弱，一些不合理的用途转换，不符合耕地保护要求和山水林田湖草沙生命共同体理念，违背了自然规律，破坏了生态环境。分区管制作为一种新的管控方式，在引导开发保护活动、不合理用途纠错等方面具有重要作用，但管制手段、管制规则等有待实践探索。

（3）管制手段有待优化。管制手段是用途管制运行的重要工具，现阶段主要包括用地审批、规划许可、年度计划、城乡建设用地增减挂钩等。机构改革后，自然资源部深化"放管服"改革，实行以"三个合并、一个简化"为主要内容的规划用地审批改革，即合并规划选址和用地预审，合并建设用地规划许可和用地批准，合并"多测整合、多验合一"，简化报件审批材料，但"多证合一"只是在现行法规制度下现有审批事项的物理优化，并未从根本上减少审批事项，亟须探索"多规合一"下的用地审批和规划许可深层次变革。用地、用林、围填海等审批事项权限不一致，运转流程较多、审批时限较长，需要积极

探索流程再造。

（4）监管机制不够健全。"重审批、轻监管"情形尚未根本改变，批而未用的土地面积大，处置任务重；线性工程普遍存在项目用地批准与实际使用范围不一致的情形；部分地区出现耕地"非粮化"倾向，经营主体违规在永久基本农田上种树挖塘，一些工商资本大规模流转耕地改种非粮作物等。围湖造田、围垦河滩、填海造地、毁林开荒等现象时有发生，"大棚房"屡禁不止，城乡增减挂钩项目拆旧区复垦不到位。因此需要对各类开发利用活动进行监测监管，加强预警提示和源头管控。

## 三、统一实施国土空间用途管制应把握的方向

新时期在"多规合一"背景下的全域全要素国土空间用途管制改革应着重把握以下方向。

（1）坚持以人为本，贯彻生态文明体制改革指导思想。全面贯彻党的二十大精神，以习近平新时代中国特色社会主义思想为指导，深入贯彻落实习近平总书记系列重要讲话精神，按照党中央、国务院决策部署，坚持节约资源和保护环境基本国策，坚持节约优先、保护优先、自然恢复为主的方针，立足我国社会主义初级阶段的基本国情和新的阶段性特征，以建设美丽中国为目标，以正确处理人与自然关系为核心，以解决生态环境领域突出问题为导向，保障国家生态安全，改善环境质量，提高资源利用效率。需要强调的是，"人"指的是人民，即坚持以人民为中心的发展思想，推动形成人与自然和谐发展的现代化建设新格局。

（2）坚持生态优先，强化山水林田湖草统筹治理。发展和保护是内在统一、相互促进的，生态优先是落实统一国土空间用途管制的要求与目的。为了给子孙后代留下天蓝、地绿、水净的美好家园，必须树立山水林田湖草是一个生命共同体的理念，强化自然要素统筹治理。立足生态系统的系统性和完整性，综合考虑各类要素的功能和保护需求，避免片面强调某一要素而忽视其他要素的保护，保障自然资源和生态系统安全、高效和可持续利用。海域国土空间的开发利用必须以陆地为依托，陆地开发建设活动也会影响海域国土空间的保护，

因此要兼顾陆地国土和海洋国土，统筹配置陆海资源要素，建立陆海国土空间用途管制一体化格局。除国家重大战略项目外，全面停止新增围填海项目的审批，以海岸线为基础，统筹编制海岸带开发保护规划。

（3）加强理论指导，推进区域有序发展和要素有效管控。习近平总书记在中央财经委员会第十次会议上强调："共同富裕是社会主义的本质要求，是中国式现代化的重要特征。"从空间治理的角度出发，实现共同富裕即是推动区域空间发展的动态均衡，实现区域有序发展。具体而言，立足区域自然资源要素禀赋，以主体功能区战略为顶层空间发展指导，对人文、自然系统内部及人与自然之间，同级各地域单元之间，局部和整体之间，长期和短期效益之间的关系进行充分协调，实现高品质国土空间愿景。特别是要尊重区域和城市发展规律，坚持一切从实际出发，客观认识发展阶段，遵循区域协同和城乡融合，因地制宜开展国土空间用途管制工作。结合国土空间的要素管控，把握好国土空间用途管制的"区域—要素"统筹，构建起"以空间规划为基础、以用途管制为主要手段的国土空间开发保护制度"。

（4）鼓励实践创新，增进中央与地方协同合作。自 2014 年以来，在生态文明体制改革的背景和国家治理体系与治理能力现代化的要求下，中央与地方政府在国土空间制度体系方面开展了广泛的探索与试验。目前，横向机构改革已经基本完成，纵向的央地事权划分改革仍在探索推进。一方面，应形成权责对等、分工明确的国土空间用途管制管理体系；另一方面，探索构建多级合作、灵活组织的央地协同合作模式，实现中央与地方双向共赢。为此，要坚持鼓励试点先行与整体协调推进相结合，在党中央、国务院的统一部署下，先易后难、分步推进，双向探索国土空间用途管制的具体手段和组织机制。支持各地区根据中央确立的国土空间用途管制基本方向，因地制宜、大胆探索、大胆试验。

（5）联动相关改革，完善自然资源监管体制。完善自然资源监管体制，必须联动国土空间用途管制制度、国土空间规划体系、资源总量管理和全面节约制度等改革要求，这在《生态文明体制改革总体方案》《中共中央关于制定国民经济和社会发展第十三个五年规划的建议》等文件中有清晰明确的表述。联动体现在以下三个方面。一是"开发保护联动"，不仅要考虑用途管制对空间的限定性和稳定性，也要兼顾经济发展建设和资源开发的必然性和可操作性，既不能过"松"，也不能过"紧"，要做到开发的"柔"和保护的"刚"相济。二是"管制对象联动"，既要将用途管制扩大到所有自然生态空间，划定并严守生态红线，严格划定具有重要生态功能的天然林、生态公益林、基本草原及河流、湖泊、重要湿地的等保护边界，又要确保粮食安全和主要农牧资源生产安全，严格划定永久基本农田、基本草原中的重要放牧场等的保护边界；同时还要划定城镇建设区、独立工矿区、农村居民点等的开发边界，开发边界内适度留白，以应对经济发展和建设活动的不确定性。三是"管控指标联动"，指标包括开发强度（建设用地总量），新增建设用地占用耕地规模、补充耕地规模（耕地占补平衡、进出平衡制度）、永久基本农田、基本草原、天然林等面积。

## 四、统一实施国土空间用途管制的定位与作用

十八届三中全会决定指出，全面深化改革的总目标是完善和发展中国特色社会主义制度，推进国家治理体系和治理能力现代化。在《中共中央关于全面深化改革若干重大问题的决定》《生态文明体制改革总体方案》《中共中央关于制定国民经济和社会发展第十三个五年规划的建议》等一系列政策文件中，都对国土空间用途管制提出了相关要求，以此推动新时代国家治理体系和治理能力现代化。党的十九大报告提出，"改革生态环境监管体制。加强对生态文明建设的总体设计和组织领导，设立国有自然资源资产管理和自然生态监管机构，完善生态环境管理制度，统一行使全民所有自然资源资产所有者职责，统一行使所有国土空间用途管制和生态保护修复职责，统一行使监管城乡各类污染排放和行政执法职责"。

因此，在落实国家相关政策文件提出的"推进生态文明建设"与"国家治理体系和治理能力现代化建设"要求下，我国统一的国土空间用途管制制度与国土空间规划体系相辅相成，坚持新发展理念，坚持以人民为中心，强调以"保护资源、保障发展"为根本目标，以资源总量管理和全面节约制度为重要依据，对自然资源监管过程中的载体开发进行管制，也就是对自然资源资产产权施加前置条件，进而影响自然资源资产产权和价值的实现。此外，国土空间用途管制还对国有建设用地上建设项目工程的实施进行管制许可，确保统一用途管制

的实现。为此，应该形成：①"一个理论"，即人与自然和谐共生理论，作为新时代生态文明建设的本质要求；②"一个基础"，即国土空间规划，并以此作为国土空间用途管制的依据；③"一套体系"，即全国统一、相互衔接、分级管理的国土空间规划体系；④"一套分类"，即统一的国土空间分类标准；⑤"一个平台"，即统一的国土空间规划与用途管制的管理信息平台。

统一实施国土空间用途管制的定位和作用，将体现在以下方面。

（1）实施国土空间开发保护制度的主要手段。《生态文明体制改革总体方案》明确提出"构建以空间规划为基础、以用途管制为主要手段的国土空间开发保护制度"。国土空间规划是蓝图和目标，用途管制是路径和手段。在推进国家治理体系和治理能力现代建设的进程中，国土空间规划形成的"一张蓝图"既要"治已病"，又要"治未病"，国土空间用途管制与其相辅相成，需要将规划的目的、目标转化为现实的具体行动，特别是在国土空间用途需要发生改变或有负外部性的国土空间行为发生，实施统一的国土空间用途管制，将促进"着力解决因无序开发、过度开发、分散开发导致的优质耕地和生态空间占用过多、生态破坏、环境污染等问题"。

（2）规范国土空间开发保护秩序的重要保障。《生态文明体制改革总体方案》提出"着力解决因无序开发、过度开发、分散开发导致的优质耕地和生态空间占用过多、生态破坏、环境污染等问题"，反映出国土空间管控体系不够健全、管制手段不够有力，统筹、监管不够完善等。生态文明要求将用途管制向全要素、多维度、多手段转变，不仅要对城乡建设进行严格管制，也要对农业生产、生态保护、整治修复等进行有效管制；既要管控用途，也要管控空间和强度，实现更高质量、更有效率、更加公平、更可持续的国土空间开发保护。

（3）推进国土空间治理体系和治理能力现代化的重要路径。国土空间治理本质上是"现状—规划—实施—现状"持续优化的过程，以最小的行政、经济成本达到最优效果。国土空间用途管制作为国土空间治理的三大环节之一，要适应高质量发展、高品质生活、高效能治理需要。完善管制规则，优化管制手段，强化监督管理，逐步健全用途管制制度，推动生态文明建设、美丽中国建设与国土空间治理体系和治理能力现代化，最终实现生产空间集约高效、生活空间宜居适度、生态空间山清水秀。

# 第二节　深化国土空间用途管制改革的若干设想

## 一、加快建立"四统一"基础上的国土空间用途管制体系

统一行使国土空间用途管制必须建立与国土空间规划相衔接、与全域、全类型用途管制职能相适应的体系框架。从问题导向、治理导向和目标导向出发，全面落实党中央"统一底图、统一标准、统一规划、统一平台"的"四统一"要求，加快建立涵括法规政策体系、行政审批体系、监督管理体系的国土空间用途管制体系。

（1）法规政策体系。作为实施用途管制的重要依据，将在《国土空间规划法》《国土空间开发保护法》中明确用途管制的法律地位，设置行政许可事项，再通过制定部门规章、规范性文件等明确管制规则、操作程序等；修订《土地管理法》《森林法》等相关法律法规，做好有关内容上的衔接。

（2）行政审批体系。作为依法行政、保障国土空间规划实施的重要手段，将按照先立后废的原则，深化用地审批和规划许可改革，重构审批事项；基于国土空间基础信息平台，建立国家、省、市、县四级政府相关部门之间横向的业务协同平台，推进数据共享、信息互换、并联审批、服务协同，促进建设项目全流程运行更加高效、便捷。

（3）监督管理体系。作为确保用途管制实施成效的重要支撑，将综合运用航测遥感、"互联网+"等技术手段，结合地理国土监测、年度变更调查等成果，重点对管制目标、用途转换、审批用地等进行动态监测监管，强化源头管控和监测预警。

## 二、开展密切衔接国土空间规划的用途管制办法研究

按照《中共中央　国务院关于建立国土空间规划体系并监督实施的若干意

见》提出的"对所有国土空间分区分类实施用途管制"要求，研究探索与国土空间规划相衔接的分级管理、指标约束、分区准入、分类转用等国土空间用途管制办法。

（1）注意把握"区域—要素"统筹，做好与"五级三类"国土空间规划要求的衔接，特别是宏观层次的用途管制要与国家、省级国土空间规划相对应，促进以主体功能区战略为基础的国土空间开发保护新格局的落实；中观层次的用途管制要做好与市级、县级国土空间规划的衔接，重点完善关键"要素"及重要控制线的空间政策和保障手段；微观层次的用途管制要与乡镇级总体规划和详细规划做好衔接，确保用地、用海管理的切实"落地"。"五级三类"规划和相应用途管制要做好纵向传导、逐级落实、横向协同、有机合作。

（2）进一步推进省、市、县有关的分区分类管制试点的探索，形成可操作、可复制、可推广的改革经验，为国土空间用途管制制度设计提供实践支撑。试点任务应聚焦探索建立分区分类用途管制规则、优化国土空间用途管制方法、完善国土空间用途管制监管体系三大方面。建立分区分类用途管制规则，重点探索"约束指标+分区准入"的操作路径，不同分区中用途转换规则，不合理用途退出机制等。优化国土空间用途管制方法，重点探索"多规合一"下用地规划审批事项的深度融合与流程再造，陆海统筹区域土地管理与海域管理的衔接，土地和林地年度计划的统筹管理，差异化城乡增减挂钩政策等。完善国土空间用途管制监管体系，重点探索统一用途管制的各项业务数据标准，生态空间内建设项目监测，重要生态要素面积和生态服务价值变化监测，以及耕地"非粮化"、农业设施建设用地、城乡建设用地增减挂钩复垦情况监测等。

（3）在地方试点总结的基础上，可以考虑以部门规章的形式择机出台《国土空间用途管制办法》，用于指导城乡建设、能源勘采、农业生产、生态保护、整治修复活动等，其内容应包括分区准入、用途转换、不合理用途纠错、用途管制审批、监督管理等。分区准入是针对不同的规划分区，提出管制目标，明确建设项目的准入条件，以及鼓励、限制、禁止的非建设性活动。用途转换是明确不同分区中用途转换的允许、限制、禁止条件，以生态空间为例，其用途转换应有利于生态安全，有利于增强生态系统质量和稳定性，限制生态地类之间转换，维持生态系统原真性；禁止将生态地类转为农业地类。不合理用途纠错是对不符合分区准入要求的已建项目、未建项目提出整改要求，包括调整用途、置换、退出等。用途管制审批是针对符合分区准入的建设项目、分区准入和用途转换中的限制性情形、符合用途转换要求的非建设性活动等设置的审批事项、程序等。监督管理包括管制目标监测、用途转换监测、审批用地监测等，通过监测预警，督促及时整改。

## 三、深化统筹发展与安全的土地利用计划管理改革

"安全和发展是一体之两翼、驱动之双轮"。统筹好发展和安全两件大事，要做到两手抓、两手都要硬，实现高质量发展和高水平安全的良性互动。坚持"保护资源生态安全、保障高质量发展"双轮驱动，加强土地利用时序和结构调控，依据国土空间规划，科学编制土地利用年度计划，切实发挥土地利用计划对国土空间规划年度实施节奏和结构的调控作用，促进国土空间布局和用地结构优化。统筹增量、存量、流量指标管理，按照"严控增量、盘活存量、调节流量"的原则，坚持依据规划生成项目、"土地要素跟着项目走"，以真实有效的项目落地作为配置计划指标的依据，既统筹安排新增和存量建设用地，又通盘研究确定流量指标规模。完善计划指标配置与用地效能挂钩机制，发挥新增计划指标的导向作用，倒逼盘活利用存量土地，提高土地利用效益。强化计划执行的监督管理，加强土地利用计划与国土空间规划实施、用地审批、土地供应、开发建设等工作的统筹联动，加强土地利用计划执行的监督管理，实现对计划使用的真实性、节奏安排的合理性等监测监管。建立健全计划执行情况评估、考核和奖惩机制，切实发挥土地利用计划调节作用，不断提升国土空间治理能力和管制效能。

## 四、深化让人民满意的用地与工程规划审批制度改革

用地审批"放管服"改革是自然资源领域深化改革的重要内容，对支撑"六稳""六保"具有举足轻重的作用，也是"以人民为中心""让人民满意"思想的重要体现。用地审批深化"放管服"改革的总体思路是推动全链条优化审批、

全过程公正监管、全周期提升服务，力行简政之道，降低制度性交易成本；坚持放管结合、并重，创新监管方式方法，促进公平公正；持续优化服务，激发市场主体活力，最大程度地利企便民。按照"放管服"改革和"多规合一"的要求，在"三个合并、一个简化"的基础上，按照"重复的精简、同类的合并、不足的改进"原则，深入推进用地审批与规划许可改革。

（1）持续推进"多审合一、多证合一"，推动用地、规划相关审批事项深度融合。机构改革以后，为推动用地、规划深度融合创造一定的条件。针对市场主体集中反映的审批环节多、审批周期长问题，短期来看，在现行法律框架下，通过减环节、减材料、减时限，促进各个环节的相互衔接和流程优化，是能够整合解决的，按照"一个阶段同类事项整合"的原则，逐步合并审批事项；精简报件材料，降低相关审批事项前期工作成本；进一步压缩审批时间，支持各类建设项目依法依规顺利地开工建设。长期来看，需要对法律法规相关条款进行修改，或体现在新的法律法规中。比如，从用地审批（主要包括用地预审、农用地转用和土地征收、供地三个环节）和规划管理（"一书三证"）来看，两类事项主要是基于两部法律（《中华人民共和国土地管理法》和《中华人民共和国城乡规划法》），原来分别由两个部门管理（原国土资源部与住房和城乡建设部）。未来的改革思路是坚持问题导向，着力解决相关审批事项不衔接、效率低、重平面管理轻空间立体管理等问题；坚持目标导向，以国土空间规划为基础，强化顶层设计，优化全链条流程，减少不必要环节，统一标准和平台，提高办事效率，提升管理水平。

（2）完善监管的制度措施，提高监管的针对性和有效性。监管主要针对两个方面，一是审批行为的合法性和合理性；二是批后用地行为与审批结果的一致性。关于第一个方面，已建立用地审批"双随机、一公开"监管制度，经过两年的实践已日益成熟。当前的主要问题是，监管手段还比较单一，除"双随机、一公开"外，还需要探索其他监管手段，如开展第三方评估等。关于第二个方面，目前已采取的技术手段包括批后实施情况系统备案、遥感监测等。当前的主要问题是，各种技术手段之间需要融合共用，新的技术手段需要进一步探索。总的来看，监管需要进一步完善"制度+技术"的制度措施，以有力的监管倒逼用地审批管理水平提高，促进用地主体依法、依规、依审批结果使用土地。

（3）增强服务意识，提升服务效能。将行政相对人是否满意作为衡量治理效能的重要标准，多措并举、优质服务，让企业和群众办事更方便、更快捷、更有效率。第一，进一步推进报件标准化，提升组卷效率，为地方"照方抓药"、高效组卷提供指引，既方便行政相对人，也进一步减少自由裁量权；第二，加强信息化建设，用好现代信息技术，提供便捷服务，"让信息多跑路、群众少跑腿"；第三，加强与相关部门和单位的沟通联动，及时协调解决建设项目用地存在的问题；第四，加大用地政策宣介力度，回应企业和群众诉求，帮助行政相对人及时了解、掌握相关政策和办事流程，优化政策落地机制。

# 第三节 展望新时代国土空间用途管制的趋向

## 一、出台《国土空间开发保护法》《国土空间规划法》

依法行事、立法先行是世界各国构建完善的空间用途管制制度的共同做法。同时，综合法和个别法相互配合也是诸多国家用途管制法律法规体系搭建的基本思路，前者围绕空间规划体系法律法规构建，后者则基于国情和管制特点加强重点区域重点要素的管控构建。对应到我国，未来应以《国土空间开发保护法》《国土空间规划法》作为上位综合性律法，统领《中华人民共和国城乡规划法》《中华人民共和国土地管理法》《中华人民共和国环境保护法》《中华人民共和国草原法》《中华人民共和国水法》《中华人民共和国矿产资源法》之中有关空间规划、用途管制等方面的法律规则。

### （一）出台《国土空间开发保护法》

《国土空间开发保护法》是为推进生态文明建设，建立统筹协调的国土空间保护、开发、利用、修复、治理等规则体系而设立的综合法。从国土空间规划与国土空间开发保护的逻辑关联出发，《国土空间开发保护法》约束范围更为广泛，规则制定更为抽象。

在立法模式上，同样鉴于现阶段我国空间规划立法体系发展实情，选择基本法模式进行编制。在律法编制逻辑和实体内容的确定上，应是在《中华人民共和国土地管理法》下进行内涵扩充和系统升级。《中华人民共和国土地管理法》的管制对象仅是土地这一要素，而《国土空间开发保护法》则是针对国土空间这一全域全要素的空间范畴进行管控，即统筹陆海空间的管控。因此，在立法内容上，原则性、系统性、协调性管控陆海空间的开发、保护、利用、修复、治理等事宜，包括生态文明体制下的国土空间开发保护框架、建设空间与非建设空间（建设行为与非建设行为）的逻辑关系、央地相关事权划分、国土空间各类行为的既定流程等。

### （二）出台《国土空间规划法》

就我国目前空间规划领域的立法体系成熟度而言，以基本法的形式出台《国土空间规划法》是较为符合现实情况和需求的，立法难度也相对较小。基本法模式是指在某个领域的立法体系中处于基本地位，将以抽象的原则性表达方式为其他相关联的立法提供总纲或总则式指引的法体模式（田亦尧、王爱毅，2021）。从《国土空间规划法》制定的实体内容来看，其作为国土空间规划体系、国土空间用途管制制度构建的基本法，将以抽象的原则性表达方式为其他相关联的立法提供总纲或总则式指引的法体模式。从该法体模式形成的方法上看，常见的学术表达为"提取公因式法"（蔡玉梅、高延利等，2017），或"抽象法""综合法"，三种方法基本一致，即通过抽象或综合提炼的方法实现具体单行法向抽象基本法的进化和过渡。具体操作而言，即在分散的部门法、要素法的基础上，寻求更高级的规则共识，整合共识或共通的一般条款或一般原则，制定《国土空间规划法》，对国土空间用途管制的根本目标和基本任务作出明确的规则回应，包括生态文明体制建设的空间治理路径、国土空间规划制定的强制性内容、建设空间与非建设空间（建设行为与非建设行为）的逻辑关系、用地用海转用使用等审批工作的程序要求、耕地保护的基本制度、自然生态空间生态补偿制度基本原则等。

就远期而言，待经过充足的国土空间治理理论积累和实践积累，《国土空间规划法》将从基本法模式上升为法典化模式，即根据一定的逻辑体系和框架结构，将既有的法律规则进行全面审查、调整、修改和汇总，形成一套新的、连贯的、体系化的法律秩序。换言之，以"国土空间规划法典"的形式囊括所有的国土空间规划法律，明晰各部门的权责与事权，同时做好各项法律之间的协调工作。

## 二、明晰各级政府在国土空间用途管制中的角色分工

### （一）新时代国土空间用途管制的分层级政府定位设想

在国家治理体系和治理能力现代化的进程中，从"泛化治理"[①]，向"分化治理"[②]，转变是必然趋势（宣晓伟，2018）。我国未来在国土空间用途管制制度体系中将形成更清晰的制度化分权模式，具体而言，在常规体系下，以国土空间规划体系为行政事务分权基础，中央政府、省级政府及地方政府的相应用途管制角色的定位和主要事权分工如下。

**1. 中央政府：战略指引、底线管控、局部聚焦**

战略指引是指国家层面的国土空间规划，应以确保国家重大决策部署与重要战略在国土空间层面的落实为核心任务，指引全国国土空间的结构性布局与纲领性目标的实现。底线管控是指中央政府在国土空间用途管制中，需承担维护国土空间生态安全、粮食安全、文化安全、战略资源安全等责任，以底线综合管控的形式，对山水林田湖草等要素划定统筹性的刚性管控线，进行垂直管控，使核心资源要素在高层级空间规划中被有效统筹，变"九龙治水"为"五指成拳"。局部聚焦是指在整体放权的趋势下，中央政府将更聚焦于重点领域（如生态环境保护修复、重大基础设施建设）与重要区域（如国家公园、长江经济带、黄河流域、渤海湾等）的治理事权。

---

① 指功能泛化社会的治理模式，不同领域治理主体的权力范围界限不明，未形成自主的运行机制和规则。

② 指功能分化社会的治理模式，不同领域治理主体的权力范围界限明确，遵循不同的规则，不能将一个领域的规则任意拓展到其他领域。

### 2. 省级政府：格局管控、府际协调、绩效管理

格局管控主要体现为省级规划作为央地之间协调与上下传导层级，其既需要将国家级规划的总纲与政策在空间上进一步明确落实，又要考虑对市县规划编制的指导与约束作用，因而省级政府需要突出其对国土空间利用的基本空间结构与格局的调控。府际协调指省级政府作为土地一级发展权向下分配的关键层级，在空间治理中需以处理上、下、左、右间的府际关系为重点，以区域间发展权利的平衡与协调为目标，促进各区域均衡发展及广域空间的统筹协作。绩效管理指省级政府作为委托代理模型中的中间层级管理者，是行使激励分配权以组织地方落实国土空间利用管制任务的关键，省级政府具有更接近地方的信息优势，通常可将质量效益考核与发展权利分配两项职能相结合，通过激励性措施，充分调动地方治理主体在落实底线的基础上发展绩效的积极性。

### 3. 地方政府：要素配置、增质提效、权益协调

要素配置指地方政府作为国土空间规划与用途管制制度的责任主体，其规划与管制侧重实施性，需要在落实上级政策和规划的基础上，对本区域内的要素进行有机组织与合理配置。增质提效指地方政府作为直接面向社会治理与人民群众的具体主体，需以全面提升人民生活品质与城市综合竞争力为目标，不断发挥地方政府在治理中的灵活性与创新性，追求空间治理中的效率效果。权益协调指地方政府作为地方国土空间规划与用途管制的实施主体，需以协调社会权益个体的利益关系为重点，通过有效公众参与完成的具体规划，明晰微观要素的利用管控设想，实现个体权益的有效保护、资源要素的合理利用。

同时，借鉴国外发达国家分区管制经验，在突破传统条块治理结构、通过尺度重构与地域重组构建特定区域治理模式的情况下，区域层级的治理组织在国土空间开发保护中扮演的角色主要定位为外部性的内部化，包括：通过对自然要素的系统性、耦合性治理消解部门外部性，通过区域一体化格局的引导、协调府际关系消解区域发展中的外部性，通过损益协调机制的构建消解区域保护修复中的外部性。

### （二）建设型与非建设型要素用途管制的央地事权划分和管控重点

"要素"型国土空间分类反映了从客体存在的角度认识国土空间的思维，

按照管制方式可分为管制类要素和用途类要素；按照开发保护性质可分为建设型要素和非建设型要素。立足中央政府、省级政府和地方政府的分析框架，对各类要素用途管制的央地事权划分进行具体分析（林坚、赵晔，2022）。

### 1. 针对管制类要素的央地事权划分与管控重点

"三线"体现了多要素统筹的底线式管控思维，上级政府尤为关注城镇开发边界的底线管控、重要农业空间控制线的重点区位布局管控、生态保护红线的核心要素坐标管控。

表7-1  管制类要素管控的央地事权分工

| 对象 | 中央政府 | 省级政府 | 地方政府 |
|---|---|---|---|
| 城镇开发边界 | 区分城乡管理规则差异的分界线，城镇开发边界内征地有保障（可进行成片开发的土地征收）、规划管理有保障（可编制控制性详细规划），宜采取刚性弹性相结合的管控思路 | | |
| | 中央政府负责国务院审批城市的中心城区开发边界的核定、调整审批 | 省级政府负责国务院审批城市的中心城区以外其他城镇开发边界的核定、调整审批 | 地方政府层层打开、逐级划定城镇开发边界，并负责对城镇开发边界内部的国土空间利用行为进行管理 |
| 永久基本农田红线 | 属于国家安全底线，由中央政府、获得授权的省级政府以"边界调整＋准入事项审批"的方式进行严格管控 | | |
| | 中央政府负责永久基本农田的核定、调整审批 | 中央政府可授权省级政府负责永久基本农田的核定、调整审批 | 地方政府最终划定永久基本农田、预留弹性整备区并负责日常管理 |
| 生态保护红线 | 属于国家安全底线，由中央政府、省级政府以"边界调整＋准入事项审批"的方式进行严格管控 | | |
| | 中央政府负责占用生态保护红线的国家重大项目的审批 | 省级政府负责生态保护红线内允许的有限人为活动的监管 | 地方政府最终划定生态保护红线并负责日常管理 |
| "三线"监管工作由中央政府和省级政府承担，依托国土空间规划"一张图"开展 | | | |

### 2. 针对建设型用途类要素的央地事权划分与管控重点

建设型用途类要素空间治理体系的构建，应充分整合以往土地利用规划层级体系完善、刚性管控抓手明确、上下传导机制良好的优势，以及城乡规划本着提升城乡居民生活质量和城市综合发展水平，对各类建设要素进行有机组织、布局精细管控的优势原则，加强有关要素的总量规模、用地结构、质量效益、空间布局等管控，制定清晰的事权划分方案。究其原因，建设型用途类要素空间的价值往往与具体建设项目挂钩，对应的用地用海需求是各类经济社会活动产生的引致需求，空间价值也因此产生。因此，对建设型用途类要素空间治理的事权宜下沉地方，中央政府宜以对各省的有关规模管控为主，省级政府以质量管控为指标分配和激励的依据，空间布局则放权地方"打包"治理，涉及国家、省的重大基础设施、公共设施等需要统筹的，则由中央、省级政府安排，地方做相应落实。

表 7-2　建设型用途类要素管控的央地事权分工

| 对象 | 中央政府 | 省级政府 | 地方政府 |
|---|---|---|---|
| 城镇开发边界内和村庄建设边界内的建设用地 | 制定全国国土空间开发保护的政策和总纲，分解省级和国务院审批城市的国土开发强度、城乡建设用地规模等核心指标；负责审批指定城市的国土空间总体规划，监管其中心城区的城镇开发边界内空间安排是否符合有关建设用地规模等的要求，负责相应城市批次用地的农转用审批 | 分解除国务院审批城市以外其他各地市的开发强度、城乡建设用地规模等核心指标，确定省域城镇体系，进行跨界重大设施协调、保护空间协调，统筹、管控区域协调重点地区的空间结构；负责审批国务院审批城市以外的其他地级市和部分重点县级单位的国土空间总体规划，监管其中心城区的城镇开发边界内空间安排是否符合下达的有关建设用地规模等的要求，负责除中央政府职责以外的市、县批次用地的农转用审批 | 市、县政府分解下达的开发强度、城乡建设用地规模等核心指标；市、县、乡镇政府确定全域规划分区和用途管制规则、重大设施建设与保护空间管控要求，确定本级中心城区或镇区开敞空间、历史文化保护、开发强度分区、容积率、密度、空间形态、功能布局、用地结构的控制要求；乡镇政府组织编制村庄规划；由省级政府授权市级政府负责相应的县级、乡镇国土空间总体规划的审批，县级政府负责村庄规划的审批 |
| 单独选址项目的建设用地 | 国务院批准的建设项目、国务院有关部门和国家计划单列企业批准，以及省、自治区、直辖市人民政府批准的道路、管线工程和大型基础设施建设项目用地的审批监管 | 对报国务院审批的单独选址建设项目用地进行专项审查，对其他地方报送的独立选址项目进行审批监管 | 对报国务院和省级审批的单独选址建设项目用地进行专项审查并逐级上报审批 |

### 3. 针对非建设型用途类要素的央地事权划分与管控重点

对非建设型用途类要素空间的治理，按管控对象的重要性程度，进行更清晰的并联式分权。其中，针对以农业生产为主导功能的要素管理，以及粮食安全类事权需上收，乡村发展类事权可下行；针对以生态保障为主导功能的要素管理，整体事权宜上收。

表 7–3　非建设型用途类要素管控的央地事权划分

| 对象 | 中央政府 | 省级政府 | 地方政府 |
|---|---|---|---|
| 耕地 | 确定各省耕地保有量等约束性指标，开发整理复垦补充耕地规模等预期性指标，确定国家级土地利用重大专项安排；负责省级批准的大型基础设施建设项目、国务院批准的建设项目占用土地的农转用审批；负责永久基本农田、永久基本农田以外耕地超过 35 公顷、其他土地超过 70 公顷的土地征收审批 | 分解落实本行政区域耕地保护利用的目标、指标、任务和政策措施，确定省级土地利用重大专项安排；负责中央政府职责以外的农转用审批和土地征收审批 | 确定耕地保护利用规模、结构与布局的安排，明确规划分区及用途管制规则，确定重点工程安排、土地整理复垦开发重点区域 |
| 林地[a] | 确定各省林地保护利用的约束性指标，确定国家级公益林等重点项目；负责建设工程占用或征收一定规模以上林地及重点林区林地的审批，建设工程临时占用一定规模以上林地的审批 | 分解落实本行政区域林地保护利用的目标、指标、任务和政策措施，确定省级公益林等重点项目；负责建设工程占用或征用一定规模以下林地的审批，建设工程临时占用一定规模以下特定林地及一定规模区间其他林地的审批 | 确定林地保护利用规模、结构与布局的安排，明确规划分区及用途管制规则，确定重点工程安排、林地修复重点区域；市、县级政府分别负责建设工程临时占用除特定林地外其他林地的审批 |
| 草地[b] | 确定各省草地保护利用的约束性指标，确定国家级重点修复工程；负责一定规模以上矿藏开采和工程建设征收使用草原的审批 | 分解落实本行政区域草地保护利用的目标、指标、任务和政策措施，确定省级重点修复工程；负责一定规模以下矿藏开采和工程建设征收使用草原的审批，一定规模以上草原保护和畜牧业生产服务工程设施使用草原的审批 | 确定草地保护利用规模、结构与布局的安排，明确规划分区及用途管制规则，确定重点工程安排、草地修复重点区域；分级负责一定规模以下草原保护和畜牧业生产服务工程设施使用草原的审批、临时占用草原的审批 |
| 湿地 | 确定各省湿地保护利用的约束性指标；制定国家重要湿地认定标准与管理办法，发布国家重要湿地名录，确定国家级重点修复工程；负责定期组织开展全国湿地资源调查、监测和评估；负责国际重要湿地的审核、指导和监督 | 分解落实本行政区域湿地保护利用的目标、指标、任务和政策措施，制定地方重要湿地与一般湿地的认定标准与管理办法，发布地方重要湿地和一般湿地名录；负责地方重要湿地和一般湿地的征收、占用和临时占用审批 | 确定湿地保护利用规模、结构与布局的安排，明确规划分区及用途管制规则，确定重点工程安排、湿地保护修复重点区域 |

续表

| 对象 | 中央政府 | 省级政府 | 地方政府 |
|---|---|---|---|
| 海洋 c | 提出海洋功能区分区设想，确定渤海、黄海、东海、南海及台湾以东海域的主要功能和开发保护方向，确定各省海洋保护利用的约束性指标；负责一定规模以上填海、围海以及不改变海域自然属性的项目用海、国家重大建设项目、国务院规定的其他项目用海的审批 | 分解落实本行政区域海洋保护利用的目标、指标、任务和政策措施；负责制定中央政府职责以外的其他项目用海的审批事权划分方案 | 确定海洋保护利用规模、结构与布局的安排，明确规划分区及用途管制规则，确定重点工程安排、海洋保护修复重点区域 |

注：a. 按现行《中华人民共和国森林法实施条例》《占用征用林地审核审批管理办法》规定：（1）对于建设工程占用或征用林地的，占用或征收、征用防护林林地或特种用途林林地面积 10 公顷以上的，用材林、经济林、薪炭林林地及其采伐迹地面积 35 公顷以上的，其他林地面积 70 公顷以上的，由国务院林业主管部门审核；占用或征收、征用林地面积低于上述规定数量的，由省、自治区、直辖市人民政府林业主管部门审核；占用或征收、征用重点林区的林地的，由国务院林业主管部门审核。（2）对于建设工程需要临时占用林地的，临时占用防护林或特种用途林林地面积 5 公顷以上，其他林地面积 20 公顷以上的，由国务院林业主管部门审批；临时占用防护林或特种用途林林地面积 5 公顷以下，其他林地面积 10 公顷以上、20 公顷以下的，由省、自治区、直辖市人民政府林业主管部门审批，临时占用除防护林和特种用途林以外的其他林地面积 2 公顷以上、10 公顷以下的，由设区的市和自治州人民政府林业主管部门审批，临时占用除防护林和特种用途林以外的其他林地面积 2 公顷以下的，由县级人民政府林业主管部门审批。

b. 按现行《草原征占用审核审批管理规范》规定：（1）因矿藏开采和工程建设，征收、征用或使用草原超过 70 公顷的，由国家林业和草原局审核；征收、征用或使用草原 70 公顷及其以下的，由省级林业和草原主管部门审核。（2）在草原上修建直接为草原保护和畜牧业生产服务的工程设施，使用草原超过 70 公顷的，由省级林业和草原主管部门审批；使用草原 70 公顷及其以下的，由县级以上地方林业和草原主管部门依据所在省、自治区、直辖市确定的审批权限审批。（3）因工程建设、勘查、旅游等临时占用草原的，由县级以上地方林业和草原主管部门依据所在省、自治区、直辖市确定的权限分级审批。

c. 按现行《中华人民共和国海域使用管理法》规定：填海 50 公顷以上的项目用海、围海，100 公顷以上的项目用海、不改变海域自然属性的用海，700 公顷以上的项目用海，国家重大建设项目用海，国务院规定的其他项目用海应当报国务院审批；前述规定以外的项目用海的审批权限，由国务院授权省、自治区、直辖市人民政府规定。

## 三、落实主体功能区制度和自然生态空间用途管制制度

### （一）推进主体功能区战略和制度的完善与落实

主体功能区制度是实施国土空间开发保护的基础性制度，是实施国土空间用途管制、确定空间准入规则的前提，即在符合主体功能区差异化管控导向的前提下，进行全域全要素国土空间用途管制，核心是针对"区域"型国土空间确定主体功能定位，实施分区管制，配以政策工具束，以期达到一个理想的空间开发结构和空间治理模式，优化空间秩序。主体功能区具有很强的目标导向和政策导向，但从实施角度来看，目前缺乏有效实施手段，与以往其他规划缺乏衔接，难以指导针对"要素"型国土空间的规划编制和实施。为适应新时代生态文明建设和国家空间治理的要求，需要依托国土空间规划"五级三类"框架，从"区域—要素"统筹的角度出发，将主体功能区战略的功能定位与"要素"型国土空间规划的指标分解、空间管控等管制手段相结合，从而推进统一的国土空间用途管制与自然资源要素管理，最终形成有效的传导机制（林坚等，2021）。具体而言：

**1. 基于比较优势分工，确定区域主体功能定位**

按照各地资源环境禀赋和比较优势，确定区域主体功能定位（包括城市化地区、农产品主产区、重点生态功能区），并按照功能导向加强对边境、历史文化、能源资源等重要战略区域的管控。主体功能定位是国土空间治理纵向传导的关键内容之一，目的是推动主体功能区战略逐级传导的落地，为形成"区域（行政区或空间单元）—区域功能—空间结构—要素管控"的关联奠定基础。

**2. 结合主体功能定位，开展关键要素分解下达**

国土空间治理的重要目标是构建多层级主体责任清晰、全域全要素国土空间管控的统筹治理体系。在主体功能定位的基础上，自上而下、结合下位区域的国土空间利用条件和现实状况，进行建设用地、耕地保护、生态保护等关键性指标的分解和下达，并结合"三线"划定，以便进一步推进下位区域的全域生态空间、农业空间、城镇空间及"山水林田湖草城村海"的布局安排。

### 3. 遵循激励相容原则，建立差异化考核评价机制

针对不同类型主体功能区，建立差异化绩效考核体系。城市化地区，侧重考核经济发展水平、资源节约集约水平、创新驱动能力、基本公共服务供给等情况；农产品主产区弱化经济发展类指标考核，侧重考核耕地和永久基本农田保护、优质农产品供给、农业综合生产能力提升、基本公共服务供给和生态产品价值实现等情况；重点生态功能区取消经济发展类指标考核，侧重考核生态保护成效、环境质量提升、基本公共服务供给、生态产品价值实现等情况。此外，与考核评价制度相匹配，建立有关责任追究与损害补偿制度、主体功能区监测评估和动态调整制度，探索适应主体功能区要求与直接面向生态文明、农业农村、城市工作的管理体制创新途径。

### 4. 重视影响范围匹配，建立分层次利益还原机制

保障分级"区域"治理有效实施的关键在于有效捕获不同区域上方"漂浮"着的增值收益，以及实现其在各主体之间的合理分配。在主体功能区纵向传导和分级治理框架中，应明确国土空间规划与用途管制政策的影响范围，对外部性能有效内部化的基层治理单元，需综合利用转移支付、生态补偿、资源产品与服务有偿使用、土地发展权定向转移等工具，设计分层次的利益还原机制，形成"规划制定—用途管制—价值生成—利益还原"闭环式空间治理模式，以实现区域间损益平衡与外部性内部化。

## （二）自然生态空间用途管制制度的完善构想

### 1. 完善自然生态空间调查评价机制

明确自然资源资产权属，实行统一分级管理。探索建立加强"一张图"信息化和立体化动态监测管理。探索建立自然生态空间空缺评价、准入评估的科学机制。加强自然生态空间用途管制制度与国土空间规划的衔接，分类解决历史遗留问题。探索自然生态空间的社区共管机制，减少自然生态空间保护与农业开发、资源产品开采利用等活动之间的矛盾。

### 2. 推进农业生产与生态保护类自然资源的区分和差异化治理

自建与非建的二分拓展到如今的三类空间划分之后，带来了一系列相应制度的改革问题。但是，针对传统非建设空间，将自然生态空间与农业空间区分，

这是生态文明建设背景下调整国土空间结构的重要方向。因此，应结合全域全要素用途管制的制度建设，进一步明晰农业生产与生态保护两种导向的自然资源区分，建立差异化的管制措施。

**3. 探索以郊野单元规划推进全域用途管制的机制**

郊野单元规划脱胎于土地整治规划，但其定位和效力与时俱进，进行了多个阶段的扩展，创新之处主要包括两方面：一是高度城市化地区国土整治的空间组织方式的创新，率先在乡村地区建立起全域覆盖的网格化单元管理模式；二是在镇域层面统一国土空间用途管制的空间组织方式的创新，以"底线管控""规划许可"和"分区管控""单元图则"等强化全域空间用途管制。未来自然生态空间用途管制应充分考虑与郊野单元规划的衔接，具体而言，应该继续加强以下工作。

（1）动态统筹土地整治的各方力量。加强生态补偿制度研究，探索退耕还林还水奖励挂钩、生态修复面积奖励挂钩、生态保护占地补偿等，形成生态用地与农用地、建设用地之间的增减勾挂钩制，推动国土整治的有效落实，释放土地整治各项工作统筹推进的红利。

（2）推进乡村地区用途管制落实。严格遵循上位规划对"三线"的划定结果，紧密衔接区（县）、镇（乡）层面的分区，以一个或多个行政村组建的单元为基础，建立"名录+边界+指标"的技术管理工具框架，拟定"管控要求+职责清单+实施主体"的行政事权清单及各级法律法规、规章制度清单，强化三种用途管制工具的管控力度。

（3）加强上位规划的传导和协调。加强上位规划及各类专项规划对郊野单元规划的传导，在单元层面协调整合各专项规划，尤其是加强近期项目落实的研究和协调（林坚、陈雪梅，2020）。

## 四、推进在国土空间规划"一张图"基础上的简政联审

"一张图"是指以自然资源调查监管数据为基础，采用国家统一的测绘基准和测绘系统，整合各类空间关联数据，建立全国统一的国土空间基础信息平台，并结合各级各类国土空间规划编制，实现主体功能区战略和各类空间管控

要素精准落地，逐步形成全国国土空间规划"一张图"，并将监管信息系统覆盖国土空间规划全生命周期，在此基础上，实现国土空间用途管制监管。

国土空间规划"一张图"建立后，将成为全国统一的国土空间基础信息平台，落位各级各类国土空间规划，精准落地主体功能区战略和各类空间管控要素，并服务于国土空间规划全生命周期的动态监管。立足这一庞大的空间基础信息系统，今后的国土空间规划许可审批工作一方面将有可能真正贯通全链条，打通各部门，消除行政管理信息的不对称性，另一方面也会面临更大的管理挑战。具体而言，在新的国土空间规划体系下，面对更加丰富的规划数据类型、更加宽口径的规划管控职能、更加复杂的规划实施机制、更加高效的规划实施监督需求，如何在既有各类空间规划管理路径基础上，建立与之相适应的空间准入管理工作机制，降低行政审批冗余，缩短程序链条，成为亟待优化的问题。对此，为避免增加过多的改革工作和难度，基本解决思路为"延续既有路径，一次规划许可、多次联合审批，依托'一张图'并联进行"。具体而言，应当：

（一）加快完善国土空间规划"一张图"，消除行政管理信息壁垒

国土空间规划"一张图"不是简单的空间信息综合平台，而是面向国土空间规划多元智慧应用场景要求的动态数据平台。其依托坚实的基础信息平台和迅捷的智慧系统，承载规划编制过程中的综合数据整合与传递、规划数据流转与动态维护、规划成果整合校准与发布、规划实施过程中的信息更新与动态监管等功能，从而增加国土空间规划、国土空间用途管制等相关工作的规范性，数据资源需求的统一调度与监管性，保障国土空间治理的科学性和有效性。

上述"一张图"建设目标实现的重要前提之一是充分共享行政相关部门的管理数据，实现消除信息"孤岛"，这也是我国行政主体作为"一张图"主要负责人的必然要求。例如，北京市国土空间规划"一张图"由国土空间基础信息平台和规划"一张图"实施监督信息系统构成。其中，国土空间基础信息平台（空间大数据）具体由规划"一张图"、审批"一张图"和现状"一张图"组合而成，三个"一张图"信息联动，数据互通，前后衔接，支撑规划的制定、审批、实施、监督等国土空间规划的全流程。

（二）依托国土空间规划"一张图"，采用并联式联合审批制度

国土空间规划"一张图"为多层级、多部门连续联合审批提供了坚实的技术支撑，在此之上，增加审批许可系统模块，集用地用海转用报批、土地征收、留用地兑付、供地及规划条件核定、用地审批、工程审批、竣工验收、土地核验等全业务流程的政务于一体，建立一体化平台。就具体操作而言，地方以市为基本单元率先搭建一体化平台，待技术成熟与实践经验积累后，可建立全国统一的行政许可审批管理模块。其中，第一步正在各地方如火如荼地进行，并卓有成效。

空间开发行为的复杂性、长期性（一个项目从可行性报告形成到动工建成往往需要一年及以上的时间），导致项目建设过程中往往充满不确定性，为行政管理工作的有效性增加了很大的难度，因此分项目建设时间节点依据具体需求设置并联式联合审批成为可行的解决办法。同时，并联式联合审批的过程也是多部门参与协商的过程，从而加强了国土空间用途管制制度本身的横向协同性。

# 参 考 文 献

Majone, G. 1990. *Deregulation or Re-regulation?: Regulatory Reform in Europe and the United States*. New York: St. Martin's Press.

Stigler, G. J. 1981. Comment on Joskow and Noll. In: Fromm, G. ed. *Studies in Public Regulation*. Cambridge, MA: MIT Press.

北京大学城市与环境学院课题组："完善自然资源监管体制的若干问题探讨"，《中国机构改革与管理》，2016 年第 5 期。

蔡玉梅、高延利、张丽佳："荷兰空间规划体系的演变及启示"，《中国土地》，2017 年第 8 期。

蔡玉梅、廖蓉、刘杨等："美国空间规划体系的构建及启示"，《国土资源情报》，2017 年第 4 期。

曹堂哲："试论现代政府管制能力——概念缘起、内涵与中国的对策"，《国家行政学院学报》，2003 年第 3 期。

陈金木、汪贻飞、王晓娟："论我国水资源用途管制制度体系构建"，《中国水利》，2017 年第 1 期。

陈婉玲："我国土地资源立法的重大发展——1998 年《土地管理法》评析"，《华侨大学学报》（哲学社会科学版），1999 年第 1 期。

成金华、尤喆："'山水林田湖草是生命共同体'原则的科学内涵与实践路径"，《中国人口•资源与环境》，2019 年第 2 期。

戴林琳、吕晋美、冉娜•哈孜汉："新加坡国土空间用途管制及其启示"，《中国国土资源经济》，2021 年第 3 期。

董磊、吴富勤、马山俊等："云南省湿地资源保护进展及建议"，《安徽农业科学》，2021 年第 11 期。

董子卉、翟国方："日本国土空间用途管制经验与启示"，《中国土地科学》，2020 年第 5 期。

董祚继："探索一条符合中国实际的乡村振兴之路——浙江省农村全域土地综合整治的实践与前瞻"，《今日国土》，2020 年第 12 期。

樊杰："我国主体功能区划的科学基础"，《地理学报》，2007a 年第 4 期。

樊杰："解析我国区域协调发展的制约因素：探究全国主体功能区规划的重要作用"，《中国科学院院刊》, 2007b 年第 3 期。

樊杰:"地域功能-结构的空间组织途径——对国土空间规划实施主体功能区战略的讨论", 《地理研究》, 2019 年第 10 期。

方行明、魏静、郭丽丽:"可持续发展理论的反思与重构",《经济学家》, 2017 年第 3 期。

冯健、苏黎馨:"基于政治经济学视角的'规土融合'发展研究",《现代城市研究》, 2015 年第 5 期。

何琪潇、谭少华:"生命周期视角下健康城市的主动式规划干预路径",《西部人居环境学刊》, 2020 年第 5 期。

何玮:"银川市国土空间用途管制:现状、问题与对策"(硕士论文), 宁夏大学, 2021 年。

胡若函、邢海峰、赵星烁:"日韩空间规划发展经验评析",《城乡建设》, 2018 年第 10 期。

胡序威:"国土规划与区域规划",《经济地理》, 1982 年第 1 期。

胡序威:"中国区域规划的演变与展望",《城市规划》, 2006 年第 30 期。

黄宝荣、王毅、苏利阳等:"我国国家公园体制试点的进展、问题与对策建议",《中国科学院院刊》, 2018 年第 1 期。

黄鹭新、谢鹏飞、荆锋等:"中国城市规划三十年(1978—2008)纵览",《国际城市规划》, 2009 年第 1 期。

黄征学、蒋仁开、吴九兴:"国土空间用途管制的演进历程、发展趋势与政策创新",《中国土地科学》, 2019 年第 6 期。

黄征学、王丽:"国土空间治理体系和治理能力现代化的内涵及重点",《中国土地》, 2020 年第 8 期。

黄征学、张燕:"完善空间治理体系",《中国软科学》, 2018 年第 10 期。

黄贤金:"构建我国土地资产管理体制的基本思路",《经济问题》, 1992 年第 4 期。

姜海、李成瑞、王博等:"土地利用计划管理绩效分析与制度改进",《南京农业大学学报》 (社会科学版), 2014 年第 2 期。

姜舜:"以全生命周期管理理念做好新城规划建设管理的思考",《江苏建筑》, 2020 年增刊。

孔祥雨、范连双:"国内土地用途管制制度研究",《中国房地产》, 2015 年第 27 期。

林坚等:《新时代国土空间规划与用途管制:"区域-要素"统筹》, 中国大地出版社, 2021 年。

林坚、李东、杨凌等:"'区域—要素'统筹视角下'多规合一'实践的思考与展望",《规划师》, 2019 年第 13 期。

林坚、刘诗毅:"论建设用地集约利用——基于两阶段利用论的解释",《城市发展研究》, 2012 年第 1 期。

林坚、刘松雪、刘诗毅:"区域—要素统筹:构建国土空间开发保护制度的关键",《中国土地科学》, 2018 年第 6 期。

林坚、骆逸玲、吴佳雨:"自然资源监管运行机制的逻辑分析",《中国土地》, 2016 年第 3 期。

林坚、郭净宇、吴宇翔:"英美土地发展权制度的启示",《中国土地》, 2017 年第 2 期。

林坚、文爱平:"重构中国特色空间规划体系",《北京规划建设》, 2018 年第 4 期。

林坚、武婷、张叶笑等："统一国土空间用途管制制度的思考"，《自然资源学报》，2019 年第 10 期。

林坚、吴宇翔、吴佳雨等："论空间规划体系的构建——兼析空间规划、国土空间用途管制与自然资源监管的关系"，《城市规划》，2018 年第 5 期。

林坚、许超诣："土地发展权、空间管制与规划协同"，《城市规划》，2014 年第 1 期。

林坚、叶子君、杨红："存量规划时代城镇低效用地再开发的思考"，《中国土地科学》，2019 年第 9 期。

林坚、赵晔："国土空间治理与央地协同：基于'区域—要素'统筹的视角"，《中国人民大学学报》，2022 年第 5 期。

刘大海、李彦平、李晓璇等："自然资源管理改革基本逻辑下海洋自然资源年度利用计划的思考"，《海洋开发与管理》，2019 年第 1 期。

刘慧、樊杰、王传胜："欧盟空间规划研究进展及启示"，《地理研究》，2008 年第 6 期。

刘忆："生态空间用途管制制度研究"（硕士论文），中南民族大学，2019 年。

刘胤汉、张元平："对我国国土资源的评价"，《山西师大学报》（自然科学版），1992 年第 3 期。

刘禺涵："农村土地承包经营权股份制改革问题研究"（硕士论文），西南政法大学，2013 年。

龙花楼、刘永强、李婷婷等："生态文明建设视角下土地利用规划与环境保护规划的空间衔接研究"，《经济地理》，2014 年第 5 期。

卢为民、张琳薇："境外城市土地用途变更管理的经验做法"，《国土资源》，2015 年第 6 期。

陆大道："关于国土（整治）规划的类型及基本职能"，《经济地理》，1984 年第 1 期。

陆大道：《区域发展及其空间结构》，科学出版社，1995 年。

陆红生、韩桐魁："关于土地利用规划经济效果的初步探讨"，《经济研究》，1965 年第 2 期。

陆同伟："快速城市化背景下的杭州市生态带规划研究"（硕士论文），复旦大学，2011 年。

罗峰、李琪："欧盟一体化发展对长三角协同发展的启示和思考"，《国家行政学院学报》，2010 年第 3 期。

罗国方、祝丽丽："简析农村土地综合整治的工作方法——以上虞市为例"，《中国电子商务》，2013 年第 9 期。

吕晓、牛善栋、黄贤金等："基于内容分析法的中国节约集约用地政策演进分析"，《中国土地科学》，2015 年第 9 期。

马克伟："我国土地制度改革的回顾和探索"，《中国土地科学》，1992 年第 5 期。

马永欢、吴初国、曹清华等：《生态文明视角下的自然资源管理制度改革研究》，中国经济出版社，2016 年。

茅铭晨："政府管制理论研究综述"，《管理世界》，2007 年第 2 期。

祁帆、贾克敬、邓红蒂等："自然资源用途管制制度研究"，《国土资源情报》，2017 年第 9 期。

钱圣秩："谈人民公社化条件下县的城市规划问题"，《财经研究》，1958 年第 9 期。

强真："德国国土空间规划法律法规体系及借鉴"，《中国土地》，2019 年第 8 期。

强真、强海洋、李绪奎："自然保护区建设中的国土资源管理制度供给侧结构改革前瞻"，《国土资源情报》，2017 年第 3 期。

邱万保："我国河流湿地保护法律问题研究"（硕士论文），东北林业大学，2020 年。

曲福田：《经济发展与土地可持续利用》，人民出版社，2001 年。

渠敬东、周飞舟、应星："从总体支配到技术治理——基于中国 30 年改革经验的社会学分析"，《中国社会科学》，2009 年第 6 期。

单之蔷："巨变：中国海岸带"，《中国国家地理》，2020 年第 10 期。

盛科荣、樊杰、杨昊昌："现代地域功能理论及应用研究进展与展望"，《经济地理》，2016 年第 12 期。

沈振江："土地所有と都市計画システム"，《都市計画》，2013 年第 3 期。

沈振江、李苗裔、林心怡等："日本智慧城市建设案例与经验"，《规划师》，2017 年第 5 期。

沈振江、林心怡、马妍："考察近年日本城市总体规划与生活圈概念的结合"，《城乡规划》，2018 年第 6 期。

沈振江、马妍、郭晓："日本国土空间规划的研究方法及近年的发展趋势"，《城市与区域规划研究》，2019 年第 2 期。

沈振江、滕潇、方国安："日本国土空间用途管制的法规边界"，《城乡规划》，2022 年第 2 期。

沈振江、张雅敬："日本国际贸易港口与区域产业发展的考察"，《城乡规划》，2019 年第 1 期。

沈振江、张延吉、陈小辉："本期导读：特大城市规划体制的动态及问题——城乡空间规划与可持续发展的挑战"，《城乡规划》，2017 年第 2 期。

施雯、王勇："欧洲空间规划实施机制及其启示"，《规划师》，2013 年第 3 期。

〔美〕丹尼尔·F. 史普博著，余晖等译：《管制与市场》，格致出版社、上海三联书店、上海人民出版社，1999 年。

孙施文："解析中国城市规划"，《城乡规划》，2017 年第 1 期。

唐璨："行政督察是我国行政监督的重要新方式：以土地督察和环保督察为例"，《安徽行政学院学报》，2010 年第 4 期。

唐芳林："国家公园体制下的自然公园保护管理"，《林业建设》，2018 年第 4 期。

唐燕：《德国大都市地区的区域治理与协作》，中国建筑工业出版社，2011 年。

唐子来、张雯："欧盟及其成员国的空间发展规划"，《国外城市规划》，2001 年第 1 期。

谭俊杰、常江、谢涤湘："广州市恩宁路永庆坊微改造探索"，《规划师》，2018 年第 8 期。

谭荣："自然资源资产产权制度改革和体系建设思考"，《中国土地科学》，2021 年第 1 期。

滕潇、沈振江、方国安等："基于政策法规的乡村地区国土空间规划用途边界管理国际比较"，《城乡规划》，2020 年第 3 期。

田双清、陈磊、姜海："从土地用途管制到国土空间用途管制：演进历程、轨迹特征与政策启示"，《经济体制改革》，2020 年第 4 期。

田亦尧、王爱毅："国土空间规划立法的法体模式及其选择标准"，《国际城市规划》，2021 年第 3 期。

王俊豪：《政府管制经济学导论、基本理论及其在政府管制实践中的应用》，商务印书馆，2001 年。

王曦、刘松玉："城市地下空间的规划分类标准研究"，《现代城市研究》，2014 年第 5 期。

王雨晨，刘合林，刘法堂等：“用地审批'放权'背景下规划许可制度改革路径探讨”，《规划师》，2021 年第 15 期。

魏钦稳、陆成、华智：“工程建设项目规划用地'多审合一、多证合一'的南通实践”，《中国土地》，2020 年第 5 期。

魏旭红：“重要水源地国土空间用途管制体系研究”，《中国土地》，2022 年第 1 期。

文静、邱泽元、王梅等：“国土空间规划体系下美国区划管制实践对我国控制性详细规划改革的启示”，《国际城市规划》，2020 年第 4 期。

吴传钧：“国土开发整治区划和生产布局”，《经济地理》，1984 年第 4 期。

吴冬青、冯长春、党宁：“美国城市增长管理的方法与启示”，《城市问题》，2007 年第 5 期。

肖达、关颖彬、蒋秋奕：“面向复合国土空间分层管理的国土空间总体规划编制思路——以矿产能源空间为例”，《城市规划学刊》，2021 年第 1 期。

谢海燕、刘婷婷：“资源总量管理和全面节约制度改革进展、问题及若干建议”，《中国经贸导刊》，2021 年第 19 期。

宣晓伟：“治理现代化视角下的中国中央和地方关系——从泛化治理到分化治理”，《管理世界》，2018 年第 11 期。

杨俊、黄贤金、王占岐等：“新时代中国城市土地集约利用若干问题的再认识”，《中国土地科学》，2020 年第 11 期。

杨凌：“土地利用计划管理问题探析”（硕士论文），北京大学，2021 年。

杨伟民：《规划体制改革的理论探索》，中国物价出版社，2003 年。

杨伟民、袁喜禄、张耕田等：“实施主体功能区战略，构建高效、协调、可持续的美好家园——主体功能区战略研究总报告”，《管理世界》，2012 年第 10 期。

叶子君：“低效建设用地识别与利用优化研究——以天津市武清区为例”（硕士论文），北京大学，2021 年。

应申、李程鹏、郭仁忠等：“自然资源全要素概念模型构建”，《中国土地科学》，2019 年第 3 期。

游宁龙、沈振江、马妍等：“日本首都圈整备开发和规划制度的变迁及其影响——以广域规划为例”，《城乡规划》，2017 年第 2 期。

余晖：《政府与企业：从宏观管理到微观管制》，福建人民出版社，1997 年。

蔚芳：“美国开放空间规划控制研究与启示”，《国际城市规划》，2016 年第 4 期。

袁文清：“加拿大安大略省规划体系研究”（硕士论文），华南理工大学，2019 年。

岳文泽、王田雨、甄延临：“'三区三线'为核心的统一国土空间用途管制分区”，《中国土地科学》，2020 年第 5 期。

张凤荣：《中国土地资源及其可持续利用》，中国农业大学出版社，2000 年。

张京祥、陈浩：“空间治理：中国城乡规划转型的政治经济学”，《城市规划》，2014 年第 11 期。

翟炜、顾朝林：“生态学视角下的城市生命周期及其演替——以北京市为例”，《城市问题》，2016 年第 7 期。

赵民、侯丽：“论快速城市化时期城市土地使用的有效规划与管理”，《城市规划汇刊》，1997 年第 6 期。

赵毅、赵雷、葛大永等："江苏城市地下空间开发利用规划编制策略",《规划师》,2017 年第 2 期。

郑惠、刘瑞婷、李嫒辉："从地方到中央：中国湿地保护制度的现实与未来",《湿地科学》,2020 年第 2 期。

郑伟元："世纪之交的土地利用规划：回顾与展望",《中国土地科学》,2000 年第 1 期。

郑伟元："国土空间规划督察若干问题思考",《中国土地》,2019 年第 9 期。

〔日〕植草益著，朱绍文、胡欣欣等译：《微观规制经济学》，中国发展出版社，1992 年。

中国城市规划学会：《面向高质量发展的空间治理——2020 中国城市规划年会论文集》，中国建筑工业出版社，2020 年。

中国法学会：《中国法学会环境资源法学研究会 2019 年年会论文集》，2019 年。

中国农业经济学会：《2008 年全国中青年农业经济学者年会论文集》，中国农业出版社，2008 年。

中国土地学会：《中国土地学会第二次代表大会暨学术讨论会论文选编》，1985 年。

周诚："中国大陆经济、社会的可持续发展战略与土地资源的可持续利用",《中国土地科学》,1996 年第 6 期。

周宏春："新时代推进生态文明建设的重要原则",《求是》,2018 年第 13 期。

周宏春、江晓军："习近平生态文明思想的主要来源、组成部分与实践指引",《中国人口·资源与环境》,2019 年第 1 期。

朱从谋、王珂、张晶等："国土空间治理内涵及实现路径——基于'要素—结构—功能—价值'视角",《中国土地科学》,2022 年第 2 期。

朱红、李涛："日本国土空间用途管制经验及对我国的启示",《中国国土资源经济》,2020 年第 12 期。

朱江、张国杰、姚江春："基于逻辑框架法的自然资源用途管制路径与方法研究",《自然资源学报》,2022 年第 1 期。

朱蕾："发达国家国土空间用途管制比较及对我国的借鉴",《上海国土资源》,2019 年第 4 期。

朱震龙、刘冰冰、苏茜茜："新加坡规划编制管理经验及启示",《城市建筑》,2021 年第 20 期。

宗跃光、邬翊光："大都市生命周期与城郊化趋势",《人文地理》,2000 年第 4 期。

彩插

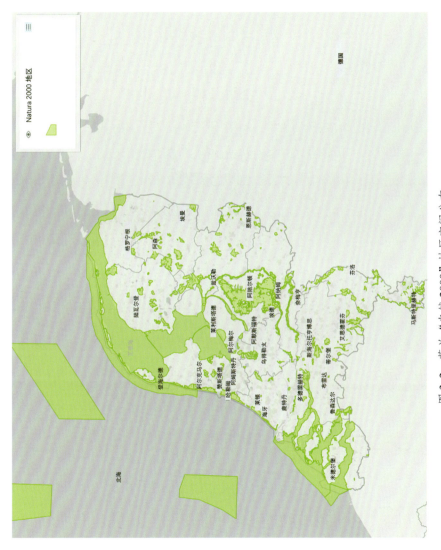

图 3-2　荷兰"自然 2000"地区空间分布

资料来源：荷兰农业、自然和食品质量部。

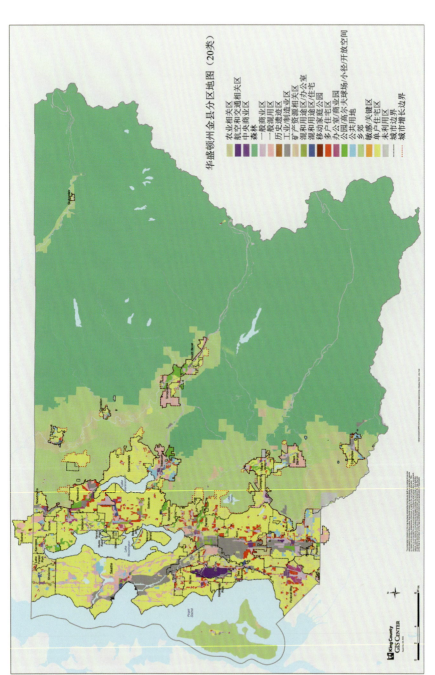

华盛顿州金县分区地图（20类）

农业相关区
航空和交通相关区
中央商业区
森林
一般商业区
一般混用区
历史遗迹区
工业/制造业区
矿产资源相关区
湿和用速区/办公室
湿和用速区/住宅
多户住宅
办公室/商业园
移动家庭公园
公共用地
乡郊
公园/高尔夫球场/小径/开放空间
敏感关键区
单户住宅
未利用区
城市边界
城市增长边界

图 3-14 美国金县分区

资料来源：根据美国交通运输部道路服务处资料整理。

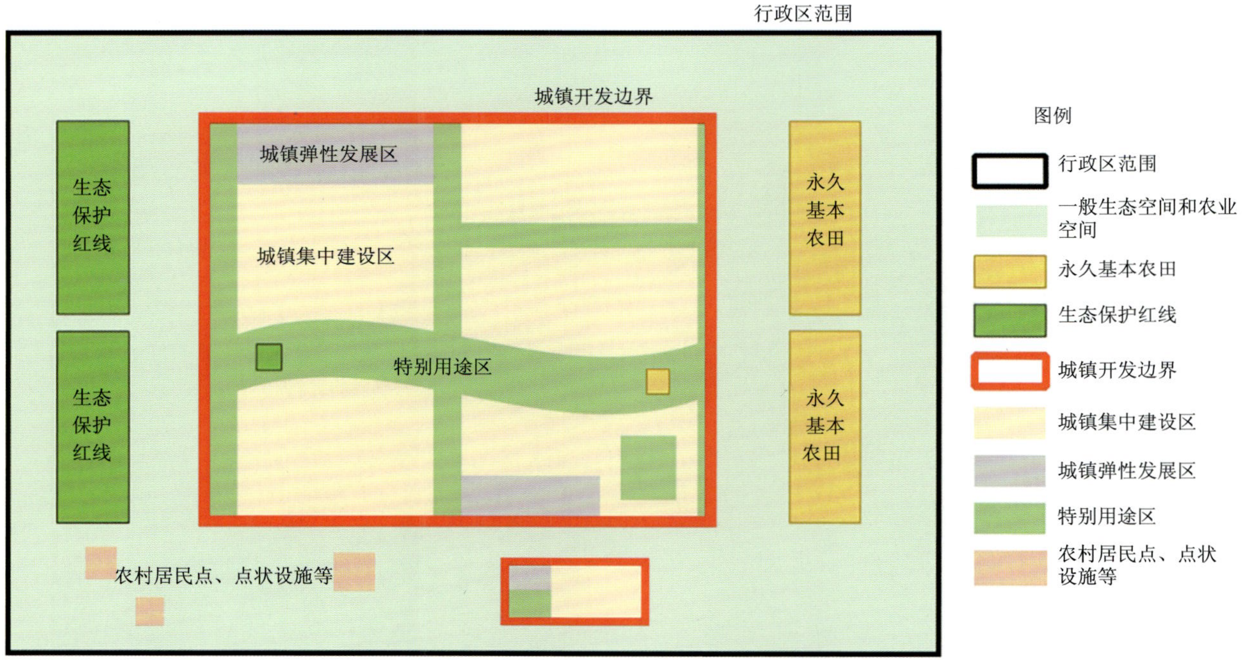

图 4-3　城镇开发边界内的空间关系示意

图例

行政区范围
一般生态空间和农业空间
永久基本农田
生态保护红线
城镇开发边界
城镇集中建设区
城镇弹性发展区
特别用途区
农村居民点、点状设施等

行政区范围

城镇开发边界

永久基本农田

永久基本农田

生态保护红线

生态保护红线

城镇弹性发展区

城镇集中建设区

特别用途区

农村居民点、点状设施等

图例

生态空间
农业空间
城镇空间
水域
镇界
公路

图 6-1 上海市崇明区三类空间划定结果